TUS ANCESTROS QUIEREN QUE SANES

SUI MEI CHUNG B.

TUS ANCESTROS QUIEREN QUE SANES

SUI MEI CHUNG B.

mi tierra
EDITORIAL

PRÓLOGO DE LAÍN GARCÍA CALVO
Autor del Best Seller LA VOZ DE TU ALMA

♡LAIN

Tus Ancestros Quieren Que Sanes. Libro Autoeditado

Coordinación de la colección: Sui Mei Chung Bustos ⊚ @suimeichung
Edición y Revisión: Paulina Cristal y Sui Mei Chung Bustos.
Diseño de la Trilogía y Composición: Yodanis Mayol González
Marketing y Promoción: Cynthia Reyes Castañeda http://www.i-mas.cl
Fotografías Unplash

© Sui Mei Chung, 2019
© Ediciones Mi Tierra, 2019
ISBN: 978-956-401-216-2

www.editorialmitierra.com

Impreso por Gonsa S.A.

*"En nuestro Árbol Genealógico se encuentra
la clave de nuestra sanación.*

Conoce tu historia familiar para poder sanar tu vida"

Sui Mei Chung B.

Estamos atrapados en el destino
de quienes incluso no llegamos a conocer.

Cargamos en nuestro cuerpo sus historias de vida y de
manera inconsciente las heredamos por lealtad, y amor.
Nuestra misión es liberar el dolor, hacer justicia, cambiar
la programación heredada para poder evolucionar y vivir
mejor que las generaciones pasadas.

Sólo así entregaremos nuevos recursos a las nuevas
generaciones liberándolos de repeticiones inconscientes
dolorosas y traumáticas.

Vivimos una vida sin sentido hasta que las repeticiones
de vida se hacen invivibles, nos embarga la tristeza, la
desmotivación y todo comienza a detenerse en nuestra vida.

Es ahí cuando sentimos la "necesidad de buscar respuestas",
queremos encontrar el SENTIDO a nuestra vida
y a nuestra existencia.

El conocimiento del TRANSGENERACIONAL nos
permite encontrar las piezas del "rompecabezas" que
estaban perdidas.

Todo el árbol se remueve cuando alguien entra en él.

Estamos todos conectados, lo que sucede en la vida
de un familiar nos afecta a todos de distintas maneras.

Sui Mei Chung B.

Los duelos no hechos, las lágrimas no derramadas, los secretos de familia, las identificaciones inconscientes y lealtades familiares invisibles... pasan por los hijos y los descendientes. Lo que no se expresa con palabras, se expresa con dolores"

-Anne Ancelin Schützenberger-
Psicóloga, Abogada y Profesora rusa, "Madre de la Psicogenealogía"
Autora Best Seller "¡Ay, mis ancestros!"
29 Marzo 1919/ 23 Marzo 2018

*Una generación da y la siguiente recibe y
lo que ésta recibe lo pasa a la siguiente generación.
Hay informaciones o transmisiones TRANSGENERACIONALES
(no son reportadas ni expresadas, secretos, tabúes o eventos escondidos,
muchas veces ignorados por los miembros de un sistema familiar,
pero que marca el destino de sus integrantes);
y transmisiones intergeneracionales
(pensadas y verbalizadas, incluyen hábitos,
destrezas y formas de ser propios de la familia).*

-Bert Hellinger-

Filósofo, Teólogo Alemán "Padre de las Constelaciones Familiares"
16 Dic. 1925 – 20 Sep. 2019

ÍNDICE

PRÓLOGO

Nuestro pasado no determina nuestro futuro.

Esto forma parte de mi discurso en todos mis libros y eventos, pero si no lo ponemos en el contexto adecuado, sin duda veremos que esta declaración es errónea.

Porque nuestro pasado SÍ determina nuestro futuro, a menos que tomemos consciencia y hagamos algo para remediarlo.

Como aprenderás en las siguientes páginas, todo lo que eres, lo que tienes, lo que das; en definitiva, toda tu vida es un reflejo de las decisiones que tomaste en el pasado.

Pero no solo afectan a tu vida tus decisiones, sino también las de las personas que te rodean. Y no solo las que tomas o tomáis ahora, sino todas las que tomasteis en el pasado, ¡incluso antes de nacer!

Dicho de otra manera, tus pensamientos no crean tu realidad, ¡la crea tu IMPRONTA! Tu PARADIGMA de creencias formado por esos pensamientos del pasado que se reflejan en el espejo de la realidad que percibes a través de los sentidos. + Paradigma es como un "colador" de pensamientos.

El primer paso para ese cambio que tanto anhelamos es la CONCIENCIA.

De hecho, todo propósito que cualquier persona debería tener, mucho antes que las riquezas materiales, las relaciones prometedoras o un cuerpo energético y sano, mucho antes que todo eso deberíamos tener el objetivo de crecer y expandir nuestra consciencia.

Desde esa consciencia superior puedes crear cualquier cosa que anheles, pero LO PRIMERO VA PRIMERO.

Si estás en estas páginas sé que estás preparado para el salto cuántico y que llegaste a ellas no por casualidad, sino por CAUSALIDAD, por SINCRONICIDAD, por principios de CAUSA y EFECTO.

Disfruta de este maravilloso viaje.

Gracias Sui Mei por escribirlo y a ti, amado lector, por leerlo.

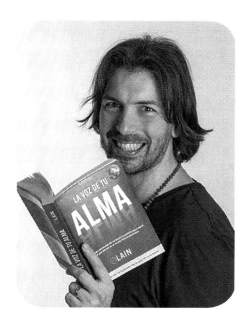

Lain García Calvo
Autor del Best Seller
LA VOZ DE TU ALMA.
www.lavozdetualma.com

SOBRE MI

Mi nombre es Sui Mei Chung Bustos, nací en Santiago Chile, mi padre es descendiente de China y madre chilena con antepasados Españoles.

De pequeña con nombre chino y muy marcados rasgos orientales, me sentí siempre distinta al resto de mis compañeras de clase y de mis amigos. Debí soportar burlas, bromas de mal gusto por ser "diferente" al punto que detestaba mi apariencia física, mis orígenes y mis raíces.

Nací y fui criada en una familia de clase media. Siempre ví y crecí creyendo que la vida era dura, difícil, y que no importa cuánto trabajes, siempre vas a tener todo con mucho sacrificio.

Fui muy cercana a mi Bisabuelo paterno. Él llegó a Chile desde China en el año 1900 en barco en un viaje que duró largos meses. Con él me sentí protegida, vista, amada, más que con nadie en ese momento.

Me crié muy cercana con mis abuelos paternos, los que aún tengo la bendición de tener con vida, y ellos siempre estuvieron para mí, para regalonearme, amarme, cuidarme.

Soy la mayor de dos hermanas, mi madre fue madre muy joven lo que obligó a mis padres casarse y comenzar a formar una familia por mi nacimiento.

No solamente me sentí lejana y excluida en el colegio sino de alguna manera también de mi familia.

"Fui una niña difícil" me decían, visité a muchos psicólogos, y psiquiatras durante mi primera infancia y adolescencia.

Me sentía con el pasar de los años cada vez más desconectada del mundo, de mis padres, hermanas, abuelos, familia amigos.

Al terminar la enseñanza media, me sentía perdida en el desierto... ninguna carrera me gustaba, no había absolutamente nada que llamara mi atención excepto viajar, y fue así como comencé a trabajar como Auxiliar de Vuelo por 7 años, asumí que parte de mí quería **"huir"**.

A los años, conocí a quien sería el padre de mis hijos, un joven francés, en ese momento de mi vida sentí que ahora todo iba a estar bien, que la felicidad había llegado a mi vida.

Al tiempo volvía a sentir esa desconexión con todo, mi matrimonio, con Francia, el nuevo idioma, y creí que todo cambiaría con el nacimiento de mi primer hijo. Luego vino el segundo hijo, una separación triste, y muy dolorosa que ocurrió en China en el año 2007.

Seguía "sobreviviendo", mis días eran de dolor, mucha angustia y desesperación, tenía un gran desequilibrio interior que se reflejaba en toda mi vida.

Aprendí rápidamente inglés, francés, y estudié tres años en la Universidad de Shenzhen Chino mandarín. Hablaba todos los idiomas, menos español, porque no quería recordar mis raíces.

En el año 2010 llegué a Chile después de muchos años de vivir en el extranjero, estuve en Tokio, y regresé a vivir a casa de mis padres en una pequeña habitación de allegada. Separada, con dos hijos pequeños, sin dinero, depresiva, perdida, desesperanzada, me encontraba más perdida que nunca en toda mi vida. No comprendía la razón de mi existir, ni el por qué Dios me había abandonado, culpaba a mis padres, familia, ex marido, el mundo por mi infelicidad.

Enfermé de una grave infección en mis ojos, los cuales apenas podía abrir del dolor y la inflamación. Me diagnosticaron rosácea severa crónica en todo mi rostro porque estaba avanzando en mi cuello, y parte de mis brazos. Visité a más de 6 dermatólogos y cada uno con un diagnostico distinto y desesperanzador.

En ambos codos me diagnosticaron epicondinitis aguda, era tal mi dolor que apenas podía mover un mínimo mis brazos a causa del profundo dolor. Me hicieron muchos exámenes, y me pidieron un scanner y luego otro que finalmente no mostraban nada de nada. El doctor me decía:

"No tienes nada en los codos", pero yo no me podía mover de dolor.

Estaba casi ciega de la inflamación, escondida del mundo a causa de mi enfermedad a la piel, y completamente inválida porque no podía hacer nada con mis brazos, apenas abrazar a mis niños. Mi círculo cercano me pedía medicarme, de ir a un psiquiatra por el "bien de mis hijos", fue ahí que sintiéndome absolutamente sola, sin ningún recurso económico, sin trabajo, sin mi propio hogar, toqué fondo.

En el extranjero había trabajado como profesora de inglés para niños y adultos, trabajé para empresas americanas en servicio al cliente, como secretaria, pero nada de lo que había trabajado llenaba mi alma, nada ni nadie. Hasta el momento no había encontrado un trabajo en el cual me identificara y nada de lo que existía en el momento me despertaba interés para estudiar.

Me sentía absolutamente "fracasada" no era nadie para la sociedad, familia, amigos y nadie para mí.

Después de mucha angustia, y llantos, una noche me acuesto abrazando a mis hijos, y ellos se apegaron mucho a mí, nos abrazamos los tres en silencio, y sentí lo frágiles de sus almas, sus miedos, sus dudas, de lo que estaba sucediendo con nuestra familia y nuestras vidas, y de repente, asumí la tremenda responsabilidad que tenía en mi vida, una corriente inmensa de amor que no puedo explicar me invadió de pies a cabeza.

En ese mismo y exacto momento les dije a los dos: (Diego de 8 años, Gustavo de 2 años y 10 meses):

_ Hijos, tranquilos, todo va a estar bien, se los prometo.

_ Vamos a estar tranquilos y felices, la mamá va a estar bien, la mamá va a triunfar por ustedes y un día van a ver a la mamá trabajando en TV. hablando de cosas interesantes.

Después de decir esto a mis hijos me quedé varios momentos pensativa. Pensativa,... ¿triunfar? ¿dónde? ¿ser felices? ¿cómo? y ¿trabajando en la TV? ¿Haciendo qué? ¿Algo interesante? ¿Cómo qué?

Fue así como comencé a vender todo lo que podía, compraba muchos productos al por mayor para poder pagar "Mis Terapias", me negué a la posibilidad de ir a un psicólogo o psiquiatra, me fui por la Terapia floral, reiki, y comencé un camino de Terapias holísticas.

Conocí la Biodescodificación y encontré la respuesta y sanación a mis dolencias físicas, que eran finalmente "dolores del alma", tenía muchas heridas emocionales que había bloqueado pensando que al bloquearlas sanarían.

Estudié, aprendí, muchos cursos, pero cuando conocí el TRANSGE-NERACIONAL mi vida cambió.

Lo comprendí todo: Todo es heredado, todo viene de nuestros antepasados, vivimos los conflictos no resueltos de nuestros ancestros, y todo son "programas dentro del Árbol Genealógico" (el abuso, abandono, la relación con el dinero, relaciones de pareja).

"Estamos programados, no destinados a vivir una vida que no merecemos, y si cambiamos nuestra programación puedes cambiar completamente tu destino."
-Laín García Calvo-

Sané mi vista, la rosácea y la epicondinitis de raíz y para siempre, sin doctores, tratamientos ni medicamentos, solamente aplicando lo que había aprendido del estudio del Transgeneracional y del estudio del Transgeneracional y Desprogramación Cuántica.

Comprendí que TODO ERA PERFECTO y que era parte del plan divino de mi vida. Asumí al 100% la responsabilidad de mi vida y fue ahí cuando todo comenzó a cambiar.

Trabajé para pagar mis cursos, trabajé en mi autoestima, seguridad, amor propio y descubrí que el amor y la felicidad estaban dentro de mí.

Que no necesitaba seguir huyendo de mi propia alma ni de viajar al extremo del mundo para escapar de mi dolor, sino que enfrentarlo, asumirlo, aceptarme y amarme era lo único que iba a sanar mi vida.

Descubrí la importancia de sanar a mi niña interior, y cosas mágicas comenzaron a ocurrir, mi vida era amor, estaba viviendo en el amor, comencé a comprender mi experiencia de vida, y todo tenía sentido.

Me levanté de las cenizas, tuve que morir para volver a nacer, tuve que aceptar mi destrucción para comenzar a armarme y construirme otra vez. Tuve que perdonarme, para aceptarme. Cuando sané mi alma mi cuerpo físico sanó.

El año pasado conocí a mi mentor que es Lain García Calvo, y fue el empuje que necesitaba para despegar completamente. Gracias a su experiencia, palabras, consejos es que volví a escribir después de 19 años sin volver a hacerlo.

Volví a creer en el amor, en la posibilidad de formar una nueva familia. Fue así que me reencontré con un viejo amor, y él fue un pilar importante en mi recuperación porque creía en mí más que yo misma. Fue mi apoyo, la fuerza y complemento que necesitaba para seguir avanzando en la vida. Junto a él, llegó hace seis años atrás nuestra amada hija Mei- Li Kay.

Dejé de tratar de convencer a la gente que iba a triunfar y salir adelante y comencé a convencerme a mí misma de que no había otra opción.

Me enfoqué en mis metas y no he parado de trabajar en ellas. Mi primera meta fue encontrarme, y lo hice.

Mi segunda meta fue aceptar mi realidad y lo hice cuando comprendí que yo era responsable absoluta de mi vida y que yo creo mi realidad y mi tercera meta fue ayudar a "Despertar ALMAS" y es hoy mi **"PROPÓSITO DE VIDA"**.

Amo lo que hago, amo y agradezco todo lo aprendido, amo el saber que me queda mucho más por aprender porque me mantiene despierta la pasión por crecer y evolucionar.

Y lo que más AMO es poder decirte que **"Si yo pude"** tú también puedes si lo deseas.

No importa de dónde vienes, ni que herencias emocionales hayas recibido, si hoy quieres cambiar tu vida puedes hacerlo, debes comprometerte contigo mismo, pero recuerda, no se puede avanzar en la vida, si arrastras contigo dolores, resentimientos, amarguras y culpas.

El camino de la sanación comienza dejando atrás todo aquello que no te deja avanzar, todo aquello "que te pesa", todo aquello que hoy ya no te sirve.

En mi caso personal lo logré conociendo mi historia personal y trabajando en mis heridas de infancia. Y es esto mismo que quiero transmitir para ti.

He escrito tres libros de autoayuda que producirá un gran cambio en tu vida. **"Trilogía de Autosanación y Crecimiento Personal de la Nueva Era" (Tu Terapeuta de Papel).**

La diferencia entre las personas felices y las personas tristes, es que las personas felices, "Eligen serlo".

¿Qué es lo que eliges tú?

PREFACIO

"Los sueños se cumplen" este libro es uno de ellos. ☺

De pequeña me gustó escribir, en el colegio escribía algunas páginas de historias para mis compañeras que leían felices y luego me iban preguntando y exigiendo que escribiera la continuación del cuento.

Tengo una mente y creativa que me lleva del cielo a la tierra, de lo lógico a lo irreal, a mis hijos de pequeños a la hora de dormir les inventaba siempre un cuento nuevo que disfrutaban contentos y cuando fueron creciendo esos cuentos fueron cambiando de la dulzura al suspenso y terror. Desde historia de súper héroes, brujas, magia y ahora último de espiritualidad han sido los temas de mis narraciones.

Me di cuenta que me gustaba escribir de acuerdo a como era mi estado de ánimo y de lo que estaba viviendo en el momento. También descubrí que mi real y verdadera pasión por escribir nació en un momento de mi vida en donde me sentí completamente sola, donde no sentía motivación por nada y la escritura me conectó con mi Alma.

En el año 1999 en el sur de Francia, exactamente en la ciudad de Pau, estaba con el que en ese momento era mi marido que era francés viviendo en esa ciudad. Él estaba cursando un MBA, y yo había dejado mi trabajo en Chile, (en ese momento además de trabajar como Auxiliar de Vuelo participaba en algunos programas de TV chilena) se me había acabado todo el dinero que traiga conmigo, mi marido era estudiante y vivíamos con lo mínimo de lo mínimo.

Estábamos muy enamorados, todo era emocionante, vivir juntos en un pequeñito nido de amor, nos teníamos el uno al otro y a nadie más ya que toda mi familia estaba en Chile, y él hijo único, su familia vivía en diferentes ciudades de Francia.

En nuestro pequeño nido de amor, no había TV, pero sí una radio pequeña y ni soñar con Internet. Él estudiaba prácticamente todo el día, luego tenía sus trabajos y sus juegos de rugby hasta tarde. En cambio, yo, comencé a caer en una pequeña depresión, estaba feliz de estar con el hombre que había elegido para vivir mi vida, pero me sentía muy sola, además que las radios obviamente eran solo en francés y euskera o vasco.

Durante el día salía a caminar, pero antes del medio día ya había recorrido gran parte del centro de la ciudad, además que ahí cierra todo al medio día y luego abrían después de la siesta y a las 17 horas todo cerrado también. Fines de semana prácticamente todo cerrado excepto una *"pequeña biblioteca"*.

Siempre he amado el ambiente de una biblioteca, es un lugar que me inspira, es un ambiente poderoso, potente de una gran energía que me calma, me hace soñar. Cada libro es una mente creadora, es un mensaje que alguien ha querido plasmar y puedo imaginarlo cuando veo los estantes llenos de libros, mi mente me lleva a ver el lugar donde cada uno de ellos se inspiró para narrar lo vivido, lo soñado lo imaginado.

En esa *"pequeña biblioteca"* había libros en francés, italiano, alemán, euskera, suizo-alemán, ruso y solamente dos libros en español. Era el "Quijote de la mancha" y "El cantar del mío Cid". Todos los días pasaba a la Biblioteca, era lo único que no cerraba en todo el día, el ambiente era delicioso, y cada día que iba camino a la Biblioteca soñaba que alguien por arte de magia iba a regresar los libros en español y que yo iba a encontrar algo más moderno y entretenido que leer.

Después de varios días me rendí. Sentada en el suelo en una esquina de la biblioteca comencé por el Quijote de la Macha, recordaba mi época del colegio en donde tuve que leerlo y como en ese momento no me apasionaba tanto la lectura lo leí a la rápida solo por cumplir. Ahora ese libro se había convertido en mi compañero y amante, era un tomo antiguo, de cuero, escrito en español antiguo, de hojas extremadamente finas y de una letra minúscula. El Quijote y Sancho tomaron vida, mi mente entró a su historia y como en otra dimensión comencé a vivir en mi piel cada una de sus experiencias e historias. Al terminarlo no dudé en seguir con el Cantar del Mio Cid y volví a impregnarme de la comedia, del drama, del honor, de la pasión hasta que el libro también llegó a su fin.

Al llegar a casa me sentí vacía, triste, sola y abandonada, una parte de mí había quedado en los libros y no sentía que estaba vibrando como lo hice cuando estaba inmersa en la lectura. Recuerdo que me fui a la cama y comencé a "soñar". Veía mujeres antiguas, caballos, príncipes, campos, Alpes y montañas y yo volví a vibrar y a despertar la chispa en esa danza de la realidad, una realidad que existía en otra dimensión y que yo podía conectar.

Desperté impaciente, corrí a buscar lápiz y papel y comencé a escribir… escribir y escribir… sin parar. Mi mente dirigía mi puño y él obedecía sin detenerse, había encontrado la llama que encendía mis días, estaba creando una nueva realidad y dando forma a lo que sería mi primer libro.

Ese libro lo imprimí, lo leyó quien luego fuera mi marido y una de mis hermanas. Ambos me dijeron que si no era escritora me perdería en la vida…

Ahí quedó el libro por años, tuve que vivir muchas experiencias de vida, aprender de la vida, de nuestros ancestros, del pasado, de heridas de infancia, el comportamiento de nuestra mente, el inconsciente y mucho más para poder sentirme cómoda y coherente con lo que es hoy mi trabajo.

Tuve miedo al rechazo, de no estar a la altura y sobretodo de no saber cómo poder promocionar o vender mis libros que escribiría. Dudé también acerca de lo que podía escribir y una cosa me llevó a la otra y en eso han pasado más de 19 años dejando dormir en los laurales al sueño de mi vida…

Descubrí que cuando tienes un sueño y eres fiel a él, el Universo confabula a tu favor. Gracias a sentirme sola, a no tener TV, Internet, familia ni amigos me encontré cara a cara con la escritura y no tuve más opción que ¡rendirme a ella. ☺

En redes sociales buscando una cosa, di con otra cosa, ¿les ha pasado alguna vez?

¿Qué están buscando un tema específico de ver en YouTube, y abres el link y te muestra **"algo"** con lo que enganchas y sientes que ese video era para ti?

Fue así lo que me pasó con el video de la Abundancia de Laín Garcia Calvo, hoy mi mentor y guía que me ha mostrado que todo es posible gracias a su historia personal y sus logros en la vida.

Su video me hablaba, era exactamente lo que necesitaba oír, palabras de fe y esperanza, de éxito, metas, milagros y sueños cumplidos.

No dudé en encargar la saga completa de sus libros comenzando por **"La voz de tu Alma"** libro que transformó por completo mi vida, luego asistí a su evento en Barcelona y no podía creer cuando supe que él realizaba la mentoria privada para escribir mi **"Primer Best Seller"**. Tomé la mentoria y acá me tienes escribiendo !por fin! Y no solamente escribiendo un libro sino una **"Trilogía "** Necesitaba tener todo ese aprendizaje, fuerza, fe, y esperanza de que "no importa cuáles son nuestras raíces ni nuestros orígenes, importa lo que tú quieras ser".

Paralelo a este encuentro mágico llegó por sincronía Claudia Aldana. Mágica mujer fuerte, segura, decidida. Su encuentro revivió en mí mis deseos de crecer, surgir, de reinventarme. Ella es destacada periodista chilena, madre de dos niñas maravillosas, y hemos coincidimos en la pasión por crecer, hacernos un espacio en la sociedad, y la pasión por la escritura. Ella ya ha escrito varios libros y ha sido importante en el apoyo y empuje para lanzarme en este camino que es mi pasión y mi amor.

Agradezco infinitamente la vida, a mis ancestros, a mis bisabuelos que emigraron en trágicas condiciones por un futuro mejor, a mis padres, hermanas, marido, exmarido, sobrinos, familia y muy especialmente a mis tres hijos, Diego, Gustavo y Mei-Li que han sido mi cable a tierra, la fuerza para levantarme una y otra vez, y mis grandes apoyos en todos mis proyectos.

Agradezco a mis "Maestros" en esta vida, que me han hecho despertar en mí, mis deseos de comprender mi existencia, buscar desesperadamente respuestas en mi vida llevándome a seguir el camino de la sanación, de la espiritualidad y el descubrimiento del transgeneracional, con mucho cariño y agradecimiento a mis padres.

Agradezco a Suilang, mi madrina, hermana de mi padre, colega y compañera de trabajo que ha sido mi Terapeuta, mi consejera y gran apoyo para seguir mis sueños.

Agradezco a las personas que están trabajando conmigo en este nuevo proyecto, que han creído en mí y se suman al maravilloso trabajo de ayudarme con mi sueño de entregar un mensaje de sanación, de fe, de fuerza interior que cambiará nuestra forma de pensar.

Agradezco a todas las personas que han participado en nuestros cursos, formaciones, compañeros de cursos y especialmente a mis "Consultantes" por la confianza, entrega en nuestras Terapias las cuales me llenan al corazón y me hacen saber y sentir que estoy por buen camino.

Agradezco al programa "Mamá al Cien" en donde trabajé un año, por la maravillosa oportunidad de entregar guía y orientación a niños y adultos y darme un espacio para hablar del Transgeneracional y de la importancia de los ancestros en nuestra vida.

Lo maravilloso del ser humano es que podemos sentir profundo amor por muchas personas y cosas. La escritura era mi amante secreto, mi locura, mi pasión, y luego al conocer el Transgeneracional me enamoré perdidamente y me casé simbólicamente con él.

Quiero que comprendas gracias a la lectura de este libro, que no importa donde hayas nacido, lo que hayas recibido o no de parte de tus familiares y padres, todo ha sido perfecto, era justamente lo que necesitabas para avanzar, emprender y crecer en la vida. Hoy es tiempo de sanar, de tomar las riendas de tu vida, de sentir que puedes hacerlo, proyéctate con metas, siente la fuerza de tus ancestros de ti porque ellos si querían un futuro mejor, por eso han hecho lo que han hecho y han vivido lo que han vivido, persigue tus sueños, que nada ni nadie te detenga.

Todo lo vivido por tus ancestros está en cada una de tus células, en tu ADN, en tu energía y soplo de vida, ellos querían ser felices, querían triunfar, querían una vida mejor, de acuerdo a la época en que nacieron, a las creencias que heredaron y las herramientas que tenían en esos momentos fue el resultado de sus vidas.

Vamos "sanando a través del tiempo" en cada generación existen más aprendizajes, más recursos, más herramientas para hacer de nuestra vida una vida mejor.

Cada autoexilio, cada elección de trabajo fue pensado en las futuras generaciones, es decir han pensado en ti, ellos querían un futuro mejor, es por eso que han tenido una vida más sacrificada que la tuya, ya que la vida en tiempos pasados era más difícil y dura.

Toma la fuerza de tus ancestros, conecta con su energía, bendice el legado que has recibido, porque *"Tus Ancestros Quieren Que Sanes"*, que vivas tu propia vida, que rompas cadenas para seguir el llamado de tu alma, y que seas más feliz que lo que ellos pudieron serlo, que te ames más de lo que ellos supieron amarse, que seas más abundante y próspero, sin culpa, sin resentimientos y en completo agradecimiento.

"Se miserable o motívate a ti mismo.
Lo que sea que haya que hacer,
siempre será tu elección."
"Tú tienes todo lo necesario para la paz completa
y total felicidad en este momento."

-Wayne Dyer-
Autor Best Seller "Tus Zonas erróneas"
10 May.1940 – 29 Ago. 2015

¿TRANSGENERACIONAL, ANCESTROLOGÍA, O PSICOGENEALOGÍA?

"Estamos PROGRAMADOS,
no destinados a vivir una vida que no merecemos,
si cambias tu "programación" puedes cambiar tu DESTINO."
-Laín García Calvo-

Seguramente has oído hablar del Transgeneracional, Ancestrología, o Psicogenealogía, pero quizás sea también la primera vez que lo hayas oído ☺

Diferentes psicólogos, terapeutas que tienen este conocimiento han decidido elegir uno de estos nombres, para realizar y definir sus Terapias, pero todos están relacionados a lo mismo.

El "Transgeneracional" es el estudio de todo lo que han vivido tus ancestros, por medio del análisis del Árbol Genealógico. Así de simple, y ese es mi objetivo con este libro para que tú puedas de una manera sencilla aprender lo que significa trabajar en tu historia familiar.

Quiero ayudarte a comprender tus orígenes, que aprendas acerca de la importancia de conocer la vida de tus ancestros y cómo nos afectan sus vivencias especialmente aquellos conflictos que no han sido resueltos de generaciones pasadas.

Muchas personas me han preguntado, ¿Cómo puedo estudiar mi historia familiar si no conozco mis raíces? No te preocupes, así como es tu vida ahora es la herencia de tu clan familiar. Lo comprenderás mucho más a medida que vayan disfrutando de estas páginas y este maravilloso conocimiento.

Aprender del Transgeneracional es realmente apasionante, es un tema extenso, de muchas definiciones, de muchas variantes que requieren de un gran estudio, dedicación y trabajo personal.

He querido escribir este libro con la finalidad de que comprendas mucho más de tu vida, desde una mirada desde el amor, sin juicio, que te servirá para conocerte en profundidad y comprender tu entorno y la familia en la que has elegido llegar.

Dejaré varios temas fuera de este escrito y he seleccionado lo que a mi juicio es clave para una compresión sencilla, de lo que significa **la importancia de los ancestros en nuestra vida.**

Comprendí la importancia de agradecer nuestra vida, de que lo que nos fue entregado por nuestros padres, abuelos, bisabuelos y ancestros era de vital importancia para la aceptación y comprensión de nuestra propia vida.

Aprendí gracias al estudio del Transgeneracional, la importancia de aceptarnos, de perdonarnos, de dejar el juicio y crítica a nuestros familiares y aceptar a cada uno de ellos en un acto de amor puro e infinito, reconociendo que cada vida es importante, que cada quien ha hecho como ha podido, con las herramientas y conocimientos que tenía y que todos de alguna u otra manera dejamos huellas.

Comprendí también que estamos P R O G R A M A D O S, que todo lo que vivimos forma parte de *"programas"*, por ejemplo, casarse y separarse; si existen más parejas así en mi árbol que se casan y luego se separan, es un programa, tener dinero es otro programa, el no tenerlo es otro, la mujer que se queda *"sola"* en un clan familiar forma parte de otro programa y así sucesivamente. Tenemos programas automáticos, como respirar, pestañear, llorar, todo lo que hacemos es porque está ya en nosotros de manera consciente e inconsciente.

Lo mejor y lo que me enamoró más, fue descubrir que si yo cambiaba mi PROGRAMACIÓN, que está relacionada con todas *mis creencias, podría cambiar mi vida.*

Hoy realizo Terapias Transgeneracionales con Desprogramación Cuántica emocional SAAMA. Que además de encontrar el origen de nuestros conflictos los cuales son siempre heredados, puedo llegar a la emoción exacta y liberarla para nuestra sanación emocional.

Realizo a diario Terapias, presenciales o a distancia, también realizo cursos y formaciones durante el año siempre relacionado al tema Transgeneracional, heridas de infancia, reprogramación mental y Tarot Terapéutico Evolutivo.

Llevo 9 años relacionándome con este mundo de manera consciente. Si bien mi Árbol Genealógico lo hice por primera vez hace muchos años, en la actualidad sigo descubriendo algo nuevo que me acerca más a quien yo soy, y esto me da respuestas a mis relaciones con mis hijos, familia, y las personas con las que me relaciono a diario.

De todo lo que he estudiado, aprendido, practicado y vivido, he creado mi propia Terapia. Para mí, todas las Terapias son buenas y sirven de acuerdo a la necesidad de cada persona. Cuando recibo una nueva información, la aplico en mí, luego en mis Terapias, consultas y lo que siento que me sirve, lo dejo, lo que no simplemente lo dejo ir.

Lo mismo te pido a ti, lee este libro que está hecho con todo mi corazón y amor para ti, para que puedas encontrar luz, guía, orientación y comprensión.

Vas a leer muchas cosas que quizás nunca antes habías oído y no sabrás por qué, pero lo integrarás en ti, como algo que te pertenecía y que ha regresado, algo dentro de ti sabe que esto que comparto contigo es cierto.

> *"Se dice que no aprendemos nada nuevo, sino que "recordamos", es por eso que cuando estamos dispuestos a integrar un nuevo conocimiento, algo dentro de nosotros lo acepta, no lo cuestiona, porque sabe que es verdad y que es así."*

SOUL

Encontrarás más resistencia cuando hable de temas familiares, lealtades, creencias o temas que involucren creencias religiosas o temas relacionados con el dinero.

Anda más allá de eso, sigue leyendo, subraya lo que te hizo sentido y destaca lo que no, para que después te cuestiones y veas qué creencia es la que está tocando en ti. Y no te ofendas, nada ha sido escrito o creado para molestarte, serán las aprensiones a tus creencias heredadas, lo que harán la resistencia. Sigue leyendo, practica los ejercicios y trabajos personales que aparecerán y comparte este contenido con tus seres queridos y aprendan a identificarse, a conocerse, a amarse y a sanar.

Es importante destacar, que este libro no tiene la intención de ser una enciclopedia, ni un diccionario. Mi idea es crear un libro práctico, de autoayuda personal, de fácil lectura y comprensión acerca de este tema tan importante que es el estudio de nuestra historia familiar.

Quisiera aclarar porque es algo que me cuestionan siempre, me dicen:

_ No estoy de acuerdo en que todo lo que uno hereda sea malo.

Y la verdad yo tampoco lo estoy, no heredamos solamente "lo malo", y de hecho no es así como pienso ni es lo que enseño. Heredamos también recursos y virtudes, pero lo que nos perturba en nuestra vida es justamente son los conflictos, dramas, secretos de nuestro árbol que no han sido liberados ni sanados.

Heredamos no solo el apellido o características físicas, heredamos también los talentos, virtudes, la forma de ver la vida, las enfermedades, alegrías, penas, duelos no realizados, neurosis, facilidad para reinventarnos, pero lo que sucede que a Terapia no va alguien que diga que necesita Terapia porque su vida fluye de maravilla, todo es perfecto y que ha tenido la mejor infancia del mundo.

A Terapia, llegan las personas cuando ya no aguantan más su vida, llegan confundidos, desesperanzados, algunos deprimidos, molestos con la vida, con ellos mismos o el entorno y es en su historia familiar donde se alberga el origen de los conflictos que se vienen cargando.

"A Terapia no va quien tiene heridas,
heridas emocionales las tenemos todos.
A Terapia va quien quiere sanarlas"

La persona que, por energía, vibración, sincronicidad, llega a una Terapia Transgeneracional ha hecho ya un camino de búsqueda y sanación personal, quiere encontrar respuestas, orientación, sabe que los cambios que necesita hacer para mejorar su vida están en él (ella), está preparado para iniciar un camino de transformación.

No puedes creer o pensar que quieres cambiar tu realidad siendo la misma persona que eres hoy. La persona que eres hasta el día de hoy ha vivido la vida que tienes, y ha creado la vida que tienes porque todos en un momento hemos estado **dormidos**, (sin despertar nuestra consciencia) viviendo una vida sin sentido, pensando que nos tocó cierto destino, que porque nacimos en tal lugar o país estamos destinados a sufrir a vivir en la carencia, miserias o injusticias.

Justamente en el lugar que has nacido, con la familia que has elegido, es tu misión y trabajo a realizar, si naciste pobre rompe ese patrón, si nadie ha sido feliz, rompe ese patrón, si nadie ha trabajado en lo que ama, rompe ese patrón para que todos los miembros de tu familia integren esta nueva información y la programación que han venido heredando cambie al beneficio tuyo y de todo tu clan familiar. → I live where I want to.

Cuando un miembro del clan Sana todo su árbol lo resiente. Se transmite la sanación a las futuras generaciones y también sanan nuestros ancestros.

Se necesita comprometerse, cambiar creencias, abrir tu mente, aceptar, perdonar, crecer, evolucionar, creer en ti, comprender que cambiando tu programación es posible cambiar tu vida.

Escribo este libro porque quiero que recibas esta información que estoy segura te dará mucha claridad de lo que significa tu propia vida. Comprenderás tu existencia desde una mirada espiritual conectada con las emociones, al mismo tiempo que comprenderás el entorno en donde vives, tu familia, su forma de vida, sus creencias y tu lugar en ella.

Comprenderás la razón de tus elecciones de vida, de pareja, de trabajo, encontrando repuestas a muchas situaciones vividas.

Mi intención en entregar esta información que a mí me cambió la vida. ☺ He leído muchos libros, he tomado varios cursos y formaciones y lo que escribo acá es un resumen sencillo y práctico que podrás integrar de manera fácil descubriendo en tu historia familiar un tesoro maravilloso donde están las raíces que te ayudarán a crecer con fuerza para empoderarte y a tener el control de tu vida.

El estudio del Transgeneracional, se basa en muchos conceptos y definiciones que se subdividen en interesantes capítulos los cuales se van entrelazando para dar una lectura y análisis completa a nuestra historia de vida, personal y familiar.

Comenzaré explicando lo que significa tener una **lealtad** en nuestro Árbol Genealógico. La verdad tenemos más de una lealtad que nos amarra y de alguna manera inconsciente nos empuja a seguirla, olvidando nuestra propia existencia y deseos personales en esta vida.

Léelo y reléelo. Trátalo con amor, hay un gran tesoro en él,
la comprensión y Sanación de tu propia vida.

Empezamos…

LEALTADES,
VIRTUDES Y RECURSOS

Quisiera recordar que heredamos un montón de recursos de nuestro clan familiar. Muchas cosas positivas, como el talento para las artes, música, la facilidad para aprender idiomas, para aprender un instrumento, la capacidad de crear un negocio, para ver la vida de una manera positiva, el amor por la naturaleza, los animales, el autocuidado. Lo que sucede es que a "Terapia" van las personas que han quedado inconscientemente atrapadas en vínculos o lealtades de su árbol que están impidiendo que su vida fluya como ellos quieren y se sienten bloqueados en distintos ámbitos de su vida.

Nadie por lo menos hasta ahora ha llegado a mi diciendo:

_ *"Tengo una vida de sueños, estoy con la mujer que amo, la relación con mis padres es de lo mejor y la abundancia crece día a día en todos los ámbitos de mi vida."*

Que no te parezca lejano ni una broma. Todos estamos destinados a tener una vida agradable, llena de amor y abundancia, pero para que esto ocurra debemos entrar en nuestra historia personal para ver qué es lo que debemos solucionar, desbloquear para tener el control de nuestra vida.

Si cambiamos nuestra programación, cambiamos nuestro destino.

"Nada es bueno - nada es malo
todo es perfecto y cada quien hizo lo mejor que pudo
con las herramientas que tuvo."

PROGRAMAS HEREDADOS Y CREENCIAS LIMITANTES

"Tus creencias se convierten en tus pensamientos,
tus pensamientos se convierten en tus palabras,
tus palabras se convierten en tus actos,
tus actos se convierten en tus hábitos,
tus hábitos se convierten en tus valores,
tus valores se convierten en tu destino."

-Gandhi-

Con todo lo que has leído hasta ahora sé que has comprendido lo que significa un programa. Tal como su palabra lo dice, es algo que está preparado de cierta manera, tiene una forma de ser, tiene una intención, una forma de actuar, tiene un sentido, una forma de comenzar y terminar, así igual como lo sería un *programa de tv.*

Cada familia tiene sus propios programas, que están definidos por sus propias creencias.

Muchas de estas creencias son limitantes, tienen su inicio demasiado tiempo atrás hoy ya están obsoletas, sin embargo, nuestra lealtad a nuestro árbol nos impide ir al cambio.

Sentimos que somos "desleales", que los estamos desafiando, revelando, desautorizando, faltando el respeto, si hacemos algo que nuestros ancestros no hicieron y queremos evitar la culpa y la exclusión del clan. Nuestra vida está marcada por nuestras propias creencias y por lo que hemos heredado de nuestras familias.

Para liberarnos de estos programas, necesitamos revisar nuestras creencias, y reprogramar nuestra mente a nuevas ideas, nuevos conceptos, una nueva forma de ver, sentir y de vivir la vida.

Muchas personan sienten miedo cuando les digo que deben seguir su instinto, su corazón, y hacer lo que desean hacer y no lo que han hecho sus familiares o padres. Se sienten que están haciendo algo "malo", y más miedo sienten cuando les digo que deben *"Cortar con las lealtades y patrones familiares".*

No es posible y no consiste en *ELIMINAR NUESTRAS RAÍCES*, no se trata de "cortar" con nuestros ancestros, somos los que somos y hemos llegado en donde estamos hoy justamente por la familia que elegimos en esta vida, (sobre todo por la elección de nuestros padres). Cortar con nuestras lealtades significa "cortar" con todo aquello que hoy ya no nos sirve para nuestra existencia.

"Nuestra Familia: Al igual que las ramas de un árbol,
crecemos en direcciones diferentes,
pero las raíces siguen siendo las mismas."

"El arte de vivir es cambiar las hojas sin perder las raíces."

No es posible ignorar nuestro origen, no solamente porque esto se transmitirá a la siguiente generación, sino que no es posible renacer desde otra semilla.

Cada familia es un tipo de semilla, que ha dado ciertos frutos, y algunos frutos se han secado, otros no han crecido, pero si una semilla se planta en tierra fértil, se cuida, se ama, se da todo lo necesario para que esta semilla crezca. Dará maravillosos frutos, crecerá, se hará fuerte y de ser una simple semilla puede llegar a ser una planta y de esa planta puede llegar a ser un árbol (como el gomero) y dará más semillas para su crecimiento y expansión.

La invitación es a reconocer qué tipo de semilla eres, qué cuidados necesitas, qué ramas hay que podar, con amor y respeto para que florezcas en todo tu esplendor. Como lo ves las raíces no se tocan, ya están ahí, y si el maltrato es mucho, finalmente la raíz también se seca y muere.

¡Pero un árbol nunca quiere morir!

Yo misma lo he comprobado.

Mi padre hace años atrás compró un árbol de pomelo (fruta preferida de mi hermana y mía).

Al cabo de tres o cuatro año dio 3 pomelos, luego 10 y las ramas crecían y crecían y el árbol crecía, pero seguía dando 10, 15 ó 20 pomelos en 10 años.

Todo hablaban del pomelo que era tan grande y no daba frutos, que había que sacarlo, que ocupaba espacio, mejor plantar otro árbol, pero creció tanto y tan rápido que ahí seguía el árbol.

Las ramas estaban tan gruesas y largas que estaban creciendo sobre el techo de la terraza.

Mi padre decidió podar las ramas, yo lo ayudé y recuerdo que me tuve que colgar de las ramas para poder bajarlas y que mi padre pudiera cortarlas.

Quedó disminuido a un simple tronco con algunas ramas. Me dio pena, y le hablé y le dije al árbol, necesitábamos cortar estas ramas, tú te quedas no te preocupes, te amo.

Se acercó el otoño, primavera y el árbol creció y creció, en todas sus ramas estaban llenas de hojas verdes y de un color maravilloso y lo mejor de todo con más de 200 pomelos y no estoy exagerando.

Desde que el árbol fue podado, revivió, tomó fuerzas para crecer y lo hemos bendecido y agradecido tanto que cada año da más y más frutos.

El secreto está también en agradecer. Aunque creas que no tienes nada o ninguna razón para hacerlo, créeme que es una palabra y acto mágico de amor. Tienes mucho por agradecer, poco a poco te irás dando cuenta que es así.

Entonces debes estar atento(a) todos los programas que vayan apareciendo, a tomar consciencia, y desde el amor y sin juicio, reprogramarlo (podarlo, cortarlo) para renovar esas creencias y tener un nuevo destino.

La invitación es a ir a colonizar una *"nueva rama"*, del mismo árbol. Ya que por generaciones muchas familias han decidido ir y colonizar la "misma rama" y esa rama ya está a punto de romper y caer.

Una lealtad nos obliga a "sabotear nuestra vida", podemos estar trabajando en lo que amamos, viajando por el mundo, pero como nuestros ancestros o nuestros padres, no han tenido la vida que han querido, o no han podido estudiar lo desean, nosotros por "amor y lealtad familiar" nos haremos fracasar en nuestros sueños para pertenecer a nuestro clan y así, seguiremos el mismo triste destino.

Las creencias de nuestras familias siempre dejan *huellas*. Marcas que se graban en nuestro inconsciente como contratos a los cuales debes cumplir y respetar.

Muchas de estas creencias a lo largo pueden limitarnos ya que han formado parte importante en la vida de nuestros ancestros y ahora en la nuestra.

Creencias como:

- *Todos los hombres son iguales.*
- *Todas las mujeres son manipuladoras.*
- *Todos los jefes son explotadores.*
- *Si naces pobre mueres pobre.*
- *La vida es dura y sacrificada.*
- *Después de cierta edad, comienzan los achaques…*
- *Si no estudias en una Universidad, no eres nadie…*
- *El dinero se va como arena entre las manos.*
- *El dinero se va como agua entre las manos.*
- *La energía negativa de la gente me enferma.*
- *Tendré diabetes igual que todos en mi familia.*
- *En mi familia las mujeres mueren de cáncer.*
- *Todos los hombres de mi familia mueren jóvenes.*

Aunque no lo creas, nuestro inconsciente se encarga de que nuestras creencias se cumplan, y buscamos de manera inconsciente hacer cumplir este mandato, buscando a hombres abusivos igual a nuestro abuelo o nuestro padre, mujeres abusadoras como la tía abuela y jefes explotadores como el de mi padre.

Estas creencias nos limitan nuestra forma de pensar y de poder cambiar nuestra realidad.

También por suerte heredamos creencias que nos favorecen y nos bendicen. Lo que sucede es que de todo lo bueno no sabemos estar agradecidos y no consideramos que sea un recurso importante heredado de nuestros ancestros.

Creencias como:

- No importa qué tipo de negocios hagas, tú sabes que nos irá bien.
- Siempre tenemos suerte en los sorteos.
- Cada vez que busco ofertas de viajes encuentro una buena promoción.
- Siempre encuentro exactamente lo que necesito.

Talentos y habilidades como:

- Facilidad para aprender idiomas.
- Facilidad para crear nuevos negocios.
- Talentos para la música, canto, escritura, danza, pintura y mucho más.

Concentrarnos en las creencias positivas que se nos han heredado nos permite ver el mundo con ojos de nuevas posibilidades.

Nos permite reforzar nuestra autoestima y seguridad personal. Nos permite crear una realidad con nuevos sueños, metas y propósitos mejorando nuestra calidad de vida y superando en creces la vida que se nos ha entregado.

Nuestras creencias abarcan todos los ámbitos de nuestra vida. Las tenemos en relación a la pareja, a los hijos, al dinero, a los negocios, a la salud.

Ejemplos:

- Todos los hombres son infieles.
- Los hijos cuando se casan se van con la familia de la esposa.
- El Dinero se gana con el sudor de nuestra frente.
- Nuestra familia es un fracaso para los negocios.
- En nuestra familia, la gente se muere de cáncer.

La finalidad de detectar nuestras creencias familiares es para saber cuáles de ellas hoy nos limitan o favorecen para elegir a *consciencia* el camino que queremos seguir en nuestra vida. Es nuestro libre albedrío que nos permite conservar o agradecer lo que hemos heredado.

Te invito a realizar un trabajo personal. Esto ayudará a que conozcas más de ti, de lo que has heredado y vayas comprendiendo acerca de tu propia historia familiar ☺

Trabajo personal:

Haz una lista con 20 creencias Positivas y 20 creencias negativas que estén en ti. Estamos llenos de creencias, nuestra vida gira en torno a ellas.

Para que te sea fácil te recomiendo de subdividirla:

5 creencias por cada ítem.

- Amor y relaciones de Pareja.
- Amistad.
- Familia.
- Padres.
- Hijos.
- Salud y Cuerpo.
- Hobbies y Viajes.
- La vida.
- La muerte.
- El trabajo.
- La felicidad.
- Dinero.

- Éxito.
- El mundo, la naturaleza, los animales, el planeta, el agua, la tierra, la luna y el sol. ☺

Puede ser que al intentar comenzar a escribir tu lista sientas que no cargas con ninguna creencia, piensa entonces en las **creencias de tus padres, abuelos, porque las creencias de ellos son las que están rigiendo tu vida en este presente y tú no eres consciente de ello.**

Recuerdo un caso de un hombre que me vino a visitar en Terapia porque sentía que estaba bloqueado con el dinero en su vida. Hacía clases de gimnasia y corría de un colegio a otro para lograr hacer un sueldo digno mes a mes.

Tenía también 4 hijos que mantener de dos madres diferentes.

Trabajamos su árbol y vimos con claridad las dificultades que estaban arraigadas en su clan en relación al dinero.

Su historia era así:

Un abuelo que había salido de casa para buscar trabajo y que jamás regresó a su hogar, era un factor importante ya que una de las creencias asociaba la búsqueda de dinero con abandono de hogar y separación.

Algo así:

La búsqueda del dinero es igual a abandono, (ya que el abuelo se fue de casa para buscar dinero y no regresó).

abandono = separación
separación = soledad
soledad = sacrificio
sacrificio = miseria

Este abuelo era hasta entonces el que mantenía la familia con 6 hijos y se fue con otra mujer y dejó a una madre sola con 6 niños pequeños.

Su abuela, tíos y madre debieron todos comenzar a trabajar, mientras que algunos se turnaban para cuidar a sus hermanitos menores, debieron retirarse de sus colegios para traer dinero a casa. La abuela trabajaba de costurera, y hacía aseo en hogares, corría de un lugar a otro tratando de juntar el dinero mes a mes para los 7.

Este hombre que me consultaba, me dijo:
"Mi creencia es que quiero ser abundante"…

Yo le dije:

Tu creencia es **"debo ganar el dinero con el sudor de mi frente".**

Que era finalmente lo que por años se grabó en el inconsciente de todos los miembros de su familia y aunque el creyera que quería ser abundante su lealtad le decía lo contrario.

Si cambiamos nuestras creencias estaremos transmitiendo una nueva información que caerá como una lluvia de bendiciones sobre las futuras generaciones.

Todas tus habilidades adquiridas serán transmitidas a tus hijos,
sean buenas o sean malas, a ellos no les importa.
La naturaleza no juzga, obedece.

-Laín García Calvo-
Libro *Cómo Atraer el Dinero*

En esta fotografía a tu izquierda abajo está mi bisabuelo chino paterno Chung Wa-Kay. Más arriba la mujer que mira hacia la derecha sosteniendo un gorro blanco es mi abuela paterna, María Isabel Wong Leal. A su lado el hermano de mi abuelo paterno, Moisés Chung. Abajo en cuclillas hacia la derecha al lado de una mujer de abrigo oscuro el otro hermano de mi abuelo paterno Carlos Chung.

Por eso no los me gustan los vicos chilenos... Ellos mataron a Manuel Rodríguez, mi tatarabuelo.

¿QUÉ ES EL TRANSGENERACIONAL?

Nuestro Árbol Genealógico guarda la semilla de lo que nosotros seremos.

Conocerlo, cuidarlo, nutrirlo, sanarlo, es nuestro deber.

Si sabemos de dónde venimos, sabremos mejor para dónde vamos. Y si sabemos de quienes venimos, entenderemos mejor quiénes somos.

¿Sabías que las memorias y vivencias de nuestros ancestros se transmiten de generación en generación?

¿Sabías que a través de la concepción los antepasados envían su legado al bebé por nacer?

El Transgeneracional puede definir todo lo relacionado con la familia, su historia, en cómo yo estoy involucrado, en cómo me afectan sus vivencias (aunque no conozca a muchos de mis ancestros) y para realizar el estudio de tu historia familiar vamos a considerar varios puntos que aprenderás en este libro.

Aprenderás a distinguir patrones y modelos familiares, que estamos repitiendo o reparando, cuáles son los programas que te pueden estar afectando para poder trascenderlos y así tener una mejor comprensión de tu vida, la de tus padres, tus elecciones de vida y lo mejor de todo, el control de lo que quieres comenzar a vivir en consciencia y con amor, dejando atrás juicios, resentimientos, y memorias dolorosas.

La palabra Transgeneracional es relativamente nueva, entiendo que aún no figura en el diccionario a pesar de que cada día se utiliza más y más. Es una palabra compuesta por Trans que significa más allá, a través de, y generacional: un adjetivo que hace referencia a una generación o generaciones.

"Más allá de las Generaciones" es la definición que a mí más me gusta. ☺

La palabra **generación** proviene del latín generatio, -ōnisde generare, que significa acción y efecto de engendrar (dar vida a un nuevo ser) y de generar (producir).

A su vez, se le define como:

El conjunto de individuos que descienden de un otro en línea recta; el conjunto de personas que, habiendo nacido en fechas próximas y recibido educación e influjos culturales y sociales semejantes adoptan una actitud en cierto modo común en el ámbito del pensamiento o de la creación; y, por último, también significa casta, género especie (Real Academia Española, 2014).

Se dice que este estudio abarca hasta la 7ª generación. Anne Shutzenberger, (Madre del Transgeneracional) llegó a esta conclusión luego del estudio de muchos de sus pacientes al ver la "coincidencia" y repeticiones de vida hasta la 7ª generación.

Hoy se trabaja hasta la 4ta generación, por varias razones: Hoy en día las personas tienen larga vida, antes las expectativas de vidas eran inferiores y teníamos a padres, abuelos, bisabuelos y tatarabuelos, etc. En la actualidad logramos tener información algunos hasta los bisabuelos.

Tu eres la 4ta generación, tus padres la 3ra generación, tus abuelos la 2da y tus bisabuelos la 1ra generación para realizar el estudio del Árbol Genealógico La 5ta generación serían tus hijos, tus sobrinos.

"¿Tú aún crees que no has heredado nada de tus ancestros?"

LAS GENERACIONES

Cuando en una generación se deja algo sin resolver" será en la siguiente en la que alguien, consciente e inconscientemente trate de compensarlo, quedando atrapado en temas o asuntos que no son en realidad de su responsabilidad.
La Transmisión Transgeneracionales de los problemas familiares crean destinos difíciles y trágicos.

–Bert Hellinger –
Creador de las Constelaciones Familiares
y Los órdenes del amor
Filósofo y Terapeuta Alemán

En este capítulo aprenderás como un conflicto que surge y se crea en una generación se transmite a la siguiente.

Si bien heredamos conflictos incluso hasta la 7ma generación se habla que cada 4ta generaciones se tienden a resolver el problema, y luego comienza a buscar nuevas formas de resolución y recursos que se integrarán en el sistema Familiar.

1ra Generación se le llama **el secreto o tabú**

2da Generación es **la inconsciencia**

3ra Generación son **los síntomas**

4ta Generación **la resolución**

5ta Generación **el recurso**

La 1ra Generación *están tus bisabuelos de ambos árboles* (papá y mamá).

La 2da Generación *tus abuelos paternos y abuelos maternos.*

La 3ra Generación *están tus padres* (a tu derecha PAPÁ, y a tu izquierda MAMÁ).

La 4ta Generación *estás tú.*

La 5ta Generación *están tus hijos y sobrinos.*

En cada GENERACIÓN, un mismo conflicto se vive de distintas maneras:

Heredamos los conflictos de nuestros ancestros, desde nuestros padres hacía atrás, y se incluyen tíos, tíos abuelos, pero primos y hermanos por lo general están en nuestra misma generación y no tenemos fuertes lealtades con ellos.

Para la mejor comprensión de nuestro Árbol Genealógico, en cada generación se le denominó un nombre especial.

EL SECRETO /TABÚ

LA INCONSCIENCIA

LOS SÍNTOMAS

LA RESOLUCIÓN
TÚ

EL RECURSO"

La 1ra Generación *"El secreto /Tabú"*

Comienza esta generación con un "acto traumático" un drama, un acontecimiento fuerte, impactante doloroso, del cual no se habla, no es reconocido y se mantiene en secreto.

Algo grave, un suceso importante que traerá consecuencias a la descendencia. Por lo general está relacionado a asesinatos, suicidios, abusos, violaciones, incestos, estafas, cárcel, exclusión de algún familiar.

La **1ra Generación,** lo calla, lo silencia, es un acontecimiento que se ha repetido por muchas generaciones pasadas.

La 2da Generación *"La inconsciencia"*

Se genera una desconexión a lo sucedido, de alguna manera las mentes de "anestesian", hay un alejamiento de la "realidad". El miedo a enfrentar este acontecimiento nos vuelve inconscientes. Vivimos enajenados a lo ocurrido, o preferimos creer otra realidad.

La **2da Generación,** pretende que nada ha sucedido, se desconecta de la realidad, el **miedo** por lo sucedido, las consecuencias que pueda traer y el miedo a develar lo ocurrido nos transforma en personas "adormecidas".

La 3ra Generación *"Los síntomas, simbólicos o reales"*

En esta generación surgen enfermedades físicas, síntomas (las emociones ocultas buscan salir) se viven escándalos, *el árbol se agita se remueve.*

La **3ra Generación** somatiza lo sucedido ya sea por medio de síntomas físicos y/o emocionales o por escándalos.

La 4ta Generación *"La resolución"*

Nace un **"buscador dentro del Árbol Genealógico"**, busca comprender, analizar lo sucedido de manera consciente, soluciona el drama heredado.

La **4ª Generación** encuentra la solución al conflicto, comienza la búsqueda de una explicación, se llama a la justicia, no hay temor de sacar a la luz las sombras.

La 5ª Generación *"El recurso"*

En esta generación convierten el **"bloqueo en un recurso"**, existen para esta generación nuevas herramientas de sanación, nuevas oportunidades, se da libertad de tener sus propias creencias, religiones, se desarrolla más el área artístico y sanador del árbol.

La **5ª Generación** transforma y transmuta el bloqueo en un nuevo recurso para el árbol. Cuando ya se ha develado el conflicto – trauma, viene el equilibrio, se busca por medio de profesiones, nuevas elecciones de pareja, nuevos caminos, se busca cambiar patrones y lealtades para integrar una nueva forma de vida. → Isí, Max Isabelle
twinnies seba

Existen 4 fuerzas poderosas que interfieren y desequilibran el orden del clan: Estas son energías que se han dado mucha fuerza y una connotación más bien negativa, y ese significado negativo es el que se transmite a las siguientes generaciones.

_ Dinero

_ Sexo

_ Poder

_ Amor

Para que este te quede más claro te compartiré algunos ejemplos que estoy segura podrás mentalmente relacionarlos con episodios de tu vida, que has vivido u oído.

PROGRAMA DE ABUSO

1ª Generación el Secreto o Tabú

Cuando conflictos dolorosos y traumáticos no se han resuelto se vuelven a repetir hasta que algún miembro del clan tome consciencia y lo libere para la sanación del árbol.

En esta generación vamos a colocar un caso muy recurrente, en lo personal me llamó mucho la atención cuando recién comencé a analizar Árboles Genealógicos la cantidad de abusos sexuales que existentes en nuestras familias. En todas sin excepción, lo que genera muchas disfunciones familiares y graves consecuencias emocionales.

Veremos ahora un ejemplo para que lo comprendas mejor:

Vamos a llamar al **Bisabuelo Marcos**. Padre de familia, que daba la apariencia de un hombre normal y correcto. Acostumbraba emborracharse los fines de semana sin mayores escándalos, pero esto no era algo anormal para la familia ni el entorno social. Un fin de semana cuando llega a casa viola a su hija Mayor **Carmen** de 11 años de edad.

Al día siguiente su padre (**Marcos**) lo ignora y pretende que nada ha hecho y al mismo tiempo su hija Carmen lo olvida. Nuestra mente nos protege, cuando algo tan descabellado nos ocurre, tan impactante y doloroso lo bloqueamos casi de manera inmediata, el recuerdo parece desaparecer, pero quedan las memorias emocionales, el corazón no puede bloquear lo que ha vivido y nuestra Alma tampoco.

Muchas veces creemos que porque **"algo"** lo hemos **bloqueado** ya no existe o no sucedió y es todo lo contrario. Lo ocurrido comienza poco a poco a tomar **fuerza**, esto forma parte de una energía que vive en nuestro inconsciente, y ya habita en el inconsciente familiar, lo escondemos bajo la **alfombra**, pero llega un momento que no pueden tantas **generaciones** seguir guardando lo **sucio** bajo la **alfombra** porque ya no queda espacio y la basura lo **sucio es evidente**, se ve mal, huele a kilómetros…

Con este trágico episodio se da inicio, a varias generaciones de dolor, traumas, síntomas físicos y emocionales, disfuncionalidad del clan y hasta perversiones sexuales.

2da Generación es la Inconsciencia

Todos al nacer y especialmente en nuestra infancia necesitamos rodearnos de un ambiente cálido, amoroso, respetuoso, de valores íntegros y un ambiente emocionalmente saludable.

Necesitamos el amor de papá y mamá, la protección y cuidados de ambos, así como el amor mutuo entre ellos nos fortalecerá como seres humanos sólidos y lograremos crecer y desarrollarnos en un entorno seguro, donde nuestra personalidad sea motivada a amarnos, a respetarnos, a exigir respeto y a dar y entregar amor. Lo vivido en nuestra infancia marcará lo que emocionalmente viviremos en la adolescencia y nuestra etapa adulta será un conjunto de todo lo vivido, sumado a las lealtades familiares que todos heredamos.

Pero…. En muchos casos la realidad es otra.

Nuestros padres no saben amarse, quieren a un "otro" que los ame, por lo tanto, la posibilidad de entregar amor es mínima, si ellos han tenido problemas de autoestima e inseguridad heredaremos más de lo mismo. Y no es su culpa, han sido criado por padres que tampoco les han enseñado lo que es el amor. La gran mayoría crecemos en familias de alguna manera disfuncionales, con más de algún conflicto por resolver y unos cuantos más bloqueados, la contención y apoyo frente a algo trágico que nos ha ocurrido tiende a anestesiarse, a quedar dormido, y la vida sigue.

Los niños raramente pueden distinguir que es **"lo bueno de lo malo"** y viceversa. Situaciones violentas y abusivas en algunos casos pasan ser normales dentro del clan. Y en este ejemplo que hemos visto, si el padre es un violador, me costará definir de adulto que significa elegir una vida sana y equilibrada.

Carmen crece en el desamparo de su dolor. Muy probable que quizás lo haya **insinuado,** y como lo he visto muchas veces en Terapia, la madre lo ignora, como si jamás lo hubiese escuchado, trata de hacer creer que la niña **mal interpretó** algo, que eso no fue así, incluso puede pedirle hasta el silencio. Cualquier situación que haya ocurrido en esta generación duerme en los laureles.

Carmen desarrolla una sexualidad sin emoción, no puede su mente grabar dos significados de un mismo evento. O es **asqueroso y repugnante** o es algo **hermoso y bello**, a menos que el en futuro lo trabaje para transmutar estas memorias. Carmen termina en rebeldía su adolescencia sin saber que su cuerpo es agrado y que se debe respeto (tristemente nadie en su clan lo ha enseñado) y acaba por adicciones y ejerciendo la prostitución.

Carmen es repudiada por su clan, es la vergüenza de todos, es rechazada y excluida por toda su familia, y ella clama injusticia sin saber cómo defenderse, busca oportunidades de ser integrada y de retornar al clan, pero termina en la soledad de su sufrimiento.

Acá ya energéticamente se comienza a generar una nueva emoción, alguien en las futuras generaciones la presentará para exigir su justicia y será simbólicamente su portavoz.

Es importante destacar que en tema Transgeneracional, cuando vemos abusos y violaciones, es algo que se ha venido repitiendo en varias generaciones. El Bisabuelo, abuelo y padre, **Marcos** ha sido abusado sexualmente, puede haber sido una o varias veces, y él en su dolor aprende e integra este patrón.

En esta generación es la aparición de las **"ovejas negras del clan"** así como los sanadores y terapeutas que son de alguna manera también rechazados por el clan.

3ra Generación los Síntomas

En esta generación tal y como se indica aparecen simbólicamente **síntomas** de lo ocurrido. En otros casos los síntomas pueden reales y se representan con enfermedades a los órganos internos, alergias, cáncer, etc.

Una de las hijas de su hermana llamada **María**, se casa con un hombre **(Juan)**, que al igual que su abuelo **Marcos**, parece ser normal y correcto. Al cabo del nacimiento de sus hijos se evidencia **Juan** abusaba de sus hijos.

En esta generación ya es todo evidente, y sale a la luz. Se busca justicia, el árbol agita y dejan caer miles de hojas secas.

4ª Generación la Resolución

En esta generación los Bisnietos de **Marcos**, desarrollan un abanico de posibilidades en torno al ámbito de la sexualidad. Buscan la forma de **adaptarse a lo vivido** y heredado en generaciones pasadas. Es la **resolución al conflicto.**

Evito repetir el drama por lo tanto busco nuevas formas de integrarme al clan sin dañarlo. Se puede dar la llegada de un bisnieto homosexual, de esta manera se impide tener hijos para no abusar de ellos, la segunda bisnieta es reprimida sexualmente, hereda la información de rechazo al sexo porque es malo, causa daño, es impuro y asqueroso. Y la tercera bisnieta es el otro polo de una misma moneda, busca el sexo desenfrenado, evitando conectarse emocionalmente con lo que esto ha significado a su clan, y puede llevarla a una vida sexual extrema y desenfrenada que luego con el paso de los años logra equilibrar y calmar.

5ª Generación el Recurso

Nace en esta generación una mujer que logra equilibrar el desenfreno y tormento vivido por su linaje femenino, así como los abusos y violaciones de su clan. Esta persona puede realizar trabajos de sanación, medicina, trabajar en servicios sociales en temas relacionados con abusos, o en hogares de niños abandonados, Terapia sexual, sexóloga, buscando de esta manera un aprendizaje y evolución.

Segundo ejemplo:

1ra Generación el Secreto o Tabú

El **Bisabuelo Francisco** perdido de ambición comete un crimen para apoderarse de la fortuna total. Logra zafar lo cometido y esto queda latente ya en el inconsciente. Su mente ignora so sucedido y se llena de dinero fácil para él y su entorno.

2da Generación es la Inconsciencia

Para esta generación se sabe que existe un **no dicho,** también se sabe y comprende que no existe la posibilidad de sacar a la luz las sombras por miedo a las graves consciencias ya que esta generación se está beneficiando del dinero recibido, crecen grandes empresarios inconscientes, pero al mismo tiempo cargan con vidas trágicas como accidentes o muertes inesperadas, e infidelidades.

3ra Generación los Síntomas

En esta generación los miembros del clan sufren las consecuencias, pueden ser leales a la víctima de su abuelo. Y buscan reparar por medio de sus profesiones, y tenemos a personas que no son felices con la actividad que realizan, o ganan poco dinero por sus trabajos. Tenemos a banqueros, administradores de empresas, contadores, notarios.

Esta situación se ha vivido más generaciones atrás, el Bisabuelo ha cometido un crimen, y sus ancestros han cometido otro y habría que ver con quien es su lealtad y el dinero de quien ha querido recuperar. Según **Bert Hellinger,** aquél que comete un crimen lo hace sin sentimientos de culpa, hay una lealtad más fuerte que su consciencia.

En esta generación se comienza a oír lo ocurrido con sus antepasados, alguien lo comenta, se susurra, se busca esclarecer lo ocurrido, el drama, pica, molesta, incomoda.

Puede aparecer en la generación un miembro que ha heredado la empresa de su padre y en meses la lleva a la quiebra, su inconsciente lo hace sentir ilegal en el puesto que está y sabotea su situación laboral.

También tenemos los casos de personas que reniegan el dinero y sienten que el **dinero es sucio, simbólicamente hablando.** Existe una energía tóxica y dolorosa en relación al dinero. En sus inconscientes se ha transmitido esta información, y no saben porque razón pero el dinero es un tema para ellos.

Es el nacimiento de las **ovejas negras**, miembros del clan que regalan su dinero, lo pierden en estafas, malos negocios, o que no quieren estar relacionados con dinero y negocios. También son los que buscan saber exactamente qué fue lo que sucedió con el Bisabuelo, buscan remover el árbol y son rechazados pos su clan porque buscan sacar a la luz el secreto.

4ta Generación La Resolución

Es la generación donde los miembros de un clan eligen vivir dignamente siendo honrados, con trabajos a costa de sus estudios y sacrificios personas, que viven en una situación **estable, soñando** con generar nuevos ingresos para tener una mejor calidad de vida a través de lograr la independencia económica.

5ta Generación el Recurso

Los miembros de esta generación han trabajado ya sus **heridas**, su relación con el **dinero**, buscaban trabajar en temas relacionados s lo que les genere **pasión y amor.**

Generan más recursos de autoconocimiento personal, comprendiendo que tu creas tu realidad, se atreven a iniciar nuevos negocios, empresas o emprendimientos, logrando superar económicamente la historia económica de su familia de una manera sana, equilibrada y lejos del drama.

Espero que estos ejemplos hayan aclarado bien el tema de nuestras generaciones.

Busca ver en que generación te identificas en estos momentos, es muy probable que te encuentres en la 4ᵗᵃ o 5ᵗᵃ Generación.

Sea como sea, busca, busca, saca a la luz y libera, para liberarte a ti y a tus futuras generaciones, pero hazlo con el fin de sanar, no de enjuiciar, no podemos darnos ese poder, **tus ancestros quieren que sanes**, que crezcas que evoluciones.

Todos merecemos vivir una mejor calidad de vida, todos merecemos encontrar la paz, la abundancia y el amor.

"Si sanamos nosotros, sana nuestra familia,
y si sana nuestra familia sana la sociedad,
y si la sociedad sana, Podemos Sanar al Mundo ☺"

EL KARMA DEL DINERO
(Programa de dificultad para tenerlo)

La 1ra Generación *"El secreto /tabú":*

El Bisabuelo Gerardo comete un "crimen" para apoderarse del dinero familiar. En secreto traspasa bienes y dinero a su propia cuenta.

La 2da Generación *"La inconsciencia"*

Se desarrollan como empresarios, nadie cuestiona la riqueza recibida, "se sabe" que quizás algo ocurrió, pero disfrutan del dinero y de los beneficios de éste. Existe una energía densa dentro del clan familiar.

La 3ra Generación *"Los síntomas, simbólicos o reales"*

Comienzan a aparecer accidentes, y muertes trágicas …

La empresa va a la quiebra, el inconsciente "familiar" carga con el trauma y dolor del asesinato oculto, se pierden bienes, y ganancias de años.

La 4ta Generación *"La resolución":*

Esta generación entrega el negocio de las empresas, renuncian a invertir dinero que no tienen y no quieren deber dinero a los empleados. Buscan nuevas opciones de trabajo, y aparecen artistas, bailarines, músicos, terapeutas.

La 5ta Generación *"El recurso"*

Miembros del clan son autónomos, viven con dignidad, desarrollan el amor, la empatía, trabajan honradamente para ganar su dinero.

Todo lo vivido por nuestros antepasados se hereda. Todo, créeme que todo, nada queda al olvido y si algo ha quedado en el olvido habrá algún miembro del clan que los saque a la luz. Lo que sucede en una generación se traspasa a las siguientes generaciones con la finalidad de "reparar" el conflicto y quitar fuerza a los programas heredados.

¿Qué sucede si no tengo mayor información para trabajar en mi historia familiar?

Si no tienes mucha o casi nada de información, también se puede trabajar en ti, si no tienes la información de los abuelos, trabajaremos con tus padres y si no tienes ninguna información de tus padres, puedo trabajar solamente contigo y ayudarte igual a encontrar el sentido de tu vida, la comprensión de lo que has vivido, y la sanación. *Se puede saber qué información has heredado porque será algo que en tu vida no logras resolver.*

Si sientes que llevas una vida que no te corresponde si has tenido demasiados accidentes, si siempre repites tu misma historia sentimental, o el mismo patrón de amistades o trabajos, es porque estás **enredado** en la **vida de algún ancestro**. Se heredan sus miedos, angustias, la facilidad para tener dinero o para perderlo, talentos, virtudes, además del parecido físico, forma de hablar, reír, etc.

Se hereda y se transmite todo, incluyendo *secretos de familia.*

Recuerdo un caso que compartiré contigo.

Me vino a ver una mujer de unos 40 años de edad. Entre todos los conflictos que quería solucionar y ver, había uno que me llamó la atención y que hoy compartiré contigo.

La llamaremos Teresa, a ella siempre le gustó cocinar, desde muy pequeña mostró este interés y cocinar le resultaba algo muy fácil, casi instintivo. Una vez que fue adulta, esto se volvió casi una obsesión, cocinaba y cocinaba, pero de una manera exagerada. (en el transgeneracional se llama MANÍA) podemos tener "manías" que vienen justamente de conflictos de nuestros antepasados.

Ella podía cocinar pasta, arroz, dos quiches, queques y 60 cupcakes, lo que luego regalaba a sus hermanas, sobrinos, padres, o abuelos, incluidos amistades.

Podía estar cansada por las noches, pero era como una **necesidad casi como un "deber" y este instinto se acentuaba casi siempre por las noches. "Cocinar y mucho es algo más fuerte que yo", decía Teresa...**

De noche todos dormían y ella se quedaba esperando por los queques, tartas, que había preparado y una vez listos, los envolvía y al día siguiente los regala a la familia.

Con el estudio y análisis de su historia familiar, ella pudo contactar a una prima hermana de su madre, muy mayor. Siempre ocurre así para que estés atento(a) las señales que te envía tu árbol o inconsciente familiar.

Cuando comienzas a trabajar en tu historia familiar, ¡todas las ramas comienzan a sacudirse! Aparecen familiares lejanos, tíos, primos, hermanastros, cartas, fotos, historias nuevas llegan a tus oídos, secretos, todo, todo comienza a facilitar este hermoso trabajo personal y familiar.

Nuestro árbol es un árbol que vive, respira dentro de cada uno de nosotros, y quiere sanar, quiere crecer firme y fuerte y que todos los miembros de ese clan encuentren y brillen con su propia luz.

Mi Clienta o Consultante invitó a almorzar a esta tía con el fin de saber más de su historia familiar. Lo que ella estaba buscando era saber cómo habían vivido su madre, su abuela y tías ya que había varias mujeres de su clan con cáncer de mamas y como en las Terapias que yo trabajo también integro "Biodescodificación" (es buscar el origen emocional a los síntomas que nos enferman) había que conocer la historia de desvalorización del linaje femenino, ver si quedaron duelos no resueltos, algún secreto que liberar, etc.

Durante ese almuerzo Teresa descubrió muchas cosas que ignoraba por completo, quizás muchas de ellas las había oído, pero no estaba consciente del peso que eso significaba.

La tía se llamaba Magaly, y ella contaba la historia como la cuentan las tías, evadiendo drama, minimizando los dolores y tapando lo injustificable.

Siempre sobretodo en Terapia las personas evaden, esconden, tosen, estornudan, hasta se ahogan, cuando les pregunto de su familia, y cuando deciden hablar de las historias de sus familias lo hacen, pero **justificando todo.**

Justificando como, por ejemplo:

_ *Es que mi madre tenía muchos hijos yo era el último, entonces por eso me dejó con mi abuela.*

_ *Mi padre bebía después del trabajo porque trabajaba mucho y a veces me golpeaba, pero siempre más a mi madre…pero él la amaba mucho…*

_ *Mi tío jugaba conmigo mucho, a mí no me gustaba que se acercara a mí, porque me besaba jugando o me tocaba… pero lo hacía con todas las primas también.*

Acá en estas frases muy sutilmente se esconden abusos, malos tratos, de todo tipo, pero no nos gusta ver, y nos cuesta ver la realidad que compartimos con nuestra familia.

Pero solamente viendo lo que realmente sucedió, siendo honesta, aceptando, sin negar, soy capaz de modificar el patrón de vida que he venido repitiendo, y eso me ayudará a tomar consciencia y con la toma de consciencia tomaré decisiones a mi beneficio y al beneficio de quienes me rodean.

Volviendo a la cita con la tía abuela.

Magaly logró hablar de su propia historia familiar, del maltrato que recibió por años de su marido, que era igual como su padre y el esposo de una prima y de otra prima, una tía, etc. Todas habían elegido hombres maltratadores, alcohólicos y sus vidas habían sido muy similares, hasta varias de ellas llevaban el mismo nombre y los hombres tenían todos la misma profesión u oficio.

En la familia siempre se escuchó que esta tía había abandonado a su hija en un internado … la tía Magaly fue siempre muy juzgada por lo que hizo, sin embargo, nadie lo decía directamente.

En ese almuerzo la tía Magaly le contó la verdad de lo que se decía acerca del abandono a su hija; dijo que era tanto el maltrato de su marido hacia ella, que no quería que su hija la viera un día muerta o su hija fuese la víctima y por esa razón dejo a su hija ahí. Lo curioso es que deja a su hija, pero no deja al marido, todas las mujeres de su clan habían vivido una historia parecida y ninguna se había separado del hombre.

Al mismo tiempo esta situación le causaba mucha vergüenza y dolor y jamás le contó a su hija la razón de haberla enviado a un internado.

Al contar su historia lloraba a mares …estaba completamente entregada a hablar desde la verdad y liberar el dolor que por años habitaba en ella.

La tía Magaly contó la historia de tía en tía, y de prima en prima relatando sus vidas y todas habían tenido prácticamente la misma historia dramática y sufrida. TODAS las mujeres de su familia sin excepción.

Lo curioso fue cuando llegó a la historia de la abuelita Bernardita.

La abuela Bernardita era la abuela materna de Teresa, escucha su historia:

_ "La abuelita Bernardita era del sur de Chile, era la menor de 8 hermanos. A los 12 años la enviaron a trabajar fuera de su ciudad natal, a un hogar de unos familiares, *pero ella tuvo mucha suerte porque se casó con un hombre mayor y viudo que tenía 6 hijos más grandes que ella.*

Como ella era muy buena madre y esposa, porque su marido era algo machista y había que atenderlo (era mayor, viudo etc.) … ella cada noche cocinaba pasteles, y platos de comida y los ponía a la venta afuera de su hogar al día siguiente a primera hora en la mañana para ayudar con los gastos de la familia".

Suena muy dulce, como una familia cualquiera. La historia está contada de forma muy superficial.

Esa fue la historia que Teresa oyó por años, de *la abuelita Bernardita que se casó con un hombre mayor viudo que tenía 6 hijos y que ella había tenido 6 hijos más y que parece que algún bebé murió en el parto o embarazo. Un total de 12 hijos en el hogar, ya los 14 ya estaba comprometida y viviendo con este hombre y sus 6 hijos…*

Ahora tú, leyendo esta historia ¿te puedes imaginar a una niña de 15 años, casada con un hombre casi 30 años mayor que ella, cuidando a 6 hijos, y muy luego embarazada prácticamente cada año?

Recordemos que tener 15 años en el año 1918 es muy distinto a los 15 años de ahora.

Todos sabían que el viudo era algo *"borrachito"*, pero buen hombre porque le dio un "hogar" a esta joven niña…

Se desconocen más detalles y a nadie parece haberle importado realmente como vivió verdaderamente la abuelita Bernardita.

Lo curioso y nuevo para Teresa es que ella no tenía la menor idea de que la abuelita Bernardita cocinaba todas las noches y vendía lo que preparaba afuera de su hogar para mantener a los 12 hijos. ***ESA PARTE DE LA HISTORIA ERA LA PRIMERA VEZ QUE ELLA LO HABÍA OÍDO Y ESO HIZO UN "CLICK".***

Con el aprendizaje y análisis del Transgeneracional esta historia la traduje así:

Una niña llamada Bernardita la menor de 8 hermanos, fue enviada a trabajar de sirvienta a la ciudad en casa de unos familiares lejanos, la enviaron a este hogar para ser alimentada y tener un techo donde vivir, porque nadie quiso hacerse cargo de ella. No tenían el dinero para eso ni tampoco para educarla. Es decir, en la pequeña Bernardita a los 12 años ya es evidente el abandono, muy probable que haya sufrido abusos y malos tratos, nace y crece absolutamente carente de amor, desprotección, seguridad, pero nadie lo vio, para nadie es un problema, la vida fue así (si estudiamos su historia más atrás vamos a ver que uno de sus padres o ambos han vivido una historia muy parecida).

A los años de trabajar en ese hogar, un hombre adulto, que había quedado viudo ya mayor, abusador, machista, que andaba buscando quien criara a sus 6 hijos, se casó con ella, una menor de edad… (muy probable amigo de la familia).

Sin importar eso, la abusó y violó tantas veces que de esos abusos nacieron varios hijos, algunos fallecieron y 6 quedaron vivos.

Quizás tú dirás: En esa época las mujeres se casaban a esa edad… es lo que hemos estado acostumbrados a creer y a oír,… la verdad es que muchas jóvenes eran obligadas a casarse con aquel hombre que abuso de ellas, para evitar juicios, evitar conflictos, vergüenzas, se callaba lo sucedido y se tapaba con matrimonios, muchas jóvenes las entregaban al hombre, porque así era una carga menos para la familia, y muchas jóvenes se casaban para huir de sus hogares pensando que tendrían una vida mejor.

Sé que es duro de leer, sobre todo porque esto ha sucedido en el 95% de las familias, pero hay que dejar de contar nuestra historia familiar como un cuento de "Hadas" y es tiempo de liberar las verdaderas emociones, dolores recuerdos traumáticos para poder sanar.

En nuestro árbol, en todas las familias se esconden los mismos hechos y vivencias.

Abusos físicos, sexuales, verbales, incestos, malos tratos, violencia, secretos, dramas, muertes, suicidios, enfermedades mentales, robos, estafas, etc.

No nos vamos a creer la historia que una niña de 14 años quiere ser madrastra de 6 niños mayores que ella …

Tampoco nos vamos a convencer y creer que ella quiere por esposo a un hombre 30 años mayor que ella, al que podría ser su abuelo, ni mucho menos que a esa edad sepa lo que es el amor, relaciones de pareja, la sexualidad o el placer sexual.

Tampoco vamos a creer que fue feliz criando a 12 hijos, y satisfaciendo las necesidades cotidianas de esposa, de un hombre que abusaba sexualmente de ella. Este hombre era alcohólico y la golpeaba. Además visualiza el año y la época en que ocurrió todo, carencias económicas, agua fría para la ducha, y para lavar la enorme cantidad de ropa de tantos hijos y todo a mano.

Sí creo que la pobre Bernardita se sintió agradecida de tener un hogar y de estar casada ya que en la antigüedad había un dicho: *"agradece que tienes un hombre".* Fue tanto el abandono de su infancia y los malos tratos que recibió de pequeña, que la abuelita Bernardita, creció creyendo que era eso lo que merecía y nada más.

No fue amada ni protegida por ninguno de sus padres, una menor siempre va a buscar el amor que no le dieron sus progenitores en sus parejas, creyendo que suple esta carencia afectiva con la pareja con quien contrae matrimonio.

La abuelita Bernardita se sentía claramente en deuda por tener comida, y un techo donde vivir ella y sus 6 hijos. Fue tanto su abandono en la infancia que no sentía ni reconocía que llevaba una vida de humillaciones, violencia y abusos, por lo que no le parecía pagar caro por lo recibido.

Todo lo que ella vivió, todo lo que vivieron nuestros ancestros lo heredamos.

Por lo tanto, ¿puedes imaginar lo que ella sentía o imaginaba cuando veía llegar por las tardes y noches a su marido con trago exigiendo tener relaciones sexuales?

Por supuesto ya hay una reacción de rechazo, claramente a su corta edad el sexo jamás pudo ser un acto de amor y deseo puro, sino en su mente e inconsciente se graba "el sexo es malo, es asqueroso, es lo peor ".

¿Puedes imaginar que sentía esta niña cuando se daba cuenta que una vez más estaba embarazada?

En su mente e inconsciente se graba:

_ *No quiero este hijo, los hijos sufren, detesto u odio a este hombre, (al marido) los hijos son sacrificio, trabajo, infelicidad.*

Todo lo que ella sintió y vivió se nos ha heredado, la información queda grabada en el inconsciente familiar, en su ADN y se transmite además por medio del embarazo a las siguientes generaciones.

Aunque leer esto te impacte es la realidad, hay mucho más que no sabemos de ella y que tú no sabes de tu propia familia, te invito a oír sus historias y a "descifrar" la verdadera realidad y verás cómo encontraras mucho sentido a situaciones que has vivido en tu vida.

Con este conocimiento Teresa pudo comprender a su abuela materna, ella también a los 14 ó 15 años salió de su hogar y su madre, también a los 15 años salió de su hogar y todas con historias tristes y dolorosas. Se comprende la amargura, las pocas ganas de vivir, la tristeza y desmotivación de este linaje femenino, así como también el rechazo a los hombres.

Teresa se vio reflejada en su abuelita Bernardita, *comprendió esa locura (manía) descontrolada de cocinar por las noches grandes cantidades de comida.*

Descubrió que ella estaba siendo **"leal"** y **fiel** al **dolor** de su abuelita Bernardita. *Lo que ella vivió, había sido tan doloroso, que nadie nunca antes se había tomado el tiempo de tomar y acoger esta historia de esta mujer.*

Le pedí a Teresa que realizara un **"Acto de sanación"** dedicado especialmente a su abuelita Bernardita, esto consistía simplemente en escribirle una carta en donde ella le reconoce su dolor:

_ Abuelita Bernardita: comprendo tu dolor, tu cansancio, yo igual que tú cocino mucho, yo igual que tú me acuesto tarde y muy cansada, yo cocino mucho en grandes cantidades igual como tú lo hiciste, ahora comprendo lo cansada que te sentías, lo obligada que estabas a llevar esta vida incluso mil veces más difícil que la mía.

Debió haber sido muy sacrificado a tu corta edad el haber criado prácticamente sola a tantos niños, el haberte sentido abusada y jamás haber recibido amor.

Teresa comprendió que hacer exactamente lo mismo que su *Abuelita Bernardita* de manera inconsciente la acercaba a ella y calmaba su dolor. Ahora serían dos personas en un mismo sufrimiento, dos para apoyarse, dos para contenerse.

Teresa buscó fotos de su *Abuelita Bernardita*, y pudo ver el mensaje que transmitían estas fotografías. Se podía ver su rostro la tristeza, era muy bajita, delgada la incomprensión de lo que estaba viviendo, se podía ver y sentir a una niña, que quedó como niña herida, atrapada con cuerpo de adulta y anciana.

En Terapia con Teresa, trabajamos en conectar con esa niña perdida, huérfana, sola, desesperada y carente de cariño y amor, que creyó haber encontrado el amor de su vida y la salvación a sus sufrimientos.

Comprendió en nombre de su *Abuelita Bernardita* que su soledad, malos tratos de infancia y abandono la hicieron soñar con algo que Teresa también había soñado:

Cuando me case voy a ser feliz, luego cuando tenga mi hijo voy a ser feliz…

Teresa tampoco vivió ni tuvo una buena infancia, es por eso que cuando un hombre la miraba, ella sentía que solo ahí **existía en este mundo y aguantaba y soportaba todo tipo de infidelidades y abusos** exactamente igual que la *Abuelita Bernardita*.

Teresa estudió turismo siempre ha tenido ganas de viajar y vivir fuera de su país. Ahora comprendió también sus ganas de viajar por todo el mundo significaban solamente ganas de "huir" de su clan. Así como ella tantas veces la *Abuelita Bernardita* quiso hacerlo y no pudo.

Desde ese día Teresa honró conscientemente su vida, realizó un hermoso *"Acto de Sanación"* que te daré para que tú lo hagas cuando descubras alguna lealtad con un ancestro.

La idea es tomar consciencia, comprender lo sucedido liberar el dolor, transmutar la emoción y seguir tu camino.

Teresa dejó de cocinar exageradamente y me confesó que todo ese impulso mágicamente desapareció de la noche a la mañana. La manía que tenía por cocinar casi sin sentido se calmó.

Sin embargo, Teresa hoy cocina con placer, con tiempo, lo justo y necesario. Enseñó a sus hijos a cocinar, para que todos cooperen en el hogar.

Antes Teresa no podía pensar que su marido se preparar ni un huevo, o su padre, menos sus hijos.

Después de analizar su historia familiar Teresa disfruta cuando alguien cocina para ella, y lo disfruta sin culpa y feliz.

En mis Terapias siempre trabajo con actos de sanación o actos Psicomágicos. Estos son individuales y se crean de acuerdo al conflicto de cada persona. En esta ocasión trabajaremos con *"Cartas de Sanación"* que tienen un fuerte poder de Sanación y alivio emocional.

Cortar una "Lealtad" familiar no significa dejar de amar a esa persona, no significa que cortas con tus raíces o tu procedencia, tampoco significa que no ames ni respetes a tu familia, *simplemente significa que aquello que has heredado hoy ya no te sirve más y con amor y respeto renuncias a ello.*

ACTO DE SANACIÓN
LEALTAD A UN ANCESTRO

Primero vas a pensar en tu vida, en cómo ha sido. Analizar si estás sola, o eliges siempre el mismo tipo de parejas, si tienes problemas con el dinero, si sientes que tu vida está detenida, bloqueada, accidentada o llevas una enfermedad que se ha repetido en tu clan familiar, si te sientes triste o deprimida de siempre. En definitiva, es pensar y darte cuenta si tu vida es similar a la que haya vivido un ancestro.

Si eres mujer piensa en cómo ha sido y como ha vivido su vida tu madre, abuela o bisabuela, si eres hombre piensa en la vida de los hombres de tu clan familiar.

Te recomiendo un momento preciso, estar en tranquilidad, apagar la TV, colocar una música que te relaje, si tienes fotos de tus ancestros mucho mejor, te recomiendo prender una o más velitas, encender palo santo o incienso para dar un ambiente realmente especial.

Es bueno que sientas que hacer esto implica un acto de mucho agradecimiento, amor, sin juicios ni criticas, reconociendo que lo que han hecho tus ancestros era todo lo que podían hacer en ese momento de acuerdo a las experiencias de vida que les tocó vivir.

Te explicaré paso a paso como redactar la carta, luego tú la escribes completa, y puedes siempre agregar todo aquello que nazca de tu corazón.

Te daré algunos ejemplos por cada paso, toma el que te sirve y si no creas uno para ti, siempre siguiendo los pasos que se deben cumplir.

Es probable que aún no tengas claro que patrones o lealtades tienes con tu clan. Espera a terminar de leer este libro y podrás hacer este trabajo de sanación que te será de gran alivio. ☺

Primer paso

Reconocer qué "Lealtad" o "patrón" de vidas estas repitiendo y deseas dejar de hacer.

Puede ser el estar sola, sin hijos, la tristeza, falta de motivación, problemas de autoestima etc.

La lealtad a ser pobre y vivir en la carencia.

La lealtad en fracasar en tus negocios (tú no has sido exitoso yo tampoco lo seré).

Luego identificas de quién o quiénes lo has heredado.

Segundo paso

La carta va dirigida a:

Ejemplo **María Teresa Mardones Pérez,** mi madre.

María del Carmen Soto Pérez, mi abuela.

Yo ……….. Acá escribes tu nombre completo y la fecha de hoy.

Tomo consciencia que …….

Ejemplo: tomas consciencia que no has sabido amarte, que tienes miedo a estar en pareja, al abandono, que saboteas tus trabajos o vida amorosa, etc.

Debes escribir lo que tú sientas es por eso que no me gusta dar "Cartas tipos" porque cada persona es un mundo aparte y lo que tú sientes no es necesariamente lo que yo sienta.

Tercer paso

Renuncio a :

Ejemplo:

A seguir actuando de la misma manera.

A dejarme en último lugar.

A no darme lo que merezco.

A sentir que no tengo derecho a vivir, ser feliz, enamorarme… etc.

Cuarto paso

Aunque tu ….

Querida (o) (el nombre de las personas de quien quieres cortar la lealtad)

Aunque tú no hayas sido feliz yo decido serlo.

Aunque tú no hayas tenido éxito emprendiendo yo sí lo tendré.

Aunque tú no hayas tenido estudios, yo sí los tendré (muchas veces vemos a jóvenes que no pueden terminar sus tesis o carreras y viendo su historia familiar vemos que ninguno de sus ancestros ha ido a la Universidad o han tenido estudios).

Aunque tú no te hayas enamorado yo sí encontraré al amor de mi vida.

Aunque tú no haya sido abundante yo sí lo seré.

Quinto Paso

Agradezco...

Agradezco el ejemplo de vida, de tí tomo tu fuerza, tu valor, tus ganas de surgir.

Agradezco tu sacrificio al emigrar a otro país...

Agradezco los valores...

Agradezco las virtudes como...

Agradezco tu amor, cariño...

Sexto Paso

Amor y Honrar...

Te amo, y te honro por lo que eres, por todo lo que hiciste y...

Séptimo Paso

Me comprometo a...

Me comprometo a...trabajar en consciencia...

Me comprometo a...dejar de sentirme víctima de mi vida.

Me comprometo a ... tomar las riendas de mi vida.

Me comprometo a... dejar de culparte por...

Me comprometo a...dejar de enjuiciarte por...

Me comprometo a...darme cuenta cada vez que esté haciendo...

Y te despides con tu nombre completo:

Octavo Paso

Luego frente a un espejo, lees la carta tres veces:

_ Leer voz alta (para tu consciente).

_ Leer en susurro (para tu corazón).

_ Leer en silencio (para tu Alma).

Luego de haber leído las tres veces tu carta debes quemarla y las cenizas las entierras cerca de un arbolito. Puede ser en tu jardín, un parque, lo que sientas necesario.

Una vez enterradas las cenizas debes colocar miel. Si la miel está muy dura, la disuelves antes en agua caliente y la colocas en un vaso de vidrio. Dejas caer la miel sobre la tierra y con tus dedos esparces la miel sobre la tierra con la cual has cubierto las cenizas de tu carta.

"Desde el mismo momento en que alguien toma consciencia de algo, hace que todos los suyos también la tomen.

Ese alguien es la luz"

-Alejandro Jodorowsky-

El clan puede ser un país completo y cultura.

CUÍDATE DE SER
UNA VÍCTIMA DE TU VIDA

"Hay que cuidarse de las Víctimas, son muy peligrosas.
Alguien que se queja de lo malo que fueron con ella (él), está buscando un
aliado, no está buscando arreglar su situación.
Una víctima nos arrastra a su estado.
Hace que todos sean culpables.
Todos los que no "solidarizan" con su estado son "malos".
Una víctima es muy peligrosa; daña a todos".

-Bert Hellinger-

Solamente seremos capaces de sanar nuestra vida al comprender nuestra historia familiar, sin juicio, sin crítica, sin odios ni resentimientos, asumiendo que lo que sucedió fue un resultado de programas y lealtades invisibles de los cuales nuestros ancestros no tenían consciencia.

Una vez que estudiamos nuestra historia familiar el siguiente paso es comprender que nadie nos "debe pedir perdón" ni mucho menos "nosotros perdonar". Es solamente con este nivel de consciencia que seremos capaces de salir del "victimismo" y tomar las riendas de nuestra vida.

La victimización es un estado en el cual estoy en constante queja. Siento que el mundo y las personas están en mi contra y que todo me sucede a mí para amargar mi vida y no lograr ser feliz.

Llega un momento en nuestras vidas que es necesario renunciar al estilo de vida que teníamos si queremos cambiar nuestra realidad. Mi realidad es lo que vivo hoy, mi entorno, mis hijos, mi pareja o mi soledad. Mi abundancia o escasez, es esa mi realidad y la he creado yo. Así como tú has creado tu propia realidad, tu entorno, tu trabajo o tu cesantía.

Cuando asumimos que somos responsables del 100% de nuestra vida, estamos dando un gran paso a la sanación. Dejo de buscar culpables, y me ocupo de sobrepasar los obstáculos y de vencer al destino.

Puedes tener esta actitud solamente cuando ya tienes un conocimiento de tu historia familiar. Porque puedes elegir mantener o potenciar un programa heredado, así como revertirlo para mi beneficio, sin culpa y en plena consciencia.

Nada en nuestra vida sucede por accidente o por mera casualidad, creo que ese punto ya los has entendido bien, por lo que tenemos metas por cumplir, conflictos que solucionar, y nuevos programas y creencias que integrar en nuestra vida y clan familiar.

No vas a poder ser feliz ni encontrar la paz si sigues pensando que **"alguien es culpable de lo que te sucede hoy"**. Ya no hay excusas de que mi padre me abandona, de que mi madre me maltrata, o el abuelo que me abusaba.

Sé que es duro de aceptar, pero solamente cuando lo haces, liberas una gran tensión emocional y la vida comienza a fluir para ti.

Esto en una primera instancia es difícil de comprender, pero somos el resultado de varias generaciones precedentes y heredamos sus "programas, sus energías, sus historias y sus emociones".

Los hombres de tu clan tuvieron un tipo de crianza, un tipo de valores y son lo que son por lo que les fue entregado y heredado, de acuerdo a lo que vivieron en sus infancias, las carencias que sufrieron, malos tratos, castigos. Es muy probable que si tú hubieses sido un hombre en tu clan, hubieses actuado de la misma manera en como ellos actuaron.

El victimizarnos nos hace renunciar a tomar el control de nuestra vida, y nos *"sometemos"* a vivir de una manera que no merecemos.

Las víctimas siempre tienden a encontrar un culpable, o es una persona en particular, un extraño, la pareja, la madre, el padre, el presidente de tu país, la sociedad, la vida.

Las víctimas se tienen lástima a sí mismas y buscan Almas que los hagan sentir "pobres y desgraciados", así de esta manera, las víctimas se convencen de su realidad con mentalidad de mediocres. Como dice **Laín García Calvo**, gente **"Mediocre"** que *"medio creen que pueden cambiar su vida y medio creen en ellos mismos"*.

Si del odio al amor hay un paso, sucede lo mismo con el victimismo al empoderamiento. O me quedo en el extremo en donde todo es gris, negativo, malo, vivo con resentimientos y juicios, y todo está en mi contra o me cambio de *"polaridad"* y decido que todo está bien, que todo irá mejor y comienzo trabajar para que así sea. ☺

Cuando comprendes que tú puedes manejar tu vida, no querrás que otro lo haga por ti.

En este momento sé que tienes muchas ganas de sanar heridas del pasado, de liberar programas, comprender lealtades para disminuir tu carga emocional. Nadie puede hacer el trabajo por ti, eres responsable de todo lo que haces, piensas y dices. El querer cambiar y mejorar tu vida es una decisión, y sanar es para "valientes". Hay que tener ganas de mirar nuestras sombras, nuestro pasado, reconocer nuestras heridas, para poder sanarlas, vivir los duelos pendientes, reconocer los abusos, hablar lo que ha sido escondido, no con el afán de crear problemas y conflictos sino justamente para solucionarlos.

✳ Se debe trabajar la culpa, el sentimiento de sentirnos "desleales" por querer pensar, actuar y hacer de una manera distinta a como actuaron e hicieron nuestros ancestros, es una deshonra para ellos.

↳ lo sentí al cambiarme de país.

El amor es aceptarnos tal como somos y no intentar cambiar al otro para poder llevarnos bien o comprendernos mejor.

Es necesario aceptar las creencias que vienen de tu clan con respecto a la vida, a las relaciones de pareja, al dinero, a la salud, al éxito, a la religión y cuestionarlas *"Todas"*. Una a una en plena consciencia y desde el fondo de tu corazón comenzar a decidir qué es lo que deseas dejar en ti, y que es lo que ya no te sirve para seguir creciendo y evolucionando.

↳ por eso mismo comencé a viajar.

Lo que ya no te "resuena" forman parte de creencias limitantes que solamente sabotearán tu vida, porque esas creencias eran en un principio para protegerte, cuidarte, y prevenirte, pero hoy tienes mucha más consciencia de la vida de lo que tenía tu bisabuela y mucha más consciencia de lo que tus padres pueden tener hoy.

Existe cierto "placer" en vivir como una víctima, tienes atención y compasión de tu entorno, no tienes ninguna responsabilidad de tu vida y dejas que todo recaiga en terceros, te justificas de tu desgracia y te convences de qué haces tú mejor. Buscas aliados para que oigan tus quejas y siempre están con alguien que consigues que estuche tus lamentos. Nunca estás solo porque generas lástima.

Esto se vuelve "Tu vida", durante años vives de esta manera y ya no sabes vivir de otra. Estás durante todo el día buscando palabras de lamentos, de miseria y te "entretienes" en ese rol de víctima que ocupa toda tu existencia. Si alguien te da a conocer nuevas creencias o te invita a vivir de otra manera, te sientes "atacado", porque es como quitarle la "droga a un drogadicto". No se puede llegar y quitar algo que forma parte de toda tu esencia, pero sí puedes comenzar a convencerte de por qué es bueno dejar ciertos pensamientos y creencias limitantes.

Cuando renuncias al victimismo es cuando logras empoderarte de tu vida.

Cuando renuncias al victimismo, comprendes que eres tú quien tiene el control absoluto de tu vida, comienzas a soñar, a desear vivir mejor, buscas nuevas posibilidades de vida, y por sincronía todo comienza a llegar a ti, nuevas personas en tu entorno, cursos de sanación, audios, videos, libros, amigos, y hasta tu amor. Ese amor que tanto esperabas llega a ti solamente cuando logras amarte y darte en esta vida todo lo que mereces.

↳ Aw! Shayne and I met in Canmore ♡

DE VÍCTIMA AL EMPODERAMIENTO RENACE COMO LO DESEAS

Por años sentí que mi vida era insignificante. Creí que había nacido en la familia y el lugar equivocado. Culpaba a todos de mi dolor, pensé que Dios se había olvidado de mí. Luego comprendí que la única persona que me había abandonado era yo misma.

Al trabajar en mi historia familiar pude comprender de dónde venían mis sentimientos de abandono, de inseguridad, baja autoestima y miedo al futuro. Somos el resultado de las creencias de nuestro clan. NO ERES QUIEN TE DIJERON QUE ERAS, ERES Quien DECIDES SER.

Decidí que quería sentirme parte del Universo, decidí que quería paz y tranquilidad en mi vida, elegí la sanación al victimismo, elegí enfocar mi tiempo y energía en mí en vez de gastar mi energía llorando y sufriendo por lo que no fue.

Elegí avanzar, evolucionar, aprender que quedarme esperando por migajas y sobras. Me cansé de esperar que alguien me recogiera del suelo cuando caía y aprendí a levantarme y a no tropezar. Me hice responsable de mi propia vida y comencé a crear mi nueva vida. LO QUE CREES DE TI SE HARÁ REALIDAD. Crees que no puedes y no podrás, crees que eres inútil y lo serás, crees que nadie te amará y tendrás razón, lo que creas de ti, la vida te lo devolverá y será tu realidad. Somos energía y vibración atraes a ti todo aquello que vibra como tú.

 Cuando decides sanar elevas tus pensamientos y esa energía te conecta con nuevos caminos que te guiarán hacia dónde deseas ir.

No hay secretos, eso es **fluir**. EL UNIVERSO TE BENDICE, NO TE CASTIGA, SIMPLEMENTE RESPONDE A TU VIBRACIÓN CREE LO MEJOR DE TI, siéntete merecedor@ de lo mejor, cree que lo puedes lograr, si yo pude ,tú también puedes lograrlo.

ACTOS DE SANACIÓN

*"Debajo de cada enfermedad está la prohibición de hacer
algo que deseamos o la orden de hacer algo que no deseamos."*
-Alejandro Jodorowsky-
Chileno, escritor, actor,guionista.
Guía espiritual y creador de la Psicomagia.

Toda curación exige la desobediencia a esta prohibición o a esta orden.

Seguramente en más de alguna ocasión has oído hablar de la "Psicomagia". Es un término creado por Alejandro Jodoroswky, que sirve para trabajar, liberar emociones, traumas y dolores de nuestra Alma, los que están ligados fuertemente con nuestro Árbol Genealógico. Todos nuestros bloqueos como ya lo hemos aprendido se albergan en nuestro inconsciente.

La finalidad y el objetivo de un acto de sanación es liberarnos de la "prisión mental" que nos hemos sometido a causa de fuertes traumas y dolores que hemos heredado y/o vivido a lo largo de nuestra vida. La Psicomagia consiste en ir al "evento o drama" que se alberga en nuestra psique, y entregar una nueva información que va a modificar el recuerdo doloroso y lo va a transformar en algo que nos libere de la angustia y shock emocional. → el tratamiento que la Toto tuvo en Australia.

En otras palabras, es entregar a nuestro inconsciente un "acto" especialmente creado para modificar lo que estaba grabado en nuestra mente.

A mí me gusta usar actos de un sentido profundo, que nos permita de manera armoniosa *"borrar un recuerdo doloroso"* y a cambio **"transmutarlo por otro que nos traiga paz, alegría y tranquilidad"**. Esto se produce gracias a "símbolos, cartas, "que se crean para *hablarle a nuestro "inconsciente" y decirle:*

↳ Se reemplaza el "trauma" por un recuerdo útil.

"Ya no quiero recordar más esto, me hace mal, me hiere profundamente … a cambio le ofreces un acto Simbólico, que puede ser un Símbolo, un objeto, una actuación, una carta, etc. que el inconsciente aceptará como nueva información."

En mi caso personal yo Trabajo la Terapia Transgeneracional SAAMA. Integro la Terapia Saama, para ir de una manera más rápida a "desbloquear" de raíz los conflictos no resueltos. Esta Terapia la realizo presencial o a distancia.

Antes de conocer la Terapia SAAMA, trabajaba el análisis completo del árbol genealogico más la psicomagia. Siempre tuve excelentes resultados, la diferencia es que con la Terapia Saama la sanación es mucho más rápida.

¿EN QUÉ CONSISTE LA SANACIÓN DE NUESTRO ÁRBOL GENEALÓGICO?

Si no conoces tu historia familiar tiendes a repetirla.

Ya hemos aprendido que estamos "programados", no "destinados", nuestra vida está llena de "programas" y cuando decidimos cambiar nuestra programación, somos capaces de cambiar nuestra vida.

Integra este nuevo conocimiento P R O G R A M A S, es la base de todo. Todo lo que hacemos son "programas", también se les llama "programas" a las heridas emocionales, ejemplo:

_ *Programa de abandono.*
_ *Programa de rechazo.*
_ *Programa de "no tener hijos".*
_ *Programa de abusos.*

Esto quiere decir que absolutamente todo lo que has vivido estaba "programado", de manera inconsciente lo has heredado y lo estás repitiendo.

El Actos de Sanación, es de gran ayuda para transmutar memorias dolorosas o traumáticas que nos permitirán liberarnos emocionalmente de nuestros conflictos. Se entiende también que es un proceso de "sanación" que requiere cambios de creencias, paradigmas, de vida y una transformación de nuestra persona para ver y vivir una realidad distinta a la que han vivido nuestros ancestros.

Comenzamos a "Sanar" cuando somos capaces de eliminar la *"repetición"*, comprenderla, aceptarla, asumirla, o bien la repetimos, pero de manera positiva.

Ya no es secreto que todo lo que nos ocurre es un mandato de nuestro inconsciente que luego hacemos realidad. Vivimos una vida de manera "autómata" hasta que un día *"Despertamos"*, y sentimos que hemos llevado una vida que no nos corresponde. Cuando esto ocurre existen personas que prefieren "bloquear" este despertar y seguir en la inercia, porque es más fácil y creen que es menos doloroso.

Existen otras personas que buscan explicaciones, respuestas, que no se conforman y es cuando se vive una "crisis existencial", de saber quienes realmente somos.

Sin embargo, fue Milton Erickson, el padre de la hipnoTerapia médica moderna, quien comenzó a trabajar bajo este protocolo. Alejando Jodorsowky, lo tomó, lo estudió y lo llevó a un nivel distinto, utilizándolo como una nueva forma de Terapia y sanación. Mientras estuvo viviendo en México, indagó y alucinó con rituales y Terapias Chamánicas indígenas. Se inspiró en una mujer llamada "Pachita", curandera y guía espiritual que trabajaba con este tipo de Terapias que consistían en actos psicomágicos.

Alejandro Jodorowky, le dió su estilo personal, su arte, su pasión y poesía. Fue el creador del teatro pánico y dedicó por años a desarrollar esta disciplina curativa teatral un tanto innovadora para la época.

Han sido varios Terapeutas y Psicólogos que han tomado de sus enseñanzas para llevarlas a sus pacientes, pero la "Psicomagia" como nombre y Terapia en si, es algo que le pertenece solamente a él. Solo él puede crear y dictar los actos que inventa, ya que son cargados de mucha emocionalidad y cierto grado de violencia, que para el común de las personas es muy difícil de asimilar y comprender. Sin embargo, existen muchas personas que alucinan con el trabajo de la psicomagia y les gusta participar en este tipo de actos, como también los hay quienes lo rechazan.

Yo les llamo **"Actos de Sanación"**, porque cumple el objetivo de entrar en nuestro inconsciente, liberar la emoción fuerte e integrar una nueva información con igual impacto emocional, sustituyendo el recuerdo traumático por otro que traerá tranquilidad alivio y paz.

Lo más común en Actos de sanación consiste en *"escribir una carta"*. Está comprobado que nuestras emociones nos enferman, nos enferma sentirnos humillados y ofendidos, nos enferma el sentirnos impotentes frente a una situación que nos parece injusta. Nos afecta y nos enferma ser cómplices de situaciones conflictivas, peleas, de ver sufrir a quienes amamos.

Nos enferma guardarnos un abuso, malos tratos, violencia física o emocional. Incluso la presión de tener que guardar secretos también nos puede enfermar, desde manejar una angustia hasta problemas físicos.

Estas emociones atrapadas se van acumulando en nosotros y si no se resuelven se transmiten a la siguiente generación. El expresar nuestras emociones nos sana, así de simple, nos libera y nos cuesta hacerlo por miedo al juicio, a la crítica, por miedos o por generar conflictos y desavenencias. Nos cuesta expresar nuestro sentir por miedo a ser rechazados de nuestro clan familiar. ⌐ Mi hermana Ale

"Aquello que nos atemoriza pierde toda su fuerza
en el momento en que dejamos de combatirlo."
-Alejandro Jodoroswky-

El hecho escribir una carta a un padre, madre, hijo, jefe, expresando nuestras emociones es una "liberación", ya que luego de escribir la carta y leerla en voz alta frente a un espejo es algo que para nuestro "inconsciente" como si "Estuviera ocurriendo ahora ya". Es decir, todo aquello que me estaba guardando, ahora lo libero y esa liberación produce alivio, elevo mi vibración, mi energía cambia y siento que has "cerrado un ciclo".

Se aconseja que los "Actos de Sanación" sean dados por un profesional, ya que hay ciertos puntos que se deben considerar, además que esto forma parte de una Terapia que a su vez está ligada a otras Terapias. (Transgeneracional, Floral, Terapias Saama, Constelaciones Familiares).

En este libro encontrarás *"Cartas de Liberación"*, te recomiendo hacerlas si sientes que lo necesitas. No existen límites de cartas, puedes hacer las cartas que sientas necesario, pero lo más importante es saber que las cartas, forman parte de una *"liberación"*, debes expresar tus verdaderos sentimientos, sin ir al juicio o crítica o sin escribir la carta desde una mirada racional.

Importante:

La sanación de nuestra historia familiar implica comprender los patrones que hemos heredado, tomar consciencia, revisar nuestras lealtades invisibles, reconocer la repetición y estar dispuestos a cambiar nuestra "programación". El Acto de Sanación forma parte importante en el proceso de Sanación, pero no significa que por hecho de realizar un Acto Psicomágico el trabajo está resuelto.

Necesitamos cambiar nuestra forma de ver la vida, aceptar vivir de una manera distinta a la que vivieron nuestros ancestros implica cuestionar nuestra propia existencia, mirar nuestras creencias y reconocer si deseo seguir el patrón de mis ancestros o con amor y respeto renuncio a ellos y me creo una nueva realidad. → Es como escribir tu nueva Constitución personal.

CARTA Y ACTO DE SANACIÓN PARA LIBERAR Y SANAR EMOCIONES ATRAPADAS TRAS UN ABUSO

_Ale
_Tajo

Es importante reconocer que has sufrido abuso para poder sanar. Muchas veces nuestra mente bloquea lo vivido, pero lo sabes dentro de ti, crees que lo has soñado o incluso te lo has preguntado varias veces. ¿Me habrán abusado alguna vez?

Tal como lo hemos visto, el abuso muchas veces pasa en silencio, es importante liberar el dolor para poder encontrar la paz interior.

Si este es tu caso busca ayuda profesional. Yo realizo la Terapia Transgeneracional Saama 2.0 que consiste en trabajar en el análisis de tu Árbol Genealógico que me permite encontrar el origen de los patrones que están causando conflicto en tu presente, y luego procedo a conectar con el inconsciente de la persona que me guiará a desbloquear emociones atrapadas en el pasado para reprogramar una nueva información. Esta Terapia la realiza también mi compañera de trabajo Suilang Chung y la realizamos presencial y también Online a muchas personas de América Latina y también Europa. Ambas vemos a diario temas de abusos, hace años atrás cuando comenzamos a trabajar en Terapia nos sorprendió la cantidad de abusos que se ven en cada sesión. Jamás hasta el día de hoy nos ha llegado alguien en consulta por abuso, es decir jamás nos han dicho algo así:

_ Hola quisiera trabajar y sanar un abuso que sufrí a los 4 años de edad por parte de mi padre, abuelo, tío, primo hermano.

Sin embargo, es muy común que nos digan algo así:

_ Hola quisiera trabajar mi relación con mi padre o madre. No logro mantener relaciones de pareja, jamás he tenido un orgasmo, amo a mi marido, pero no quiero que me toque. En mi trabajo siempre abusan de mí, no sé poner límites etc.

En Terapia canalizamos mucha información, muchas veces podemos llegar incluso a la edad en dónde ocurrió el abuso, la persona se sorprenden, jamás lo han negado, pero se sorprenden de pensar que algo que ocurrió hace tantos años atrás puede estar repercutiendo en su vida actual.

Esta carta que te comparto se recomienza también comenzar un trabajo personal. Sin duda esta carta es de gran liberación, hay personas que con el hecho de escribirla y expresar absolutamente todo lo que sienten logran poder estar bien. Cada caso es distinto, cada caso se debe analizar de manera personal.

Debes crear un ambiente adecuado:

_ Colocar una música suave y que te relaje.
_ Encender una vela.
_ Encender incienso, palo santo, algún aroma especial para ti.
_ Tener una fotografía de la pareja.

Elige estar en un lugar tranquilo en donde puedas hacer este Acto de Sanación en calma, en consciencia, con respeto y amor.

Una joven mujer me dice:

Recuerdo haber sufrido un abuso

He sufrido abandono simbólico de mi madre, ya que ella trabajó mucho y a causa de eso sufrí un abuso.

No puedes escribir la carta así:

Mamá, fui abusada, porque no me cuidaron, *"Pero entiendo que debías trabajar ya que no había un padre que nos ayudara económicamente"*, en *esta frase estás* **"Justificando" y no sanas si justificas lo injustificable"**.

Una carta de y "Acto de Sanación" es más o menos así:

Primer paso: "Desahogo" y liberación

Mamá, fui a abusada, más de una vez, no comprendí lo que sucedía ni que consecuencias iba a tener esto en mi vida

Sentí mucho miedo, terror, cuando lo recuerdo quiero vomitar ...

Sentí mucho miedo, vergüenza.

Sentí mucho miedo, asco.

Te lo dije y no me creíste.

No me atreví a decírtelo.

_ No estuviste ahí para protegerme ni nadie lo estuvo. Me siento dolida, abandonada, y quiero que lo sepas.

Segundo paso: Reconoces el daño

Hoy asumo que sufrí abuso, me costó reconocerlo ya que no hubo penetración, he liberado el dolor, hoy me haré cargo de mí, de mis dolores y quiero superar este triste y doloroso momento.

Hoy asumo lo que viví ya que lo tenía completamente bloqueado.

Hoy comprendo los traumas que he generado a causa de este abuso (y los escribes, miedo, inseguridad, sobreprotección en mis hijos, bloqueos sexuales, pánico, etc.).

Hoy dejo de sentir vergüenza y culpa y me acojo como la niña que fui (solitaria, tímida, alegre, recuerda como eras cuando ocurrió el abuso).

Ahora comprendo por qué te tengo rabia…etc. etc. etc.

Porque no puedo acercarme a ti o a las personas que amo.

"Acá te sinceras y reconoces el daño que este episodio en tu vida te causó."

Tercer Paso: Sin juicio, ni Crítica

Madre, no te culpo, déjame vivir este proceso y cerrar este dolor.

Hago consciente mi lejanía hacia ti y el malestar que esto me ha causado.

No me pidas que perdone a quien me hizo este daño, solo quiero sanar mi Alma, y dar un paso más allá.

Cuarto Paso: AMOR

Madre, te amo, sé que has hecho todo lo posible para que yo esté feliz y que nada me falte…

Madre, te amo, y sé que no has tenido las herramientas para trabajar en ti y sanar tus propias heridas.

Madre, te amo, me cuesta decirlo, pero lo demostraré.

Madre, te amo, sé que has sufrido y probablemente más que yo, y lo siento en el Alma…

Madre, sé que me amas, que no sabes cómo demostrarlo ya que tu madre tampoco supo demostrarlo contigo…

Estos son solamente ejemplos, si vas a escribir la carta, puedes expresar lo que realmente sientas y pienses. Esa es la idea y la finalidad, de enfrentar a nuestras "sombras".

"En este paso, reconoces el amor, y el vínculo con tu madre"

Quinto Paso: Agradecimiento

Madre, agradezco lo recibido.

Madre, agradezco tu amor.

Madre, agradezco, tu esfuerzo por cuidarnos y todo tu sacrificio.

Madre, agradezco, la vida que me diste porque era lo que en ese momento me podías dar.

Madre, agradezco la vida, de ti vengo…

Madre, agradezco la vida y reconozco que lo vivido me ha llevado a donde estoy hoy…

Es muy probable que no sientas ganas de agradecer nada, pero puedes agradecer la oportunidad de poder sanar, la oportunidad de brindar un mejor futuro a tus hijos, la oportunidad de tomar consciencia, agradecer la vida para hacerlo mejor que tus ancestros, agradecer el día de hoy.

Cuando termines la carta, debes pararte frente al espejo:

Y debes leer la carta 3 veces:

_ Leer en voz alta (para tu consciente).

_ Leer en susurro (para tu corazón).

_ Leer en silencio (para tu Alma).

Luego de haber leído las tres veces tu carta debes quemarla y las cenizas las entierras cerca de un arbolito. Puede ser en tu jardín, un parque, lo que sientas necesario.

Una vez enterradas las cenizas debes colocar miel. Si la miel está muy dura, la disuelves antes en agua caliente y la colocas en un vaso de vidrio. Dejas caer la miel sobre la tierra y con tus dedos esparces la miel sobre la tierra con la cual has cubierto las cenizas de tu carta.

Es muy importante comprender que un abuso es un tema transgeneracional con fuertes heridas emocionales de muchas generaciones. Esta carta de liberación, ayuda a desahogar y liberar gran parte del dolor, pero se necesita un trabajo personal acompañado de un Terapeuta Transgeneracional y que de preferencia tenga la formación SAAMA, porque ayudará a dar con el origen del conflicto, y a desprogramar la información de dolor para integrar un nuevo programa, ayudando a transmutar las memorias dolorosas y los bloqueos emocionales que el abuso causó en la persona que lo sufrió.

Ellos son los padres de mi Madre. María Rebeca Mora Venegas y Emilio Bustos Bahamondes Ambos fallecidos.

Ellos son los padres de mi Padre. María Isabel Wong Leal y Ramón Chung Yong. En la actualidad ambos tienen 90 años. ☺

Acá estoy con mi Bisabuelo paterno Chung Wa Kay.

Llegó desde China a Chile en barco a comienzos de siglo. Con 18 años, con su joven esposa y dejando atrás una triste historia que ya les compartiré.

Siempre tuve una conexión muy mágica con él, tuve la oportunidad de compartir 13 años de mi vida con él. Con su muerte parte de mí también murió. Me tomó años poder asumir su ausencia.

De pequeña siempre quise viajar, soñaba con viajar e irme de chile.

Necesitaba encontrar "mi lugar", la vida y mi lealtad familiar me llevó a buscar a un esposo francés, que por trabajo nos fuimos a vivir al extranjero, ¿Sabes dónde? … ¡a China!

"Regresé mi querido viejito, a tu país, a tus raíces, viví 5 años en tu suelo, lloré desconsoladamente la primera vez que pisé China y no comprendía la razón … luego lo supe. Así como ustedes dejaron su país natal, llorando con nostalgia, con la pena de un autoexilio a un rumbo completamente desconocido, muchos años después yo regresé llorando también, conectando su dolor con el dolor que siempre sentí en mi interior. Había un duelo por hacer, había una historia que sanar…

Fueron generaciones de un vacío existencial, y fui yo, quien retomó el dolor de tu partida. Mi segundo hijo nace en tierras orientales, y nos inundamos de tu cultura, idioma, creencias, sueños, cerrando así el duelo del exilio. Llenándonos de maravillosos recuerdos, con la alegría de haber regresado al lugar que dejaste sin poder jamás nunca regresar. Transmutando penas por alegrías, frustraciones por metas cumplidas, viviendo en tu suelo, que los vio nacer. Lo hice por ti, por Yong Tay tu

mujer china, y cerré el capítulo del pasado por un hermoso e inolvidable recuerdo de por vida.

Tu recuerdo de China fue la amargura de abandonar tu tierra, familia, amigos, anhelos, mi recuerdo de China es haberme encontrado a mí misma, haberme aceptado diferente, distinta. Comprendí mi existencia, mis sueños, mis ganas de "huir", eran tus ganas de regresar a tu país.

En la comprensión de nuestra <u>historia familiar</u> están las bases de nuestra sanación. Cuando reconozcas que has vivido un evento traumático, doloroso, la invitación es a mirar a las generaciones anteriores, tus padres, abuelos, bisabuelos y verás cómo es exactamente la misma historia. Habrá cambiado el escenario (años, país ciudad) pero el drama de lo vivido es el mismo.

Tú estás ahora leyendo esto porque has tomado consciencia y estás dispuesto (a) tomar el control de tu vida.

El que tú saques a la luz alguno de estos conflictos se agradece con el Alma, porque estás evitando que este conflicto se siga repitiendo.

Es necesario remover las raíces, podar el árbol para que comience a dar nuevos frutos.   *o incluso transplantarlo*

En este tema que es muy delicado se requiere seguir en Terapia para tratar el abuso, la carta es una de las herramientas que se trabaja, pero no lo es todo.

Gracias al protocolo que trabajo en la actualidad, puedo trabajar hasta "eliminar" por completo el drama y dolor que se esconde tras un abuso.

> *"El corazón de aquel que ha comprendido,*
> *que lo presente está en resonancia con lo pasado,*
> *tanto en lo bueno como en lo malo,*
> *late en sintonía con el mundo."*
>
> **-Bert Hellinger-**

Siento que siendo "yo misma" estoy muy conectada con:
- *mi abuelo paterno, Pedro Fabio Menares*
- *" tatara abuelo paterno*
  ↳ Manuel Rodríguez
- *mis ancestros indígenas*
- *" " europeos quienes andaban en busca de nuevas oportunidades y mejor vida.*

TRANSGENERACIONAL AL ALCANCE DE TODOS

"Atrévete a salir del Molde que has heredado
y cambiarás tu destino"

¿Has sentido alguna vez que, en algún ámbito de tu vida, estás simplemente bloqueado?

(Amor, relaciones de pareja familia, trabajo, proyectos, sueños, emprendimientos y más).

¿Que hagas lo que hagas vuelves al punto de partida y que hay como una fuerza que te impide seguir tu camino?

¿Llevas por casualidad el nombre de algún familiar o ancestro? ¿Sabes el origen de tu nombre quien lo eligió y por qué? → Sí, ambos nombres

¿Te gustaría saber lo que esto a nivel Transgeneracional significa?

¿Te has dado cuenta alguna vez que en tu círculo familiar (Clan Familiar) se repiten accidentes, enfermedades, tragedias, fechas de nacimiento, fechas de matrimonio, defunciones, profesiones, dramas, e historias familiares?

¿Has sentido que llevas una vida equivocada y que estás viviendo una vida que simplemente no te corresponde?

¿Te han dado ganas de irte lejos, de renunciar a tu familia, a lo que haces, a tu vida, pero sientes una culpa inmensa de solo pensarlo?

¿Te has cuestionado alguna vez tu vida, tus relaciones de pareja, trabajo?

¿Y luego evitas pensar en ello porque sientes que ya con tantos años de vivir así no hay absolutamente nada que puedas para mejorar tu vida?

¿Sientes que de alguna manera te has sometido a vivir una vida que simplemente si no te agrada y no te hace feliz?

¿Qué harías si supieras que efectivamente todo lo que has vivido hasta ahora no es tu vida, sino que has estado viviendo y repitiendo conflictos no resueltos de tus ancestros?

¿Qué pensarías si supieras que todo lo vivido hasta ahora han sido solamente "Programas inconscientes" y que una vez que te das cuenta de los "Programas" que has estado viviendo y repitiendo, ¿es posible llevar la vida que mereces y sueñas sin importar tu origen, tu profesión, clase social o tu edad?

Al Transgeneracional también se le conoce con el nombre de Psicogenealogía.

La **Psicogenealogía** es el estudio del inconsciente familiar a través del Árbol Genealógico, en el que se originan muchos de los problemas de cada uno de nosotros y donde conviven tanto nuestras posibilidades de realización como los guiones que nos llevarán al fracaso.

Así lo asegura el fundador de este movimiento en los años 80, Alejandro Jodorowsky, quien ve en la psicogenealogía la posibilidad de liberarse de los antiguos anclajes tóxicos que actúan sobre las personas y sobre familias enteras de forma inconsciente.

CONOCE TU HISTORIA FAMILIAR PARA SANAR TU VIDA

En nuestro Árbol Genealógico se encuentran respuestas a muchos conflictos y frustraciones que hay en nuestras vidas, las cuales han sido heredadas de generaciones anteriores, lo que podría estar limitando nuestro crecimiento y desarrollo personal.

De la misma manera encontramos la mejor bendición que es el conocimiento de uno mismo, del poder de tener el destino de nuestras vidas en nuestras manos, y la maravillosa fuerza que nos impulsa a llevar nuestra vida a un siguiente nivel.

Conocer nuestra historia familiar es un viaje al propio autonocimiento y un camino a la sanación que sin duda es algo que todos deberíamos hacer.

Llevamos con nosotros infinitas cargas emocionales, lealtades invisibles, nuestros nombres también llevan una carga importante en el curso de nuestra vida, absolutamente todo está relacionado, nada es al azar, repetimos historias inconscientemente, es tiempo de tomar las riendas de nuestra vida, de hacer nuestras propias elecciones y de dar corte definitivo con patrones de vida que no nos corresponde.

Cuando conocí el TRANSGENERACIONAL, todo en mi vida tuvo sentido.

Absolutamente todo, pude encontrar respuestas a miles de preguntas que surgieron durante varios años, comprendí que todo lo que había vivido era parte de un Programa y que venía repitiendo las historias de las mujeres de mi clan.

Pude ver con claridad de dónde venían mis conflictos con el dinero, los fracasos en las relaciones de pareja, comprendí mis elecciones con los padres de mis hijos, mi elección de profesión, las ganas que tuve siempre de viajar (huir de mi clan), pude ver y comprender la relación de pareja de mis padres y la relación que yo he tenido con cada uno de ellos.

Muchos años sufrí porque sentía que vivía una vida injusta, gracias al estudio del Transgeneracional, comprendí que todo había sido mi elección antes de nacer y que mi familia, mi madre y padre eran exactamente lo que yo necesitaba para vivir esta vida en la tierra para recorrer el camino que he recorrido, para sanar, crecer y evolucionar y que gracias a ellos hoy soy la persona que soy y que no hay nada que perdonar.

Creí por muchos años que debía perdonar y no sabía cómo hacerlo. El solo hecho de perdonar ya me causada dolor e inquietud porque era algo que lo hacía con la mente, pero mi corazón se sentía dañado, dolido, y era algo que me era imposible hacer.

Cada quien viene a aprender algo distinto y las personas que nacen millonarias claramente no deben aprender a hacer dinero sino por el contrario quizás deban aprender a mantener lo que tienen y multiplicarlo, o a ayudar a otros a generar riquezas, a dar, a trabajar paciencia, empatía, otro tipo de valores y creencias.

Quizás deban aprender a trabajar la fe, la Espiritualidad desde otra mirada, todo puede ser.

Si hubiese tenido a los padres que yo quería cuando estaba dormida y sin consciencia, hoy seguramente no estaría escribiendo este libro para ti.

Descubrí que finalmente era yo la única persona a cargo de mis emociones y mi realidad, que el vivir mis días de manera consciente me dio herramientas para tomar las riendas de mi vida y decidir qué quería hacer, dónde quería ir y por qué, en qué quería trabajar, cuánto dinero quería tener, dónde quería vivir, con quien quería estar.

No importa cuáles sean tus orígenes, tu descendencia, no importa dónde naciste, si fuiste pobre, clase media o rico, abandonado, maltratado, no importa si ya tienes una profesión, si ya llevas años haciendo lo mismo, no importa si estás solo, separado, so hoy quieres cambiar tu vida, anda frente a un espejo y mírate bien.

Eres solamente tú quien puede cambiar su destino y no importa absolutamente nada ni nadie, solo la intención, fuerza, perseverancia y ganas de vivir una vida como realmente lo mereces.

Si quieres que la vida fluya para ti, es tiempo de comenzar a trabajar con esa persona que hará los cambios necesarios para que eso suceda y esa persona eres tú.

Mi objetivo es que tú comprendas por qué has vivido lo que te ha tocado vivir, que encuentres respuestas a muchas preguntas que han surgido a lo largo de tu vida y que por medio de los consejos y aprendizajes que tendrás mientras vayas leyendo este libro, vayas tomando apuntes de los cambios que deberás hacer.

Trabajo realizando Terapias Transgeneracionales presenciales o a distancia, así como preparando Terapeutas para que puedan por medio del Análisis del Árbol Genealógico dar ayuda, guía y orientación a quien lo necesite.

CUANDO EL ALUMNO ESTÁ PREPARADO APARECE EL MAESTRO

¿Estás listo?

Conozca todas las teorías.
Domine todas las técnicas,
pero al tocar un alma humana sea apenas otra alma humana.
-Carl Gustav Jung-

Cuando queremos aprender a manejar, a pintar o cantar, y queremos hacerlo de la mejor manera lo más lógico nos parece tomar un curso, ¿Verdad?

Las personas que deciden casarse por la Iglesia, les parece lógico asistir a charlas religiosas previas al matrimonio, ¿Cierto?

Las parejas que se quieren divorciar y hacer las cosas como corresponden, les parece normal contratar a un abogado, ¿Cierto?

Si estás planeando tus vacaciones, comienzas a cotizar precios en líneas aéreas, hoteles, lugares ¿Cierto?

Si quieres inscribir a tus hijos a un colegio, comienzas a hacer un estudio con la lista de colegios que cumplen con los requisitos que deseas para los estudios de tu hijo ¿Cierto?

Todo lo que nos parece y es importante en nuestra vida requiere de un mínimo de conocimiento, tiempo y estudios, ¿Cierto?

Nadie se atreve a tomar un curso de manejo porque un día saliste a la calle y fue lo primero que se te ocurrió, a nadie se le ocurre inscribir a sus hijos en un determinado colegio solamente porque el colegio tiene buen color de fachada, o nadie viaja al otro del mundo simplemente porque el avión es lindo y grande.

Estamos muy de acuerdo, nadie para este tipo de situaciones vive o hace las cosas de manera inconsciente, pero te diré algo que seguro te causará un "shock" lo más increíble es que creemos que decidimos, creemos que somos libres, creemos que tomamos decisiones, pero la verdad es que todo está ya programado y estamos viviendo una vida de manera AUTÓMATA.

Toda nuestra vida, nuestras elecciones de trabajo, amigos y pareja están condicionados a las creencias y valores que tiene nuestra familia. y sociedad

Nuestra pareja es exactamente lo que necesito para despertar mi consciencia, crecer y evolucionar y no ha sido una elección consciente sino inconsciente. Es nuestro árbol que elige por nosotros, es nuestro inconsciente familiar quien dirige nuestra vida **HASTA QUE TOMAMOS CONSCIENCIA Y CAMBIAMOS NUESTRA PROGRAMACIÓN.**

Como dice Alejandro Jodorowsky: Chileno, escritor, actor, guionista- Guía espiritual y creador de la Psicomagia.

Tener un Árbol Genealógico y no estudiarlo,
es como tener un mapa del tesoro y no ir por él.

Creemos que nacemos y que somos libres, creemos que podemos elegir,
creemos que pensamos, pero si estudiamos nuestro Árbol Genealógico,
veremos cómo se repiten conductas, patrones, enfermedades,
accidentes, dramas, que están grabados en nuestro inconsciente
los cuales se traspasan por medio del ADN,
en el momento de nuestra gestación.

Es nuestro deber conocer nuestra historia familiar para sanar nuestra vida y liberar a las futuras y pasadas generaciones de programas que están obsoletos.

Te lo pondré muy simple, si acabas de comprar un computador y te digo baja la aplicación "Skype" para realizar llamadas gratis tu irás a google, y vas a bajar esta aplicación.

Si te da la opción del año 2017 y la del 2019, ambas gratis, ¿Qué aplicación descargarías? Sin duda la más moderna, ¿o me equivoco? Sin entrar en detalles sabes que la opción más nueva y moderna es la mejor para ti.

Otro ejemplo.

Imaginemos que tu bisabuela te regaló un lápiz de tinta, en su época este lápiz era de lujo, escribía bello y fino y cada vez que se gastaba la tinta, tenías que comprar un repuesto especial ya que como el modelo del lápiz era antiguo no era fácil de encontrar. Este repuesto por lo original y antiguo tenía el precio dos o tres veces más caro que otro repuesto de tinta.

Un día vas a la tienda y ves que por el mismo precio del repuesto de esa tinta puedes comprar 2 lápices de gel o tinta bellos y maravillosos y que la tinta dura más y te conviene más.

Por un momento quizás te dé un poco de tristeza y hasta culpa no recargar la tinta del lápiz, pero comprendes que ya no sirve como antes y que ya no es conveniente usarlo, además que con los años que tiene ya ese lápiz no está muy bueno y al escribir la tinta mancha.

Y decides guardarlo de recuerdo y reliquia con mucho cariño y afecto porque fue un regalo de la Bisabuela.

Esto es lo que sucede con nuestras vidas.

Recibimos herencias emocionales, que son "Creencias", costumbres valores, ideologías, que funcionan y se activan en todos los ámbitos de nuestras vidas de manera inconsciente.

Nos sentimos mal y culpables de pensar distinto a nuestros Clan Familiar.

Nos sentimos mal y culpables de elegir otra religión, o de no promulgar con ninguna religión, nos sentimos mal o culpables de pensar políticamente distinto a ellos, de no llamar a nuestro primogénito igual como nosotros o nuestros abuelos, nos sentimos mal o culpables de separarnos si en nuestra familia nadie se ha separado, nos sentimos mal o culpables de vivir en otra ciudad que no sea la de nuestra familia, de no enviar a nuestros hijos al mismo colegio en el que fuimos nosotros, e incluso de veranear en un lugar distinto que ellos.

Nos sentimos mal o culpables de no estar casados, de no tener hijos, o de no darles nietos a nuestros padres, nos sentimos mal o culpables de tener una elección sexual distinta a la de nuestra familia, nos sentimos mal o culpables de no ser felices con nuestra profesión, e incluso es tan fuerte esta lealtad que nos sentimos mal o culpables de ganar dinero, de ser felices y de tener una vida mejor que la que ellos han tenido.

Nos sentimos mal o culpables de sentirnos felices, creemos que somos mal agradecidos y nos llenamos de culpas y de auto juicios que finalmente nos destruyen e impiden nuestro desarrollo personal y crecimiento espiritual.

Pero todo esto debe cambiar, y créeme que ellos así también lo quieren, lo que sucede es que no han tenido la consciencia, la fuerza, las herramientas ni la claridad de que esto es posible modificar sin CULPA Y SIN RESETIMIENTOS.

Es tiempo de tomar decisiones en nuestra vida, de dejar atrás patrones y moldes y herencias que hemos recibido de tantas generaciones atrás incluyendo a nuestros padres y con todo el amor del mundo elegir cómo queremos vivir.

> *"Somos menos libres de lo que creemos,*
> *pero tenemos la posibilidad de conquistar nuestra libertad*
> *y de salir del destino repetitivo de nuestra historia*
> *si comprendemos los complejos vínculos*
> *que se han tejido en nuestra familia".*
>
> -Anne Ancelin-Schützenberger-
> **Dra. en Psicología y Madre del Transgeneracional**

Todo el trabajo del Transgeneracional y Análisis el Árbol Genealógico consiste en cortar la repetición por medio de la toma de consciencia para liberarnos, liberar a nuestros ancestros y futuras generaciones para tener una vida mejor.

La finalidad es encontrar el equilibrio y armonía en los sistemas familiares.

Algo que me parece increíble, es que en casi todos los colegios del mundo se potencia solamente un tipo de inteligencia.

Según la psicología, ha dividido la Inteligencia en 12 tipos distintos.

1. Inteligencia lingüística.
2. Inteligencia lógico-matemática.
3. Inteligencia espacial.
4. Inteligencia musical.
5. Inteligencia corporal y cinestésica.
6. Inteligencia intrapersonal.
7. Inteligencia interpersonal.
8. Inteligencia emocional.
9. Inteligencia naturista.
10. Inteligencia existencial.
11. Inteligencia creativa.
12. Inteligencia colaborativa.

Hasta hoy me atrevo a decir que aún el único tipo de inteligencia que se valora en la gran mayoría de los colegios es la Inteligencia lógico-matemática. Sin duda la conoces, es la capacidad para razonar de manera deductiva y lógica y es la habilidad de resolver problemas matemáticos por lo que de manera general está asociada a la creencia de la Inteligencia más extendida, práctica e útil.

Existe un ejemplo para esto:

Si un niño saca de calificación escolar un 4 para Matemáticas y un 6.5 en Artes, lo más probable es que además de una gran preocupación por los padres que creen que su hijo no va a surgir y no será nadie porque no es "Inteligente" y si no estudia ahora al máximo no lo será cuando grande, es de contratar un profesor de clases de matemática.

Lo ideal sería repasar con el niño las matemáticas, pero ofrecerle la oportunidad de trabajar el arte, con nuevas clases que potencien este talento y virtud.

Pero el miedo y la creencia nos dicen que de "arte no se vive" y convencemos al niño de que esto será solamente un Hobby, pero que debe estudiar e ir a la Universidad para "ser alguien" y destruimos su creatividad, y la posibilidad de desarrollar este u otro tipo de inteligencia.

Cuando yo era niña, quería ser Auxiliar de Vuelo y viajar por todo el mundo.

Mi abuela materna me decía que debía ir a la Universidad para estudiar y "ser alguien". Ella siempre quiso estudiar, antes de casarse quería estudiar enfermería, era su sueño, al igual que ser bailarina.

Quedó embarazada joven y luego todos sus sueños personales quedaron postergados y luego detenidos para siempre.

No estudió para enfermera ni bailarina como era su sueño.

Ella transmitió a sus futuras generaciones, (hijos y nietos) sus deseos y frustraciones de manera inconsciente se entiende, y sus tres hijos fueron a la "Universidad" como ella quería y dos hijas fueron profesoras. Su hija que se llama igual a ella "Isabel" fue bailarina por muchos años de pequeña y adolescente, y yo que llevo su segundo nombre y el mismo nombre de mi tía, también estudie muchos años baile y danza.

Esto es una lealtad Invisible. Es solo uno de tantos ejemplos de repeticiones o reparaciones dentro del clan familiar.

Dentro de nuestra familia tenemos solamente dos opciones:

1. Repetir la Historia familiar.
2. Reparar nuestra Historia familiar.

EL INCONSCIENTE TIENE BUENA MEMORIA

Revela **Anne Ancelin Schützenberger** en su libro *"¡Ay, mis ancestros!"*

Anne Ancelin Schützenberger nació y creció en Francia. Se especializó en Psicología Social en Estados Unidos.

Fue profesora en varias universidades, y psicoterapeuta con formación en psicoanálisis, escribió el libro "Ay mis Ancestros" que fue también traducido como Ay mis Abuelos. Su libro fue Best Seller en los años 80 en toda Europa. Fallece el 23 de marzo del año 2018 a la edad de 98 años. Para muchos ella fue llamada y conocida como la MADRE DEL TRANSGENERACIONAL.

En los años 1970 hubo un grupo de Terapeutas que se dedicaron años estudio del Transgeneracional, y a descifrar lo que significaban los patrones familiares, las repeticiones, accidentes, lealtades, síndrome aniversario y la importancia de cerrar duelos. Ellos fueron: Nicolás Abraham, Maria Torok, Françoise Dolto, Anne Ancellin Shützenberger, y Didier Dumas.

Gracias a NicolásAbraham y MaríaTorok trabajaba en el Hospital Psiquiátrico de Francia en París.

Decidieron realizar un experimento con sus pacientes que consistía en que cada vez que uno de ellos "deliraba" escribían palabra por palabra lo que estas personas decían, es decir escribían todas sus **"locuras"**.

Dejaron pasar un tiempo y ya tenían una gran lista con las palabras que decían estos pacientes, y decidieron juntarse con sus padres y familiares para contarles lo que sus hijos habían dicho en el delirio.

El resultado fue impresionante:

Dentro de las palabras e historias delirantes había muchas historias reales, incluso secretos de sus ancestros que ellos no habían ni conocido.

De ahí surgió la hipótesis de una problemática familiar Transgeneracional que el niño llevaba dentro de sí, y que todos cargamos de una u otra manera.

Muchas de las personas que sufren de esquizofrenia están cargando con 2 lealtades, por un lado, son leales a un "perpetrador" (alguien que ha hecho o cometido algo incorrecto en el clan) y al mismo tiempo cargan con la "Víctima" cada uno en un hemisferio distinto de su cerebro.

Según los estudios que se han realizado a estas personas se ha llegado también a la conclusión que a partir de la 6ª generación ha habido crímenes y muertes que han quedado guardadas en forma de secreto en las familias. La persona que nace con esta discapacidad o daño mental, tienen su origen en conflictos emocionales no resueltos. → Isa & Tommy have issues

Según la medicina germánica estos conflictos no resueltos se verán reflejados en cada uno de los hemisferios del individuo.

Según la mirada del Transgeneracional, el nacimiento de personas con este tipo de enfermedades mentales tiene una importante misión que es la "Reconciliación". La reconciliación entre víctimas y perpetradores.

Para que se desarrolle una enfermedad mental grave, como esquizofrenia, bipolaridad u otras enfermedades mentales, existen por lo menos tres crímenes familiares secretos ocultos, luego los pesos de estos crímenes se trasmiten de generación en generación por lo que esta enfermedad no es únicamente de quien la padece sino que pertenece a todo el sistema familiar.

Comenzaron a hablar del *inconsciente del clan* que se traduciría al **inconsciente familiar o Alma Familiar.**

Anne Ancelin Schützenberger, hasta sus últimos días de su vida se dedicó al estudió y al trabajo de los análisis Transgeneracionales, comprobando que efectivamente nuestra historia es una repetición de hechos, situaciones vividas por nuestros ancestros. La historia comenzó antes y hoy estamos viviendo el resultado de sus vivencias.

Gracias a ella hoy son la mayoría de los estudios y trabajos que se realizan en el análisis y estudio del Árbol Genealógico. *A lo largo de su vida realizó diversos estudios que la llevaron finalmente a descubrir lo que ella llama la PSICOGENALOGÍA, que consiste en el estudio sobre lazos familiares Transgeneracionales.*

Es ella quien también en su libro Ay Mis Ancestros da a conocer este término de transgeneracional que significa el estudio de generaciones anteriores a la nuestra en relación a emociones, traumas, enfermedades, accidentes, y que se nos son transmitidas de generación en generación hasta que se tome conciencia y corte la repetición. → caerse en la misma piedra

Antes que ella hubo otras personas que dieron las bases de los conceptos teóricos del Transgeneracional, pero fue ella quien lo puso en un lenguaje más cercano para que pudiera llegar a mucha gente.

> *"Los duelos no hechos, las lágrimas no derramadas,*
> *los secretos de familia,*
> *las identificaciones inconscientes*
> *y lealtades familiares invisibles...*
> *pasan por los hijos y los descendientes.*
> *Lo que no se expresa con palabras,*
> *se expresa con dolores"*
> **-Anne Schützenberger-**

Fue ella quien creó el método del "genosociograma".

Es una especie de Árbol Genealógico emocional que muestra las vivencias y acontecimientos que podían causar una conmoción en bien o en mal, representado por enfermedades, accidentes, y que están relacionado con fechas de nacimientos, accidentes, casamientos, etc.

Como lo escribe en su libro **¡Ay mis ancestros!:**

"La vida de cada uno de nosotros es una novela. Vosotros, yo,
vivimos prisioneros de una invisible tela de araña
de la que también somos uno de los directores.

Si enseñáramos a nuestro tercer oído, a nuestro tercer ojo,
a comprender mejor, a oír, a ver estas repeticiones
y estas coincidencias, la existencia de cada uno de nosotros
sería más clara, más sensible a lo que somos,
a lo que deberíamos ser.

Fue su hija mayor quien en una conversación le hizo tomar consciencia y la llevó a realizar los estudios que la coronaron como creadora de la Psicogenealogía.

"¿Te das cuenta mamá?, eres la mayor de dos hermanos y el segundo está
muerto; papá es el mayor de dos hermanos y el segundo está muerto; yo soy
la mayor de dos hermanos y el segundo está muerto".

De esta manera, elaboró el concepto DE **"SÍNDROME DE ANI-VERSARIO".**

Esto causó una gran curiosidad en Anne, quien pidió a todos sus pacientes que dibujaran su Árbol Genealógico y, si era posible, indicaran bajo el nombre de los ancestros y familiares los momentos más importantes de la historia familiar.

Ejemplo Tuberculosis del abuelo, fecha de matrimonio de sus padres, accidente de coche del padre. También les pidió que pusieran la edad y la fecha en las que se habían producido tales acontecimientos.

Los Árboles Genealógicos le revelaron repeticiones asombrosas: una familia en la que las mujeres, leucémicas, morían durante tres generaciones en el mes de mayo; una sucesión de cinco generaciones en la que las mujeres se volvían bulímicas a la edad de trece años; una genealogía en la que los hombres eran víctimas de un accidente de coche el día de la primera vuelta a clase de su primer hijo.

Lo escribió en su libro:

"Sería demasiada osadía ver la acción de la casualidad en las familias en las que se encuentran, en cada generación, las mismas fechas de nacimiento, el mismo número de matrimonios en los hombres y siempre a la misma edad… En cuanto a la herencia genética, ¿cree que un accidente de coche pueda transmitirse a través del ADN?

Hoy en día se sabe que toda la información que es vivida por nuestros ancestros es transmitida por medio el embarazo.

*Se habla del AND genético, que está relacionado con el color de ojos, cabellos, etc, y se le llama ADN emocional que está relacionado con **nuestra manera de sentir, nuestra forma de reaccionar ante los estímulos, la manera en la que nos enfrentarnos a los problemas y cómo nos relacionamos con otras personas. También se le relaciona con gestos, reacciones emocionales, como hereda la risa, forma de caminar, la forma de las caderas, etc.*"

+ la Isa es parte Latina, por eso es mucho más demostrativa que el canadiense promedio.

TE COMPARTIRÉ UN EXTRACTO DE LA ENTREVISTA CON ANNE ANCELIN-SCHÜTZENBERGER, REVISTA NOUVELLES CLÉS (1999)

¿Cómo pueden explicarse tales repeticiones?

¿Por qué repetimos cosas vividas por nuestros padres o por nuestros ancestros?

Repetir los mismos hechos, fechas o edades que han conformado el drama familiar de nuestros ancestros es para nosotros una manera de honrarlos y de serles leales.

Esta lealtad es la que empuja a un estudiante a suspender un examen, con el deseo inconsciente de no estar por encima de su padre socialmente.

O a seguir siendo fabricante de instrumentos de música de padre a hijo. También para las mujeres de una misma línea genealógica, casarse a los dieciocho años para dar a luz a tres hijos y, si es posible, niñas…

A veces, esta lealtad sobrepasa los límites de lo verosímil:

¿Conoce la historia de la muerte del actor Brandon Lee?

Le mataron durante un rodaje porque, desafortunadamente, alguien había dejado olvidada una bala en un revólver que debía estar cargado con balas de fogueo.

Ahora bien, justo veinte años antes de ese accidente, su padre, el famoso Bruce Lee, había muerto en pleno rodaje, de una hemorragia cerebral, durante una escena en la que debía interpretar el papel de un personaje muerto accidentalmente por un revólver que debería haber estado cargado con balas de fogueo…

Ahora bien, con este extracto tan interesante y maravilloso seguiré hablando de este tema que personalmente me apasiona.

Cuando descubrí el Transgeneracional, toda mi vida la relacionaba a mi Árbol Genealógico y comencé a hacer lo mismo con todas las personas que veía.

Mis Terapias comenzaron siendo de Reiki y Terapia Floral y de un día para otro dio un cambio radical. Me dí cuenta que las Terapias avanzaban increíblemente rápido cuando comenzaba a analizar los Árboles Genealógicos, que en una sola sesión encontraba el origen de los conflictos y entregaba mucha luz y orientación a personas que habían asistido meses incluso años a psicoTerapias.

Yo hablo por mí, no quiero desprestigiar ni hablar en menos de ninguna Terapia, todas ayudan y todas sirven en un proceso personal de evolución.

Cada persona CONSULTANTE (así los llamo yo, no me gusta decir Pacientes, ya que paciente es la persona que espera y no hace, y las personas que van a mis Terapias buscan, generan cambios, hacen, por lo tanto

"Consultan") Cada persona por vibración y de acuerdo a su apertura de mente encuentra la Terapia que necesita en ese momento para sanar y crecer emocionalmente.

El Transgeneracional es una Terapia evolucionada y revolucionaria, se necesita un mínimo de trabajo personal, bastantes cuestionamientos internos y una apertura de mente para aceptar que no tienes o no has tenido control de tu vida, que tus problemas en relación a parejas, trabajo, dinero son conflictos no resueltos de tus ancestros y que has heredado programas de muchas generaciones anteriores y que justamente tu misión es descubrir esos programas para liberarlos y vivir como desees y mereces vivir.

Esto a simple vista a muchas personas si se lo dices por primera vez es muy probable que no lo acepte, sin embargo algo en su inconsciente sabe que es verdad y esto va a hacer ruido en su mente y sin querer, va a comenzar a oír de este tema, alguien lo va a comentar y va a atraer a su vida información que llegará por diarios, Facebook, redes sociales hasta que la persona se sentirá lista para descubrir su verdad y querrá tener una Terapia como ésta.

¿QUÉ SE OCULTA DENTRO DE UN CLAN FAMILIAR?

• Asesinatos • abandonos • hijos no reconocidos • suicidios • robos • estafas • herencias• adulterios • incestos • violaciones • cárceles • abortos • falsas identidades • enfermedades venéreas • secretos de familia • mentiras • enfermedades mentales • síndrome del yaciente • personas discapacitadas • fuertes traumas y memorias dolorosas • exilio • asesinatos • y más…

So true!

Los conflictos no resueltos de un clan traen:

_ Enojos

_ Tristezas

_ Desilusión

_ Traumas

_ vergüenza
_ Exclusión
_ Amarguras
_ Heridas emocionales
_ Traiciones

Produciéndose un gran desequilibrio en el orden del amor de la familia. Desencadenando así las lealtades invisibles, repeticiones o destinos oscuros.

"Quien no conoce su historia familiar, tiende a repetirla"
-**Bert Hellinger**-

Por eso es tan malo que Chile cancele el ramo de historia.

"Quien no conoce la historia de su país y el mundo, tiende a repetirla".

LOS ÓRDENES DEL AMOR

*"Cuando mamá o papá han sufrido abandonos,
simbólicos o reales de sus padres en su infancia,
sus hijos por amor ciego y lealtad a ellos, se convertirán en sus padres,
provocando una disfunción de roles."*

Las Constelaciones Familiares son una Terapia maravillosa que busca solucionar los conflictos de nuestro presente gracias a la comunicación con nuestros ancestros. Las constelaciones son otra manera de trabajar en nuestra historia familiar.

Los órdenes del Amor es una herramienta que se utiliza principalmente en correlaciones y que yo lo he integrado en mis cursos y Terapias porque es de gran ayuda manejar estos conceptos que hoy explico para ti.

Comenzaré por definir brevemente lo que son los **Órdenes del Amor,** aprender acerca de estas leyes nos ayuda increíblemente a comprender cómo es la estructura de nuestra familia, las disfunciones que tenemos, las cuales hemos heredado y cómo podemos poner orden para que todo fluya, de una manera más armoniosa.

Bert Hellinger, Psicólogo y escritor Psicoterapeuta Alemán, creador de las "Constelaciones Familiares "y "Órdenes del Amor" fue llamado el Padre de las Constelaciones Familiares, obviamente el descubrió y creó esta revolucionaria forma de Terapia y Sanación que trabaja en reconocer los vínculos que existen dentro de todos los miembros de una familia. Estos vínculos siguen fuertemente atando la vida de las personas, aunque estén físicamente separadas, ausentes o fallecidas. Cuando en una familia tenemos roles *"equivocados"*, como que una madre sea una hija para sus hijos, que un padre sea ausente y que el abuelo haga simbólicamente de Padre, el hijo termine siendo el marido de su madre …se crean desórdenes familiares que afectan y afectarán el desarrollo de la vida de los integrantes de cada familia.

Las Constelaciones Familiares tienen el mismo objetivo que el Transgeneracional, que es encontrar la comprensión y el origen de los conflictos que tenemos en el presente gracias a trabajar mirando con amor, aceptación y sin juicio lo que hemos heredado de nuestros ancestros.

> *"Con amor, solo con amor, no basta.*
> *Tiene que haber un orden."*
> **- Bert Hellinger -**

¿Has conocido alguna pareja, o quizás haya sido tu caso, que, a pesar de amarse mucho, la relación simplemente no funciona?

¿Has oído o conocido a padres que aman a sus hijos con toda el Alma, y que, a pesar de entregar mucho amor a sus hijos, éstos terminan en vidas autodestructivas?

El Amor es uno de los vínculos más importantes de nuestra vida, simbólicamente es como el agua que fluye, que se mueve y avanza, pero si no tiene un cauce, o un recipiente que lo contenga, esta agua (amor) se desparrama y se pierde.

Existen, según la creación de Bert Hellinger, tres leyes para trabajar el amor, el equilibrio y armonía dentro del Sistema Familiar. En todo debe haber un orden y la familia no es excluyente a esto.

El orden es básico para que cualquier "institución" funcione bien. Cada miembro de la familia tiene su propio lugar, su propio rol dentro de la familia, y eso se debe respetar.

PRIMERA LEY:
DERECHO A PERTENENCIA

"Todos tenemos el mismo derecho de pertenecer a todo.
Todos pertenecemos a todo.
La consecuencia del orden es que todas las personas tienen el mismo
derecho de pertenencia. Cada uno en su lugar,
independientemente de lo que haya pasado."
-Bert Hellinger-

¿Podrías imaginar dentro del sistema solar, que de la noche a la mañana el sol desapareciera, o la luna?

¿Qué sucedería si el sistema circulatorio de nuestro cuerpo, dejara de distribuir la sangre en todos nuestros órganos y tejidos internos?

Sabemos dado estos ejemplos que si esto ocurriera sería caótico, y tarde o temprano todo se detendría y sería el fin. Todo está mágicamente conectado, cada planeta tiene su función al igual que las estrellas, todas son únicas, individuales, sin embargo están unidas. Cada una depende de la otra al igual que los planetas para mantener un equilibrio perfecto.

Con nuestro maravilloso cuerpo es lo mismo, cada órgano es importante, cada órgano se complementa con el otro y la sangre que corre por nuestras venas es la energía divina que nos conecta con la vida.

Y en nuestro Sistema Familiar es exactamente lo mismo. Todos tenemos *"Derecho a pertenecer"*. Al momento de nacer ya pertenecemos a una familia, a nuestro clan familiar. Incluso aquellos que no pudieron serlo físicamente también pertenecen a nuestra familia y se les debe considerar, en este caso hablamos de abortos durante la gestación. Todos pertenecen y *sin excepción*. (ya hablaré de este tema más adelante).

No importa si ese miembro de la familia haya sido bueno o mala persona, no importa lo que haya hecho, no importa si él o ella hayan abandonado la familia, éstos no deben ser excluidos. Ale

Se excluye dentro de una familia a aquellos miembros que, a juicio del clan, han actuado "mal", los que sufren alguna adicción, los que están con enfermedades mentales, aquellos que han estado en prisión o han cometido algún tipo de estafas y robos, se excluyen a los que han cometido suicidio, los que han asesinado, los que según los valores de cada familia se han atrevido a divorciarse, incluso los que han decidido estudiar carreras que no pertenecían a su clan.

Imaginemos que la familia forma un círculo grande, una especie de ronda en donde cada miembro que llega se suma al círculo familiar para sostener a todo el grupo. Todos para mantener este círculo se dan de las manos y la ronda familiar va creciendo. Ahora imagina que uno se "suelta" o lo "sueltan", posiblemente los que quedan querrán tomarse de las manos para cerrar el círculo, pero imagina que dejamos caer uno más y luego al otro… en un momento esto ya no se podrá sostener y caerá…

Existe una consciencia colectiva familiar o Alma Familiar que no perdona la exclusión. No acepta que ningún miembro del Clan sea olvidado, dejado atrás, dejando un vacío que nadie podrá llenar. Somos seres únicos Almas individuales y nuestra existencia tiene un propósito en esta vida. No somos material desechable al que se le puede eliminar y dejar de lado para siempre.

Muchas veces excluimos por vergüenza, antiguamente los nacimientos con niños sin síndrome de down o enfermedades mentales eran absolutamente excluidos de la familia. Excluimos por miedo, o por cuidar a nuestra familia de habladurías, excluimos por temor a causar conflictos y desavenencias, pero también lo hacemos para ocultar grandes heridas, secretos traumáticos, memorias de dolor y sufrimientos.

Antiguamente se excluían a las madres o a los hijos nacidos fuera del matrimonio, como también al miembro que había sido asesinado en extrañas circunstancias. Esto produce un "vacío enorme" dentro del sistema familiar, al mismo tiempo que mucho sufrimiento, y todo este dolor se convierte en energía que pesa como una nube negra sobre los miembros del clan.

La Viri odió más al papá de mi mamá que ni pudo amar a mi mamá → mató al papá de mi mamá en vida.

En la actualidad podemos ver tristemente como esto ocurre en matrimonios en donde se han separado y uno de los progenitores prohíbe las visitas o vínculos con el otro progenitor, y deliberadamente excluyen a esta persona, causando que en el futuro el hijo de ambos, busque al padre o madre ausente en drogas, autodestrucción, o depresiones profundas.

El rencor que siente uno de los padres hacía el otro supera el amor que sienten por sus propios hijos, y esto no es tolerado ni aceptado por el Alma familiar.

Existe una exclusión que es más dolorosa aún y traerá más disfunciones y desórdenes dentro de un clan familiar. **Son aquellas personas que conscientemente hemos excluido de nuestro corazón.** He visto situaciones en donde un matrimonio comparte la misma casa, pero ambos se han excluido del corazón del otro, hermanos que se sienten hijos únicos porque que han excluido dentro de un mismo hogar a sus otros hermanos, a padres, primos, suegros, que sin dejar de verse han cortado vínculos dejando huellas de sufrimiento, desprecio y desolación.

Cuando algún miembro de nuestra familia es excluido por la razón que sea, éste aparecerá en la descendencia. Podemos ver que un hijo se hace alcohólico en lealtad a un padre alcohólico al que nunca vio, algunos miembros cargan con una tristeza profunda difícil de llevar y solo buscan desparecer en lealtad a aquel que hicieron "desaparecer del clan ".

Cuando existen exclusiones en el clan la descendencia se afecta con enfermedades, accidentes, adicciones, etc. → KARMA FAMILIAR

Conozco varios casos, y ahora compartiré uno.

"Me visita un joven, que me cuenta que una noche de locura y pasión tiene relaciones sexuales con una mujer y meses después se entera de que será padre. Analizando su historia familiar, él crece con muchos sentimientos de injusticias y siente gran dolor porque su padre tuvo una hija fuera del matrimonio, y ella jamás fue incluida en la familia. Todos sabían de la existencia de esta niña, incluso visitaba la casa familiar pero cuando había almuerzos familiares o celebraciones importantes a ella la dejaban en casa con una niñera. De niño él como hermano no comprendía bien lo que sucedía, pero una vez que creció sintió mucha tristeza por su "media hermana", no podía creer que su padre y los adultos de su familia hayan sido tan despectivos con esta pequeña niña y que nadie la haya acogido."

De adulto, de esta relación fugaz de la cual nace una "niña", porque nada es casualidad, reconoce a la pequeña, le da su apellido, pero además la integra a su familia, sintiendo el rechazo de todo su entorno, pero él no quiere repetir la historia de su padre.

Hubo una "exclusión" en este sistema familiar y alguien "debe reparar el daño" y acoger el dolor que esto ha causado. Por lo que este joven "repara" trayendo justamente a una "niña" de regreso al hogar familiar. También se le llama repetir la "historia" o "complementarla".

Cuando un miembro del clan se excluye nacerá un nuevo ser que por amor ciego y lealtad al excluido reaparecerá en la familia trayendo consigo al excluido, y con esto de una manera inconsciente el individuo seguirá el mismo destino de su antecesor cargando con el peso de los conflictos no resueltos, sus programas e información para dar una nueva oportunidad de sanar, y trascender, pero… **si este miembro se vuelve a excluir, la historia volverá a repetir…**

El que aspira a ser perfecto siente que algo le falta.
¿Pero qué es lo que le falta?
Son las personas que en su familia son excluidas.
Por eso es imperfecto.
Está incompleto. Si logramos llevar a nuestro corazón
a todas las personas que pertenecen a nuestra familia,
de pronto nos sentimos completos.
Entonces ya no necesitamos buscar.
Esa es la verdadera perfección.
-Bert Herllinger-

SEGUNDA LEY:
JERARQUÍA FAMILIAR

*"Todo grupo dispone de una jerarquía que resulta
del momento en que cada uno inicia su pertenencia al grupo.*

*Es decir, quien entró en un grupo antes
tiene prioridad sobre aquel que vino después."*
- Bert Herllinger-

Todo fluye en armonía y equilibrio, si cada uno "asume" su lugar dentro de la familia. Cada quien debe ocupar solamente el lugar que le corresponde, siendo los padres los que ocupen el rol de padres y los hijos que queden como hijos. Los padres son los encargados de "dar", y realizar un rol de formadores y cuidadores y no al revés, si esto no se cumple ya existe un gran desequilibrio.

Esta segunda ley nos dice **"Todos tenemos un lugar en nuestra familia".**

Cuando un miembro del clan "ocupa o sustituye" el lugar del otro, rompe el orden natural y traerá consecuencias en relación a los miembros del clan.

El que asume el "rol" de otro dentro del sistema familiar, perderá la posibilidad de vivir su propia vida ya que está asumiendo una vida que no le corresponde y hasta podrá enfermar por este desequilibrio.

Esta ley nos habla también de la importancia de respetar "rangos y jerarquías" dentro del clan.

Cuando un matrimonio se separa y él se une a una nueva pareja, tanto él como su nueva pareja deben respetar y "honrar" a la primera mujer. Basta con aceptar y respetar la primera relación y pedir la bendición y agradecer que, gracias a ellos por haber dado un término a esta relación, hoy es posible iniciar esta relación de pareja.

La segunda mujer debe reconocer que es ella la segunda mujer y que la primera será siempre la primera. Si mi pareja estuvo casado antes, yo debo respetar el orden de llegada a la familia, y acepto y reconozco que antes que mi, hubo otra mujer, y agradezco a esta mujer, que ahora ese hombre, pueda estar conmigo. Y si mi pareja tiene hijos, ellos están antes que yo. Simplemente porque llegaron a su vida antes.

Para este tipo de caso se debe trabajar la valentía, seguridad, la humildad, la fuerza de voluntad, lealtad, reconocimiento, aceptación y por sobretodo la gratitud.

Este caso se puede ver y comprender con mucha claridad con los siguientes ejemplos:

Ejemplo:

Los padres se separan y la madre no acepta que su hijo tenga ningún tipo de contacto con el padre. Este hijo, además del daño emocional, heridas de infancia cargas de abandonos y resentimientos está perjudicando gran parte de su vida cuando sea adulto.

La madre ignora y excluye al padre de su hijo, y hace de este hijo *"su compañero"*, lo he visto muchas veces en Terapia y tanto las madres como hijos me lo han confesado, que la madre le pide al hijo *lealtad*, le hace sentir que está sola y que él no deberá abandonarla, ya que además se victimiza de la situación y se convence de que ha sido abandonada por su marido.

Esto hace que el vínculo con su hijo sea muy estrecho, no hay "espacio" para nadie más, por lo que el hijo tendrá dificultad para tener novias, además sentirá que está *traicionando* a su madre. Acá hay un abanico de posibilidades que de acuerdo a cada historia familiar encontrará la mejor "solución". El hijo está ocupando el lugar del padre, simbólicamente está casado con su madre, o bien este hijo de adulto buscará inconscientemente la forma *de "no estar en pareja"* ya que ya está "casado con mamá" y le debe respeto y lealtad. Recordemos que para todos nosotros ser leal sobrepasa nuestra felicidad. Al mismo tiempo buscará mujeres que lo dejen o lo abandonen, que estén ya casadas o de novias, o vivan lejos de la ciudad así no dejará a su madre y seguirá en esta disfunción de amor ciego.

También se puede dar el caso que para no "traicionar a mamá "con una pareja mujer, este hijo desarrollará más su energía femenina y traerá a casa a una pareja "hombre", se inclinará por la homosexualidad ya que con esto no hay traición hacia la madre.

En el mismo caso, pero en vez de hijo es hija, es la hija quien se casa con mamá simbólicamente hablando. Lo he visto mucho en mis Terapias, no hay padre, porque abandona, fallece o la madre rompe este vínculo y esta madre al quedar sola con la hija en muchas veces puede tomar el rol de "hija". Y se invierten los roles siendo la hija quien toma el mando de la familia, se hace cargo de las decisiones, de su vida y de la vida de su madre y de sus hermanos.

Esta hija también tendrá conflictos en sus vínculos amorosos ya que lo que ocurre dentro del núcleo familiar afectará en todas las áreas de nuestra vida. Uno de los conflictos más comunes es la dificultad para mantener relaciones de pareja estables. Ocurre casi lo mismo que en el caso anterior, las hijas cumplen un rol masculino pasan a ser los "hombres" del hogar, y al estar en pareja atraen hombres "femeninos", esto quiere decir que tienen más desarrollada su energía femenina que la masculina.

Te lo explico mejor, en este caso la hija ocupa el rol de padre, y desarrolla más su energía masculina, en donde debe ser fuerte, ya que la madre busca protección y se desentiende de su rol de madre, la hija se ve en la obligación de poner orden, en otras palabras, masculinizarse "ojo" que, sin ser masculina, pueden ser muy femeninas al vestirse, hablar y actuar, pero cargan con una energía más fuerte.

Imaginemos que esta hija tiene un 70% de energía masculina, todo es perfecto y en todas las energías buscan su equilibrio al 100%, por lo tanto, ella va a atraer hombres con un máximo de 30% de energía masculina.

Luego de un tiempo de relación, la pareja se verá afectada porque ella alegará más protección, a un hombre que la acompañe, que la cuide, que sea presente y el hombre que ha elegido no puede dar lo que no tiene en él y en algunos casos estos hombres terminan siendo simbólicamente "hijos" de sus mujeres. ↱ DEMOSTRACIONES DE AFECTO

✳ Finalmente, y como pasa siempre en las relaciones de pareja, buscamos en nuestro novio o marido todo aquello que no nos dio papá, y los hombres buscan en sus parejas mujeres todo aquello que mamá emocionalmente no les dio. ↱ SEGURIDAD

Y siguen las disfunciones porque acá entramos en las *infidelidades*, si el hijo está casado simbólicamente con la madre y ésta es su mujer, las parejas de este hijo, podrían sufrir de las infidelidades de este joven.

Este joven no querrá formar un lazo fuerte emocional con ninguna mujer y el estar engañando y el estar de una mujer a otra hace que no se comprometa jamás con una mujer ya que la única mujer de su vida será su madre.

Si es hija, y está casada simbólicamente con mamá, puede darse el caso que ella busque hombres infieles que la dejen y engañen así ella rompe vínculos con sus parejas y se queda solo con mamá.

Existen muchas posibilidades en que esta disfunción de roles se puede desarrollar, yo solamente he dado una idea para que pueda saplicarlo en tu caso personal, familia o amigos.

Si ves que este es tu caso, al final del capítulo de diré cómo comenzar a desprogramar estos patrones de conducta.

Es importantísimo bajo esta ley respetar los órdenes y jerarquías, primero viene la relación entre los padres, es decir la relación de pareja, luego viene la relación de los padres con sus hijos y luego con la familia. Existen familias en donde la madre prefiere al hijo antes que al padre y el padre a la hija antes que la madre.

La relación de pareja pertenece única y exclusivamente a los padres. Ese es el orden y no se deben contar los conflictos de pareja a los hijos jamás, se rompe una lealtad importante hacia la misma pareja y se deja en una situación de vulnerabilidad al hijo, ya que se le obliga de alguna manera a tomar partido y comenzar a sentir como esposa, marido, y comienzan los roles equivocados dentro de una familia.

Si alguno de los padres ha sufrido la ausencia de sus propios padres, los hijos tomarán el rol de ellos.

Ejemplo: *A mi mamá es así...*

Si la Madre pierde a su madre de niña, ya sea por fallecimiento, o porque la madre estuvo enferma, o no entregó el afecto necesario a sus hijos, buscará a su madre en su hija.

Un conflicto dentro de la familia se debe solucionar teniendo en cuenta quienes son los "anteriores" padres, abuelos, y luego ver quienes son los "posteriores", que función tienen dentro el clan: abuelos, padres, hijos, etc.

Cuando los Órdenes dentro de un sistema familiar se cumplen es cuando el Amor puede fluir, este es un amor que ve al otro, lo considera lo deja y respeta a cada uno lo que le toca en la vida.

"Los hijos no deben inmiscuirse jamás en la relación de pareja de los padres y los padres no deben jamás tomar **a los hijos como parte del conflicto entre ellos.**"   *El derecho de Familia dice lo mismo*

Te compartiré un último ejemplo que también lo veo mucho a diario.

Cuando un matrimonio se separa y los hijos quedan a cargo del "padre" este padre siente la "responsabilidad" de "traer" a la madre de regreso a casa y lo trae simbólicamente con él. Este padre de familia comienza a desarrollar más su energía femenina, se ocupa de detalles que normalmente se ocuparía más una madre, es más tierno, más presente, está acompañando a sus hijos en juegos de parques y cumpleaños rodeado de madres, y aprende muy bien el ritmo de cocinar, preparar colaciones, y los quehaceres del hogar. (Se convierte simbólicamente en madre).

En este caso el padre no quiso que los niños resintieran la ausencia de la madre, el padre hace de madre, porque la verdad es que uno no puede ser mamá y papá, aunque crea que es así, o jugamos un rol u el otro. Por lo tanto éstos niños han tenido muchas carencias porque no hay madre y el padre no es padre, es madre... **¿ves la confusión de roles?**

Cuando un matrimonio se separa y los hijos quedan a cargo de la "Madre", ella siente la "responsabilidad" de "traer" al padre de regreso a casa y lo trae simbólicamente con *"ella"*.

La madre comienza a desarrollar mucho más su energía masculina, bloquea de alguna manera inconsciente el lado maternal y puede ser más brusca, una madre muy masculina, extremadamente activa y fuerte en donde los hijos resienten la ausencia del padre, pero también de una madre ya que la madre es padre.

Es muy importante para nuestra salud mental, emocional y para nuestra sanación aceptar a nuestros padres tal como son, no hay nada que debamos enjuiciar o criticar, debemos aprender a aceptar de ellos el amor y energía como fue dado, ya que era todo lo que necesitaba para vivir.

Estoy ya preparando mi segundo libro que sé que amarás tanto como yo amo hablar y profundizar estos temas. Estará enfocado principalmente en nuestra infancia y en la relación con nuestros padres y su influencia transgeneracional. Se llamará **"Sanarás Cuando Decidas Hacerlo"**.

*"Dale a tus hijos la oportunidad,
de vivir sus vidas y no la tuya."*
-Alejandro Jodorowky-

TERCERA LEY: EQUILIBRIO ENTRE EL DAR Y EL RECIBIR

"El que da demasiado, amenaza la relación.
No debo dar más que lo que el otro me puede devolver.
Hay un límite a lo que se da y se pide al otro.
El que da demasiado esta en una postura de poder, obligando al otro.
Si doy demasiado, actúo como madre."
- Bert Hellinger -

Cuando el hombre le regala algo a la mujer,
ella se siente en la necesidad de regalarle algo a él también.
Y dado que le quiere, le da un poquito más.
Así él tiene la necesidad de compensar.
Y dado que el la quiere, le da un poquito más.
Así por la unión entre compensación y amor el intercambio
aumenta y con el aumento del intercambio crece la felicidad.
Éste sería el secreto de una relación de pareja.
Entre padres e hijos, los padres les dan tanto a los hijos que los hijos
no tienen posibilidad de llegar a una compensación.
¿Entonces en su inquietud qué hacen los hijos?
Se casan y van pasando a sus hijos lo que ellos recibieron
de sus padres y así la necesidad de compensación permite
que los padres den tanto a sus hijos.
Es una cosa muy bonita, ¿no?
- Bert Hellinger -

Esta Ley nos habla del equilibrio entre el dar y el recibir, esto debe ser un equilibrio sano y equitativo. Nadie puede recibir más de lo que da, ni dar más de lo que recibe.

En relación a los padres e hijos, son los *"padres los encargados de dar"*, y los hijos de *"recibir" y no al revés*. Los hijos deben recibir, amor, cuidados, herramientas para que sus hijos vuelen tras sus sueños.

Si yo estoy recibiendo lo que me dan, en primer lugar, lo agradezco, lo tomo, y esto genera en mí el deseo de volver a dar un poquito más de lo que recibí, y esa persona sentirá el mismo deseo y se va manteniendo un sano equilibrio que se transmite en amor.

En esta ley se produce un desequilibrio cuando un miembro del clan, *da demasiado,* o por el contrario alguien toma algo que *no le corresponde.*

Gmi mamá

Lo veo en mis Terapias cuando me dicen:

Ale

Llorando y muy afectadas luego de un quiebre sentimental… no comprendo cómo me dejó, si yo le di taaanto, le di **todo**.

Y efectivamente dan TODO, yo les digo no te bastó con darle tu amor, le diste tu corazón, tu alma, las llaves de tu auto, casa, ¡el perro y el gato!

Nadie puede recibir tanto ni demasiado que no sabe qué hacer, en este ejemplo él recibe tanto de su novia que busca a otra mujer para compartir todo lo que ha recibido o tiene.

Todo lo que se da en exceso se desborda, no puedo pretender colocar diez litros de agua en una botella que da para un litro, si hago presión y lanzo los diez litros lo más probable que el agua se rebalse y no reciba nada.

"Un movimiento reducido solo trae ganancias reducidas."
-Bert Hellinger-

Los hijos reciben de sus padres el regalo más preciado que es su vida, es la única excepción, en donde los hijos no están en calidad de poder regresar la vida, por lo que los hijos deben tomar este regalo y hacer lo mejor y algo bueno, muy bueno con ella.

En una relación de pareja ambos deben estar en la energía del dar y recibir, es una ley divina, como tampoco puedes esperar que te den si no das. ☺

Existe algo que se repite mucho en mis Terapias, cuando alguien me va a ver o asiste a alguno de mis cursos se produce una comprensión y gran sanación en sus vidas. Principalmente porque el estudio y análisis de nuestra historia familiar nos regala esta bendición.

Inconsciente o conscientemente vamos a estar eternamente agradecidos por la vida que nos fue otorgada por nuestros padres. Sentimos que hemos recibido mucho y es por eso que muchos hijos se sienten con la eterna obligación de siempre "dar" y es ahí donde se produce el desequilibrio.

Los hijos no están en capacidad de solucionar los conflictos de sus padres, existe mucha ilusión de que podemos hacerlo, pero eso no sucederá. Los hijos intentan frustradamente darles algo que no poseen, ya que ningún hijo por más Terapias y cursos que lleve en "cuerpo", podrá cambiar el destino de sus padres, solo lograrán malgastar sus energías, y su tiempo, desgastando sus fuerzas para seguir en su propio proyecto de vida.

Los padres son los responsables de sus vidas en forma individual, así como los hijos una vez adultos de las suyas, y solo como adultos, viendo nuestros programas familiares, estudiando nuestra historia familiar podremos cambiar nuestra vida y nuestros padres las suyas.

Que los padres esperen recibir todo de sus hijos es "contra natura", este no es el orden natural de los sistemas familiares, así como, por ejemplo, un jardinero no puede esperar que sus plantan lo rieguen o cuiden de él.

El que llega antes, el mayor es el que está encargado de "nutrir" alimentar cuidar de los más pequeños, de los que vienen integrando el clan. Si esto no ocurre se produce un desequilibrio importante, se genera además una "deuda".

Si los padres no recibieron la nutrición emocional de sus padres no son sus hijos encargados de llenar ese vacío.

Todo lo que hemos visto son finalmente programas, y en cada generación se van "re adaptando" y en muchos casos produciendo más caos. Porque siempre en la familia habrá un miembro que se siente con la responsabilidad de estar buscando el equilibrio en todos los vínculos y lazos, descuidando su propia vida y su rol dentro del clan. → TOTO

En la Terapia Transgeneracional se trabaja para "reparar" los vínculos, los órdenes del Amor, otorgando a cada miembro su verdadero lugar con sus respectivas responsabilidades.

Había sido demasiado amor, tanto como el que yo podía dar,
más del que me convenía.
Fue demasiado amor. Y luego, nada.
- Almudena Grandes -

"Un hijo no debe nunca conocer detalles que pertenecen
a la relación de pareja de los padres."
- Bert Herllinger-

¿ESTÁS SOL@ Y NO TIENES PAREJA?

Quizás no lo sepas, pero simbólicamente e inconscientemente podrías estar casad@ con mamá o papá..

Al Árbol Genealógico le gusta el orden y el equilibrio y si juegas el rol de padre o madre, para el clan TU YA TIENES FAMILIA y "pareja". El árbol no perdona incestos, traiciones, abandonos y cuando esto ocurre nuestra lealtad nos impulsa a ocupar el lugar de quien ha dejado de tomar esa responsabilidad.

A diario veo muchos casos en donde la persona quiere tener pareja, pero para su clan ella es padre, madre, hermano simbólicamente hablando.

Por amor y lealtad nos hacemos cargo al 100% de la vida de algún familiar y nos olvidamos por completo de nuestra existencia.

Tú no existes, tú no te ves, y te quejas que el sexo opuesto te ignora...

Eres padre o madre de tus padres que no te extrañe que tus parejas estén casadas, vivan fuera de tu ciudad o no quieran comprometerse. Tú los buscas así, para evitar comprometerte y "abandonar" a tus padres como lo hicieron tus abuelos.

La Terapia TRANSGENERACIONAL te ayuda a encontrar el orden sistemático que debe haber en relación a la responsabilidad que debe asumir cada miembro del Clan.

ES TIEMPO DE SANAR

Cuando papá o mamá, han sufrido la ausencia y abandono de sus padres...

Sus hijos por lealtad y amor ciego, se convertirán en sus padres provocándose una disfunción de roles...

@suimeichung

→ Mí mamá conmigo. Mi mamá solía ser super emocionalmente dependiente de mí. Ahora está un poco mejor.

¿Qué significa entonces amor entre hombre y mujer?
Significa asentir mutuamente a como somos, el uno y el otro. (...)
Asintiendo al otro tal como es y si me sintonizo en amor con él, si el asentimiento de la cabeza llega el movimiento del alma, el otro siente ese movimiento de asentimiento y responde a él con su sintonía.
Entrando ambos en la misma sintonía, en mí se interioriza tal como es, como es diferente a mí y por ese sentimiento, a través de mi pareja, me enriquezco.

-Bert Hellinger-
Filósofo, Teólogo Alemán "Padre de las Constelaciones Familiares"
16 Dic. 1925 – 20 Sep. 2019

Yo soy doble de mi abuelo Pedro Fabio y mi abuela Elena (yo me llamo Tabida Elena).

¿Has sentido alguna vez que vives una vida que no te pertenece?

Isabelle es doble de mi tía abuela Fresia (Isa nació el mismo día que el fallecimiento de mi tía abuela).

DOBLES Y
TRANSGENERACIONAL

Shayne es doble de su tatarabuelo quien llegó a Canadá desde Rusia. (ambos nacieron el 15 de Dic).

¿Sabías que dentro de nuestra familia todos repetimos de manera inconsciente la vida de algún ancestro? ¿Crees, por ejemplo, que tu tristeza, tus culpas, frustraciones, tus rabias o tus adicciones son realmente tuyas?

Voy a definir lo que significa ser "doble" en el Transgeneracional.

Ser "doble" de algún ancestro significa que la vida que vivió esta persona está relacionada contigo. Poco importa si lo conociste o no, si está vivo o muerto, la historia se hereda y transmite de igual manera.

Ser "doble" de algún ancestro significa a que estamos reparando conflictos que pertenecían a algún ancestro y cuando esto sucede podemos repetir la experiencia de forma "directa o complementaria".

Cuando hablamos de repetir la historia de forma "Directa", significa que estamos repitiendo un patrón y de manera "Complementaria" estamos en el polo opuesto.

Ejemplo:

Doble de un ancestro de manera Directa:

Soy doble de mi abuelo materno. Él era alcohólico, y yo repito el patrón siendo también alcohólico.

Se supone que cada generación debe ser mejor que la anterior.

Doble de un ancestro de manera Complementaria:

Soy doble de mi abuelo materno. Él era alcohólico, y yo en cambio me dedico a la enología. (es otra forma de controlar la adicción)

Entonces hay que poner atención porque mi árbol con el árbol de mi pareja son "dobles". Tenemos exactamente los mismos conflictos es por eso que nos hemos unido, y ambos estamos en desequilibrio y hay que aprender a interpretar las lealtades y encontrar los patrones de repetición para encontrar el equilibrio y la sanación.

Si en la familia de mi pareja existen suicidios, y en la tuya muchas muertes por accidentes o enfermedades terminales estamos viendo un mismo "programa". Las enfermedades trágicas terminales en una forma lenta de suicidio y de terminar con nuestra vida.

Ya sabemos que heredamos tanto las historias de vida positivas y las no tanto, talentos, virtudes y recursos, pero también cargamos con las frustraciones, deseos reprimidos, sueños por cumplir, culpas y castigos.

Por lo general se habla que los miembros de una familia quienes son "dobles" tienen cierta "afinidad", pero también he visto muchos casos en mis Terapias que los "dobles" se "repelen", es decir por un lado son tan iguales, y existe mucha dificultad en ver los temas personales que debo sanar, que mi "doble" me muestra mis sombras y yo las rechazo.

El análisis de nuestro Árbol Genealógico nos ayuda a descubrir todas las herencias emocionales que nos han dejado nuestros ancestros, con el objetivo de sanarlas, limpiarlas y liberarlas.

Una vez que estudias tu historia familiar eres tú quien decide lo que desea cargar, soltar, potenciar, para poder cambiar tu vida.

Cuando decimos que alguien es doble
de un miembro del Árbol Genealógico,
nos referimos a que está reparando los conflictos
vividos anteriormente por el mismo miembro.

REPITE

El abuelo paterno del cual soy doble
era alcohólico y yo repito el comportamiento
siendo el también alcohólico.

COMPLEMENTA O REPARA

Siguiendo con el ejemplo anterior,
el abuelo paterno del cual soy doble era alchólico
y, en cambio, me dedico a enología
(entre otra formas de controlar la relación con el alcohol)

Seremos dobles cuando:

1) **Llevamos el mismo nombre de un ancestro,** incluso si solamente tenemos la inicial del nombre. (María, Mariela) → yo y mis abuelos paternos

2) Tenemos la misma profesión, actividad u oficio.

3) Si tenemos los mismos rasgos o parecido físicos.

4) Si mi fecha de nacimiento coincide con la fecha de defunción de algún miembro del clan. → Isabelle con la tía Fresia. nació Murió 23/07)?01

5) Seremos dobles por rango de hermandad, es decir si soy la hija mayor, de mis padres seré doble con todos los hijos mayores de mi clan, por el contrario, si antes que mí, hay un aborto, yo paso a ser la segunda hija de mis padres y seré doble de todos los hijos nacidos segundos de mi clan.

6) También seremos Dobles con quienes compartamos las mismas fechas de nacimiento, concepción y de defunción. → Shayne y su tatarabuelo nacieron un 15 de Dic. Para este último caso en el Transgeneracional usamos una tabla básica y muy simple que nos ayudará a identificar a nuestros dobles en nuestro árbol familiar.

1	2	3
4	5	6
7	8	9
10	11	12

En esta tabla están representados los 12 meses del año siendo el número 1 el mes de enero.

Esta tabla se utiliza solamente en línea vertical, es decir si tomamos la columna de enero, estamos también tomado la de abril (4), julio (7) y la de octubre (10).

Seremos "dobles" con todos nuestros ancestros que estén en nuestra línea vertical considerando nuestra fecha de nacimiento.

Ejemplo:

yo nací el 20 de octubre (20/10) por lo tanto en la tabla yo trabajaré solamente con mi línea vertical, es decir: enero, abril, julio y la de octubre.

Ahora vamos a minimizar un poco la cantidad de dobles por cada persona y de acuerdo a nuestra fecha de nacimiento ej:

20 de octubre, tomaré solamente *10 días ANTES DE LA FECHA DE MI NACIMIENTO Y 10 DÍAS DESPUÉS DE LA FECHA DE MI NACIMIENTO*.

Es decir, yo seré doble con todos aquellos familiares que hayan nacido entre el 10 de octubre al 30 de octubre, pero también seré doble en toda mi línea vertical haciendo la misma suma ejemplo:

SOLAMENTE DEBO SUMAR 10 DÍAS ANTES Y LUEGO 10 DÍAS DESPUÉS DE LA FECHA DE MI NACIMIENTO.

1 (Enero)	2 (Febrero)	3 (Marzo
4 (Abril)	5 (Mayo)	6 (Junio)
7 (Julio)	8 (Agosto)	9 (Septiembre)
10 (Octubre)	11 (Noviembre)	12 (Diciembre)

Por lo tanto **MIS DOBLES** en el árbol dan los nacidos entre:

> 10 Enero al 30 Enero
>
> 10 Abril al 30 Abril
>
> 10 Julio al 30 Julio
>
> 10 Octubre al 30 Octubre

¿Qué relaciones debo tomar en cuenta en mi árbol?

Padres con Hijos	Abuelos con Nietos
Suegros con Nueras y Yernos	Consuegros
Tíos con Sobrinos	Bisabuelos con Bisnietos
Tatarabuelos con Tataranietos	

Y en caso de **Dobles por Línea Maestra, amigos, conocidos, primos.**

Ahora diviértete buscando tus dobles en tu Árbol Genealógico, y te haces las siguientes preguntas:

- ¿Cómo fue la vida de mi doble?

- ¿Qué dejó por hacer?

- ¿Qué gustos, talentos y virtudes tenía mi doble?

- ¿Cuáles eran sus miedos y frustraciones?

- ¿Qué dejó por hacer?

- ¿Qué es lo que estoy repitiendo? ¿Me gusta? ¿deseo cambiarlo en mí?

Al igual que en una película policial mientras más investigues y sepas de tu doble, más sentido encontrarás a tu vida.

Es importante aclarar que los dobles son por fechas, nombre, profesiones, etc, pero puedo igualmente ser LEAL sin ser doble, o cargar una lealtad familiar porque siento que no se ha hecho justicia, o porque creo y siento (de manera inconsciente) que se debe cargar con ese dolor o trauma no resuelto y no necesariamente necesitaré ser doble, tener parecido físico o tener la misma profesión.

¿QUÉ PASA SI NACES UN 28 DE MARZO, O EL 1 DE ABRIL?

Si naces a fines o comienzo de mes es exactamente igual, solamente que debes "pedir prestado" a los meses anteriores o posteriores según corresponda. Y se suman los 10 días antes y los 10 días después, ejemplo:

3 de marzo se suman desde el 21 de febrero al 13 de marzo

Acá pedimos prestado algunos días de febrero y en marzo se suman 10 después del 3.

Esto es muy sencillo, solamente se necesita práctica y suma básica. Contaremos como máximo hasta el 30 de cada mes.

Tener dobles en nuestra vida no es algo bueno o malo, solamente nos indica los "programas que hemos heredado". Heredamos muchos programas positivos, pero también muchos programas limitantes.

Dentro del estudio del Transgeneracional se habla de **"Duplicar"** o de **"Reparar"** un programa con respeto a la historia heredada de nuestros dobles.

Un programa se puede heredar con las mismas características o bien puedo **heredar el programa en su polaridad contraria.** Si heredo el mismo programa de un ancestro se le llama **"Duplicar"** y si heredo el polo contario se le llama **"Reparar".**

Imagina que eres doble de un **abuelo** que es **alcohólico.**

Si estás repitiendo el **mismo programa** estarás **Duplicando el alcoholismo del abuelo o bien activando alguna adicción.**

Si logras bebe por placer, o "socialmente" sin ser alcohólico, estarías "Reparando" el programa.

Si existen conflictos o problemas que no puedo resolver se aconseja ver tu árbol hacía arriba, (desde los padres para atrás) y entre tus dobles ver de quien estás heredando esos programas, de gran ayuda es ver qué le ocurrió a tu doble a la edad que ahora tienes tú y tomar consciencia de que estás reviviendo un conflicto o drama no resuelto.

"Cuando te haces consciente de algo,
te desapegas de ello."

-Enri Corbera-
Ingeniero Técnico Industrial, Naturópata y Licenciado en Psicología
https://www.enriccorbera.es/instituto/biografía-enric-corbera

Esto que acabas de aprender dentro del Transgeneracional, se llama Doble. Lo que quiere decir es que estamos en resonancia con ese ancestro, es decir, que llevamos parte de su información de manera inconsciente.

Ahora puedes ver sumando 10 días antes de la fecha de tu cumpleaños y 10 días después de que ancestros eres dobles para ver sus programas y patrones de vida, y comenzar a consciencia a ver afinidades, lealtades, conflictos no resueltos etc.

Dentro de los "Dobles", para el inconsciente es lo mismo ser doble por fecha de nacimiento, concepción o defunción. El programa que se hereda es el mismo.

Existen más definiciones de dobles que te enseñaré a continuación:

LOS DOBLES ESPEJO

Tal como el nombre lo indica, ase semejanza a un "espejo". Te lo explicaré con este ejemplo: Si yo nazco un 5 de Julio, 5/7, y coloco esa fecha "frente a un espejo" re reflejará 7/5, un 7 de Mayo, ¿Se entiende? solamente cuentan hasta el número 12, de Enero a Diciembre.

En este caso la fecha debe ser exacta, no se aplica la regla de los 10 días antes o 10 días después.

Acá algunos ejemplos:

Mi abuela Materna Rebeca nació un 3 del 12 (3 de diciembre)

Mi hermana menor nació un 12 de 3 (Doce de marzo)

Mi hermana es doble espejo de mi abuelita materna 3/12 y 12/3.

¿Se entiende verdad?

Si naces un 5 de Julio, y alguien en tu familia Nace un 7 de Mayo, esto los hace "dobles espejos".

5 / 7 y 7 / 5

DOBLES EN LÍNEA MAESTRA

Se consideran "Dobles en Línea Maestra" a aquellos miembros del clan de los cuales nos llevamos por 6 meses de diferencia. Estos pueden ser 6 meses antes o 6 meses después, ya lo mismo ya que dan las mismas fechas.

Yo nací el 20 de octubre, por lo tanto, mi Doble en línea Maestra va a estar en el mes de Abril, y siempre nos vamos a regir por la misma regla, 10 días antes del 20 de octubre y 10 días después del 20 de octubre.

¿Quienes son nuestros maestros
en mi sistema Familiar y qué significa?

Nuestros maestros, son aquellos familiares que vivieron algo en su vida que debemos repetir, o aprender para lograr ser igualmente exitosos o felices.

También pueden ser nuestros maestros, hayan tenido vidas fracasadas y frustradas", y nuestra misión, es hacer todo lo contrario a lo que ellos hicieron. Ese sería el aprendizaje que me regala ser doble en línea Maestra.

Con aquel miembro de nuestro Clan que identifiquemos como nuestro doble en línea Maestras hay algo muy importante. Los otros dobles cargamos patrones, y programas, en este caso además de heredar los programas tenemos algo muy importante que aprender. Son ambas personas las que deben aprender la una de la otra. El aprendizaje es mutuo.

Por lo general estos "dobles "tienen mucha afinidad, y existe una notable referencia entre ellos.

En este caso, es el único doble que sale del clan. Es decir, podemos tener un doble Maestro como un profesor, amigo, el marido de mi hermana, etc.

Nuestro aprendizaje en relación a los dobles en línea maestra, se debe analizar con lo que me gusta y no me gusta de esta persona y luego llevarlo a mi vida personal y hacer un autoanálisis.

Si me gusta de mi doble en línea maestra que es muy creativo, audaz, servicial, pero al mismo tiempo es agresivo, mal genio, corresponde a los aprendizajes que debo integrar, quizás creer más en mí y desarrollar más mi creatividad, pero al mismo tiempo ver qué sucede con mi carácter, quizás no me esté dando cuenta que necesito tener más control de mis impulsos, trabajar mi paciencia.

¿Cómo saber quienes son mis líneas maestras en el árbol?

Nuestras líneas maestras del árbol las encontramos a 6 meses de diferencia con nuestra fecha de nacimiento. Da lo mismo si sumas o restas siempre te dará el mismo mes. Recuerda siempre a tu fecha de nacimiento sumar o restar 10 días para ubicar a tus dobles dentro de tu clan. En algunos casos si hay muchas similitudes se incluyen hasta 15 días antes o después de tu fecha de nacimiento.

Ej. Yo nací un **20 de octubre.**

Mi línea maestra se encuentra en el mes de **abril. (**a diez días antes o diez días después del 20 de octubre**)**

Mi segundo hijo Gustavo nace un **22 de abril.**

Él es mi línea maestra en mi Árbol Genealógico y sin duda que lo es. Nuestras conversaciones, sus conclusiones, sus análisis siempre me dejan muchas enseñanzas y mucho que pensar.

DOBLES POR DEFUNCIÓN

En este caso se vuelve a aplicar la regla de los 10 días antes y 10 días después de mi fecha de nacimiento.

Si yo nazco el 27 de abril y mi tía Rosa, muere el 30 de abril, estos nos hace dobles ya que estamos dentro del **rango de los 10 días.**

HEREDERO UNIVERSAL

Imaginemos que yo estoy por nacer, dentro del vientre de mi madre, y justo el día que decido nacer fallece mi abuelo paterno, o bien mi nacimiento coincide con la fecha de defunción de algún familiar.

Mi abuelo paterno murió un 11 de Marzo de 1970, y yo nazco, un 14 de Marzo del 73, o siguiendo la línea vertical puede ser en **junio, septiembre, o diciembre.** En ese momento, yo me convierto en el **HEREDERO UNIVERSAL** de mi abuelo Paterno y de su historia personal.

¿Qué es lo que significa realmente?

Que yo heredo su carácter, su forma de ser, sus gustos, su profesión, sus dramas, sus problemas, etc. En este caso debo estar muy atenta(o) a ver los duelos que han quedado abiertos, y recibir con agradecimiento todos sus programas, que a consciencia sabré valorar y respetar. Como ves poco importa si conoces al ancestro o no, los programas se heredan y se transmiten de igual manera.

¿Qué sucede si mi abuelito o algún miembro de mi familia fallece justo en el día de mi cumpleaños?

Si esto te ha ocurrido a ti, pareja e hijos con algún miembro del clan, significa sin duda que esa persona que "se marcha" te deja un bello **"Regalo", es su forma simbólica de despedirse de ti, de tus hijos, y al mismo tiempo de decirte que tú has sido realmente especial para él (ella) y te regala este momento para que lo recuerdes con amor, memorando y manteniendo vivos todos aquellos recuerdos de amor, complicidad, juegos, aventuras, ternura, paz.**

DOBLES GEMELOS SIMBÓLICOS

Se les llama **Gemelos Simbólicos** cuando en una pareja ya sea matrimonio o convivencia, deciden estar juntos y uno de ellos o ambos, son dobles con sus suegros, cuñados, o algún familiar de la familia política.

Lo explico mejor, recordemos la tabla que se utiliza para encontrar los dobles en tu árbol.

1 (Enero)	2 (Febrero)	3 (Marzo)
4 (Abril)	5 (Mayo)	6 (Junio)
7 (Julio)	8 (Agosto)	9 (Septiembre)
10 (Octubre)	11 (Noviembre)	12 (Diciembre)

Si mi pareja nace el 15 de mayo, y mi padre el 20 de noviembre.

Mi pareja es "Doble" con **mi padre,** por lo tanto, mi pareja y yo pasamos a ser "**Gemelos Simbólicos**" dentro de nuestro Árbol Genealógico. Y esto corre para ambas familias si yo soy hombre, y mi pareja (ya sea hombre o mujer) es doble con mi hermana, madre o padre, eso nos hace a mi pareja y a mi **Gemelos Simbólicos.** Nuestro inconsciente reconoce a nuestra "pareja" como si fuéra el ancestro o familiar, es decir:

Si mi pareja es doble de mi padre para el Alma de nuestro sistema Familiar y nuestro inconsciente **yo estoy casada con mi padre.**

Si yo mujer soy doble con mi suegra, esto significa que **él (Mi marido)** en su inconsciente me reconoce como su **madre** y no como pareja. Por lo tanto, **él (Mi marido),** está simbólicamente casado con su madre y esto nos hace **Gemelos Simbólicos.**

¿En qué afecta que mi pareja sea doble de alguno de mis padres, hermanos o algún familiar?

Para el Árbol Genealógico, que es un árbol que "vive" no permite la exclusión, y si en la familia hay miembros que han desaparecido, han sido excluidos o han tenido graves conflictos de convivencia, viene alguien en la descendencia que va a querer "*reparar*" este vínculo, y es así como el

Hijo puede buscar a su **padre ausente**, o a la **madre ausente**, y lo va a traer **"simbólicamente con su pareja"**.

Tenemos un imán, para atraer exactamente a la persona que nos va a hacer despertar nuestras sombras para acercarnos a la evolución y la sanación personal. Recordemos que nuestro inconsciente lo sabe todo, y aunque yo no hable con *"esa persona"*, inconscientemente yo ya sé que es doble de mi madre, padre, y/o hermana **"y es justo esta persona y no otra la que necesito para trabajar los programas que he heredado de mi árbol"**.

Si mi pareja se llama igual que mi padre, tienen la misma profesión o inicial del nombre, esto también los hace **dobles** por lo tanto mi pareja y yo pasamos a ser **Gemelos simbólicos.**

Siempre se va a considera la regla de las fechas …diez días antes de mi fecha de nacimiento y diez días después de mi fecha de nacimiento.

Buscamos siempre en nuestra pareja al padre o a la madre y es esa nuestra proyección, buscamos en el hombre la protección, contención, apoyo, y el hombre busca a su madre en su pareja, ternura, cariño, regresar a ser niño porque siente que ha sufrido importantes carencias de parte de ella. Todo esto es absolutamente inconsciente, no es algo que lo hagamos a propósito, para nuestro inconsciente todo "está bien", nos cuesta ver y sentirnos abandonados o rechazados, pero nuestro inconsciente es quien elige a nuestra pareja.

Por lo general las parejas que son Gemelos simbólicos tienen al comienzo de la relación un encuentro muy pasional, muy sexual, de mucha atracción.

Es **"Amor a primera vista"** (dos inconscientes familiares se están reconociendo y buscan sanar), pero poco a poco la pasión, el encanto el interés comienza a decantar … lo que sucede es que los inconscientes reconocen este **"Vínculo de ser Gemelos Simbólicos"** y apaga la atracción física y sexual, porque el Árbol genealógico no permite incestos dentro del clan.

Si tu marido es doble de tu padre, tú estás casada con papá y para que eso no siga ocurriendo, se "apaga la llama del amor" la libido se adormece.

Además de querer buscar a papá y mamá en mi pareja, puedo querer "reparar" la relación de ellos… como mis padres han sido infelices en su relación de pareja, yo me caso con papá para hacerlo feliz ☺ (simbólicamente hablando).

También cuando nos encontramos con parejas que son Gemelos Simbólicos significa que nuestro inconsciente denuncia casos de incestos reales en generaciones anteriores. Por lo tanto, esto debe "sanar", es por eso que las parejas que pertenecen a este rango, les cuesta concebir hijos, es una manera de "podar "el árbol, muchas veces no tienen ningún impedimento para tenerlos, clínicamente están bien, pero sin embargo no logran las mujeres quedar embarazadas.

Estas parejas, tienen cierta particularidad, con el tiempo pasan de ser pareja, a relación de "hermanos", muchas personas me lo han confirmado, que no podían tener relaciones sexuales con su marido porque era como besar a su hermano… también me han dicho: no siento atracción sexual hacia mi pareja, pero no la puedo dejar… siento culpa de irme de su lado.

¿Es grave si con mi pareja somos Gemelos Simbólicos?

Nada es bueno y nada es malo todo depende de cómo lo vivas y que quieras hacer para cambiar tu realidad.

Si ambos se sienten bien, y para ninguno de los dos es tema que en el ámbito sexual se haya disminuido o apagado por completo la libido, entonces todos felices ☺. El conflicto ocurre cuando la relación se apaga y uno de ellos no se resigna a vivir ni a tener una relación de pareja monótona, es cuando comienzan a aparecer los conflictos de infidelidad.

Te compartiré algunos casos que he visto y he trabajado en mis Terapias para que comprendas mucho mejor lo que significa ser Gemelos Simbólicos.

No tengo atracción sexual hacia mi marido, pero lo amo y no lo quiero dejar.

Angélica se enamora y se casa con José. En un principio la relación era de maravilla sexualmente hablando. José es 15 años mayor que Angélica.

Cuando el hombre sobrepasa por 6 años a la mujer, significa que ella está buscando a papá. Quiere a su padre de regreso, ese padre que la abandono, ese padre que fue ausente, ese padre que no conoció... si la diferencia de edad sobrepasa los 15 años, la mujer está buscando al abuelo.

Angélica y José formaron una linda pareja, tienen mucha afinidad. Sin embargo con el pasar del tiempo, en el ámbito sexual la llama comenzó a apagarse...

Angélica descubrió una infidelidad de José. Fue drama, ella se sintió demasiado engañada, traicionada, dolida, luego de muchas conversaciones, llantos, culpas, Angélica reconoció que esto que había ocurrido era en parte también su culpa, porque ella no sentía deseos sexuales hacia su marido, pero lo amaba, y reconocía que quizás José solamente había ido a buscar "afuera lo que no encontraba dentro".

Pasan los años, y Angélica se siente atraída por un compañero de trabajo, del cual ella siente que se enamora perdidamente...este compañero se llamaba Juan.

José descubre la infidelidad y los papeles se invierten. Lo que más le dolía a José es que no podía comprender que Angélica, no tuviera deseos sexuales hacia él, que dijera que lo ama, y sin embargo esta sexualmente con otro hombre.

Resumo la historia, Angélica, seguía sin sentir atracción sexual hacia su marido, lo amaba, no se imagina una vida sin él, y después de esta infidelidad tuvo tres hombres más.

Analizando sus árboles, descubrí que ellos son gemelos simbólicos. El padre de Angélica, se llamaba Julián, lo que ya lo hacía doble por nombre con José. Además, que por fechas de nacimiento también eran dobles, y Julián murió un 18 de septiembre al igual que el padre de José.

Angélica, no vivió con su padre, por lo tanto, lo buscaba …pero había algo más. Su marido era doble de su padre por nombre y fecha de nacimiento lo que significaba que Angélica, estaba casada simbólicamente con su padre. Angélica, sufrió abusos por parte de su padre, algo que ella trató de borrar de su mente, pero este tipo de vivencias, y traumas tan dolorosos no se borran, no porque no lo hable, no porque no se recuerde significa que no sucedió o que esto ya sanó, por el contrario, nuestro inconscientemente guarda estas memorias y la persona va generando resentimientos, rabias, odios y sentimientos de venganza.

Angélica, se casa con José (su padre) y busca castigarlo. A pesar de tener extraordinariamente relaciones fuera del matrimonio ella no quiere dejar a su marido. (en realidad ella no quiere dejar a papá).

Al mismo tiempo que el árbol reconoce el incesto simbólico la pareja deja de tener atracción sexual, porque el sexo dentro de la pareja es algo que no puede ocurrir, pero si puede ocurrir fuera del matrimonio y es eso lo que sucede en todos estos casos. Los matrimonios o parejas que son Gemelos Simbólicos tienden a tener muchos conflictos de infidelidad, por esta misma razón.

En la actualidad Angélica y José, siguen juntos, se aman, han madurado su relación, ambos han comprendido lo que esto significa y si bien es difícil de comprender, el ser gemelos simbólicos habla de los conflictos que han superado como pareja.

Te comparto otra historia real.

No puedo quedar embarazada y ni marido ni yo tenemos ningún problema médico

Susana llega a mi consulta y me dice que lleva 5 años en tratamiento para quedar embarazada y que ni ella ni su marido tienen ningún problema físico ni hormonal, y que le habían hablado de la Terapia Transgeneracional que yo realizo y que quiere comprender que está ocurriendo.

Al ver las fechas y nombres ya descubrí que la pareja eran Gemelos Simbólicos, existe un mensaje del inconsciente que trae un programa de no tener hijos, es por eso que se unen estas personas, porque hay que limpiar el árbol, sin embargo, si tomo consciencia de éstos programas, éstos a su ve pierden fuerza y puedo revertirlos.

Durante la Terapia le expliqué a mi consultante que había un programa de no tener hijos, y que había que dar con el origen del problema.

Yo le dije: este programa puede ser incluso que tu abuela materna haya tenido 10 hijos, que nunca haya podido estudiar, que su marido no la apoya en la crianza de sus hijos y que además este marido era machista y alcohólico.

Nuestro inconsciente lo sabe todo…

Ella me dijo:

¿Pero cómo lo sabes?

Es tal cual como lo dices…

Al final de la Terapia además de varios otros temas que vimos le di el trabajo de conectarse con su abuela Materna, de hacer un Acto Psicomagico o un *acto de sanación*, con ella, para liberar su dolor ya que, con tantos hijos, y en escasos recursos te puedes imaginar lo que pensaba o sentía esta mujer cada vez que se daba cuenta que estaba embarazada, y toda esa información se heredó y llego a las generaciones siguientes.

A los meses Susana me comunica que está embarazada de una niñita, ya cual hoy tiene ya casi dos años de edad. ☺

Mi marido me engaña, y siento que a veces busca castigarme

Claudia, se enamora apasionadamente de **Alejandro**. Todo parecía ir bien cuando ocurren los mismos síntomas que aparecen cuando son Gemelos Simbólicos, la relación se apaga, disminución de la libido, relación como hermanos …

Analizando sus árboles esto fue lo que descubrí:

El padre de **Claudia** se llamaba **Abel**. Por lo tanto, ya es doble de **Alejandro**, a su vez la *madre de Alejandro, se llamaba Carmen.*

El padre de Claudia nace un 18 de mayo, exactamente igual que Carmen.

Ambos jóvenes **Claudia y** *Alejandro,* están casados con sus respectivos padres, ambos padres infelices y estos hijos los traen al matrimonio para "reparar" esta historia familiar.

A su vez, Carmen tuvo muchos conflictos, traumas y memorias dolorosas de infancia y adolescencia lo que hizo que ella cayera en algunas adicciones, que fuera una madre joven e irresponsable, y a su vez *Alejandro,* busca castigar a su madre por haberlo dejado solo, sin cuidados, y en abandonos.

Como *Alejandro,* no puede enojarse con su madre, ya que tienen una relación fusional, él castiga a su mujer, **Claudia ya que para su inconsciente es lo mismo Claudia es su madre,** y el cae en una y otra infidelidad, engaños y mentiras.

Existen muchos casos para cada ítem que hemos visto. Lo que quiero que puedas aprender esa recocer tus dobles dentro del Clan Familiar. Trate de explicar lo más fácil y sencillo este tema, por cualquier duda vuelve a leer las páginas con calma y con lápiz y papel saca tus cuentas.

Te pido de no entrar en psicosis, si te das cuenta que eres Gemelo Simbólico de tu pareja, no es grave, no pasa nada, solamente pueden ocurrir estos casos y de ser así en Terapia se pueden solucionar.

Yo realizo Terapias individuales presenciales u online, si quisieras profundizar más este tema, te dejo mi correo:

✉ consultas@suimeichung.com

Recuerda: ERES UN COMPUTADOR "LIBRE".

Estás programado, no destinado a vivir una vida que no deseas.
Cuando se descubre un programa,
éste pierde fuerza y deja de estar activo,
por lo que si cambias tu programación,
cambias tu destino.

No puedo dejar a mi pareja, sin embargo, no quiero estar con ella

Me visita un Joven de 30 años. El tema a tratar es el siguiente:

Hace casi 5 años está en una relación de pareja de la cual, con el pasar de los años, se ha vuelto violenta, ella hacia él, tanto verbal como físicamente. Él, completamente sometido, ha intentado terminar la relación muchas veces y no puede dejarla, y en esta misma sintonía ambos están en una relación enferma de mucho maltrato y co dependencia emocional.

Siempre en mis Terapias, y es algo que agradezco mucho, cuando estoy frente a mi consultante, puedo conectar con su alma, antes de visitarme y desde que me despierto por las mañanas agradezco el día que tendré y agradezco a cada una de las personas que, por vibración, y energía llegan a mí. En esa ocasión, vi que su novia había nacido un par de días después que él, lo que los hace gemelos simbólicos, le pregunté si él tenía un hermano gemelo, y me dijo si.

Al preguntar por si infancia, reconoció que había maltrato físico por parte de sus padres especialmente de su madre. Siempre en Terapia salen memorias dolorosas, que la persona no sabía que estaban "ahí" guardadas en su inconsciente, y que están afectando de alguna u otra manera su presente. Todo lo que hemos vivido en nuestra infancia y todo lo que hemos heredado nos condiciona positiva o negativamente en nuestras vidas.

Problemas   virtudes

En resumen:

Este Joven debe trabajar su angustia y miedo a la soledad, su hermano gemelo se independizó, y él nunca ha podido estar "solo". Siempre ha estado con novias, y en este caso en particular, su ***novia es su hermano***, (simbólicamente hablando) por lo tanto, hace 5 años que está simbólicamente de pareja con su hermano Gemelo. Sabemos que nuestro inconsciente lo reconoce como "gemelo, o hermano" y esto pasa a ser incesto simbólico, lo que hace que el deseo sexual baje, es por eso que él no se siente atraído sexualmente hacia ella, y las últimas veces que han estado juntos, él tiene un raro sentimiento de "culpa".

Al mismo tiempo a pesar de los malos tratos, él no puede dejarla …

Recordemos que este joven tiene un gemelo real. Le cuesta la "separación" y lo vivió mal cuando su hermano se independizó, y se fue de casa. Esto le causó tanto dolor que no lo quiere volver a revivir. Entonces ahora con su novia, se rehúsa a "dejarla", porque hacerlo significaría simbólicamente separase una segunda vez de su hermano.

Con respecto al maltrato, este joven me dijo una frase clave:

Mi madre me golpeó mucho cuando yo era chico, porque yo era muy desordenado (ahí su niño interior está justificando el maltrato), pero a veces igual me pegaba por cosas que no eran tan importantes, como cuando yo hacía una tarea y la hacía mal, o no sabía sumar…

Luego me dice: *Seguro la mamá le decía eso.*

✱ Pero muchas veces lo he pensado, si ella no me hubiese pegado como lo *hizo*, quizás que hubiese sido de mí, estaría por ahí en la calle… (sigue justificando, como niño siempre vamos a defender todo lo que han hecho nuestros padres).

Todas nuestras "***Creencias Crean nuestra realidad***", *lo que yo creo y pienso se manifiesta.* Heredo las creencias de mis familias y eso me condiciona a crear mi realidad. No vivo lo que quiero, sino lo que creo.

Si lees bien las frases de este joven, simplemente está ***¡Justificando la violencia física y el castigo!***

VIOLENCIA ES VIOLENCIA INDEPENDIENTE DE QUIEN LA EJERZA.

Por lo tanto, para él la violencia no es algo malo, incluso es algo que recibió de infancia por parte de sus padres, (de personas que lo aman) que él diga hoy que *"Gracias a los golpes, hoy él es lo que es"* es algo completamente falso.

WTF

Esa es otra creencia, dentro de su inconsciente carga con un programa de violencia y maltrato, y es por eso que está dentro de esa relación de pareja. También acepta la violencia porque si sus padres lo golpearon de niño, y lo amaban, hoy de adulto no le parece extraño que una novia, lo golpee y lo ame…

Acá hay que trabajar el amor propio, el amor haca uno mismo, la idea de que esta pareja se ama, está completamente distorsionada, Nadie puede dar lo que no tiene.

Tu pareja te ama exactamente como tú te amas a ti mismo. La pareja es nuestro espejo.

Entonces los pro-guerra como Trump/árabes tienen muy baja autoestima.

"Quien se ama a sí mismo, nunca hará daño a otro"
-Buda-

¿Qué sucede si mi inconsciente ve en mi pareja a mi madre, ¿padre, hermano, etc.?

Toda relación de pareja es perfecta, lo es porque es la única persona que me hará trabajar en mi todos mis programas que he heredado.

Si reconoces que tu pareja es doble de algún ancestro o familiar lo primero que debes preguntarte es :

¿Para qué estoy siendo doble de mi pareja?

Si tú eres doble de tu suegra no significa necesariamente que heredes sus programas ni toda su información, sino que tú ves inconscientemente a tu marido como un hijo, y al mismo tiempo él te ve como su madre.

En este tipo de relación podemos ver cómo la mujer se va encargando poco a poco de todo en el hogar y su marido pasa a ser simbólicamente un hijo, donde debe indicarle qué hacer, dónde ir, etc. Trae mucha frustración porque la mujer espera "contención" y "apoyo" y comienza a sentirse desvalorada, sumado a que la atracción física comienza a disminuir al igual que el deseo sexual, porque para el árbol, ellos están en incesto simbólico.

Acá tenemos los casos en que los hombres llama "Mami o mamá a sus esposas", y existen casos en que la mujer llama al esposo "hijo" y también "papá o papi". Recordemos que todo esto es de manera muy inconsciente, y esta relación termina siendo una relación disfuncional.

Como características los Gemelos simbólicos además de perder el deseo sexual, éstos asumen roles equivocados, de padre, hermano, abuelo.

A continuación, te dejaré un Acto de Sanación para estos casos, es importante saber y comprender que nuestra vida es un conjunto de creencias transmitidas, de patrones y de lealtades, que han sido años, de muchas generaciones y hasta siglos siguiendo la base de un mismo programa. Se requiere de comprensión, buena disposición, paciencia, tolerancia, compromiso para comenzar a sanar.

Esta Carta se debe hacer a mucha consciencia, hay casos que el programa pierde fuerza inmediatamente y en otros se necesita del trabajo de ambos, para unir las consciencias para un nuevo despertar.

ACTO DE SANACIÓN
GEMELOS SIMBÓLICOS

Antes de escribir la carta, es importante saber que cada caso se debe analizar en forma especial. La pareja debe conversar y tener en claro esta situación y que ambos deseen trabajar para dejar de verse de manera inconsciente papá o mamá, por ejemplo.

Para poder cambiar una programación de "Gemelos simbólicos" es necesario que ambos estén conscientes de la programación que se quiere desactivar. Deben saber que representa cada uno en el otro, y también ver que tanto les afecta este vínculo. Existen muchas parejas que son

Gemelos Simbólicos y lo viven muy bien, no les afecta por ejemplo que la parte sexual, no sea tan activa.

Primer paso

Escribe una carta a tu pareja, y le dices que hoy acabas de descubrir que de manera inconsciente él/ella es simbólicamente tu hermano, madre, padre, suegro, etc. Al mismo tiempo le haces saber que él o ella te ve a ti como…. su hermano, madre, padre, suegra, etc.

Esta carta no la debes entregar, es para ti y es un trabajo que se realiza de "inconsciente a inconsciente".

Escribes acerca de los conflictos que estas teniendo y de cómo esto te está afectando: pérdida del deseo sexual, desmotivación, tristeza, rabias, todo lo que te nazca escribir en ese momento.

Es una carta desde el fondo de tu corazón, debe ser muy sincera y debes atrás juicios y críticas, solamente debes explicar tu sentir y de cómo esto afecta a la relación. Recordemos que son dos los involucrados, ambos se han elegido para reparar sus propias historias personales y familiares.

Cuando ya hayas terminado tu carta, al final te aconsejo escribir que lo amas, tal como es, que lo aceptas, que quieres renunciar a seguir viéndolo y sintiéndolo como tu hermano, madre, padre, suegro, etc. Y que renuncias a seguir siendo simbólicamente su, hermano, madre, padre, suegra, etc.

Segundo paso

Al terminar por completo debes crear un ambiente adecuado:

_ Colocar una música suave y que te relaje.

_ Encender una vela.

_ Encender incienso, palo santo, algún aroma especial para ti.

_ Tener una fotografía de la pareja.

Te sugiero estar en un lugar tranquilo en donde puedas hacer este Acto de Sanación en calma, en consciencia, con respeto y amor.

Luego frente a un espejo, lees la carta tres veces:

_ Leer voz alta (para tu consciente).

_ Leer en susurro (para tu corazón).

_ Leer en silencio (para tu Alma).

Luego de haber leído las tres veces tu carta debes quemarla y las cenizas las entierras cerca de un arbolito. Puede ser en tu jardín, un parque, lo que sientas necesario.

Una vez enterradas las cenizas debes colocar miel. Si la miel está muy dura, la disuelves antes en agua caliente y la colocas en un vaso de vidrio. Dejas caer la miel sobre la tierra y con tus dedos esparces la miel sobre la tierra la cual has cubierto las cenizas de tu carta.

Enterrar esta carta y llevarla a la tierra es un hermoso acto de Sanación, la tierra es nuestra "Pacha Mama, es quien nos acoge, nos cuida, nos nutre y da la vida" Simbólicamente es nuestra madre y ella se encargará de recepcionar nuestro pedido. La miel es para "endulzar" cualquier amargura que esto nos haya traído.

Y das por terminado este bello Acto de Amor.

Es importante saber que esta carta no es con el objetivo de que tu pareja "cambie, evolucione, sane "eso es parte de un trabajo personal de mucha consciencia y compromiso, el objetivo de esta carta es "renunciar" simbólicamente al rol equivocado que tenemos dentro de la relación de pareja.

Cada caso se debe analizar en forma especial. Para poder cambiar una programación de "Gemelos simbólicos" es necesario que ambos estén conscientes de la programación que se quiere desactivar. Al mismo tiempo, ver cómo es la relación, si se consideren hermanos, o incluso se hacen llamar por "papi o mami", lo primero que deben cambiar son los apodos que para el inconsciente los considera simplemente como papá y mamá del otro.

LA OVEJA NEGRA
LA SANADORA DEL CLAN

*"Cuando en una familia surge un buscador
es porque éste encarna el deseo de todo el clan
para salir de las repeticiones y lo conocido, e ir hacia adelante."*

- Bert Hellinger -
Psicoterapeuta alemán, creador de las
"Constelaciones Familiares "y "Órdenes del Amor"

Puede que este sea tu caso, fue el mío, por ejemplo.

Siempre en cada familia existe la llamada "Oveja negra".

La oveja negra tradicionalmente se le llama a aquel miembro de la familia, que es "Diferente", aquel que piensa diferente, aquel que rompe los esquemas, el que tiene una inteligencia distinta (ya lo expliqué un poco más arriba) porque es más artista, idealista, soñador, aquel que le gusta viajar mucho, el que no va a la Universidad porque tiene otros proyectos de vida, es aquel a quien se le excluye del clan, por estas razones y muchas más.

Las ovejas negras son los que no se adaptan a las normas o tradiciones del Sistema Familiar, desde muy pequeños buscan debatir las creencias, yendo en contra de fuertes creencias y tradiciones familiares, son constantemente criticados, juzgados e incluso rechazados por sus familiares.

Por lo general la persona se siente distinto de siempre, sabe que, a los ojos del Clan, es mirado de una manera diferente y lo siente.

Las "ovejas negras", les cuesta adaptarse, los tildan de rebeldes, a veces de inconscientes, sin embargo, ellos cumplen un papel importantísimo en cada sistema familiar. Son las encargadas de reparar, limpiar, desintoxicar y de liberar las cargas ancestrales de todos sus miembros y simplemente los invita a seguir a cada uno su propio camino, tratando de que los miembros de su clan **despierten y tomen consciencia.**

Es imposible olvidar nuestras raíces, el Árbol Genealógico está vivo, y vive en cada uno de nosotros. Si lo imaginas bien, es un árbol grueso firme, intenso que lleva siglos y siglos en la tierra, tiene raíces fuertes y arraigadas, pero todos los miembros del Clan, por muchas generaciones han decidido ir y avanzar solamente por una misma rama.

El Árbol es un árbol que tiene muchas ramas firmes y la rama que ha sido elegida por tantas generaciones está a punto de caer.

La invitación que nos hace la llamada "Oveja Negra" es de colonizar una nueva rama del árbol, sin cortar las raíces. Es de avanzar y comenzar a dar nuevos frutos en otra rama del mismo árbol.

Gracias a estos seres que se han atrevido a alzar la voz, a mostrar inquietud, desconformidad, nuestros árboles renuevan sus raíces. Su rebeldía es sinónimo de tierra fértil, su pasión y locura es el agua que nos nutre, y gracias al "fuego" que provocan es que somos capaces de renovarnos y renacer sobre las cenizas.

Tú que te identificas con ser una oveja negra, es tiempo de aceptarlo, vivirlo y disfrutarlo con orgullo.

Para ser oveja negra se necesita ser valiente, tener ideas y metas definidas, poseer un propósito de vida, y estar decidido a cambiar tu destino.

Es muy probable que todo tu Clan esté en tu contra, los más cercanos a ti son los que más problemas te harán seguir tu propio camino, pero no temas, lo hacen porque te aman y esa es la única forma de amar que conocen.

Jamás nunca se nos ha enseñado a oír nuestro corazón, a seguir nuestra intuición, y Alma, jamás nunca se apreció los sentimientos de los niños y mujeres, estamos viviendo una fuerte renovación que nos lleva al cambio, a amarnos, a respetarnos, a ponernos en primer lugar y luego poder entregar todo lo que hemos recibido de la vida.

Que nada ni nadie te detenga, no importa de dónde vienes, cuáles son tus orígenes ni que edad tienes hoy, el cambio comienza con la voluntad y es tiempo de estar en paz contigo mismo para que todo en tu vida comience a fluir.

En Resumen, las Ovejas Negras "somos los buscadores del Clan" y los sanadores. ☺

Los encargados de cambiar el destino y re programar nuestra existencia y todos aquellos miembros de nuestra familia que así lo quieran.

Son los que triunfan, los Sanadores, los que eligen nacer diferentes para producir el cambio.

Han tenido por lo general que vivir experiencias de vida muy fuertes, mucha incomprensión, memorias dolorosas, mucha exclusión, pero lo hemos elegido antes de nacer.

Fuimos elegidos por nuestra familia para producir el cambio y hemos aceptado este desafío, no lo olvides nunca, es así.

Mi idea y objetivo es que este tema tan Interesante del Transgeneracional se traspase de una generación a otra, que podamos todos tener comprensión de nuestra existencia, que nos demos cuenta cuando estamos repitiendo patrones, moldes que ya no nos sirven y que sin culpa ni miedos podamos cambiar nuestro destino.

Que maravilloso seria que desde niños nos enseñaran a seguir nuestros sueños, a potenciar nuestros talentos y virtudes, a no excluirnos, a aceptarnos, a ayudarnos y apoyarnos, a creer en nosotros mismos y por sobre todo a creer y aceptar que somos Almas individuales con un propósito de vida y no porque nuestros padres sean profesores yo debo serlo, no porque ellos no hayan sido felices en su vida matrimonial yo tampoco deba serlo, y no porque ellos hayan nacido pobres yo debo seguir el mismo camino.

Y libres

A veces para crecer el dolor es necesario.

"No es posible despertar la consciencia sin dolor.
La gente es capaz de hacer cualquier cosa para evitar
enfrentarse a su propia alma."

"Nadie se ilumina fantaseando figuras de luz,
si no haciendo consciente su oscuridad."

-Carl Jung-

Durante la lectura de este libro aprenderás a tomar consciencia de tus actos, empezarás a sentir más amor por la vida, por ti mismo, por tu familia y tus padres y encontrarás respuestas a muchas situaciones de vida presente y pasada.

Podrás ayudar a muchos aplicando los temas que aprenderás acá y podrás dar sentido a todo lo que vives.

"Cuando en una familia surge un buscador
es porque éste encarna el deseo de todo un clan
para salir de las repeticiones y lo conocido e ir hacia adelante."

-Bert Hellinger-

CUESTA CREER QUE PARA CRECER ES NECESARIO SEPARARSE UN DÍA DE ELLOS...

Llega un momento de nuestra vida en donde nos cuestionamos nuestras elecciones de vida, carrera, pareja, nuestra existencia y es nuestra Alma quien nos recuerda que hemos venido a seguir nuestro camino y no a repetir historias familiares de manera inconsciente.

Sentimos la fuerte necesidad de "barrer con todo" para encontrar el sentido a nuestra vida. Cuestionamos y cambiamos creencias, lo aprendido, lo heredado con la intención de llegar al fondo de nuestra Alma que nos permita recordar quienes somos realmente.

LLEVAR UNA VIDA SIN SENTIDO YA NO TIENE SENTIDO...

Es necesario conectar con nuestro "yo interior "para descubrir cuál es nuestro propósito, nuestra meta y nuestros sueños por cumplir.

Venimos de familias que no han sabido soñar, de vidas de sacrificios, carentes de amor, cargadas de violencias y adormecidas por generaciones.

ESTAMOS PROGRAMADOS A REPETIR LA HISTORIA DE NUESTROS ANCESTROS, PERO NO OBLIGADOS A VIVIR DE IGUAL MANERA. → Escuchar a nuestras Almas nos da libertad.

Para avanzar y crecer debemos romper lazos, patrones, creencias y lealtades que nos permitan vivir en coherencia con nuestros sueños y proyectos de vida. Sin recriminar, sin juicio, sino por amor a quienes han vivido una vida de frustraciones y por amor a nuestra vida y los recursos que transmitiremos a las futuras generaciones.

Tu familia no te excluye, lo sientes así, pero eres tú quien se aleja del sistema porque tu nueva vibración no sincroniza con viejas creencias y patrones.

Lamentablemente en un momento somos desterrados porque es la única manera de iniciar un viaje del "héroe". Te sentirás sol@, triste y abandonad@, pero este viaje se realiza en soledad para despertar nuestra consciencia hacia una nueva dimensión.

No te ofendas, no te culpes no te castigues por pensar de manera distinta a tu clan, ya era tiempo que alguien lo hiciera asume este desafío con agradecimiento y valentía comprendiendo que el "destierro" es necesario para nuestra propia evolución.

CUANDO NACES EN UN MUNDO EN EL QUE NO ENCAJAS ES POR QUE HAS NACIDO PARA AYUDAR A CREAR UNO NUEVO

¿QUÉ HACER CUÁNDO TU FAMILIA TE EXCLUYE?

@suilang_
@suimeichung

SOY ADOPTADO
¿NO TENGO HISTORIA FAMILIAR?

Antes de comenzar a fondo a enseñarte como descubrir Lealtades Invisibles y Patrones de vida, quiero aclarar algo que quizás sea tu caso, o el caso de tus hijos, nietos, algún familiar o amigo.

Todos tenemos raíces, todos tenemos un origen.

En más de alguna ocasión me han preguntado si se puede realizar el trabajo del árbol cuando no tienen información de los familiares.

Ya sea porque han fallecido, son extranjeros, o son abandonados o adoptados.

Es posible saber que les pasó a nuestros ancestros solamente mirando todo aquello que no logramos resolver en nuestra vida.

Cargamos como una herida mal cicatrizada donde llevamos con nosotros todos sus dolores, recuerdos, duelos, sufrimientos y también alegrías.

Imaginemos que no podemos formar pareja, ya sea porque me encuentro con hombres violentos, casados, o me maltratan de alguna forma, o a todos les encuentro algo que me da miedo.

Es seguro que arriba en el árbol hubo una mujer que fue maltratada por su marido, puede ser la pareja de nuestros padres, abuelos, bisabuelos.

Y nosotras somos quienes portamos ese recuerdo, que es memoria del inconsciente familiar y está grabada en nosotras en nuestro ADN.

Cuando tomamos consciencia que estamos reviviendo la experiencia de la abuela, realizamos el corte de programas para dejar de repetir esta herida, y hacer nuestra propia vida.

→ alegrías y traumas.

155

Cuando comenzamos de corazón a comprender nuestra vida, y tenemos interés en conocer la historia de nuestros ancestros algo mágico ocurre.

Familiares lejanos nos contactan, se debelan y descubren secretos, encontramos cartas, tías lejanas, primos, amigos que están dispuestos a hablarnos de todo aquello que era oculto y misterioso y las piezas del rompecabezas comienzan a aparecer.

De un día para otro un familiar decide "hablar" de lo "prohibido", la información comienza a circular y nos llega todo en el momento preciso.

Todo comienza a tener sentido en nuestra vida y sin cambiar nada de nuestro presente, nuestra vida ya nos parece otra.

Comenzamos a liberarnos, comenzamos a ver todo nuestro alrededor con nuevos ojos, es como si antes hubiésemos tenido 20 velos sobre nuestra vista y poco a poco estos velos fueron cayendo y nos permite hoy ver todo con más claridad, paz y comprensión.

Ahora si tu caso es abandono y adopción, no te angusties.

Existe la coherencia y sincronicidad. TODO FORMA PARTE DE UN PLAN PERFECTO.

Te recomiendo de leer el libro *"El plan de tu Alma"* de **Robert Schwartz** o los libros de **Brian Weiss**, autor del libro *"lazos de amor"* y *"Los milagros existen".*

Los niños adoptados, no lo son ni por casualidad, ni equivocación, sino que cumplen una función de sanación para el árbol que adopta y para su propia familia de origen, aunque se ignore quienes son.

Estás reparando a un ancestro de tu árbol y has decidido tener "Lealtad en su dolor".

¿Recuerdas en el comienzo de esta lectura te conté la historia de la mujer que todas las noches grandes cantidades de comida y que el día siguiente lo regalaba?

¿Sabías que solamente somos conscientes del 3 al 5 % de nuestros actos?

Ella descubrió que su Bisabuela cocinaba todas las noches sin dormir, y vendía todo a la mañana siguiente afuera de su hogar para alimentar a su familia con 12 hijos.

Te lo explicaré de forma clara y sencilla.

Imaginemos un matrimonio del año 1900.

Dos jóvenes adolescentes a quienes se les obligó a entregar a su hijo en adopción.

Por vergüenza, por problemas económicos, por el que dirán, por religión, etc.

Estos Jóvenes se casan finalmente muy jóvenes tienen más hijos y su hija menor queda embarazada, por incesto, abuso, a muy temprana edad.

Estos padres, creen que lo mejor es dar a ese bebé en adopción ya que es impensable criar a ese hijo, además que ellos ya están viejos, su hija es adolescente, no acaba los estudios aún, y sienten que en este caso es lo que corresponde. En esta situación, ambos están obviando el dolor de su hija de entregar a un bebé y por sobre todo el dolor del niño abandonado o entregado en adopción.

Verás luego que en cada familia siempre, increíblemente se repiten las historias.

Muchas veces nos cuesta identificarlas porque cambia el "escenario", es decir a este ejemplo los jóvenes del año 1900, tuvieron un hijo. Luego su hija es abusada y queda embarazada joven, igual que su madre.

En ambas situaciones la niña queda embarazada Joven y por distintas razones dan al bebé en adopción, pero en la base la historia es la misma, ¿lo comprendes?

Cambia el escenario, pero la historia dolorosa se repite:

Abandono de un bebé.

Existe un hijo que es entregado en adopción.

Si este es tu caso, (fuiste entregado en adopción) tu historia puede haber sido así:

Imaginemos que tu apellido actual, el que te dieron tus padres adoptivos es FUENZALIDA.

Imaginemos que el Bisabuelo FUENZALIDA tuvo uno o varios hijos fuera del matrimonio (esto ocurría mucho antes, ahora igual, pero antes más, no había control de la natalidad) y por diversas razones nacieron niños no deseados, no reconocidos y excluidos de este clan familiar.

Luego pasa una o quizás una segunda generación, y se ha transmitido el dolor de estos niños en abandono, rechazo, no integración, y hoy tus padres adoptivos están "integrando" al bebé que fue abandonado generaciones pasadas. En nuestro **Árbol Genealógico** no se perdona la Exclusión.

El matrimonio o persona que adopta, lo hace por diversas razones, siente que ayuda al mundo adoptando, de que será mejor persona si ayuda en el porvenir de un niño o niña abandonado, huérfano o solo. Y estas intenciones nos hablan de una programación Transgeneracional hecha por algún o varios ancestros con la finalidad de "reparar" el abandono de generaciones anteriores.

En nuestro Árbol Genealógico no se perdona la Exclusión. Todo miembro que es excluido, olvidado, ignorado regresa en una futura generación para sanar este dolor, y regresa representado por un nuevo miembro del clan.

Además, por energía y sincronicidad estás exactamente en la familia que debes estar para sanar tus heridas, reparar tu pasado y encontrar la fuerza para vivir un nuevo destino.

Tu familia adoptiva tiene los mismos conflictos que solucionar que tu familia biológica, y estás ahí porque tú elegiste estar para sanar.

Y todo lo que te ha tocado vivir con tu familia adoptiva te resuena en vida, tu madre adoptiva y todo su linaje es también tu historia familiar, lo mismo que tu padre.

Cuentan exactamente igual, y si tienes información de tus padres biológicos se suman al trabajo del análisis de tu árbol.

Si no has tenido madre o padre y te ha criado tu abuela o una tía o vecina, ella cuenta simbólicamente como tu madre y lo mismo la figura del padre.

Quien haya hecho de padre, es simbólicamente tu padre y cuenta como tu padre para el estudio y análisis del Árbol Genealógico.

Como ves todos tenemos nuestra propia historia familiar y siempre se puede trabajar, con la mínima información que tengas.

Existe una enfermedad genética que se llama "la enfermedad azul".

Una mujer de origen francés que había padecido esta enfermedad, la que había heredado de su abuela (aquí vemos la herencia Transgeneracional) fue operada de esta enfermedad. Al poco tiempo se casa.

Un día su marido le manifiesta su deseo de tener un niño, y le comenta de su enfermedad genética hereditaria, por lo que deciden tener un hijo pero adoptado, ya que tienen miedo de transmitirle esa enfermedad.

Adoptan a un bebé de la India, es un niño hermoso, pero poco después de llegar a Francia éste se enferma y cuando lo analizan el médico diagnostica que padece de "la enfermedad azul". La misma enfermedad que tenía su madre y abuela adoptiva.

El niño finalmente fue operado, por el mismo cirujano que operó a su madre, en la misma fecha y en el mismo hospital que su madre había sido operada varios años antes.

¿Crees que es pura coincidencia?

Los niños adoptados pasan realmente a formar parte de la familia que los adoptado y desde ese mismo momento reciben y cargan inconscientemente todas las emociones, patrones, moldes y vivencias y de sus ancestros.

"Se nos ha dado la elección de liberarnos
de la repetición para nacer a nuestra propia historia."

-Anne Ancelin Schützenberger-

"Aquellos que no aprenden nada
de los hechos desagradables de la vida
fuerzan a la consciencia cósmica
a que los reproduzca tantas veces como sea necesario
para aprender lo que enseña el drama de lo sucedido.
Lo que niegas te somete;
lo que aceptas te transforma."

-Carl Gustav Jung –
Psiquiatra y Psicólogo Suizo, colaborador de Sigmund Freud

El sufrimiento, por muy doloroso que sea, es lo único que nos permite aprender los diferentes aspectos de nuestra vida. De no ser así, se tenderá a repetir el mismo patrón de comportamiento tantas veces sea necesario hasta llegar al aprendizaje.

La vida es muy buena Maestra, sin o aprendemos la lección, nos la repite.

Para comprender cómo realizar el análisis y comprensión de nuestra Historia Familiar es imprescindible conocer lo que significa el inconsciente.

¿Sabías que solamente somos conscientes del 3 al 5 % de nuestros actos?

El inconsciente es donde residen todos aquellos impulsos, deseos, y emociones reprimidas de nuestra personalidad que no son accesibles ni aceptadas fácilmente a nuestra mente consciente.

Nuestro inconsciente nos domina, nos manipula, nos dirige nos somete.

Aprender el significado del inconsciente es clave para comprender nuestra Historia familiar, es realmente indispensable.

Está comprobado que nuestro cerebro consciente capta y procesa entre el 3 y 5 % de todo lo que vemos, sentimos, escuchamos, y percibimos con lenguaje verbal y no verbal propio de cada clan familiar.

El otro 95-97% es captado por nuestro inconsciente y se forma por juicios, creencias o culpas según lo que se percibe como "bueno -malo", "correcto" - "incorrecto" dentro del Clan.

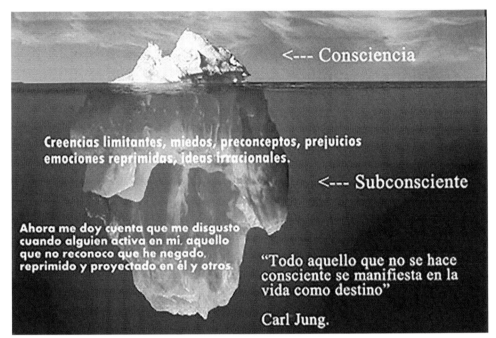

En el momento que se procede al conocimiento y estudio de nuestra historia familiar, comienzan a salir a la luz los secretos del **árbol familiar**. Existe una sincronía entre las fechas de nacimientos, matrimonio, fallecimientos, enfermedades, muertes y comienzan a aparecer sorprendentes afinidades o ciclos que se repiten de una generación a otra. Si somos capaces de transformar nuestra historia familiar hoy en el presente, también cambiará nuestro Universo. (cambiar nuestra programación para cambiar nuestro destino).

En el estudio de la **Epigenética se** ha demostrado que las **células tienen memoria** por lo tanto todo aquello que han sufrido nuestros antepasados queda grabado en nuestro **ADN,** en el inconsciente biológico.

En el momento que comenzamos a trabajar en nuestro **árbol familiar,** se comienzan a liberar emociones, recuerdos traumáticos, duelos no realizados, a descubrir secretos e historias ocultas. Comienzo a integrar a todos aquellos que han sido excluidos y comienza la sanación para mi sistema Familiar, y al mismo tiempo todo aquello que quiero sanar en mí.

Michael Meanly, neurólogo y psiquiatra biológico, realizó importantes estudios sobre la conducta epigenética, sus resultados demuestran que los traumas y experiencias traumáticas que han vivido nuestros ancestros en el pasado dejan marcas moleculares adheridas a nuestro ADN.

Lo que significa que podemos heredar no solo las caderas frágiles de una tía abuela, sino que también la predisposición a la depresión causada por un duelo que no fue realizado.

En Terapia es fácil identificarlo, ya que nuestro inconsciente lo sabe todo es muy común oír:

Siempre me he sentido triste.

Toda la vida he tenido miedo al mar (y la persona jamás ha tenido algún accidente en el mar ni nadie que ella recuerde). Tengo **terror al parto,** y la mujer nunca ha tenido un hijo.

Me ha tocado ver y tratar a varias mujeres que reconocen tener **miedo al parto** te lo explicaré.

Imaginemos a comienzos de siglo que una joven mujer es obligada a casarse por quedar embarazada. Se casa obligada y sin amor. A los años ya tiene 7 hijos y está su octavo hijo a punto de nacer. El embarazo es de riesgo para la edad de esta mujer, comienzan las contracciones y el parto se "bloquea" por lo que deben realizar una cesárea de urgencia. **La madre muere en el parto.** Sus 8 hijos pequeños son entregados algunos a sus abuelos paternos, maternos, tíos, y los niños sufren de la temprana pérdida de su madre, de sus hermanitos, dolor y amargura.

Además los nietos sufren de abandono, abusos, malos tratos y dos hermanitos mueren en incidentes domésticos. Todo ese dolor se transmite a las siguientes generaciones y es por eso que hoy encontramos a una mujer que tiene miedo del parto sin haber tenido hijos. **Esta mujer lleva en su información de ADN, lo vivido por sus ancestros.**

Los términos **Siempre** y **Toda la vida, o tener miedos irracionales** nos hablan de acontecimientos que han sucedido incluso antes del nacimiento de las personas que consultan.

"Ninguna generación es capaz de disimular a las que siguen los acontecimientos psíquicos significativos."

-Sigmund Freud-

El Transgeneracional es conocido desde hace mucho tiempo, se podría decir que desde comienzos de nuestra creación. Solamente que hoy tomamos el peso de lo que esto realmente significa en nuestras vidas.

Hay una frase en la Biblia que dice:

"Los padres comen uvas verdes,
y a los niños rechinan de dientes."

Cuando Jesús curaba a un enfermo, sus apósteles le preguntaban:

"¿Señor quién ha pecado, él o sus padres?"

¿QUÉ ES EL INCONSCIENTE?

Sigmund Freud, Médico Neurólogo descubre el **Psicoanálisis** a finales del siglo XIX. Por esa razón fue llamado el padre del Psicoanálisis. (Freud nació el 6 de mayo de 1856, en Freiberg, actual Príbor, República Checa).

Existen muchos artículos y estudios acerca de quien descubrió el Inconsciente, pero lo que yo he estudiado y para mi, él se acerca más a la definición en el trabajo de la mente y estudio del ser humano y sus emociones ocultas.

"Es el círculo más grande que incluye dentro de sí el círculo más pequeño del consciente; todo consciente tiene su paso preliminar en el inconsciente, mientras que el inconsciente puede detenerse con este paso y todavía reclamar el pleno valor como actividad psíquica", escribió Freud.

Aplicando el psicoanálisis, según Freud explicó que los niños van creando su propia personalidad, a través de impulsos irracionales y primitivos ya que dependen de alguien y al tener esta dependencia, por ejemplo de una madre, el niño crea celos, porque es ella su primer amor. De esta manera el amor que siente el niño o la niña hacia la madre, está relacionado al **erotismo** y a sentimientos de **agresión,** ya que a lo largo de su crecimiento el niño(a) se dará cuenta que se encuentra bajo el dominio de su creadora.

Freud con respecto al padre creyó que él influye mucho en el subconsciente del niño, porque lo ve como rival entre él y su madre ya que ama a su progenitora, pero al mismo tiempo siente que odia a su padre por robarle el amor de ella. Esta teoría está relacionada a la historia griega Complejo de Edipo, de Robert M. Young.

Sigmund Freud estudió y descubrió el **inconsciente personal** y Carl.G. Jung el **inconsciente colectivo**. Estos grandes descubrimientos a comienzos de siglo nos conducen al **inconsciente familiar**.

Es increíble, nuestro inconsciente lo sabe absolutamente todo, podemos hasta presentir o adivinar que algo sucedió, sentirlo desde lo más profundo de nuestros corazones, **esa corazonada que nos dice:**

"Siento que mi padre no es mi padre"

"Siento que soy adoptado"

"Siento que mi marido tiene a otra mujer y /o otra familia"

"Siento que no fue un accidente, sino un suicidio"

"Siento que no viajó fuera del país, sino que ocurrió otra cosa"

A un nivel inconsciente sabemos exactamente qué sucedió, dónde y cuándo.

Gracias al descubrimiento del Inconsciente, se abre un nuevo mundo dentro del estudio de la psicología y en relación al comportamiento del ser humano, acerca de nuestros pensamientos, y emociones, ya que hasta antes de eso, el hombre creía que era absolutamente consciente de sus actos y del control de su vida. → ser "libre" es como una ilusión en ese caso.

Todos tenemos inconsciente. Éste se encarga de grabar absolutamente todo lo que sucede en nuestra vida, y nos dirige con la sola intención de protegernos y sobrevivir.

Así, exactamente como estás tú ahora, rico, pobre, soltero, casado, con hijos, o sin hijos, feliz, infeliz, abundante, miserable, es un resultado de muchas situaciones vividas, no solamente por ti, sino también por tus ancestros.

Es, aunque te cueste creer y aceptar una *"solución"* a los conflictos vivido en generaciones anteriores.

Tu presente es lo mejor que te puede pasar, de acuerdo a lo que han vivido en tu sistema Familiar. ♡ GRACIAS ♡

Ya te lo explicaré con calma y en detalle.

Ejemplo:

Imaginemos a tus bisabuelos, casados, ella dueña de casa él trabajando con un sueldo mínimo. Tienen 6 hijos y están viviendo en una situación económica más bien baja, y justo con el nacimiento del sexto hijo tu bisabuelo pierde su trabajo.

Debido a esto, los dos hijos mayores que son adolescentes deben dejar de estudiar para dedicarse a trabajar y mantener a la familia.

Dos hijos deben dejar también los estudios y ayudan en el hogar, y el bisabuelo, se dedica a pasar tiempo con sus amigos, sin encontrar trabajo, con algunas adicciones como cigarro, y alcohol.

Los hijos más pequeños son dejados en casa de unos familiares por un tiempo para que sean educados, vestidos y alimentados, esto produce a nivel familiar, dolores, traumas, abandonos, separaciones, violencia, etc.

No me estoy poniendo trágica ni exagerando, llevo trabajando años en el análisis de las historias familiares y lo que estoy relatando forma parte de la historia de un alto porcentaje de nuestra población.

Regresemos al ejemplo.

Esta situación trágica traumática y dolorosa es vivida por todos los miembros de la familia, para algunos es vivida de manera más traumática que para otros.

Ahora imaginemos que tu abuela, era la cuarta hija de este matrimonio, y que fue dejada en casa de unos familiares para su cuidado y crianza, tenía 4 años y no podían ocuparse de ella.

Por lo general, te puedo asegurar que no recibió la contención, ni amor que ella necesitaba, es más, sufrió y vivió abandono, carencias afectivas, materiales, y muchos traumas emocionales y muy probablemente abusos sexuales.

Ella no podía entender ni comprender lo que estaba sucediendo en ese momento en su familia, no comprende por qué no puede ir al colegio, porque pasa hambre, por qué recibe malos tratos, ni por qué debe ocuparse

(nota manuscrita superior: La gente tiende a negar u olvidar recuerdos dolorosos)

de los que haceres del hogar, tampoco comprende porque es separada de sus hermanos, no comprende por qué no puede jugar, no comprende por qué no puede estar con mamá ni papá y tampoco comprende por qué debe estar sometida a juegos de abusos por parte de sus primos.

Todo eso queda grabado en su inconsciente personal, no es de extrañar que cuando adulta alguien le pregunte por su infancia y ella diga "que no recuerda nada ", "que tiene todo bloqueado" o peor aún "tuve una infancia maravillosa" negando así toda una realidad que conlleva muchas heridas de infancia e incomprensiones.

Todo lo vivido forma parte de un recuerdo importante, es ENERGÍA. Las risas, las penas, los llantos, las alegrías son emociones y las emociones son energía y la ENERGÍA NO MUERE, SE TRANSFORMA, y queda en este tiempo y espacio. *(nota manuscrita: + un buen ej. son los ex)*

Por lo tanto, pasa una siguiente generación, a la que se le transmite de MANERA INCONSCIENTE todas estas vivencias y luego tu INCONSCIENTE BUSCA COMO PROTEGERTE y lo puede hacer de la siguiente manera:

No logras tener pareja siempre buscas a alguien que te abandone o tu abandonas o la persona está casada, o vive en otro país … *(nota manuscrita: mi amiga Karla C?)*

¿Por qué sucede esto?

De manera inconsciente buscas no vivir esa experiencia dolorosa, si no estás casada, no tendrás hijos por lo tanto evitas sufrir lo que ha vivido tus ancestros. *(nota manuscrita: wow)*

También puedes buscar a una pareja que sea estéril, así evitas traer al mundo hijos para que sigan sufriendo.

Puedes querer adoptar hijos, así "reparas" el abandono de los niños de tu clan familiar.

¿Te acuerdas que te dije que en cada familia tenemos dos opciones, o repetir la Historia o Repararla?

Acá solamente te he dado un ejemplo con un mínimo de posibilidades a vivir en una vida, puede haber muchas otras formas de repetir o reparar una historia familiar, por lo general de manera inconsciente en la mayoría de los casos vamos a repetir la misma historia hasta que "alguien" tome conciencia y libere el programa que se ha venido heredando y transmitiendo.

CARACTERÍSTICAS DEL INCONSCIENTE

→ "todo es un eterno presente".

1. El Inconsciente es Atemporal

No se rige por las leyes del espacio ni tiempo, por lo tanto, para el inconsciente no existen el pasado ni futuro, el inconsciente se mueve en un continuo presente, para él todo está sucediendo aquí y ahora.

Es por esta razón que cuando recordamos un acontecimiento traumático o doloroso del pasado es posible experimentar las mismas emociones y sensaciones que vivimos en aquella situación.

Es más, cuando alguien ha sufrido un momento traumático doloroso, como un abuso, una violación, abandonos, muertes trágicas, y esto no se ha visto, sanado, o tratado, para nuestro inconsciente está ocurriendo ahora en este mismo presente.

Ejemplo:

Si sufriste la muerte de un hermano y eras pequeña, y nadie imaginó que esto pudiera afectarte, y este evento pasó en tu vida como algo sin resolver, para ti, tu mente, tu alma y corazón, llevas la muerte de este hermanito cada día de tu vida. Es una herida que no ha sanado y puede ser que sientas rechazo a las personas, que no quieras hacer lazos fuertes y busques estar sola, solo por miedo a sufrir y a repetir en tu vida esta pérdida tan dolorosa que tuviste en el pasado.

Si sufriste un abuso sexual (no siempre es penetración, pueden ser palabras groseras, palabras de acoso sexual, tocaciones íntimas, o cualquier tipo de abuso a tu persona) y esto no lo comentaste o si lo hiciste nadie le tomó importancia, tus creces con este trauma, con este dolor y para ti, como esto no se ha sanado, es como si vivieras este abuso todos los días de tu vida y este recuerdo te condiciona.

Todas tus elecciones de vida son basadas en esta experiencia de vida, muy probablemente vas a vivir con miedo de la gente, vas a tener rechazo a todo lo que esté relacionado al sexo, placer, o relaciones de pareja, vas a ver al abusador en todas las personas que te rodeen, y vas a evitar estar íntimamente con alguien, o si lo estás, no vas a poder disfrutar sexualmente, porque en tu INCONSCIENTE se grabó un recuerdo de miedo, asco, repudio, ABUSO y ahora tu mente te protege de vivirlo nuevamente y te encargas de tener cierto tipo de vivencias para así alejarte del dolor.

Es curioso e interesante que muchas personas que llegan a mi consulta por primera vez, me revelan este tipo de experiencias y todas me dicen:

"Lo había olvidado."
"No sabía que esto podía afectarme ahora."
"Es primera vez que lo digo."
"Lo tenía completamente bloqueado."

2. El Inconsciente es Inocente

Significa que es amoral, para él no existe el concepto bueno y malo.

Cree todo lo que nosotros decimos, creemos o nos dicen.

El inconsciente no tiene juicio y discernimiento, graba toda la información que le parece importante para nuestra supervivencia.

Es muy importante tener en cuenta este punto.

Ejemplo:

Soy tonta, soy fea.

Para tu inconsciente serás cada vez más tonta y más fea.

Y eso será lo que verás cada vez que te mires al espejo, y peor aún esa será tu creencia y es lo que transmitirás de manera inconsciente al resto de las personas que te rodean y ellas te harán sentir tonta y fea todo el tiempo.

Ejemplo:

Yo no puedo.

Entonces no podrás nunca, por más que quieras hacer o lograr algo, si tu creencia inconsciente es que no puedes simplemente no podrás.

Recordemos que nuestro inconsciente nos domina y tiene control de nuestra mente consciente y se habla de un 97% de nuestros actos.

Tú dices:

Quiero un trabajo mejor...

Pero tus creencias y herencias familiares son más fuertes de lo que tú piensas (nadie en tu sistema familiar ha tenido un trabajo que le guste, todos han trabajado en lugares y oficios que le desagradaban ganando muy poco dinero) y esta información inconsciente (97% de tu Historia familiar) es mucho más fuerte de lo que tú crees conscientemente.

Eres consciente solamente de un 3% al 5% de tus actos.

Entonces no vas a conseguir ese trabajo mejor ya que tu inconsciente, inocentemente cree que lo que han vivido tus ancestros es verdad, no lo cuestiona, no lo pone en duda, simplemente lo cree.

Ejemplo:

Te prohibo que pienses ahora en un elefante rosado.

Listo, ya está tu inconsciente lo hizo otra vez…

Otro ejemplo:

Mientras tu lees este libro te diré que mientras yo lo estaba escribiendo estaba comiendo un delicioso y jugoso limón de pica. Amo el aroma fresco de los limones, sobre todo si son de mi jardín.

Este Limón es uno de los más grandes, verdes y jugosos que he comido en mucho tiempo, adoro los limones y no me resisto a chupar el jugo de esta fruta.

Listo, ya está tu inconsciente lo hizo otra vez…

Todo era mentira, fue un juego de mi mente para engañar a tu mente y tu inconsciente simplemente lo creyó.

Hoy es 4 de febrero son las 3:26 am, estoy en Orlando Florida y estoy tomando un té mientras escribo.

3. El inconsciente es Simbólico

Es decir, no distingue entre lo real y lo imaginario o virtual.

Los rituales y los actos de Sanación y simbólicos funcionan a la perfección con el inconsciente, ya que a través de ellos hablamos en su mismo lenguaje.

4. El Inconsciente no diferencia entre lo que es real y lo que es virtual

Nuestro inconsciente usa un lenguaje simbólico.

No distingue entre algo que nos está ocurriendo de verdad o algo que nos estamos imaginando.

4 Por eso es importante SER POSITIVO (+)

He visto en mis Terapias que podemos estar afectados profundamente con temas relacionados con un abuso sexual por ejemplo y la persona afectada, no lo vivió, pero lo vivió su madre, o lo vió en su hermana, incluso puede haberlo visto en una película.

Gracias a este punto nos es posible trabajar y modificar información que ha sido grabada en nuestro inconsciente gracias a los "Actos de Sanación".

Ejemplo:

Si en mi trabajo tuve un momento de incomodidad e injusticia con mi jefe, porque me quedé hora extras trabajando y llegado fin de mes, veo que no me fueron pagadas estas horas y temo perder mi trabajo o no me atrevo a hacerme justicia, es muy probable que me enferme.

Puedo tener problemas con dolor de garganta, disfonía, resfrío o tos.

Esto ya está relacionado con la Biodescodificación o Bioneuroemoción que trabaja en descubrir los conflictos emocionales que se albergan de manera inconsciente, se representan por medio de síntomas o enfermedades. *Mi experiencia como abogada en Chile*

Si sufro dolor de garganta es porque "quedé atragantada con lo que quería decir" y no pude decirlo por lo tanto mi cuerpo lo demuestra, disfonía fue la impotencia de no haber podido decirle a mi jefe lo que pensaba, refrío llanto reprimido, rabia, angustias que no expresé en su momento, y tos, "ladridos de perro", por lo vivido.

En estos casos y con mucho éxito recomiendo realizar:

ACTOS DE SANACIÓN

Le pido a mi CONSULTANTE (te recuerdo que yo no llamo Pacientes a las personas que me piden consulta de mis Terapias)

Vamos a imaginar que esta persona tuvo una discusión con su jefe y no se atrevió a decirle todo aquello que le hubiese gustado decir.

Yo usé internet → Facebook & LinkedIn
(10 años después les dije lo que pensaba / sentía).

Luego frente al espejo, escribir una carta diciendo exactamente lo que quieres decirle al jefe.

Debes escribir expresando todo como, por ejemplo:

Estoy cansada de tus abusos, pero más cansada de mí por aguantarlo y no tener la suficiente fuerza para renunciar y cambiar de trabajo.

Estoy muy molesta porque me has ignorado y no has querido pagarme las horas extras que trabajé este mes y el mes anterior.

Eres un abusador y prometo que me animaré a buscar un trabajo que merezca. Etc., etc., etc.

Cuando termines la carta, debes pararte frente al espejo:

Y debes leer la carta 3 veces:

Primero en voz alta (para tu consciente).

Segundo en susurro (para tu corazón).

Tercero en silencio (para tu Alma).

Y antes de leela debes imaginar que en el espejo está tu jefe o la persona a quien debes decirle lo que te quedó pendiente.

Y le dices fuerte y claro, ejemplo:

Felipe Canales, tú que eres mi jefe de xxxxxxxx.

Escucha bien lo que te quiero decir:

Y comienzas a leer la carta.

Esto funciona, no lo creas, hazlo y verás.

Santo remedio como decían las abuelitas, es un trabajo que se realiza para el inconsciente, y él se lo cree, y funciona. Nuestro inconsciente no diferencia entre lo real o imaginario.

Otro ejercicio que puedes hacer:

Yo recomiendo ambos

Tomas tu teléfono, simulas que marcas el número de teléfono de tu jefe, y en voz alta y caminando por la calle, le hablas fuerte y claro.

Y le dices todo lo que tienes que decir y luego cortas.

5. Para El Inconsciente el otro no existe

Todo es uno, todo soy yo. Tú no estás separado de nada, porque existe la Unidad.

Por lo tanto, si sufres, es porque ves sufrimiento en el otro, para el inconsciente el que sufres eres tú y la causa de ese sufrimiento está en ti. *La proyección que hacemos sobre los demás es la proyección de nuestras necesidades.*

Ejemplo: Por eso un gay / lesbiana siempre reconoce otro/a gay / lesbiana.

Es el caso de una señora que murió de cáncer de pulmón. A las pocas semanas, una muy amiga suya, desarrolló el mismo tipo de cáncer en el mismo sitio, exactamente igual que su amiga fallecida. No se trata de casualidad o azar.

La explicación biológica radica en las neuronas espejo: esta amiga de la señora en cuestión hizo suyo el problema, y ello la condujo a la muerte.

Acá podemos trabajar la "Ley del espejo", la proyección del otro es lo que existe en mí.

Trabajar con las proyecciones, con los aspectos de nosotros mismos que proyectamos en los demás, nos puede ayudar a conocer cuáles son nuestros aspectos reprimidos e inconscientes.

Ejemplo:

Mis amigos y pareja me mienten …
Mi proyección es la mentira, el engaño, el trabajo que debo realizar es conmigo.
¿Qué es lo que ellos me están mostrando que no veo en mí?
¿Qué es de manera inconsciente lo que debo sanar?

En este caso la forma de ver el conflicto es el siguiente:

¿En qué me estoy mintiendo yo?

Es probable que me mienta en la relación de pareja, es probable que me mienta en algún ámbito de mi vida, puede ser que yo esté trabajando y la verdad es que no me gusta este trabajo y me engaño y sigo ahí por diversas razones. → yo desde 2006 hasta 2010

Es probable que me esté engañando con pensar que no tengo ningún conflicto con mamá y estoy sufriendo de intolerancias alimenticias o a la lactosa a causa de esto que no quiero ver, etc. Incluso puedo haber desarrollado bulimia y anorexia, por conflictos no resueltos con la madre.

Existen muchas más maneras de analizar este último punto, todas están fuertemente relacionadas con creencias de nuestro Árbol Genealógico y mi trabajo es descubrir cuáles son y cuáles ya decido cambiar para odificar mi destino y mi programación.

No podemos engañar a nuestro inconsciente

Con lo que te he explicado ya te habrás dado cuenta que no importa lo que tu consciente piense (3%)… es tu inconsciente el que tiene el control de todo en tu vida (97%).

Todo el control, incluso aunque tú pienses y opines todo lo contrario, solamente es un mínimo de porcentaje al que tú tienes el poder de manejar.

Según los últimos estudios científicos, nuestro inconsciente recuerda absolutamente TODO, pero TODO, en relación al árbol familiar hasta la séptima generación, conoce toda la historia de toda la familia, los secretos, las verdades, las mentiras, lo bueno, lo malo, los suicidios, incestos, estafas, robos, abusos, todo aquello que ha sido ocultado por uno o varios miembros de la familia es guardado en nuestro inconsciente.

Si hubo crímenes, abandonos, infidelidades, traiciones, traumas, engaños, o graves atentados a la dignidad de las personas, tu inconsciente lo SABE TODO.

Por eso, como verás, de nada sirve mentir ni ocultar, ni pretender que nada ha ocurrido... la verdad siempre termina reapareciendo, si no es en esta generación, será en la próxima.

¿Piensas, por ejemplo, que tu depresión, tus miedos, pánicos, tristeza, tu rabia o tus adicciones son realmente tuyas?

Toda estas emociones son conflictos no resueltos de nuestros ancestros y familiares, incluso de aquellos de los que no tenemos ningún contacto o conocimiento. → yo veo a mi hermana Ale en mi hija Isabelle.

Estas conductas y emociones se reproducirán en nosotros u otros miembros del clan hasta que el problema sea resuelto y sanado. ↳ y estamos trabajando en eso ↗

Muchas enfermedades o síntomas físicos son el resultado de un dolor familiar que hay que sanar y liberar.

Llevar una vida sin tomar consciencia no resolverá en nada los conflictos que se albergan en cada sistema familiar, el pensar que algo ha quedado "olvidado o bloqueado" es una mentira de nuestra mente para evitar el dolor y no enfrentamos a solucionar los conflictos que hemos heredado.

Por el contrario, esconder secretos, traumas, dolores, mentiras, abusos y más, solo generan que estos conflictos crezcan y se sigan transmitiendo a futuras generaciones.

En la Biblia lo dice claramente:

Lamentaciones 5:7

Nuestros padres pecaron, ya no existen, *y* nosotros cargamos con sus iniquidades.

Jeremías 31:29 - Biblia

Cuando llegue ese día, nadie volverá a decir: "Los padres la hacen, y los hijos la pagan"

Jeremías 31:29 - Biblia

En aquellos días no volverá a decirse:

Los padres comieron uvas agrias, y a los hijos se les destemplaron los dientes.

Lo que sucede en generaciones anteriores, como "causa" produce un "efecto" en futuras generaciones.

Debes convencerte de algo, ...*A ESTA VIDA NO HAS VENIDO POR EQUIVOCACIÓN, NI A SEGUIR DORMIDO, HAS VENIDO A ILUMINAR TU CAMINO Y EL DE TU FAMILIA* y eso significa principalmente iluminar tu árbol, sacar a la luz todo lo oculto, liberarlo, limpiarlo "podarlo" para que nuevas ramas crezcan fuertes y sólidas con una nueva energía y vibración. Resolver los dolores y misterios que se ocultan en él.

La mente **consciente** es la que usamos para saber cómo hacer lo que vamos a hacer.

Es con la que le prestamos atención a los detalles y con la que llevamos a cabo nuestras acciones.

Usamos nuestra mente **consciente,** por ejemplo, para decidir si cruzar o no la calle, es tomar una decisión, clara y precisa.

La mente **inconsciente,** es la más primitiva de todas. Es aquí donde se guardan todas las experiencias vividas por nuestros ancestros.

Está a cargo de nuestra respiración, el ejemplo más claro de todos. Puedes por ejemplo de manera **consciente** aumentar, disminuir o detener tu respiración, su ritmo en cualquier momento que lo desees. Pero cuando estás ocupado en muchas otras cosas, tu mente **inconsciente** toma el control y te permite seguir viviendo.

A veces puedes tener acceso a tu inconsciente a través de los sueños.

Cuando duermes no piensas en respirar, porque tu mente **consciente** está en un trance que las otras dos mentes le imponen, para así brindar descanso al cuerpo.

Nuestra mente inconsciente, es la que te hace cerrar los ojos cuando detecta algún peligro que imaginemos se acerca a tu rostro. O la que mueve tus brazos para protegerte la cara cuando alguien intenta golpearte.

Tenemos el Inconsciente individual, Familiar, y el inconsciente colectivo.

Si ahora te doy la orden de "no pensar en un elefante rosado con tutú". ¿Qué hizo tu mente? Seguro sigue viendo al elefante rosado.
Si ahora te digo que tengo 2kg de jugosos limones de pica muy jugosos, y están muy perfumados, y yo partí unos limones en la mitad, y ahora estoy "chupando el jugo de un limón". Tú al leer estas frases vas a sentir que se te hace agua la boca.
Nuestro inconciente es "inocente" no diferencia la mentira de la verdad. Es por eso y gracias a esto que nos permite realizar "actos de sananción". Para nuestro inconciente todo es verdad.

¡Ay, mis abuelos!, la transmisión Transgeneracional
trazaría un puente entre
el inconsciente individual y el inconsciente colectivo.
-Anne Ancelin Schützenberger-

INCONSCIENTE COLECTIVO

Sigmund Freud, descubrió el INCONSCIENTE y Carl Gustav Jung descubrió el INCONSCIENTE COLECTIVO en el año 1936. (Jung fue por muchos años colaborador de Freud) te explicaré de una manera simple lo que esto significa.

Ya comprendes lo que significa nuestro inconsciente y cómo funciona.

Si te queda alguna duda vuelve a leer las páginas anteriores, es necesario poder comprenderlo para que puedas analizar y comprender tu historia familiar para poder sanar.

Entonces todo lo vivido por nuestros ancestros queda guardado en la memoria familiar. (Inconsciente Familiar). Cada uno tiene y se forma su propio inconsciente (inconsciente personal) y existe el INCONSCIENTE COLECTIVO que significa en pocas palabras QUE ESTAMOS DE UNA U OTRA MANERA TODOS CONECTADOS.

Imaginemos que viajas y vives fuera de tu país.

Quieres compartir fotos y videos de tu viaje.

Existe una aplicación que se llama **DROPBOX** y que si te registras tienes accede a un "espacio limitado" donde puedes subir todas tus fotos y a tus familiares y amigos les das la clave y ellos pueden entrar, ver y hasta bajar tus fotos.

Otro ejemplo:

Tienes un computador y tiene ya poca memoria y entonces te compras un **PENDRIVE,** para poder bajar tus fotos y videos y guardarlos ahí.

También puedes prestar este pendrive para que tus seres queridos tengan acceso a lo que deseas compartir.

Algunas personas tienen la "nube" para guardar sus archivos y también se puede compartir.

Existe el "Bluetooth" que conecta tu teléfono o celular a la señal de otra persona y puedes descargar fotos y archivos que quieras compartir.

Nuestro inconsciente imagina que trabaja de manera parecida.

La información que se ha guardado en generaciones pasadas (nube, bluetooth, pendrive, Dropbox) está "DISPONIBLE" para tu Sistema Familiar.

Más moderno aún, todos tenemos Whatsapp, (casi todos) y tenemos un grupo llamado FAMILIA, ahí se envía información diaria, juntas, almuerzos, saludos de cumpleaños, quejas, reclamos, fotos, videos, ofertas, etc.

Si alguien envió algo que quiero recuperar puedo entrar al "grupo" ver los mensajes anteriores o también puedo buscar las fotos o videos que fueron enviadas.

El **Inconsciente COLECTIVO** según Jung, fundador de la psicología analítica, a mediados del siglo XIX dice que es una dimensión que va más allá de la consciencia y que nos es común a la experiencia de todos los seres humanos.

> *Hasta que no hagas consciente lo que llevas en tu inconsciente, este último dirigirá tu vida y tú lo llamarás destino*
> -Carl Gustav Jung-

Para comprender el Inconsciente Colectivo es necesario creer y aceptar que todos somos parte de un todo, del Universo, de una misma energía y todo lo que nos sucede tiene un impacto en las personas que nos rodean.

El árbol está vivo dentro de mí. Yo soy el árbol. Yo soy toda mi familia.
Nadie tiene problemas individuales
porque toda la familia está siempre en juego.
El inconsciente familiar existe.
Desde el mismo momento en que alguien toma consciencia de algo,
hace que todos los suyos también la tomen.
Ese alguien es la luz. Si uno hace su trabajo, todo el árbol se purifica.

-Alejandro Jodorowsky-

El Inconsciente Colectivo contiene toda la herencia espiritual de la evolución de la humanidad desde principios de la creación, nacida de nuevo en la estructura cerebral de cada persona.

Por lo tanto, nos afecta el lugar en el que hemos nacido, no solamente cargamos con las creencias, vivencias y recuerdos de nuestra familia, sino que también con la "memoria colectiva" (Inconsciente Colectivo).

Ejemplo: 4 países "fríos" tienen una cultura muy diferente en comparación a los países cálidos

Es un poco difícil que en Alemania años atrás alguien haya llamado a su hijo Adofl (como Adolf Hitler) ni en Alemania ni en otras partes del Mundo ya que colectivamente, este nombre tiene una carga emocional fuerte.

Si un hombre tiene citas con varias mujeres, socialmente (colectivamente) y mundialmente se cree que es un tipo guapo, que tiene temas de conversación que le gusta conquistar y se mira bien, sin conflictos, que es en pocas palabras galán.

Pero en cualquier parte del mundo (hoy mucho menos que antes) si una mujer tiene citas con varios hombres se le llama de manera despectiva (suelta, puta, mujer de la calle)

Esto ha quedado grabado en la memoria colectiva del pueblo, por lo tanto, todo lo que ha vivido nuestra sociedad nos afecta en nuestra vida, nuestras elecciones de trabajo, pareja amigos, todo.

Existen innumerables ejemplos, solo he querido darte algo para que sea claro de comprender.

Socialmente lo que nos afecta mucho es la religión.

Antiguamente casarse virgen era algo que se debía hacer y de no ser así se deshonraba a la familia, incluso tristemente hoy en varias culturas esto sigue siendo así.

El tema de casarse por la iglesia o no, la ceremonia de los bautizos, la primera comunión, hoy en día en muchos lugares del mundo se hace más por tradición que por comulgar con esta religión, pero se sigue haciendo por ser aceptados, porque "socialmente es algo que se debe hacer", por respeto y tradición familiar, etc.

Este nivel de inconsciencia que es el "colectivo" abarca TODO, incluso nos identifica y relaciona con el reino animal.

Te daré un ejemplo muy importante.

En la selva, todos los animales tienen y pertenecen a su manada. Y es "Su manada" y no otra.

Jamás podríamos ver a un pato caminando con los leones, o a una jirafa caminando con hienas o jabalíes.

O a un mono en la manada de los tigres.

Cada quien sabe que "pertenece" necesitan sentir que tienen su grupo, que son iguales, que pertenecen a una misma especie, que comen lo mismo, que cazan lo mismo, que en el invierno van para al norte o sur y viceversa.

Y esto lo vemos en cardúmenes, en las aves y animales terrestres.

Nosotros como especie humana actuamos exactamente igual.

QUEREMOS PERTENECER, necesitamos sentirnos identificados.

¿Nunca les ha pasado de ver ok fotografías de jóvenes adolescentes y sentir vergüenza o simpatía por estar vestido de tal manera o peinado de otra?

Lo veo todos los días, en mi hogar, con mis hijos, en mis consultas y Terapias.

Se nota más en jóvenes, que se visten igual, tienen las mismas marcas de zapatillas, o se tiñen un mechón de cabello, o usan aritos etc.

Es lo que sucede con nuestra familia.

Necesitamos por fuerza mayor, como algo irresistible de una manera inconsciente y con un amor ciego **PERTENECER A NUESTRO CLAN FAMILIAR.**

En el reino animal, todos siguen a un Macho alfa, siguen sus pasos porque saben que los guía, los defenderá, cuando están en grupo se sienten seguros, protegidos, saben que cuentan con alimento, seguridad, y protección.

Si algún animal, se atreve a dejar la manada, sabe que muere.

Muere porque es atacado por el macho alfa u otros animales de la selva, sabe que muere por hambre, desprotección y sabe que muere o morirá porque se encuentra solo.

Ese animal que murió en las peores condiciones, … deja en el inconsciente de su generación (inconsciente familiar) y generaciones futuras el "Miedo a morir" porque ya ha muerto y ese miedo, angustia se ha transmitido a sus pares.

Y los animales por "ese miedo" inconsciente a morir en las peores condiciones permanecen en su manada.

Nosotros compartimos esa parte de la historia, nadie quiere ser excluido, nadie quiere morir en las peores condiciones, ya que este miedo se transmite por energía, por el ADN, por el inconsciente familiar hasta cada uno de los integrantes de una familia.

Esto era para que comprendas que todos estamos relacionados con nuestro Árbol Genealógico, conozcamos a sus integrantes o no, ellos viven en cada uno de nosotros y queremos serles fieles, honrarlos, pero lo hemos hecho de una manera equivocada, con miedos, con angustias.

→ Por eso las enfermedades mentales se transmiten genéticamente.

MEMORIAS COLECTIVAS FAMILIARES

"Cada especie animal, vegetal o mineral posee
una memoria colectiva a la que contribuyen
todos los miembros de la especie y a la cual conforman"
-Rupert Sheldrake-
Bioquímico británico que postuló la hipótesis más revolucionaria de la biología
contemporánea: la de la Resonancia Mórfica.

Ya has aprendido la importancia del inconsciente en nuestras vidas. Lo dirige, lo controla, lo manipula, hasta que nos hacemos conscientes y cambiamos nuestra realidad.

Existen las memorias familiares, es algo real, forma parte de nosotros, lo cargamos en la información de nuestro ADN, en nuestra sangre y todo lo vivido por nuestros antepasados queda en un "espacio superior".

Rupert Sheldrake y los Campos Mórficos:

Sheldrake, postuló que:

Las mentes de todos los individuos de una especie -incluido el hombre- se encuentran unidas y formando parte de un mismo campo mental planetario.

Ese campo mental -al que denominó morfogenético- afecta a las mentes de los individuos y las mentes de estos también afectarían al campo.

En otras palabras, esto significa que en este **Campo Mórfico** está registrada toda nuestra existencia desde el comienzo y creación del Universo, incluida la memoria de animales, piedras, semillas y plantas.

Todos sabemos los maravillosos efectos de sanación y poder que tienen los cristales y piedras preciosas, ellas guardan la energía de la creación y cada una posee distintas y variadas energías que potencian a la vez nuestra energía interior, favoreciendo nuestro equilibrio interno, trabajando incluso en alineación de chacras, limpiando y elevando nuestra energía.

Es de esta manera también que en el reino animal se ha transmitido la información que abandonar la manada significa morir en las peores condiciones, porque ya ha habido animales que han huido y han sufrido estas consecuencias de muertes trágicas por desprotección, hambre o ataque de otras fieras. Este recuerdo queda plasmado en el campo mórfico y los animales obedecen a esta información que les es transmitida de manera inconsciente.

En nuestro Sistema Familiar ocurre exactamente lo mismo, toda la transmisión de un individuo a otro, y de una generación a otra se hace a través de los campos **Morfogenéticos**.

Es por eso que algo que se puede estar pensando y creando en un lugar del mundo aparezca con la misma idea en la otra punta del mundo.

Esta es la razón por la que se puede estar **inventando** algo y esa idea **"sube"** a este **Campo Mórfico**, es tomada por otro individuo y es ejecutada incluso antes de la persona que originalmente la creó.

Esto ocurrió en 1951, muchos conocen los **Cómics, Daniel el Travieso,** con apenas 5 días de diferencia, "coinciden" dos dibujantes de caricaturas, uno en el Reino Unido y otro en los Estados Unidos, ambos publicaron historietas con el mismo nombre: **Daniel.**

Para diferenciarse una Historieta de la otra la versión Británica cambio el nombre a **"Dennis y Gnasher"**. Ambos cómics aún se publican en la actualidad y fueron tan famosas que en Estados Unidos crearon hasta una película de este comic.

Ejemplos como estos hay muchos, es por eso que dentro de la espiritualidad y estudios cuánticos se recomienda que cuando estás creando algo nuevo, estás haciendo algo propio, o quieres que algo se cumpla, **no debes decirlo**. La energía se dispersa y si es una invención esta puede llegar en manos de otra persona que este pensando e crear algo como tú. ☺

Seguramente has oído hablar del **Hoponopono,** si no es así te explicaré muy brevemente que es. El **Hoponopono** un arte hawaiano muy antiguo de resolución de problemas. **Ho'oponopono** significa "enmendar", "corregir un error". Consiste en repetir ciertas palabras que poseen una gran fuerza y potencia. Son palabras de una muy alta vibración y se puede aplicar a conflictos, problemas, personas, animales y plantas.

Repitiendo:

lo siento, perdóname, gracias, te amo, varias veces al día y pensando en el conflicto que quieres ver solucionado, se logra re programar la información que se encuentra en nuestro inconsciente y al mismo tiempo en el inconsciente del individuo, logrando transmutar la información de baja vibración por esta nueva energía sanadora, lo que permite acceder de manera divina a la mejor solución del conflicto.

Esta información también pasa por el campo Mórfico, y lo que dice este arte hawaiano del **Ho'oponopono,** que todos somos uno y que debemos trabajar el amor para lograr la paz y la unidad.

Es decir, si quiero mejorar la relación con mi hijo, debo pensar en él con amor, con fe, y mientras lo hago debo repetir las palabras mágicas varias veces durante el día:

Lo siento, Perdóname, Gracias, Te amo

También postula que los actos violentos, injustos, crímenes, robos, suicidios, de alguna manera nosotros lo hemos creado. Más de alguna vez hemos tenido pensamientos negativos, de rabia, odios, recriminaciones, criticas destructivas, deseos de arruinar al otro hasta de matarlo.

Esta información sube al **Campo Mórfico,** aquellas almas, perdidas, carentes de amor y bendiciones toman esta información y en momentos de desolación y desesperación van llevando a cabo la desgracia.

Es por eso la importancia de generar pensamientos positivos, de tomar consciencia de nuestros actos porque, así como podemos generar tanto odio y destrucción podemos crear un nuevo mundo mejorando nuestras intenciones, cambiando nuestra forma de pensar y de actuar.

Es así como nuestro presente, pasadas y futuras generaciones se beneficiarán de los cambios que estemos generando. Quizás pienses que los cambios son mínimos y que nadie notará la diferencia, pero créeme que integrar nueva información en nuestro **Campo Mórfico** ayudará a que los miembros de nuestro sistema familiar se beneficien de una mejor calidad de vida que se reflejará en el amor propio, el amor de pareja, familia, trabajos, y la sociedad.

Ellos son mis Bisabuelos paternos. Llegaron a Chile en Barco desde China en el año 1900. Ella Yong Tay, él Chung Wa Kay

De izquierda a derecha, mi bisabuelo paterno Wong Chong (padre de mi abuela paterna) el joven Carlos Wong, y Amadora Leal Aguilera.(madre de mi abuela paterna)

El niño Vicente, Jorge el hijo menor, y María Isabel mi abuela paterna.Chile a comienzos de siglos y se casa con una mujer chilena Amadora Leal y tienen tres hijos.

Carlos fue su primer hijo con otra mujer chilena.

Reconocí y me ví reflejada tanto en la historia de mi bisabuela paterna como materna. Ambas mujeres de sacrificio, casadas muy jóvenes, sufridas, trabajadoras. Miré sus historias, acogí su dolor, sentí como ellas sintieron y me prometí honrar sus vidas con alegría, trabajando en lo que amo, respetándome, y valorándome, aceptando en mí sus recuerdos, y renunciando a llevar una vida cargada de dolor, haciendo consciente mi vida, para guiarla hacia un nuevo destino.

[Nota manuscrita:] Por eso me ha costado la idea de cambiar el apellido al casarme (eso no se usa en chile). Hoy después de casi 6 años casada me siento preparada.

DIME CÓMO TE LLAMAS
Y TE DIRÉ QUIEN ERES

Eres esclavo de aquello que bautizas con tu nombre
-Alejandro Jodorowky-

Nuestro nombre es el primer contrato con el que cargamos
-Alejandro Jodoroswky-
**Escritor, cineasta, pintor, Tarólogo, y psicoterapeuta Chileno,
actualmente vive en Paris.**

Escritor, cineasta, pintor, tarólogo, y psicoterapeuta chileno, actualmente vive en Paris. Se le conoce mundialmente por su estilo único y diferente para trabajar el psicoanálisis y el Árbol Genealógico.

Creador de la Psicomagia, ha realizado estudios en el área del Transgeneracional y Constelaciones familiares.

Su trabajo se basa en el estudio de nuestro inconsciente y de las cargas Transgeneracionales que todos hemos heredado para así tomar consciencia y liberarnos.

Para el análisis y estudio del Árbol genealógico, nuestro apellido cuenta en algunos casos especiales, como cuando se ha modificado, o cambiado y esto trae consecuencias de identidad, herencias u otros conflictos.

Lo que sí analizamos en una primera instancia es nuestro nombre. Es ahí donde se encuentra "el secreto" de nuestra identidad.

Por ejemplo:

Si llevas el mismo nombre de tu bisabuela, y tu abuela materna cargas con sus memorias tanto en lo positivo como en lo negativo.

189

Si llegas a mi consulta, y quieres solucionar ciertos conflictos de tu vida, o comprender porque te has enfermado, o te ha tocado vivir lo que te ha tocado vivir, te pediré que me describas el problema de tu abuela y/o bisabuela a tu misma edad que tienes hoy. Ya que los conflictos suelen repetirse prácticamente a una misma edad.

Si por ejemplo te llamas Javier, por el abuelo materno y Pablo por tu abuelo paterno, cuando tu madre te llame Javier estará simbólicamente llamando a su padre y al revés, cuando tu padre te llame por su segundo nombre, Pablo, estará simbólicamente llamando a su padre.

Cuando llevamos el mismo nombre que otra persona de nuestro clan familiar, a los ojos de esta persona, estamos representamos a la otra.

En nuestro inconsciente puedes es como como un archivador de carpetas, lleno de recuerdos, memorias alegres, tristes, traumas, vivencias tuyas y ancestrales.

Si tu padre se llama Juan, y te ponen tu nombre por él, tu madre cada vez que te llame Juan, de manera inconsciente releerá toda la carpeta de recuerdos que tiene con ese nombre, y anterior a ti, si tu abuelo lleva tu mismo nombre.

Si has decidido cambiar tu nombre, investiga sobre el significado del nombre que deseas ponerte y elige, sabiendo que características deseas tener.

Y no pienses que eres desleal porque quieres cambiar tu nombre, es tu derecho, es tu elección. NO hay nada grave en eso.

Conozco a muchas personas que han elegidos nuevos nombres y créeme que gran parte de sus vidas han cambiado ya que se sientes nuevas personas. → *me pasó cuando me hice Canadiense en Agosto del 2019.*

¿Qué sabes de tu nombre?

Fabiola → abuelo paterno Fabio / Elena → abuela materna Elena

¿Quien lo eligió? Y ¿Por qué? *Mis padres*

¿Te gusta tu nombre, o te haces llamar de otra manera?

En Canadá me conocen como "Fabby Klatt"

Es el apellido de mi marido.

¿Tienes el nombre de algún familiar, ancestro, o amigo de la familia?
Abuelos paternos
¿Llevas un nombre religioso, de flores, de santos o de ángeles?
Nací el 21 de Dic y el 22 es San Fabio y sta. Fabiola
¿Llevas algún nombre espiritual como Paz, Esperanza, Luz …. Etc?

¿Tienes el mismo nombre que una antigua novia o amiga de papá?

¿Tienes el mismo nombre de un hermanito o hermanita fallecidos?

Vas a aprender a medida que vayas leyendo este libro cómo ir descubriendo tu Historia familiar, todo lo que se ha transmitido por medio del inconsciente familiar y colectivo hasta llegar a ti.

Comprenderás y encontrarás piezas del rompecabezas que pertenecen a tus ancestros y que has heredado hasta hora, así como lealtades, secretos y muchas situaciones que estaban escondidas en tu inconsciente y que de alguna manera has querido sacar a la luz.

No por nada estás leyendo estos libros en este preciso momento, has estado buscando explicaciones, y has cuestionando tu vida de distintas, maneras y ahora es el tiempo de encontrar la luz.

TU NOMBRE: TU FUERZA O TU DEBILIDAD

La asignación de un nombre es el primer regalo que le hacemos a nuestro descendiente.

¿Te llamas como alguno de tus progenitores o como algún familiar, ancestro, incluso alguien de quien no tienes la menor idea de su vida?

Es posible que **estés viviendo un destino que no te pertenece**, marcado al llevar este nombre.

Para comenzar a descubrir quien eres, en Terapia a mí me gusta comenzar por analizar el nombre. Se esconden muchas historias secretas, intenciones ocultas que luego sentimos el deber se cumplirlas. Al igual como te lo expliqué con los animales de la selva. Queremos pertenecer, sentir que estamos dentro de un grupo, o un clan y el nombre que nos han dado ha sido por alguna razón especial e inconsciente (aunque nuestros padres crean que no fue así) una emoción oculta que necesita ser liberada o un deseo del clan de situaciones, que necesitan ser definidas y aclaradas.

Todos los nombres traen consigo la historia de la persona a la cual se está evocando. Esta Historia no siempre es feliz, muchas veces contiene emociones reprimidas, sucesos trágicos y dolorosos como las violaciones, abusos, suicidios, muertes por accidente, engaños, secretos etc. Y este nombre que viene energéticamente cargado de todos estos significados, poco a poco va invadiendo y se va apoderando sutilmente de la vida del niño al cual ecie el nombre.

Podemos perfectamente no saber conscientemente cuál es el significado de nuestro nombre, ni su origen ni la razón del por qué lo llevamos, pero nuestro inconsciente sí lo sabe y se siente afectado por ello, y eso ya es suficiente para sentir que a veces llevamos una vida que simplemente no nos corresponde.

¿Cuál es tu nombre? ¿Te gusta? ¿quien lo eligió? Y ¿Por qué?

Cargas con la información del ancestro o familiar del cual llevas el mismo nombre, la misma inicial o las mismas letras dentro de un nombre.

Aunque el nombre esté en otro idioma, pero sí tienen la misma inicial o significa lo mismo, ya tienen un grado de herencia.

Carmen, Carolina

María, Marta

Julieta, Julieth

Juan, John

Luis = Ulises (acá están las mismas letras repartidas de distinta manera, pero Luis es Ulises)

Son las preguntas básicas que debes hacerte, así mismo como si tienes hijos pregúntate lo mismo y responde desde el corazón y a consciencia por qué crees que lo has llamado asi. *Isabelle es nombre de reina.*

En mi caso personal mi nombre es Sui-Mei es compuesto, cuando un nombre es compuesto como Ana María, María Carolina, etc, habla que una de las intenciones que se transmitió al bebé en gestación, era de "unir" a los padres.

Por lo tanto, como dato interesante ya tenemos lo siguiente:

Todo lo que vives en el presente es "algo" que ya ha existido en generaciones y se ha venido repitiendo hasta llegar a ti.

Por lo tanto, si llevas un nombre compuesto, el "Clan" quiere unir a tus padres, es porque no existen parejas realmente unidas.

Acá muy probablemente me quieres cuestionar, no eres tú, es tu ego y tu mente que se cierra a ver los conflictos de tu árbol.

Tu puedes ver a tus padres, hoy, a tus abuelos, pero poco realmente sabes de ellos, de su historia de amor, de cuando eran jóvenes, o por qué realmente están o siguen juntos.

Esto significa que se han casado por apuro, conveniencias, por escapar, liberar o castigar a alguien. *A mi familia paterna le gusta la gente blanca.*

Creemos que elegimos, creemos que somos libres, pero nuestro Clan, elige por nosotros. Algo que debemos aprender todos por igual es el AMOR. Vivimos en una sociedad y venimos de familias que no han sabido amar.

Muy difícilmente podemos amar, porque además no nos han enseñado a amarnos a nosotros primero.

Conocemos un **AMOR CONDICIONADO**, te amo porque .... Eres bueno, te amo porque ....eres amoroso, generoso, no te amo cuando te portas mal, no te amo cuando tienes pataletas.

De pequeños aprendemos el Amor como algo ajeno a nosotros. Necesitamos que "alguien nos ame" solo ahí nos sentimos completos.

→ Eso se nota en los gobiernos también. Canadá cuida a su gente mucho (+) que Chile.

Cuando nos dicen que nos aman, nos sentimos felices, cuando es lo contrario nos desestabilizamos completamente y no importa qué edad tengamos nos afecta de igual manera.

Necesitamos ser y sentirnos "especial para un otro" para saber que existimos, pero no nos han enseñado a amarnos, a cuidarnos, a respetarnos.

Se nos ha dicho que hablar de nosotros es mala educación, que pedir algo para ti es feo, que debes siempre dejarte para el último…. "el burro al último" peyorativamente nos hemos tratado siempre y de manera inconsciente.

EL PROYECTO
DE NUESTRO NOMBRE

Mi nombre lo eligió mi abuela paterna, ella me dijo que justo cuando mi madre estaba embarazada de mi, ella estaba leyendo un libro de una historia China. (mis bisabuelos paternos, y maternos llegaron de China a principios del siglo XX, año 1900)

La protagonista del libro era una Chinita, hermosa, bella, cautivadora y se llamaba Mei, y mi abuela anotó el nombre en una hoja y lo guardó.

A las semanas estaba viendo un famoso programa de Tv de ese momento "Sábados Gigantes" y una cantante con rasgos orientales fue invitada a ese programa. Ella tenía un nombre de espectáculo y el animador que era "Don Francisco" la encontró muy bella, y le preguntó por su verdadero nombre y ella dijo Sui-Mei.

Originalmente Sui, viene de Shui (como el Feng Shui) feng significa viento y Shui agua.

En español no tenemos el sonido Sh, por lo tanto, mi nombre se pronuncia Sui, y significa agua.

Mei significa, belleza, lo más lindo, por lo tanto, mi nombre se podría describir como **"La bella del agua, lo más bello es el agua"** y **agua** en **términos Holísticos** se relaciona con las **"Emociones"**.

También la palabra y elemento "agua" se relaciona a las emociones. Por lo tanto mi nombre y proyecto de nombre de alguna manera está vinculado al sentir, las emociones, fluir.

En mis trabajos también realizo lecturas de Tarot Terapéutico Evolutivo, que es un Tarot que se conecta con el inconsciente de la persona que consulta, y está basado 100% en nuestras emociones. Parte de mi nombre hablaba de eso, emociones y es algo con lo que trabajo a diario y algo que he debido aprender y manejar.

Todo fluye como el Agua, las emociones deben fluir, de lo contrario el agua cuando se reprime, no se limpia, se estanca y se pudre, lo mismo que sucede con nuestras emociones simbólicamente hablando.

Existen fuertes emociones que se nos transmiten en el momento de la gestación, todas las emociones vividas por nuestros padres y ancestros son transmitidas al bebé al 100%. Esto se llama "Proyecto Sentido" y es lo que les hablaré terminado el capítulo de los nombres.

Un dato curioso, la importancia de nuestro nombre es muy fuerte, sobre todo porque se genera en el proceso de nuestra gestación. Y todo lo vivido durante nuestra gestación y hasta los 3 años de vida es una orden para nuestro inconsciente.

Siempre supe que iba a trabajar o estar en programas de TV, de dónde lo sabía, no tenía la menor idea, pero siempre lo supe.

Ahora si lo sé. Te recuerdo que mi querida abuela paterna me eligió mi nombre y Sui Mei era una cantante oriental que fue invitada a un programa muy visto por la TV Chilena y don Francisco la invitó a su programa.

De pequeña, tuve unas mínimas apariciones en el mismo programa de Sábados Gigantes donde animaba el mismo "Don Francisco", el mismo animador que estaba cuando yo estaba en el vientre de mi madre, imagínate la sincronicidad, estuve con el grabando un programa de las naciones para un 12 de octubre en donde salí junto a mis hermanas y prima vestida de chinita. Y recuerdo que cantaban Luis Jara y Myriam Hernández, en esa época jóvenes promesas, hoy en día ambos son estrellas en sus carreras de cantantes.

También años después estuve en unos programas, que crees… sí en "Sábados Gigantes Internacional" porque ahora estaba en Miami, y fui a grabar un par de programas con el mismo animador "Don Francisco", y trabajé un tiempo en otro programa que se llamaba Kino, y he participado en otros programas de TV.

He sido invitada al programa "Sabores" de Zona Latina en donde llegué porque se interesaron en los temas que yo trabajo que es el Transgeneracional.

Tuve un pequeño espacio en el programa "Mamá al Cien" en donde realicé lecturas de Tarot para adultos y consejos holísticos para niños basados en las leyes del Universo, heridas de infancia y su sanación y Transgeneracional.

Busca más información de tu nombre, encontrarás como esta elección de alguna u otra manera ha influido en tu vida.

JUAN EL ABUELO, JUAN EL PADRE, JUAN EL NIETO

Existe un cierto tipo de presión escondida "inconsciente" en nuestro nombre, por ejemplo:

Se solía llamar al primogénito igual que el padre, el abuelo y bisabuelo.

En otras palabras, para que lo comprendas bien, ¿te imaginas tener una máquina impresora que ya apenas tiene tinta, y sacas una copia, y otra más y una más?

La última copia ya casi ni se leerá… ya no es como la original, ni como la anterior, **apenas "existe".**

Esto sucede con los nombres repetidos dentro de un Clan Familiar.

Poco a poco se pierde la identidad, nuestro propósito de vida se ve opacado y confundido, creemos que somos "aquello que nos han nombrado" y sentimos la obligación de ser Leales a nuestro nombre.

En este libro aprenderás también lo que significan las **Lealtades** dentro del Clan Familiar. Te adelanto un poco con esta historia.

Acá un ejemplo:

Imagina que es una hermosa fiesta de Navidad, a la que acuden todos tus familiares, incluido aquellos que no ves desde que naciste.

Hay gran expectación porque tú vas a dar la bienvenida y además vas a cantar tu canción preferida. Tú has ensayado la canción por un año.

Minutos antes de subir al escenario te avisan que tu bisabuelo viaja del otro lado de la ciudad, especialmente para esta junta familiar, que esto le trae mucha emoción, por razones obvias, hacía años que no se reunía toda la familia, y además que es el único que está vivo de su generación y tus padres te piden si es posible que cantes "su canción favorita", tienes derecho a cantar solo una, y pensabas cantar la tuya, pero tus padres te han pedido este favor.

Acá casi sin pensarlo de seguro cantarías la canción de tu Bisabuelo.

¿O me equivoco?

Por varias razones:

Por honrarlo por su visita, por respeto, por amor, por LEALTAD, a él, por quedar bien con la familia, quedar bien con él, tus padres y todos los asistentes, y lo harás aunque habías preparado hace semanas tu canción, y aunque quedes desilusionado, y aunque no puedas cantar tu canción prefieres cantar la de él.

Esto ocurre en las Familias, una lealtad sobrepasa en muchos casos nuestra **felicidad**. Y hacemos cosas por respeto, honrar y dar en el gusto a nuestros ancestros.

Entonces cuando se ha dado un mismo nombre en varias generaciones el más joven siente una "Lealtad" un compromiso a ser abogado como su abuelo o su padre, a estudiar o trabajar en el mismo rubro, incluso a sentir culpas, por poder ser mejor que ellos y no aceptarlo.

He visto muchos casos, que un nieto puede estudiar una carrera, y no la termina, luego estudia otra y tampoco la termina y luego vemos su Árbol Genealógico y su abuelo, de quien lleva el mismo nombre era panadero sin estudios universitarios y el nieto siente que debe permanecer igual al mismo nivel de estudios que su abuelo. No sobrepasarlo, incluso en este caso puede desarrollar intolerancia al gluten. (Gluten conflictos no resueltos con la línea paterna, padre, el masculino del clan).

Me ha tocado ver en Terapias mucho este caso, donde las personas no saben finalmente su identidad, trabajan en oficios o lugares que no les gustan, han pensado siempre en cambiar sus nombres, pero no se atreven (lealtad, culpa y miedo).

Si un nieto se llama igual que el padre, abuelo o bisabuelo, y éste fallece, para el Clan Familiar, el nieto pasa a ser el integrante que ha fallecido.

Para el sistema familiar, reconoce a las personas que llevan el mismo nombre como si fuera la misma, es decir, muere el abuelo y para todos los nietos es el abuelo. Si hay tres generaciones de un mismo nombre para el Árbol Genealógico, incluso para los miembros de esa familia, reconoce a un solo Juan, el abuelo, el resto como te explique en el ejemplo anterior es copia.

En un curso, una alumna, se sentía vacía, había arrendado un lugar para trabajar como estilista, y su especialidad eran las uñas. No estaba convencida de hacer lo que hacía sin embargo se sentía casi "obligada".

Llevaba un nombre un poco fuera de lo común, Heidi (he cambiado el nombre) haciendo su árbol, le pregunté que quien de su familia se llamaba así y me dijo que nadie.

Le pregunté que quien eligió su nombre, y me dijo su madre. La llamó así porque de joven recibió mucha ayuda de una mujer que ella amó mucho, y esta mujer se llamaba Heidi, y al preguntarle qué hacía esa mujer para ganar su vida, ella me dijo que tenía una peluquería.

De golpe lo comprendió todo, su cara de expresión no podía negarlo … ahora comprendía porque no se sentía a gusto en el trabajo en el que estaba, (lo estaba haciendo sin tener consciencia) por qué sentía miedo de haber arrendado aquel lugar, por qué dudaba de sus capacidades, pero más aún, no sabía por qué había estudiado lo que estudió.

Acá claramente ella llevaba el nombre de una persona muy querida por su madre, lleva el nombre de una mujer que trabajó toda su vida en peluquería y se encargaba de embellecer a mujeres. Y Heidi, ahora de manera inconsciente recibió esta información y la estaba llevando a cabo de forma autómata y sin convicción.

En este caso Heidi se reconcilió con su trabajo, pidió más información de la amiga de su madre y se sintió muy orgullosa de llevar aquel nombre. Heidi, la amiga de la madre fue como una madre para ella, la ayudó mucho emocionalmente, así como también a terminar sus estudios, ya que tenía buenos ingresos en la peluquería.

Esta información mi alumna la tomó con honor y agrado y puso toda su energía en triunfar, transmutando miedos e inseguridades para hacer de su negocio uno de los mejores del lugar donde estaba situada.

Y así lo hizo y hoy lleva su negocio con mucha alegría y felicidad.

Este es un caso, cada caso es diferente y especial, es por eso que el análisis de árbol requiere tiempo, porque hay muchos temas a analizar.

Para mí es como una CARTA ASTRAL, pero TRANSGENERA-CIONAL, en donde se necesita tiempo, concentración, amor y pasión por lo que haces para dar una excelente interpretación de lo que estáss revisando y analizando.

Evita si puedes y ahora que sabes esta información, colocar el nombre de nadie del Clan. Menos de personas fallecidas, o trágicamente fallecidas, niños muertos, ancestros, o un nombre que muchos ya lo han llevado.

Busca originalidad, el niño por nacer sabe ya su nombre, deja que lo elija.

Escucharás quizás la letra de alguna canción, leerás el nombre en un libro o anuncio, despertarás un día con ese nombre fijo en tu mente, etc, escucha los mensajes del Universo, de tu bebé por nacer y dale la bendición de ser único, de buscar su propia luz, de tener su propio espacio, de permitirle ser quien vino a ser y no a ser la copia de nadie.

No consultes con nadie el nombre tu hijo o hija te ha elegido a ti, para venir a esta tierra, dale el regalo de sentirse parte de este Universo y de esta familia como un ser especial.

EVITA PONER EL NOMBRE DE TUS PADRES A TUS HIJOS

Así lo asegura el psicoterapeuta, coach y constelador Jorge Llano, quien explica que al llamar a un niño como a un familiar **"se le invita a que ocupe el lugar del otro,** porque un nombre tiene una historia y es muy posible que ese niño acabe identificándose con el destino de ese nombre".

"Hay un narcisismo cuando se pone el nombre del padre al hijo, porque ahí el padre quiere clonarse, marcarle un destino a su hijo y **empujarlo a que viva cosas que él no ha podido vivir**".

Lo ideal es no repetir los nombres dentro de una familia.

Los nombres en nuestra familia pueden decir mucho sobre **quienes somos y de dónde venimos**.

Es importante considerar que nuestro nombre es la unión de ambas familias que cada una aporta expectativas y necesidades conscientes e inconscientes sobre el nuevo ser que integra el clan.

Te daré ahora una breve descripción de lo que significan los nombres para el Transgeneracional.

NOMBRES COMPUESTOS

Ya te hablé de mi nombre que es un nombre compuesto, se pronuncia como uno solo, pero son dos nombres, así como existe Juan y también Juan Pablo, o María Francisca.

Representa separación en el clan, por parte de los padres, no ha habido parejas que estén unidas, o están juntas, pero no tienen ningún tipo de conexión entre ellas, y muchas otras situaciones de separación, simbólica o real. (cuando digo simbólica significa que no es real, por ejemplo, un matrimonio puede estar separado dentro de un mismo hogar, viven juntos, no se separan, pero simbólicamente están separados y cuando es real, es que se separan y no viven bajo el mismo techo).

Los nombres compuestos delatan una doble identidad un "dos en uno".

Ej: Pedro Pablo, Lili Marlén, etc.

También tu nombre compuesto puede estar representando la separación de un hermano y una hermana, dos hermanas o dos hermanos que fueron separados al nacer criados por personas diferentes. Puede ser que uno de los hermanitos haya fallecido. Esa ruptura de lazos se traduce más tarde por nombres compuestos entre descendientes. Es una forma simbólica de querer unir estos hermanos, o hermanas que por diversas razones estuvieron separados y esto ha causado mucho dolor y tristeza.

Los nombres compuestos como María José, representa la unión simbólica de un hermano y una hermana.

Para todos aquellos que llevan dos nombres, sin ser un nombre compuesto, el primero habla del consciente, y del segundo nombre del inconsciente.

NOMBRES DE SANTOS, ÁNGELES Y RELIGIOSOS

Con la elección de los nombres te pido tener mucho cuidado.

Cuando se eligen nombres de Santos, por lo general vienen a delatar algún muerto en el clan.

Alguien que murió y no ha sido recordado, por lo general ocurre cuando mueren niños al nacer o de pequeños, es tan grande el dolor que prefieren ignorarlo y jamás se habla del niño, y se vive como bloqueando este dolor.

También puede estar relacionado con abortos, provocados o naturales.

Existen más abortos de los que te puedas imaginar en tu familia, ellos también cuentan, también forman parte de tu sistema Familiar.

Por lo general los nombres terminados en EL, hablan de Santos, como Rafael, Ariel, Miguel, Gabriel, Uriel.

El nombre Renato por ejemplo significa **"Renacido",** también delata muertos en el clan, por lo general viene después de varios abortos.

En la antigüedad acostumbraban a llamar Renato al hijo que nacía después del fallecimiento del primogénito.

Nuestro inconsciente los sabe todo, por lo general la costumbre es llamar con nombres de Santos a los miembros de las familias.

Recuerdo el caso de una familia muy católica, nace una primera hija, luego el segundo hijo lo llaman Renato. Al tiempo la hija mayor fallece.

Se puede decir que a nivel familiar sabían lo que iba a ocurrir, lo sabemos todo, pasado, presente y futuro,

Todo está en una misma energía, somos parte de un todo, no hay separación.

Cuando tu nombre es el nombre de un Ángel existen ciertas características que he podido ver en Terapia.

Por lo general existe cierta rebeldía, lo he visto en nombres de Ángeles o Jesús. Inmediatamente al tener estos nombres se carga una connotación religiosa importante. De Santo, de sacrificio, y en algunos casos afecta más que en otros ya que tu personalidad se ve limitada. No puedes permitirse ser quieres eres realmente, hay temor por defraudar ya que estas llamado a ser **bueno.**

Cuando aceptas esta carga he visto en el caso de Jesús, que después de los 33 años han perdido interés por las relaciones sexuales. Jesús muere a los 33, simbólicamente la persona con ese nombre muere en vida también.

No quiero causar psicosis generalizada, estoy hablando en forma general y de lo que me ha tocado ver a mi en mis Terapias.

En este caso fue su mujer que estaba desesperada, no comprendía la actitud de su marido y otros temas más.

He visto a Jesús jóvenes completamente rebeldes, que evitan vivir con esta carga emocional y buscan por medio de la confrontación existir. No quieren cargar con el estigma de Salvador del Mundo, es una información emocional muy fuerte.

He visto a Jesús, muy sumisos y **buenos,** lo digo en el sentido que evitan todo tipo de conflictos, rehúyen de los problemas, si van a misa, pero no se dan su lugar ya que se postergan y siempre se dejan en último lugar.

Te contaré un caso una persona que estaba en Terapia conmigo. (cambié su nombre, pero era igualmente nombre de Ángel) se llamaba Rafael, el tener un nombre de Ángel, lo que te está diciendo ese nombre inconscientemente es que **no perteneces a la tierra sino al cielo.**

Eres un Ángel "salvador", en este caso son los padres y el clan que sienten la necesidad de que "alguien" los acompañe, los guíe espiritualmente, que los proteja y salve … hay que imaginar cuánto dolor y sufrimiento hay detrás de esto. → Mi amiga Karen Arévalo y su familia.

A las personas que tienen nombres de Ángeles, por lo general les cuesta enraizarse, tienen dificultad para encontrar su camino en la tierra, les cuesta desarrollar pasión por algo definido, tienen dificultad en el plano sexual ya que los Ángeles son asexuados, les cuesta definirse, disfrutar del sexo. Especialmente la religión católica.

Rafael, lo había vivido todo, crisis existenciales, intentos de suicidios, adicciones, se encontraba perdido y sin motivación alguna, si sumamos a eso que su madre fue abandonada por sus padres al nacer y la mujer que la adoptó la llamo **Alma.** Entonces tenemos a un Ángel hijo de un Alma abandonada.

Existen muchos conflictos ocultos que carga nuestros nombres, también existe una lealtad, este hijo como Ángel no podía permitirse ser feliz y vivir bien ya que su madre un alma abandonada le estaba diciendo lo contrario.

→ Finalmente, Rafael cambió su nombre, le dijo a todos sus seres queridos que se despedía de Rafael y de esa vida y que le estaba muy agradecido por todo lo vivido ya que gracias a la oscuridad pudo ver la luz.

Hace ya un par de años que lleva un nuevo nombre, una nueva identidad y una nueva vida. Comprendió mucho con el estudio del Transgeneracional y de lo que había sucedido con él y toda su existencia.

Quiero que comprendas algo, el nombre es importante, en algunos casos muy importante y en otros no tanto. Hay otros factores que veremos en este libro que también pueden estar afectado tu vida positivamente y no tanto, somos todos distintos, con distintas vidas y distintos propósitos de vida.

Cuando sientes desde el fondo de tu Alma que debes cambiar tu nombre, hazlo, si no lo sientes no lo hagas, así de simple.

Los nombres María José, María Jesús, delatan una prohibición sexual, los María en general, es un nombre de Vírgen.

Las vírgenes son castas y puras, madres abnegadas, piensa en alguna abuela bisabuela que lleve este nombre.

No es posible si llevas nombres religiosos y éstos han estado por generaciones en tu familia, vivir una sexualidad sin culpa, lo que me ha tocado ver es que es una sexualidad pudorosa.

Tengo un caso que compartir contigo

He visto en mis Terapias lo siguiente:

María del Carmen, por ejemplo, a ella le gusta el sexo, siempre ha sido muy activa y se casó hace 5 años con Cristián.

Ella no es de ninguna religión (no conscientemente, pero lleva nombres religiosos por lo tanto su lealtad es a seguir lo que sus nombres representan) y hoy en día no tiene una buena relación con su marido, porque su marido no tiene interés sexual, tiene problemas impotencia.

Lo que sucede aquí es lo siguiente:

María del Carmen, es joven, bella y sexualmente activa, sin embargo, la fuerte energía que llevan sus nombres religiosos hace que se activen ciertos programas grabados en su subconsciente.

Ya definimos lo que significa llevar nombres religiosos, sobre todo si lo lleva la madre, ambas abuelas, tías y primas, incluyendo hombres.

Entonces María del Carmen, siente una **lealtad, hacía las creencias de sus ancestros.** Por una parte, ella cree que es libre y que escoge, pero la verdad es que ha escogido lo que el árbol transmite. Estas creencias hablan de ser vírgen, como la vírgen María, casta y pura, y doblemente virgen por Carmen.

Acá, la Virgen María ha concebido un hijo sin haber tenido relaciones sexuales, recordemos también que hoy existe como reglas y valores en algunas religiones que la sexualidad es exclusivamente para procrear. Por lo tanto en pocas palabras tener sexo es pecado.

María del Carmen, siempre vivió una sexualidad libre y cuando se enamora y se casa, lo hace con Cristián, (CRISTO), ¿lo comprendes?

¿Y me creerás que su fecha de nacimiento es el 24 de diciembre?

En pocas palabras María del Carmen, se casó simbólicamente con Jesús.

Así elige estar casada con alguien de su misma energía, y creencias familiares, y por la información que nos ha hecho creer, Cristo nunca se casó, jamás se ha hablado de Cristo y su sexualidad, por ejemplo.

Y es ahora que María del Carmen, cumple el deseo del clan de mantenerse casta y pura, y si bien ella conscientemente quiere tener una vida sexual activa (hablamos del 3%), su inconsciente (97%) la hace elegir a Jesús que es impotente y así ella no tiene relaciones sexuales y no le falla a su clan familiar.

✱ **Ser Leales a nuestro clan sobrepasa nuestra felicidad.**

Por eso en Canadá te enseñan + a ser
→ leal a ti mismo
→ seguir los valores canadienses.

También se puede dar la polaridad. En el análisis del Árbol Genealógico me baso también en las leyes del Universo para dar una mejor interpretación.

Si una María fue muy abnegada, sumisa, no le gustaba el sexo, la siguiente generación de Marías será completamente diferente. Viene a romper con los patrones y a hacer y sentir todo lo que se han reprimido las Marías en su linaje femenino de ambos árboles, materno y paterno.

Cuando un hombre se casa con una María está buscando el amor de Madre. (por lo tanto, esa es una carencia, en su árbol ha faltado el cariño de mamá, y también puede ser que no quiera separarse de su madre y simbólicamente busca una María, así su inconsciente siente que está con mamá. → Mis 2 padres están "casados" con sus mamás (emocionalmente hablando).

FEDERICA, MARIO, VALENTINA, BRUNA, PAULO

Si tu nombre es masculinizado o feminizado, significa que inconscientemente te querían del sexo opuesto. FABIO / FABIOLA siempre lo supe...

Existen muchos por lo general más nombres del masculino que el femenino. Recordemos que el inicio nuestra cultura ha sido machista y la mayoría de los nombres tiene esta raíz.

Existen varias razones por este deseo oculto.

Por tradición familiar y no solo por Chile, yo viví en Francia, China, Japón, tengo amigos de varias nacionalidades y en todos los países por lo general se espera que el primer hijo sea varón.

Entonces además que, por tradición, suele ocurrir que las mujeres en un clan familiar hayan sufrido muchos abusos, malos tratos y que la madre desee que su bebé sea varón así tendrá una vida más fácil.

Y si nace niña, el inconsciente elige un nombre masculinizado para transmitir ese deseo.

LOL

En el caso contrario, he visto que en un clan familiar todos los hombres han muerto en accidentes trágicos y muy jóvenes, entonces se transmite la información que los hombres en ese sistema familiar fallecen jóvenes y de manera trágica, entonces los padres reciben este miedo y el deseo es que su bebé sea niña, así evita ese fatal destino y pueden llamarlo Mario Bernardino, Florencio, Paulo, o nombres que se pueden utilizar para ambos sexos como Leslie, Andrea, Frederic y existen más opciones con nombres extranjeros.

Florencio Bernales, profesor Bernardino

Te estoy dando solo un ejemplo hay muchos más nombres.

Que los hombres sean muy violentos y se quieren más mujeres en el clan, o que los hombres son los que hayan sufrido mucho, etc.

He visto mucho en mis Terapias que dentro de un Clan Familiar existen muchos hombres llamados como por ej:

Florencio, Mario, Bernardino, José María, nombres de una connotación femenina. Esconde la opresión de no haber podido vivir una sexualidad descubierta, en otras palabras, habían hombres homosexuales que han tenido que vivir una vida oculta, casándose, teniendo hijos y ocultando un gran dolor de no poder expresar realmente sus sentimientos y emociones.

El árbol habla, y cuando veo esto he preguntado:

¿Existen homosexuales en tu familia?

Y responden muy rápidamente NO, NO.

Vuelvo a preguntar y digo:

¿Crees que hay homosexuales o lesbianas en tu familia?

Y la respuesta después de unos segundos es:

Creo que sí, pero es secreto, lo dicen de un tío abuelo…. Ha ¡ y también de un primo, y una prima, pero nadie lo habla, nadie pregunta….

Lo que significa que por generaciones se han excluido a estas personas, no se les ha permitido vivir como quieren vivir y esta historia se va a repetir hasta que se toma consciencia, se sane, se acepte, lo más importante para el árbol es finalmente el amor.

Cuando dentro de un clan familiar existen muchos nombres muy católicos o religiosos tiene otro significado y también es algo que he visto y comprobado en mis Terapias.

Ejemplo:

En Abuelos, Bisabuelos, tíos, :

Moisés, Pedro, Mateo, María, Carmen, Magdalena, Maria, Raquel,

Es donde existe un alto porcentaje de abusos sexuales e incestos de generaciones recientes y pasadas. Por lo general lo que me ha tocado ver, pueden ser personas de creencias muy religiosas o completamente lo contrario. Si tu familia tiene orígenes muy religiosos, esa información está dentro de ti, hasta que tú la hagas consciente y la liberes. Por ejemplo, me ha tocado ver personas que tienen conflictos sexuales y ¡ha estado ligado a las creencias familiares!, recordemos que la religión dice que el sexo es "para procrear", por lo tanto la persona bajo estas fuertes creencias familiares, no se va a permitir vivir una sexualidad plena, ni a disfrutar del acto sexual , porque su inconsciente reconoce esto como "pecado".

Por lo general se pueden ver a familias muy involucradas con sus religiones, familias muy culposas, que al mismo tiempo niegan toda posibilidad a trabajar en sus historias familiares.

Todo puede ser y en cada caso es distinto.

NOMBRES QUE VIENEN A UNIR A LA PAREJA

Ya sea porque vienen heredando el desamor de las parejas dentro de su historia familiar o ya existe una separación entre sus padres. Me ha tocado ver que durante el embarazo sus padres se han separado, o han tenido conflictos por infidelidades, o están a punto de separarse y en este caso se suelen ocupar estos nombres.

Bruno, Nicolás, Amalia, Amelia, Emilia.

y Penny & Francisco

CARGAS EMOCIONALES

Cuando existen nombres como Pilar, Esperanza, Consuelo, Dolores, Luz, Concepción, Gloria, Salvador, Soledad, expresan lo que vivía el Clan en el pasado, así como también la necesidad de encontrar estas emociones en el presente.

Me ha tocado ver en personas cuyo nombre es Pilar, que son y se sienten el **Pilar** de la familia, por lo general lo que me ha tocado ver en Terapia, la madre estuvo sola, han sufrido abandonos, situaciones de gran angustia, y el Clan nombra a un **Pilar.**

Esperanza, Consuelo, ya puedes deducir lo que significa al igual que el resto de los nombres.

Cuando hay Paz, el árbol pide PAZ, Luz, iluminar, sacar a la luz todo lo escondido. *→ mi ex-compañera de U Javiera PAZ*

Me ha tocado ver coincidentemente en mujeres que se llaman Soledad, que están muy solas. O las mujeres de su clan o han estado. *Soledad Muñoz, Sda c/3 hijos de ≠ padres.*

NOMBRES DE FLORES

El nombre de Flores dentro de un clan familiar está relacionado a muertes y fallecimientos de niños. Ya sea por abortos o niños durante la infancia, y en forma de recuerdo son traído a la memoria por medio de nombres de Flores. Simbolizan al niño o niña que ha partido. Hablan de fragilidad, sensibilidad, pero también la necesidad de fortalecerse, de renacer. *La hija del actor Benjamín Vicuña*

Acá tenemos a **Rocío, Magdalena, Rosa, Margarita, Magnolia.**

A estos nombres se suman teniendo un mismo significado Ángeles, Angélica, Angelina.

NOMBRES CON DOBLE CONSONANTES

Los nombres como **Emma, Emmanuelle, Jenny, Jeannette, Jessica,** representa la búsqueda del "gemelo perdido", en el momento de la gestación hay un gran porcentaje de bebés que se engendran de a dos y luego en el proceso de evolución uno deja de crecer y muere. Se le llama **Gemelo evanescente.**

Según estadísticas más de ¾ partes de los embarazos humanos normales no llegan a engendrar correctamente. La gran mayoría de esas pérdidas se produce dentro de las primeras 6 semanas, antes de que "ninguna" mujer sepa que está embarazada."

Como dato interesante más del 1/8 parte de todos los embarazos humanos comienzan siendo de gemelos, mientras que al nacer, sólo 1 de cada 80 embarazos llegan a nacer gemelos.

Lo llamamos "síndrome del gemelo desaparecido" Charles Buckledge.

Son muchas las fuertes emociones que acompañan al gemelo que sobrevive ya que está ante el mayor duelo de su vida y luego mientras crece y se desarrolla vive un síndrome de sobrevivencia. Existe una falta importante que se traduce a pérdida, abandono, soledad. Lo invade la sensación de falta, carencia emocional, de sentirse incompleto, y vive con la necesidad de "encontrar" al gemelo perdido teniendo relaciones intensas, simbióticas, en co-dependencia o por el contrario, rechaza relaciones muy cercanas, por miedo a la separación o la pérdida.

Ahí se expresa en el nombre, las 2 consonantes juntas hablan de esta unión.

La persona que vive esta situación, poco importa si el gemelo falleció a las semanas o meses, o años de vida, la pérdida y el dolor es el mismo.

Si tuvo contacto en vida con su gemelo el recuerdo será más doloroso y el duelo más intenso, pero muchas de las consecuencias y características que viven estos "sobrevivientes" son muy similares.

En el proceso de vida, sienten miedo subconsciente a ser abandonado, a ser ignorados, rechazados, y viven mal las separaciones y duelos, no solo de personas sino situaciones por ejemplo el tener que dejar un colegio, un trabajo, el término de vacaciones o todo lo que signifique cerrar un ciclo, despedida, términos.

El gemelo sobreviviente a veces no se permite disfrutar de la vida, nace con un sentimiento de **culpa**, desarrolla un **no merecimiento**, que se refleja en no permitirse vivir bien, sabotear su vida de manera inconsciente, encontrar parejas que lo abandonen, trabajos con sueldos mínimos, porque existe la culpa de haber vivido y el otro no.

Se reconocen porque piden **perdón por todo**, la verdad es perdón por existir.

Les cuesta desarrollar la facilidad para ser felices, les cuesta tener una vida en la que todo fluya, se sienten tristes sin una razón aparente.

Por lo tanto, puede que tu nombre tenga doble consonante y que jamás te hayas percatado de esta situación. Ahora si te identificas con lo que te he dicho ya sabes el origen de estas emociones.

En mi tercer libro **"Historias Reales Transgeneracionales"**, de la Trilogía de autoayuda y Crecimiento Personal de la Nueva Era, explico en detalle lo que significa el término **"Gemelo Evanescente"**.

EX NOVIOS EX NOVIAS, FAMILIA, AMIGOS ESPECIALES

Si tienes una hija por nacer y tu marido insiste en ponerle un nombre a tu hija, del cual tú no sabes la razón, te recomiendo de averiguarlo y preguntar por qué ese nombre, cuál es el origen, que significa para él.

Lo mismo si tú estás por tener un hijo varón y deseas llamarlo como ese amor de verano, o un ex novio que al que recuerdas con mucho amor, te recomiendo de no hacerlo.

Lo he visto mucho en Terapia también.

Cuando un padre llama a su hija con el nombre de una **ex novia muy especial**, esta hija pasa a ser simbólicamente su novia.

Si, tal como lo estás leyendo. Y esto trae algunas complicaciones.

Esta hija, se siente **novia** de su **padre**, lo **celará**, y si este se separa de su madre, esta hija hará lo imposible por separar a su padre de esta pareja ya que ella recibió la información de ser su única novia.

Te contaré un caso
que me tocó atender años atrás

Atendí en consulta un hombre de 45 años, que estaba separado y justamente su hija menor le hacía la guerra y lo imposible por separarlo a él de su nueva pareja.

Ocurrieron cosas realmente fuera de control, y él vino mi para ver cómo lo podía ayudar.

Lorenzo se había separado hace más de cinco años de los cuales nunca tuvo una pareja estable y cuando la tuvo comenzaron serios problemas.

Vamos a analizar con lo que respecta al nombre.

Lorenzo había conocido a esta novia actual 20 años atrás.

En ese momento la relación por diversas razones no pudo ser y ellos se distanciaron sin mayor drama.

Ella de nombre **Beatriz,** vivió fuera de la ciudad por muchos años, se casó y se separó, al igual que Lorenzo.

Pasado 20 años se reencuentran y ambos estaban separados, y fue una relación mágica donde ambos sentían que se conocían de toda la vida y que estaban destinados a estar juntos.

La hija de Lorenzo tenía 15 años, y su nombre era **Bárbara,** Lorenzo escogió este nombre y también el segundo **Susana.**

Al hacer el Árbol Genealógico, pido todos los datos como nombres y fechas importantes de cumpleaños, defunción, matrimonio, separaciones, etc., todo dato facilita el análisis Transgeneracional.

Cuando veo el segundo nombre de Beatriz potenció lo que yo ya había deducido. **Beatriz Solange**

Lorenzo, conoció años atrás a Beatriz. Hubo mucha química, pero por diversas razones esa relación en ese momento no funcionó.

Pasan 20 años, se reencuentran y Lorenzo me confiesa que durante los 20 años en más de alguna ocasión él se acordaba de Beatriz, se preguntaba lo que sería de su vida, dónde estaría etc.

Me reconoció que a su vez Beatriz le confesó lo mismo, durante esos 20 años ella de tiempo en tiempo pensaba en él.

Al parecer su historia de amor era más profunda de lo que creían y ambos se pensaban y extrañaban por largos años.

El tienen una hija y la llama con ambas iniciales de su actual novia.

Lorenzo me decía que jamás pensó en llamar a Bárbara por Beatriz y que hasta ese momento jamás se la había cruzado por la mente algo así.

Te recuerdo que no importa lo que tu consiente crea piense o digas, es tu inconsciente quien tiene el control de tu vida hasta que te haces consciente.

Es más, me dijo que él no se acordaba el segundo nombre de Beatriz y cree que jamás lo había sabido hasta el reencuentro de ahora.

¿Recuerdas cuando te hable del inconsciente colectivo?

Estamos todos conectados, sabemos de manera inconsciente lo que sucede en nuestra familia, incluso lo que ocurre con nuestro entorno, familia, amigos. Nuestro inconsciente lo sabe todo.

Por lo tanto, es verdad que Lorenzo no sabía el segundo nombre de Beatriz **conscientemente hablando, pero inconscientemente lo sabía.**

Ahí estaba el gran conflicto, había llamado a su hija con el nombre de un viejo amor y había convertido a su hija en su novia o amante.

Acá trabajamos con Beatriz, pero principalmente con Lorenzo, quien debía cambiar el trato que tenía con su hija, él se sentía culpable de estar feliz y de tener una novia, mientras sus hijos tenían una mala relación con su madre.

Había muchas cosas que modificar, transformar la culpa, y comenzar a vivir el amor desde un amor maduro, respetuoso, dejando atrás el sentimiento de ser un mal padre por sentirse enamorado, de querer vivir y pasar tiempo con su novia ya que su ex mujer, pero principalmente su hija le hacían vivir una tortura de castigos y dramas.

No entraré en detalles, solo quería comentar esta historia que está relacionada con los nombres y las cargas emocionales.

También se trabajó con Actos de Sanación para re programar estas emociones.

En la actualidad Bárbara es lesbiana. Encontró de una manera u otra la forma de relacionarse en pareja. No tiene novio, es muy probable que en su inconsciente no quiera serle **infiel a su padre** ya que su padre es su pareja desde su nacimiento, simbólicamente hablando.

Con esta historia cerramos el capítulo de los nombres y su significado emocional.

Te dejo el link en donde en un programa de TV estuve hablando de los Nombres y su significado emocional.

https://www.facebook.com/suishantisanacionesintegrales/videos/1916721465012714/

Tu eres tu propio super héroe!

SANANDO A TRAVÉS DEL TIEMPO

Un SANADOR
No es alguien al que vas para que te cure.
Un Sanador es,
una persona que despierta en TÍ,
Tu propia consciencia
para sanarte a ti mismo.

Me resulta curioso y a la vez interesante cuando me vienen a ver a consulta y me preguntan:

¿En cuánto tiempo podré sanar?

Algunos me preguntan si en la primera sesión ya sanarán otros sus conflictos o si dentro de una semana o un mes.

También algunos me advierten:

No quiero sufrir, no quiero llorar.

Otros me dicen:

Vengo para que me veas mi árbol y me digas cuando se acabará mi adicción.

Otros:

Quiero cambiar mi vida, me siento bloqueado (a), ¿me podrías dar unas Flores de Bach o me das un Acto Psicomágico por favor?

Les pregunto:

¿Y qué quieres hacer para sanar, mejorar tu vida?

Respuesta:

No lo sé, por eso vengo a verte.

Muchos creen (yo también lo creí por mucho tiempo) que es un **"Otro"**, quien cambiará tu vida, **muchos creen que el Terapeuta los sanará,** y es por esa razón que en mi caso personal he recibido a muchas personas que han estado en psicoTerapia en años. He tenido consultantes que han estado desde un año hasta 10, y sin resultados y después de la primera consulta conmigo, me han dicho "lo he comprendido todo".

Les comparto un caso que atendí

Hace un par de años atrás, recibí a una mujer de unos 45 años de edad.

Estaba tomando medicamentos Psiquátricos por más de 7 años. Gastaban mensualmente casi todo el sueldo en medicamentos y Terapias Psiquiátricas.

Ojo, lo vuelvo a decir, no quiero desprestigiar ningún tipo de Terapias, todas sirven en su momento y hay que ser honestos cuando sientes que necesitas otro tipo de sanación. Solo tú, es decir tu Alma, sabe cuál es el camino que te guiará a la sanación.

En la comprensión de tu historia familiar está la sanación de tu vida.

Para algunos les da mucha seguridad tener su psicólogo y su psiquiatra y está bien, algunos realmente necesitan medicamentos y está bien.

Yo integro mis Terapias Transgeneracionales con la Terapia Saama, Biodescofidicación y Tarot Terapéutico Evolutivo.

En mi trabajo en Terapias, realizo un profundo análisis personal y familiar y luego gracias al protocolo de la Terapia Saama puedo trabajar directamente con el inconsciente de la persona lo que me lleva a descubrir muy rápidamente los conflictos que se albergan en lo más profundo del subconsciente de la persona que consulta y no solo eso, sino también me es permitido borrar, eliminar y transmutar memorias dolorosas, y ayudar a elevar la vibración, modificando información y reprogramando nuevas energías.

Es un trabajo bellísimo agradezco a Dios, a la vida, a mis ancestros que me han guiado hasta acá para servir de luz, guía y apoyo a quien lo requiera. This girl is a real angel

Vuelvo al caso que les quiero compartir:

Esta mujer de 45 años, estaba desesperada. Sufría fuertes crisis de pánico, dolores en todo su cuerpo, hacía años que no se atrevía a manejar, tenía serios problemas para dormir, sufría de una gran codependencia emocional, miedo a la vida, a la gente, a vivir y morir.

Analicé su Árbol Genealógico, sus síntomas, enfermedades, y a pesar de haber sido muy fuerte la Terapia para ella, hoy está feliz.

En la Terapia salieron a la luz muchos temas que ella tenía absolutamente bloqueados, decodifiqué cada uno de sus síntomas hasta encontrar las emociones que estaban atrapadas en ella.

Hubo mucha resistencia, es normal, nuestra mente no quiere el cambio, teme a lo nuevo a lo desconocido y lo rechaza, así como puedes tu estar rechazando algunos conceptos e ideas que he compartido contigo.

A esta mujer a llamaremos Teresa, tiene un nombre religioso, había muchos temas que resolver y sanar y ella se comprometió, pero con ella misma. Existe mucha culpa cuando cn una familia la mayoría lleva nombres religiosos.

Había muchas culpas que ella reconoció, fuertes creencias limitantes, pero algo maravilloso sucedió luego de las Terapias.

Ella tiene un hijo de 22 años de edad que llevaba 3 años estudiando psicología.

El me pidió una hora, estaba muy curioso por ver en que trataba este tipo de Terapias, sobre todo porque su madre llevaba 9 años de psicoTerapia vino a una sesión y vio inmensos cambios en ella.

La Terapia resonó mucho en él, tanto así que dejó en contra de toda su familia su carrera, Tomó la Formación para Terapeuta Transgeneracional conmigo y mi colega Suilang Chung, tía y compañera de trabajo. Luego la Formación de Tarot Terapéutico Evolutivo y Terapia Floral, y está atendiendo de maravillas a diario.

Sus ex compañeros no entienden como dejó su carrera si era uno de los mejores alumnos, pero el siguió su Alma, esta nueva Sanación de la cuarta y quinta dimensión le entregó herramientas para ayudar mucho más y con excelentes resultados.

Su madre, ha trabajado intensamente sus miedos, maneja para todos lados, volvió a trabajar, a ser independiente y no es ni la sombra de lo que era cuando la conocí por primera vez.

Ella ha hecho un trabajo importante, que no ha sido fácil, pero se ha comprometido con ella y hoy es otra persona.

La sanación es un trabajo personal, de mucha constancia, consciencia, amor propio y dedicación. No puedes esperar ser otra persona si sigues teniendo las mismas creencias limitantes que te han llevado a tener la vida que tienes.

CASTIGO Y CULPA
EN EL ÁRBOL

Una de las emociones que más veo en mis consultas es la CULPA, llega a ser increíble, nos sentimos culpables por haber vivido y nuestro gemelo no, de estar enamorado cuando mis padres no lo estuvieron, de tener dinero si mi familia no lo ha tenido. Etc. *o culpa x vivir en un mejor país*

La mayoría tenemos una descendencia Judío Cristiana en donde se ha transmitido por generaciones, que si hacemos lo que no está "correcto", aceptado de acuerdo a sus doctrinas y creencias **merecemos castigo,** nos sentimos fuertemente culpables si **no seguimos los mandatos de nuestro clan**, además ya tenemos una fuerte carga emocional **"nacemos pecadores"**... Esto nos afecta, aunque nuestra 4ta o 5ta generación hayan sido muy católicos, o religiosos y tus padres y tú no lo seas hoy, para ti estas creencias las has heredado de igual manera. (Inconsciente colectivo).

Buscamos de manera inconsciente el castigo como una forma de eliminar nuestros pecados.

Si mi religión tiene como regla la virginidad para llegar al matrimonio, no a la homosexualidad, no al aborto, entre los temas más comunes, y si yo no me he casado virgen, y si yo he tenido un aborto escondida (o), si yo siento atracción por alguien de mí mismo sexo, **"sentiré que estoy fallando a mi clan, a sus reglas, que estoy faltando el respeto y que soy desleal, por lo que me autoflagelaré, y buscaré castigo".**

Así, con el castigo me sentiré mejor y dejaré de ser una niña (o) mala (o).

Evitaré se excluido de mi clan y seré aceptado.

El castigo es donde más nos duele:

Y en esta sociedad, una de las cosas que más nos duele es la falta de salud, de dinero y de amor.

Por lo tanto, mi subconsciente se las arregla para satisfacer mis creencias religiosas en donde la creencia dice:

Si he actuado mal según mis creencias (robar, sexo antes del matrimonio, aborto, mentiras) merezco castigo.

Si he cometido cualquiera de estos actos, obviamente también estaré mintiendo por lo que de doble manera estoy fallando a mi clan familiar.

La persona debe estar consciente que es necesario cambiar la forma en que ves tu vida, la comprensión de tu historia familiar facilita este proceso, así como también es necesario comenzar a cambiar tus creencias.

Cuando alguien asiste a una Terapia Transgeneraciona Saama 2.0 (que es lo que yo trabajo junto con Suilang, somos dos Terapeutas que realizamos de manera independiente, un mismo trabajo, ella atiende a sus consultas y yo las mías, pero juntas realizamos cursos y formaciones) se debe estar consciente de que es el **Consultante, quién decide cuando sanar.**

Como Terapeuta, me es muy fácil luego de un par de preguntas y analisis del Árbol Genealógico ver dónde se encuentra **el problema, el origen**, mágicamente todo comienza a tener sentido, la persona recuerda hechos y situaciones completamente bloqueadas, y esto se realiza con la finalizad de cerrar ese proceso doloroso como corresponde.

Hay personas que me han preguntado, qué sentido tiene molestar a los "muertos" (ancestros que han fallecido)

Qué en qué le puede ayudar o servir para esta información del pasado mejore su vida, qué importancia tiene lo que sucedió con sus ancestros,, si ya el dolor en ella es tan grande que no quiere saber nada más porque además siente que será absolutamente doloroso, y la verdad es que si lo será en la mayoría de los casos.

Imagina:

Eres pequeña de 5 años y tienes una bicicleta nueva.

Tu madre te prohibe subir al cerro porque teme que te puedas caer y accidentar.

Como niña, la prohibición es tentación, por lo tanto subes al cerro en bicicleta, y subes muy alto, pero al ir cerro abajo te tropiezas con una piedra, pierdes el control y te caes muy feo.

Te haces una herida abierta en toda tu pierna izquierda.

Temes la reacción de tus padres especialmente de tu madre quien te lo advirtió y te cubres tu misma esa herida, la escondes un par de días hasta que tienes una costra.

Esa herida cerró, pero cicatrizó mal, nadie la limpió, se cerró y ahora tiene infección, pero está cerrada.

Sufres por ese dolor, estoy segura que en más de alguna ocasión te has herido y no has limpiado bien esa herida y se te cierra, pero con infección.

El dolor aumenta día a día, tanto así que ya no es solo el sector de la costra y herida donde te duele, sino que ese dolor ya no te permite seguir caminando.

Y ahora ya es un dolor generalizado, ya te duele todo, ambas piernas, pies, brazos y decides contarle a tu madre a pesar de su enojo y molestia.

Lo primero que hará tu madre después de un buen reto, es llevarte a urgencias para tratar la infección.

El doctor que te atienda inmediatamente querrá abrir esa herida, y tú no te niegas porque sabes que es lo único que va a calmar tu dolor, a pesar del tremendo dolor que sentirás.

El doctor busca sus nstrumentos y se prepara para abrir esa herida, una vez abierta explota, sacar mucha infección sale, al mismo tiempo hay dolor, pero junto con eso sientes un gran alivio.

La herida es limpiada a fondo, luego te colocan un parche, para esperar por la recuperación, y a los días cicatriza, luego la costra se cae y te aparecerá una **cicatriz.**

Seguro has visto a personas que llevan grandes cicatrices en sus brazos cabeza, piernas, y cuando les preguntas que les ha sucedido, ellos te cuentan la historia como si nada hubiese pasado:

Ejemplo:

Me caí en moto, me enteré un fierro en la pierna, me operaron y luego estuve internado casi 3 semanas.

Como verás será posible hablar del **dolor, ver tu herida, mirarla reconocerla, incluso tocarla, pero el dolor ya habrá desaparecido.**

Esto es lo maravilloso que ocurre en este tipo de Terapias.

Llegan a consulta con la o las heridas infectadas, yo la localizo, la abro, dejo que todo salga, salga y salga luego limpio, curo, desinfecto, y dejo que se cierre con los días para luego cicatrizar.

Y las personas podrán hablar, mirar, conversar de esta herida sin sentir el dolor profundo que llevaban por tanto tiempo.

Cuando cargamos heridas emocionales por mucho tiempo, cuando heredados memorias dolorosas y no las hemos tratado, sacado a la luz o sanado, es como llevar dentro de nuestra Alma una herida infectada que nos dolerá cada vez más.

Es por eso que es **mejor liberar, soltar,** ver que es lo que nos está causando dolor, para contenernos, **buscar ayuda,** para superar estos conflictos emocionales. Podemos estar cargando el abuso de una madre, abuela, violaciones, robos, estafas, miedos, etc

En mis Terapias me gusta dar Flores de Bach, Australia y California, la Terapia Floral es una Terapia de Alta vibración que ayuda a encontrar nuestro equilibrio por medio de la toma de consciencia.

En un principio yo estudié la Terapia Floral y me daba buenos resultados, pero después luego de semanas, o meses las personas regresaban con el mismo tema o algo peor.

Cuando descubrí la Terapia Transgeneracional todo cambió positivamente.

Ahora yo podía ver exactamente el origen de los conflictos:

Ejemplo:

Una persona que venía a ver porque estaba **triste porque su hijo se había ido a estudiar a otra región.**

Le daba las Flores que trabajan la Tristeza y esta persona se sentía mucho mejor, muy aliviada, y podía conectar fácilmente con la alegría, luego pasado un par de semanas llegaba peor, con depresión y más angustiada.

Integré la Terapia Transgeneracional y luego Saama es maravilloso.

Con la misma persona que llegaba **triste porque su hijo se había ido a estudiar a otra región.** Al hacer su árbol podía verlo todo, el había sido abandonado por su padre, su madre había trabajado toda su vida por lo que fue criada por su abuela materna (doble abandono) su hijo llevaba el mismo nombre de su padre, por lo tanto, ella al darle el nombre de su padre a su hijo, lo que estaba queriendo **era traer a su padre con ella de regreso.**

Cuando el hijo se va a estudiar a otra región, que es algo que naturalmente iba a pasar tarde o temprano, ella lo vive con tristeza, luego depresión y angustia y finalmente muy mal.

Solamente con el estudio de la Terapia Floral yo hubiese dado las flores para la tristeza (que fue lo que hice), ahora con esta nueva herramienta en la primera consulta yo le doy flores para:

Abandono del padre.
Abandono de la Madre.
Rechazo.

Angustia por estar sola.

Heridas de Infancia.

Desapego.

Flor para cortar lealtades familiares.

Flor para contención y amor de Ángeles y seres espirituales.

Y ahí sí que todo cambió al 1000%, y es lo que hago hoy, en la primer Terapia puedo ir mucho más a fondo y la sanación se produce mucho más rápido gracias al trabajo en conjunto con la persona que consulta.

Si quieres que tu vida cambie, debes cambiar tu vibración, esto significa que la alegría, el amor, la abundancia, la prosperidad, VIBRAN ALTO, la escasez, las quejas, la tristeza, la carencia VIBRAN BAJO, por lo tanto, para tener una vida que mereces cambia tu vibración y esto se produce cambiando tus pensamientos y creencias. LO QUE PIENSAS, ATRAES

Si tus abuelos han vivido en la carencia, sufrimiento, y tus padres también, debes desaprender de sus creencias y su forma de ver la vida

Si deseas obtener un nuevo resultado, debes suprimir el hábito de ser tú mismo y debes reinventarte.

Joe Dispenza
Bioquímico, Científico, Quiropráctico
(Dr. Dispenza ha dado conferencias en más de 17 países en seis continentes educando a la gente sobre el papel y la función del cerebro humano. Él ha enseñado a miles de personas a re-pensar a través del programa científicamente comprobado principios neurofisiológicos. Joe, ayuda a personas a alcanzar sus metas y visiones eliminando hábitos autodestructivos.)

Si tienes pánico y miedo a la gente, a salir, hay varias razones que tú no puedes describir, ni siquiera saber el por qué de esa situación ya que tu consciente no tiene la respuesta, pero realizando la Terapia Transgeneracional, salen a luz, y cuando lo ves, todo se aclara los **programas pierden fuerza, SE DEBILITAN,** y tú comienzas a comprender tu vida, tus elecciones de pareja, trabajo, el origen de tus enfermedades y comienza el camino a la **Sanación.**

Si tuviéramos absolutamente todo resuelto y no ubiera nada más que sanar ya no estaríamos en esta tierra buscando aprendizajes que nos permitan crecer y evolucionar.

Según mis creencias, estaríamos más evolucionados, probablemente como seres celestiales, maestros, o hasta ángeles de acuerdo a la evolución personal y de acuerdo a lo que elijamos vivir.

En cada vida, en cada experiencia se debe aprender, se debe sanar. A momentos somos Maestros y a ratos estudiantes, pero como sea siempre existe un aprendizaje de por medio que nos lleva a la sanación.

Nunca dejaremos de sanar, siempre habrá algo que revisar, ver, comprender, afrontar, soltar, aprender y enseñar.

Tenemos miedo a sufrir, miedo a hacernos cargo de nuestra vida y buscar soluciones, es más fácil encontrar culpables, así desligamos la responsabilidad de nuestra vida y cargamos al otro la CULPA de no ser felices, de no tener dinero y hasta salud. *Así es mi mamá, papá y hermana mayor Ale.*

Me libero del sentimiento de culpa…
Por tener una vida plena y próspera
Aun así, tengo el permiso de vivir una vida plena

También mi abuela materna.

-Luz Rodríguez-
Consteladora Familiar

El miedo a romper los esquemas nos bloquea y paraliza, debes ir más allá de los obstáculos para ver las bendiciones que esperan por ti.

Fuiste elegido por tu clan para romper los moldes, de la escasez, carencias emocionales, abusos, malos tratos, para liberarte, liberar tu futura descendencia y generaciones pasadas. *Quizás por eso me gusta limpiar*

Tienes una gran responsabilidad, no debes fallar.

QUE TUS SUEÑOS SEAN MÁS GRANDES QUE TUS MIEDOS
Lain Gacía Calvo

225

Para finalizar, si sientes desde el fondo de tu Alma que debes cambiar tu nombre, ya lo dije, hazlo, puedes hacerlo real o simbólicamente.

Si es real debes ir al servicio de Registro Civil y preguntar cuál es el procedimiento y cancelar lo que ese trámite cueste.

Si quieres lo puedes hacer simbólicamente.

ACTO DE SANACIÓN
PARA CAMBIO DE NOMBRE

Toma consciencia de tu nombre, a estas alturas ya saber quien te llamó, por qué razón. Prepara una lista con personas que ames, que sean realmente importantes para ti.

Las citas un día en un lugar de tu preferencia, tu hogar, un café, un bar, restaurante.

Mandas a hacer unas Tarjetas de Presentación con tu nuevo nombre. Puedes también escribirlo grande en una pizarra en globos, o que sientas, piensa que es un nuevo renacer.

Esta ceremonia debe ser a consciencia, con profundo agradecimiento y amor. Estarás cerrando un ciclo importante de tu vida, todo lo vivido y aprendido ha sido en gran parte por todo lo heredado por tus ancestros y tu nombre tiene una gran carga emocional.

Se agradece lo vivido, lo aprendido, y luego este nuevo nombre es con lo que te quieres conscientemente identificar, un nuevo yo, está naciendo y por ningún motivo dejes que los sentimientos de culpa entren en ti, ya que honramos a nuestros ancestros en el momento que recordamos que ellos forman parte nuestra, que viven en nosotros, pero hoy decidimos que tomamos con amor y que dejamos con el mismo amor.

* Siento que esto hice al mandar tarjetas a mis ex-amig@s en Chile. Fue como "asumir" que vivo en Canadá y no en Chile. Recuerdo que firmé todas las tarjetas como "Fabby Klatt".[226]

Te comparto un caso real

Hace dos años atrás conocí a un joven que llevaba dos nombres de Ángeles: Miguel Ángel.

Si historia familiar era de mucho abandono, maltrato, violencias y adicciones.

Comenzamos una bella Terapia.

Su nombre de alguna manera lo condicionaba a "estar en las nubes", su madre en la vida real se llama **Alma.**

Pasó por muchas heridas de infancias, vivió una adolescencia muy difícil y complicada.

Durante el transcurso de la Terapia fuimos viendo todos los temas que le afectaban en el presente, había muchas lealtades ciegas, repeticiones de patrones y en este caso su nombre lo hacía sentirse inseguro, perdido, sin raíces. (no quiero decir que todas las personas con nombre de ángeles van a vivir el mismo destino, existen ciertos "programas" que se podrían activar en algunas personas, y podría estar relacionado a tener conflictos sexuales, miedos, problemas de territorio y/o merecimiento)

En este caso tenemos a un ángel hijo de Alma y de padre ausente y violento. Alma, fue abandonada y de pequeña fue acogida por otra familia, lo que hace que ella ya cargue con un programa de "abandono" y "rechazo".

Luego de trabajar con su historia familiar sus heridas de infancia, procedimos al cambio de nombre. En un principio le costó mucho la idea, por una parte, su nombre lo marcaba fuertemente, había tenido fuertes crisis existenciales, sin embargo, se sentía "desleal" de cambiarse el nombre, por otro lado, su historia personal del pasado estaba relacionada a "otra persona" a **Miguel Ángel**…

Sanarás Cuando Decidas Hacerlo es el título de mi segundo libro. Y es muy cierto, sólo sanaremos cuando tomemos la responsabilidad de nuestra vida y decidamos que no existe otra opción. Sanar es **Transformarnos,** es transformar nuestras ideas, es transformar nuestras creencias, es transformar nuestra vida cambiar hábitos, costumbres, la forma de ver la vida. **Miguel Ángel luego de un gran trabajo persona ya era otra persona.** Luego de reflexionarlo mucho siente que Miguel Ángel había cumplido un ciclo. Ya no era la misma persona y necesitaba una nueva identidad. Un nombre elegido por él que le diera un nuevo sentido a su vida.

Recuerdo exactamente que estábamos en mi auto, hablando de todo lo que Miguel Ángel había progresado en su Terapia, de todo lo que aprendió, transformó y de repente mágicamente Miguel Ángel ¡grita!

¡Federico Simón!

Hoy **Federico Simón,** es un joven alegre, consciente de su existencia, de la vida, del amor, aprendió a amarse tanto que hoy ayuda a despertar consciencia y a amarse a otros. Realizó estudio del Transgeneracional conmigo, aprendió el Tarot Terapéutico Evolutivo, y estudió Constelaciones Familiares y hoy realiza cada semana constelaciones, un trabajo hermoso que también está ligado a honrar nuestros ancestros desde otra mirada. **Federico Simón renació** ☺

Anímate, si sientes que tu nombre no te identifica, con amor y respeto despídete de él y crea la identidad que deseas y regálate el nombre que sientas te acomoda.

No es grave, no es un delito,
no es una deslealtad.

Federico Simón
@federicosimon_

LEALTADES INVISIBLES

"Dicen que la historia se repite,
lo cierto es que sus lecciones no se aprovechan"
-Camille Sée-

En determinadas circunstancias, las realidades de la vida
son tan difíciles que los padres deciden callarlas.
En la primera generación, es algo indecible; en la segunda,
un secreto de familia; en la tercera, se convierte en un impensable
genealógico, es decir, que ni siquiera se puede pensar".

– Schützenberger, A.A. (2005)-
La Voluntad de vivir. Buenos Aires: Editorial Omeba

✱ Emotional Contracts

Las Lealtades Familiares, se pueden definir como **Contratos emocionales** que se establecen entre los familiares de un Clan, y que a veces nos pueden beneficiar, pero la mayoría del tiempo nos limitan en nuestro crecimiento personal, evolución.

Las **lealtades invisibles** son un concepto acuñado por Boszormenyi-Nagy, y ayudan a comprender cómo funcionan los **conflictos** humanos desde las constelaciones familiares. (Boszormenyi-Nagy, autor que ha tenido una gran relevancia a la hora de introducir conceptos como justicia, equidad, lealtades invisibles).

Boszormeny-Nagy, asegura que los trastornos, dolencias y problemas de las personas, provienen de un desequilibrio en el dar y recibir dentro del sistema familiar.

Según el Diccionario de la Lengua Española, la palabra «vínculo» viene del latín vincülum, que significa unión o atadura de una persona con otra.

Se llaman Invisibles, porque no las vemos, no somos plenamente conscientes de esta lealtad y en muchos casos jamás las vemos y vivimos una vida que les pertenece a otro sin despertar.

Según Boszormeny-Nagy, lo que se llama "Registros de Mérito" o "Cuentas de Justicia".

El sistema familiar tiende siempre a la justicia, hay que dar y recibir de manera equilibrada, amor, respeto, cuidados, posesiones, energía.

A mí me enamoró y apasionó el estudio del Transgeneracional, porque encontré que de esta Terapia se concentran muchas otras, es un conjunto de varios estudios que nos llevan a un profundo análisis de nuestra persona que nos ayuda a comprender en plenitud nuestra existencia.

Siempre me sentí atraída por la Metafísica, y luego por la Física Cuántica y las Leyes del Universo.

El aprender las Leyes del Universo me ayudó aún más a comprender nuestro Árbol Genealógico, que como lo he dicho ya varias veces, es un árbol que vive dentro de cada uno de nosotros, tiene sus historias, mucha energía y trabaja con leyes que están relacionadas con las Leyes del Universo. Todo es perfecto, es un trabajo que exige transparencia, justicia, paciencia, tolerancia, apertura de mente, y por sobre todo mucho amor.

Estudiar nuestro árbol es un proceso de autoconocimiento en donde vamos desarrollando el amor propio, el amor por nuestros padres, por nuestra familia, lo que hace que transmitamos esta nueva energía a los nuevos integrantes de nuestro clan.

Con respecto a la Lealtades responde a este tipo de situaciones:

Si alguien pierde algo como amor, dinero, posición, posesiones, o estatus, para que otros ganen, le deben.

Si alguien da mucho y no recibe tanto, se genera una deuda.

Si alguien gana dinero o afecto a costa de otros, les debe.

Es una ley universal que no falla nunca.

Tenemos varios ejemplos en estos casos:

Ejemplo:

He atendido en Terapia a personas que me han dicho:

Lo amé, apenas lo vi, éramos el uno para el otro, le di todo mi tiempo, le di toda mi atención, le di todo lo que tenía, fui extremadamente generosa, … luego siguen dando, le di dinero, casa, auto …

Yo le digo:

Lo conociste, le diste tu amor, tu tiempo, las llaves de tu casa, de pasadita tu Alma y tu corazón.

Exacto, y no puedo creer que me haya dejado….

Nadie puede recibir tanto … ¿que hace una persona que de la noche a la mañana recibe en desborde?

¡Va a buscar a una tercera persona para compartir todo lo que tiene!

no puede sostener tanto, en descontrol, acá vemos un desequilibrio, que el árbol luego buscará la forma de equilibrar.

Uno de nuestros objetivos para mí, el principal es aprender a **amar.**

No sabemos realmente lo que eso significa, en cada familia tienen sus propios conceptos de lo que significa amar, sabemos por lo que hemos aprendido, pero en la práctica, somos egoístas, solamente queremos que nos DEN.

Queremos a una persona que nos ame, que nos cuide, que nos mantenga, que nos regale tiempo, que nos hable dulcemente, pero a veces estamos un poco lejos de dar lo que estamos esperando recibir.

Si no te gusta lo que estás recibiendo, mira bien lo que estás dando.

En algunas familias, son muy estrictos con lo que se refiere a disciplinas y valores. Muchas veces son intransigentes y se pasa a llevar mucho especialmente a los menores del clan.

mi abuela materna y mi suegra. También mi amiga Penny.

En el caso que los padres intenten que sus hijos llenen sus carencias emocionales y materiales, y les den amor, sin ellos haberlos dado en su justa medida se crea una **deuda en su contra.**

He visto mucho en Terapias a madres o padres que se hacen simbólicamente hijos de sus hijos y deben ser cuidados y mantenidos al extremo, y los hijos se sienten obligados a renunciar a sus propias vidas por esta disfunción de roles.

NO digo que no cuides a tus padres, pero he visto casos en que el individuo renuncia a su propia vida para ser finalmente padre de sus padres.

O se casan y diariamente están visitando a sus padres, se sientes culpables de no ir un fin de semana a verlos, y sienten malestar de hacer ciertas cosas, pero se sienten más mal de no hacerlo y viven dentro de una prisión mental.

He visto casos que el individuo tiene solamente a parejas casadas, o extranjeras, así su inconsciente encontró una forma de quedarse con sus padres, porque no se puede casar e irse. *Yo en Chile...*

Estamos obligados a DESPERTAR, a tomar consciencia, amarnos y enseñarles a nuestros hijos, sobrinos, nietos a amarse. *QUIÉRETE UN POCO...*

No están en esta vida para cumplir los deseos frustrados de sus ancestros, están en esta vida para vivir sus propios sueños y esparcir esta misma emoción y energía para que todas las generaciones agradezcan y reconozcan su descendencia, pero al mismo tiempo que honren a sus antepasados, con la felicidad, alegría, abundancia y prosperidad ya que esto también se hereda y se transmite a futuras y pasadas generaciones.

Todos cargamos con lealtades familiares invisibles, lo importante es tomar consciencia de esto y reconocer cuáles son las lealtades que hemos heredado.

Es posible vivir una vida individual e independiente muy saludable si estamos en armonía con el sistema familiar en el que vivimos, pues pertenecemos a él.

¿Qué significa este vínculo para el estudio del Transgeneracional?

Todos establecemos vínculos con nuestro clan. Esto nos mantiene emocional e inconscientemente ligados a nuestros ancestros y, por tanto, todo lo vivido por ellos. Es por esta razón que el sujeto y el ancestro establecen una lealtad invisible lo que significa que heredamos las experiencias traumáticas que no son nuestras, que han sido ocultas y transmitidas por varias generaciones que nos han precedido.

Toda esta información se transmite en bruto sin haber sido elaborada y recibimos la información con la finalidad de poder resolverla.

Todos vivimos lealtades, aunque no estemos conscientes de ello, o no nos demos cuenta, o lo neguemos.

Es justamente todas estas vivencias que no entendemos las que repetimos.

En esta memoria familiar están ancladas las fidelidades y vínculos del clan que heredamos para que todo vuelva a su equilibrio.

Es este el propósito y la finalidad: **encontrar el equilibrio**, por lo tanto, mientras antes descubramos cuales son las lealtades a las que somos fieles, y estamos sometidos, mucho antes podremos tomar las riendas de nuestra vida.

Te hablaré de lo que significa encontrar el equilibrio dentro del clan en relación a las Lealtades Invisibles y te daré varios ejemplos de Lealtades para que puedas identificarlas dentro de tu familia.

Encontrar el equilibrio está relacionado con el **dar y recibir,** si algún miembro de la familia DA, produce una DEUDA, que debe ser PAGADA.

Cuando esto ocurre estamos hablando del **equilibrio.** Simplemente esta es una de las formas en que se mueve nuestro árbol para poder crecer, y cumplir nuestros objetivos.

233

Está relacionado al dinero, a compromisos, profesiones, hijos, en todos los ámbitos en que se pueda dar algo.

Yo siendo abogada en chile por mi papá.

Ejemplos:

¿Has oído a personas que estaban estudiando, que les quedaba un último año por terminar su carrera, por diversas razones no tiene el dinero y aparece un familiar lejano de Australia que ofrece **"desinteresadamente"** pagar sus estudios?

Pues lo que puede haber sucedido es lo siguiente, es muy probable que en esta generación o generaciones anteriores, **el abuelo** de esta persona que le quedaba por terminar el último año de su carrera, haya tenido un negocio y le dio trabajo a un primo, o tío, o hermana de este familiar que hoy vive en Australia.

Esto es su momento fue maravilloso, y **quedó grabado en el inconsciente familiar,** y años después ocurre esta situación y se activa esta **Lealtad,** es una necesidad de saldar la cuenta, de devolver lo que se recibió, como un acto de Amor.

Y así nos hemos llevado años, saldando cuentas de una generación a otra.

Te daré otro ejemplo:

¿Has visto a familias que tienen hijos y sin embargos los padres sí o sí quieren adoptar a un niño? Sienten que lo necesitan para completar su familia, ya que sienten un amor muy grande, y esto cuando lo preguntan te dicen que es más fuerte que ellos, que realmente lo necesitan.

También, lo he visto yo, a personas que no quieren tener hijos, porque dicen que hay muchos niños en abandono y que prefieren adoptar.

Lo que sucede en estos casos es que están **reparando** el daño que ocurrió en generaciones pasadas.

Puede ser que un abuelo haya tenido un hijo no reconocido, o que una joven haya quedado embaraza muy joven sus padres la hayan obligado a dar a su bebé en adopción.

Puede ser muchas razones, pero en esencia es lo mismo, en reintegrar al niño que ha sido excluido del clan.

Cuando se trata de adopción, los padres son **Leales, a ese niño que no conocieron y que no fue integrado a la familia.** → Tío Pato adoptó o mi prima Paty.

✳ Son leales en su dolor, en su exclusión, y es por eso que sienten como un mandato invisible de reparar lo sucedido adoptando un niño y traerlo de regreso a la familia.

Existen muchas lealtades que con lo que yo he visto en Terapia son muy profundas, y se necesita mucha fuerza de voluntad, amor incondicional para producir los cambios para liberarnos.

He dado ejemplos de Lealtades que se ven mucho en las familias, existen las Lealtades con nuestros padres o abuelos que son una de las fuertes.

Estos ejemplos existen en un gran porcentaje de familias, finalmente todos hemos vividos los mismos dramas, dolores y lealtades en distintos momentos de nuestras vidas o generaciones.

Imaginemos que una madre por diversas razones, aborta, y luego aborta una segunda vez, y el tercer hijo lo tiene.

También puede ser el caso de una madre embarazada de mellizos y uno de ellos no llega a nacer.

Este hijo que nace, a medida que crezca va a presentar síntomas de in-comprensión, tristezas profundas, incluso depresiones, este niño que nace, siente que lleva una vida que no merece.

Se siente leal al hermanito o hermanita que no llegó a nacer y de manera inconsciente le dice:

Tú no has nacido, no puedes cumplir tus sueños ni ser feliz, yo tampoco lo seré. → mi hermana mayor Margarita tuvo un aborto espontáneo (péidida) antes de los mellis.

Acá se hace un bellísimo trabajo con la persona en Terapia para cerrar este duelo y cortar esta lealtad que ha hecho que sabotee su vida.

Otro ejemplo:

Imaginemos que el bisabuelo es infiel, que ha tenido 3 ó 4 mujeres y muchos hijos.

Esta historia la he oído muchas veces, ahora escucha esta versión.

Un bisabuelo, estaba casado, era muy machista y violento, tenía sus hijos, y sin ningún tipo de consciencia, ni respeto tiene 3 ó 4 amantes más de las cuales con todas tiene hijos.

Nadie ha hablado del dolor, tristeza y humillación de la primera mujer, ni de la segunda, ni tercera ni cuarta, porque todas han sufrido engaños y humillaciones.

Tenemos hijos no reconocidos, que han crecido sin un padre presente, sufriendo grandes ausencias, rechazos, y tristeza sumado a humillaciones del entorno.

Acá el Bisabuelo ha causado mucho daño, a mujeres y niños.

Entonces alguien en el clan debe nacer para **equilibrar tanto dolor.**

Como no hemos sabido verdaderamente lo que es el amor, que es principalmente aprender a amarnos y a respetarnos, por generaciones hemos venido heredando Lealtades Invisibles dolorosas.

Tenemos en la familia, dos generaciones después que nace un nieto, y este nieto toma el dolor de su bisabuela, y de las mujeres de este clan.

¿Y ya te imaginas lo que sucede?

¿Has oído hablar de los casos donde el hombre es engañado por todas sus parejas?

¿Has oído hablar de los casos dónde el hombre es golpeado por sus parejas?

Se sabe muy poco, pero existe y mucho. Lo que sucede acá es que este nieto al ser Leal con su bisabuela y las mujeres de su clan, se presta para estar en el otro lado de la moneda.

Así el siente que iguala su dolor al dolor que no fue oído ni contenido generaciones atrás.

Entonces si vemos este caso, podrían pasar miles de generaciones de un extremo a otro, es por eso la importancia de la toma de consciencia, porque eso debilita los programas y los miembros de las familia comienzan a relacionarse de otra manera, con amor, con limites, con respeto.

Tenemos otros casos que a simple vista no es justo: ↳ CHiLE

¿Has oído o visto a hermanos que estafan a sus hermanos?

¿Has oído o visto a maridos o esposas que han falsificado documentos para quedarse on tierras o propiedades?

¿Has oído o visto a la espera de una gran herencia, toda la recibe un solo hermano y este no la reparte con nadie?

En este caso, cuando se estudia el árbol se encuentra la Lealtad.

Nos vamos una, dos o tres generaciones atrás, y vemos que ocurrió lo **mismo, pero fue** una hermana la que estafó, a sus hermanos, entonces en las futuras generaciones alguien debe calmar ese dolor y le devuelve la estaba, así está en lealtad con los hermanos estafados, ¿se entiende?

El delincuente de una familia puede ser el más Leal de todos

ya que se encarga de recuperar lo que han perdido otros, a equilibrar los dolores por traumas, muertes, etc.

Incluso se habla de lealtades, no solamente de estafas, robos, adopciones, incluso cuando existen, asesinatos.

Alguien mató a alguien, queda una familia sin padre, y se produce la deuda, se genera la lealtad y se vuelve a repetir el crimen.

Por lo tanto, de nada sirve, esconder, pretender que nada ha sucedido en nuestra familia, mentir, porque todo saldrá a la luz tarde o temprano, y si no hacemos justicia, inocentes volverán a pagar por pecados de sus ancestros. No queremos que la vida de nuestros hijos, sobrinos, nietos o bisnietos se limiten a llevar una vida mejor de la que hemos tenido nosotros.

Por un amor ciego, cometemos errores, por un amor ciego mentimos, estafamos y hasta matamos, por un amor no bien expresado nos amarramos a destinos que no nos pertenecen.

Este mismo amor que nos enfermó, cuando se vuelve consciente, toma la fuerza de miles de Almas que buscan sanación y justicia, llega la sabiduría y la comprensión a nuestro árbol. **El objetivo es encontrar en nuestro sistema familiar, a los excluidos, los difamados, los no honrados, todos aquellos que han sido tratados injustamente, aquellos** que se fueron para ceder su espacio a otros y todos aquellos que han tenido vidas difíciles y dolorosas.

El Amor es más fuerte, una vez que se conecta con esta energía que es una energía de muy Alta vibración, nos llega la comprensión y el perdón.

Con perdón, y con afecto, damos a cada cual su lugar, lo reconocemos, sabemos que han existido, los respetamos, damos lo que es suyo y le corresponde y luego ese mismo acto de amor y reconciliación caerá entre nosotros y nuestra descendencia.

El miembro de la familia que es declarado loco quizás es el más honesto…

Es el que se atreve a decir lo que nadie quiere decir, es el que busca la verdad, descubre secretos, es auténtico y más valiente de todos los miembros de su clan, es el más lúcido, el que se da cuenta de las cosas.

Mejor conocido como la oveja negra.

Incluso es posible que enferme para intentar que los demás abran los ojos.

La enfermedad como culpa y castigo…

Una persona constantemente enferma, la cual debe ser cuidada por sus familiares, busca inconscientemente que se hagan cargo de él, que le paguen algo a él o ella, que le paguen algo que les deben a sus ancestros.

Si mi madre no ha sido feliz yo tampoco …

Una mujer no se permite ser feliz, debido a su lealtad a la infelicidad de su madre, su madre ue maltratada por su padre, abandonada por su padre y marido y ella odia a los hombres, y carga toda su amargura a esta relación de pareja.

Entre todas sus hijas, una de ella le será **leal a esta infelicidad,** por amor inconsciente a ella, y perpetuará en su vida esta infelicidad. Incluso puede tener muy mala relación con su madre, no tengan ningún tema en común y discutan y pelean por todo, hasta llevar tiempo sin hablarse, la hija es leal a la infelicidad de su madre.

Conscientemente ella hará todo para ser feliz, pero inconscientemente elige relaciones que, con el tiempo, no funcionarán, elige los mismos patrones de hombre que su madre, sufre en las sus relaciones de pareja, vive engaños, abusos y abandonos… y por amor ciego, así se manifiesta su lealtad.

Ser Leales a nuestros ancestros y a nuestro clan sobrepasa nuestra propia felicidad.

LEALTADES INCONSCIENTES, AMOR CIEGO

Cuando te permites romper con las lealtades familiares comienzas de verdad a Honrar a tus ancestros y a vivir tu propia vida.

Para resumir un poco este tema de las lealtades:

Podemos ser leales a familiares que han fallecido antes que nuestro nacimiento, a un aborto, al sufrimiento de un abuelo o abuela, nietos, tíos.

No necesitamos tener el mismo nombre, o tener el mismo sexo, o tener algún parecido físico, podemos ser leales a cualquiera de nuestro clan.

Ejemplo:

¿Has oído alguna vez la historia de una abuela que perdió un hijo de un año?

Para este ejemplo puede ser bisabuela, tía abuela, y el niño un menor de edad.

Esto es lo que no se comparte en el clan, nadie habla del tremendo dolor que debió haber significado para esta abuela perder a un niño de 1 año, ni el dolor que sintió el abuelo, o sus hermanos, o abuelos. Existe ahí en esa historia un gran dolor, es muy probable que la abuela tuviera más hijos y le fue imposible llorar a su bebé y hace un duelo.

Lo he dicho en páginas anteriores, la alegría, la tristeza, la felicidad, la angustia, son emociones, y emociones son energía.

La energía no muere, se transforma, por lo tanto, esta energía del fallecimiento del niño de 1 año de la abuela, queda en el inconsciente familiar, se graba en el ADN, luego se transmite por los embarazos, queda en la atmósfera y alguien lo toma y lo acoge por lealtad a esta abuela.

Y tenemos ahí cómo una triste historia se repite, la nieta tiene un hijo y este hijo enferma y muere cuando cumple 1 año de edad.

Y lo he visto en mis Terapias, cuando me ha tocado ver casos así pregunto por muertes de niños o jóvenes y existe una lealtad increíble, que luego se suman, las mismas, fechas, nombres hasta fechas de defunción.

Otro ejemplo:

Una mujer llegó porque siempre escogía el mismo tipo de hombre: **abandonador.**

Viendo su árbol, su padre fallece cuando ella tiene 13 años de edad. Esto para el inconsciente de esta niña lo vive o proyecta como abandono.

Sabe que el padre falleció desde el inconsciente (3%), el 97% siente que lo sucedido es un abandono injusto.

Ella va a buscar a su padre en sus parejas y no solo ella, todos lo hacemos, buscamos en la pareja aquello que no nos fue dado por nuestros padres y también repetimos los patrones y lazos que hemos formado con ellos.

Y en este caso, su padre la abandona y ella crea este programa. Es decir, se siente cerca de papá cuando un hombre la abandona. Pero eso no es lo impresionante. Su padre se llamaba Joaquín, fallece a los 45 años en un accidente de avión.

Su abuelo paterno, fallece a los 50 años en un accidente de camión, y se llamaba igualmente Joaquín.

Y su querido hermano, llamado exactamente igual fallece a los 40 años en un accidente de auto.

Acá vemos una **lealtad y Amor ciego.** Lo que se graba en el clan, es que todos los hombres llamados Joaquín mueren trágicamente y jóvenes.

Vemos que la lealtad es incluso a la edad, el abuelo muere a los 50, padre a los 45 y el nieto a los 40. Inconscientemente se dicen entre ellos:

Yo te honro y no puedo morir después que tú, y me voy antes...

Una Lealtad, es algo que hacemos por Amor Ciego, nuestra felicidad no tiene ninguna importancia, porque lo que nos importa es ser leales al dolor de nuestros ancestros.

Todos estamos ligados a lealtades invisibles, no nos podemos escapar, esto es a lo que llamamos Karma, pero una vez que se toma consciencia, estos programas pierden fuerza y ahí está en nosotros realizar los cambios para desprogramar lo que se ha venido repitiendo para vivir un nuevo destino.

Acá vamos a ser honestos, es necesario para trabajar en nuestra historia familiar, nuestro árbol se debe mirar sin culpa, sin juicio, aceptar como fue la historia de los que han venido antes que nosotros, imaginar, ver y sentir por todas las dificultades que ellos han tenido que superar.

¿Sientes que tu vida no ha sido fácil, que te ha costado llegar donde estás y que has tenido vivencias duras, dolorosas y sacrificadas?

Si es así, solamente imagina fue la vida de tus padres, abuelos, bisabuelos y más atrás.

Imaginemos, a una Bisabuela, con 5 hijos, dos abortos espontáneos, 3 abortos secretos, lleva una vida infeliz, con abusos, heridas de infancia. Repite la historia de su madre, y está casada con un hombre que le es infiel y la maltrata.

Esta mujer fue criada para ser esposa y madre, limpiar, cocinar y atender a su marido.

Sigamos imaginando:

Ella con 5 hijos, en un hogar pequeño, sin agua caliente, sin lavadora ni secadora de ropa, haciendo magia para dar de comer a todos sus hijos, con sueños frustrados, porque todos, todos secretamente guardamos un sueño de lo que nos gustaría hacer en la vida, muy probablemente viajar, tener una carrera, un negocio, una vida mejor.

Ella pasa sus días viviendo para el resto, es la primera en levantarse por las mañanas y la última persona en acostarse.

Muy probable que trabajara en el campo, con cosechas, en algún almacén familiar, de costurera, para ayudar económicamente a su familia.

Llega la noche, llega el marido tarde (el bisabuelo) y quiere tener sexo, y finalmente la deja una vez más embarazada. Créeme que esta noticia no es lo mejor que ella pueda recibir, un hijo significa más trabajo, más gastos, más postergarse como mujer porque nunca deja de criar sola.

Y ella, esta bisabuela, ha pensado en aborto, ha pensado que quizás se muere el bebé, y créeme que ha deseado no estar embarazada una vez más.

Finalmente tuvo a este bebé, después de mucho pensar en aborto, y muchos otros pensamientos que pasaron por su mente sin contar que el bisabuelo la culpa de quedar embarazada.

Este bebé, nace, sabe que no lo abortaron, créeme que lo sabe y lo agradece infinitamente, tanto así …que nace con un sentimiento de culpa y deuda que pagará toda su vida.

Porque debido a **"nuestro nacimiento" nuestros padres no han podido dedicarse "a su propia vida"** a su destino, debido a nuestro nacimiento, ellos han detenido sus vidas han tenido que dedicarse a hacer trabajos que no aman, o mantenerse en matrimonios por estos hijos, debido a nuestro nacimiento, han dejado olvidado sus hobbies, y el llamado de Alma, y esto se considera, se tiene en mente, y por esta fuerte razón les estamos **eternamente agradecidos**.

Todo esto y más es la sensación de que les **DEBEMOS LA VIDA**.

Y la mayoría de nosotros, nacemos con esta sensación y es ahí donde comienzan **las Lealtades y Amor Ciego**.

El sentimiento más fuerte y profundo es de la pertenencia

Tal como lo vimos al comienzo de este libro **todos queremos pertenecer**, necesitamos sentir que pertenecemos a algo, a nuestro clan a nuestra familia.

Esta sensación de deuda y sensación de querer pertenecer, produce un **DESEQUILIBRIO,** en el cual acabamos por **SERVIR A NUESTROS ANCESTROS.**

Acá comienza una lealtad inconsciente la que se viene repitiendo de generación en generación. Los hijos, quieren y sienten una obligación de ocuparse de sus padres, de sus abuelos, a veces hasta el punto de olvidarse de sus propias vidas.

Es una necesidad inconsciente de cuidar a los que vinieron antes, y este amor ciego nos impulsa a ser leales a quienes no hemos conocido.

Esa es la forma de amor que conocemos.

Es justo acá donde comienzan las repeticiones en el Árbol Genealógico.

Esta Lealtad se ve cuando cargan con la misma enfermedad, bloqueos en el dinero, dificultades de pareja, hijos, trabajo, etc.

Los más pequeños quieren ganare el sentimiento de pertenencia de los mayores sirviendo a los mayores tanto a los vivos como a los muertos de nuestra familia.

Los hijos quieren pagar la fantasía de deuda que sienten que tienen con sus padres y a su vez sus padres con sus padres, y así sucesivamente.

SOMOS LA CONSCIENCIA DE UN PASADO FAMILIAR QUE VIVE DENTRO DE CADA UNO DE NOSOTROS

Acá te daré ejemplos porque es más fácil de comprender las Lealtades familiares invisibles:

Un nieto repite muchos aspectos, actitudes, gestos y hasta adiciones de un abuelo a quien nunca conoció.

Puede tener su enfermedad, sus mismos bloqueos, con el dinero, trabajo, amor, amistad, porque su madre lo negó, lo criticó y toda la familia lo excluyó….

En esta historia vamos a imaginar que este abuelo (Pablo) en su juventud dejó embarazada a María. Eran muy jóvenes y él no se hace cago y María cría a su hijo sola. Pablo intentó varias veces después de su nacimiento acercarse a su hijo, pero María lo prohibió.

¿Has oído alguna vez una historia igual?

María no puede sanar la herida de abandono y rechazado causada por este Pablo, y no puede evitar sentir resentimientos, rabia y hasta odio cuando se acuerda de él. María cría a su hijo hablando mal de Pablo:

Tu padre nos abandonó, es un irresponsable, es un alcohólico, es infeliz, nunca terminó sus estudios, etc etc etc.

Nace el hijo de María y Pablo:

Ella lo llama Patricio (inconscientemente busca la misma inicial de Pablo, así lo traer simbólicamente con ella)

Patricio es Leal a su madre, sufre en silencio este dolor, y prefiere no tener contacto con su padre para no herir a su madre, pero acá hay lazos de amor que se están impidiendo de realizar y eso al árbol no le gusta.

Pablo es leal a su madre, y está con ella por haber estado sola, por haber vivido muchas situaciones difíciles durante su infancia y adolescencia.

En esta Familia, hay un gran rencor, odio, y un desequilibrio emocional grande. Hay vacíos emocionales, a un niño se le ha prohibido el contacto con su padre, se la he prohibido desarrollar un lazo de amor, y de vivir con un padre, sea como sea.

Pasa el tiempo y Patricio, tiene un hijo.

Este hijo viene a ser leal al abuelo Pablo

Este niño viene a integrar amor a la familia, este nieto siente una injusticia tremenda por lo que han hecho con su abuelo, este nieto siente tristeza y dolor porque sabe que no lo ha pasado bien al no poder tener contacto con su hijo, este nieto sabe que su abuelo vive con culpas y que no vive en paz, entonces él le dice:

Abuelo, te amo, soy leal a tu dolor, así no estarás solo.

Y luego este nieto puede caminar igual que su abuelo, hablar, reírse, tener gestos, y hasta las mismas enfermedades o adicciones.

Porque también es un mensaje a su familia que inconscientemente les dice:

Abuela, padres, yo soy el abuelo, ahora están obligados a amarlo, porque me amarán a mí.

Otro ejemplo de parejas tormentosas:

Aunque veamos que esta pareja nos hará mal, que voy a sufrir, pretendo no ver, me aguanto mi dolor y prefiero ser leal a los miembros de mi familia repitiendo el mismo drama de infelicidad y desamor. (madre, padre, abuelos).

Madre desesperada por mala relación con su hija:

Este caso lo veo mucho, una madre me dice que no puede comprender por qué su hija la odia, si ella lo ha tratado con tanto amor, que le ha dado todo, y su hija la rechaza y rechaza su cariño.

Yo le pregunto:

¿cómo está la relación con tu madre?

Y me responden:

Prefiero no hablar, nunca ha sido buena y hace meses que nos nos hablamos.

En este caso la nieta está siendo **Leal a su abuela.**

La nieta simbólicamente le dice a su madre:

Madre, si tú no tienes a tu madre en tu corazón, y no te puedo tener a ti en el mío.

La finalidad es el **Amor,** la madre debe hacer las paces, mejorar y sanar la relación con su madre y la relación con su hija mejorará.

Ejemplos varios:

1. YO trato a mi marido, igual como mi madre trataba a mi padre
2. Mis tíos, hermanos de mi madre, no se hablan, yo discuto y no me hablo con mis hermanos.
3. En una familia humilde, la madre está embarazada de su quinto hijo.

No tienen recursos y constantemente los padres discuten por la llegada de este bebé y de lo apretados que estarán en cuanto a dinero y espacio.

Semanas antes de nacer el quinto bebé, el hijo mayor fallece, dejando el espacio a su hermano dentro del hogar.

"Por amor ciego a mi clan, vivo y repito sus historias, sus patrones y hasta sus enfermedades"

¿Reconoces algún tipo de estas lealtades?

YO EN TU NOMBRE:

Una mujer es maltratada por su marido.

La hija de ambos, encuentra a un hombre que maltratar.

"Destruyo la vida de mi marido para vengar a mi madre."

Soy leal a mi madre y su dolor y lo que ella no hizo yo lo hago ahora.

ANALIZO MI VIDA, RECONOZCO EL PATRÓN FAMILIAR Y VEO CÓMO HAN TERMINADO MIS ANCESTROS PARA TENER UNA IDEA DE A DÓNDE YO VOY CON LA REPETICIÓN.

YO POR TI:

Yo como tu hijo, soluciono tu FRUSTACIÓN.

El padre siempre quiso ser doctor, sus padres no tuvieron el dinero para pagar su carrera, entonces el hijo estudia medicina.

Cumplo los deseos de mis padres y renuncio a mi vida por lealtad y amor ciego.

YO IGUAL QUE TÚ:

La nieta tiene cáncer de mamas, igual que su madre y que su abuela. Todas del seno izquierdo.

Cáncer se repite por lealtad al sufrimiento y dolor, así estamos en el mismo dolor.

En el estudio del **Transgeneracional** trabajamos con **Biodescodificación,** que consiste en encontrar el origen emocional y conflicto que se esconde detrás de una enfermedad o síntomas.

En este caso, lo que se repite no es el cáncer de mamás, es el mismo conflicto no resuelto de la abuela, y madre que es heredado a la nieta con la finalidad de resolverlo.

YO NO TE SUPERO:

Si mis ancestros han sido pobres, yo por lealtad me mantengo en la miseria, si ellos no han estudiado, yo buscaré la forma de no terminar mis estudios, si ellos no han tenido vidas felices, entonces yo tampoco.

YO IGUAL QUE USTEDES:

Hijo tiene un excelente trabajo, logra tener su propia empresa, pero fracasa reiteradas veces en el amor.

Sus padres son personas de escasos recursos, que se han amado, pero siempre han sido pobres.

Este hijo no se permite ser completamente feliz, busca algo en que amargar su vida, ya que ha superado a sus padres en lo económico, buscará sabotear su vida de pareja y ahí se mantendrá la Lealtad.

YO TE SIGO:

Este caso lo acabo de ver y lo he visto varias veces. Fallece el padre de 90 años, a los 4 días su hermana adorada, y un mes después su esposa.

Por amor ciego, te sigo, no me permito vivir más que tú.

TRABAJO PERSONAL:

Reflexiona:

De acuerdo a lo aprendido, es bueno que veas y que identifique cuáles son tus lealtades en tu Árbol Genealógico.

Piensa y reflexiona si esta Lealtad hoy te beneficia o te está bloqueando.

Si te beneficia realizarás la siguiente carta como Acto de Agradecimiento, CÓMO CORTAR LEALTADES FAMILIARES.

Piensa si identificas alguna Lealtad familiar, para que puedas tomar consciencia de este acto. Ya sea que alguien haya cancelado cursos, prestado dinero, de manera desinteresada y casi como un deber.

En este caso agradece al ancestro que lo hizo.

- ¿Hay en tu sistema familiar alguien que se "sacrificó" o ayudó desinteresadamente a alguien de la familia? (no necesariamente tiene que ser familia sanguínea o directa).
- ¿Qué hizo y qué relación se mantuvo con esta persona y sus descendientes?
- ¿Qué se logró gracias a su accionar?
- ¿Ésta cuenta está saldada? ¿Está en equilibrio? ¿Tiene o tuvo un reconocimiento en el corazón del resto?

Hay un sinfín de ejemplos que te puedo dar, seguro a medida que ibas leyendo ibas relacionando persona, familia, amigos. Ahora vamos a pasar a un tema que me gusta mucho, "El significado de nuestras profesiones y Transgeneracional ☺"

Todo sujeto es y existe vinculado, no existe el sujeto separado y verlo así es resultado de la percepción consciente"

-I. Berenstein (1995)-

DIME EN QUÉ TRABAJAS Y TE DIRÉ QUÉ ESTÁS REPARANDO

¿Quien decide mi profesión?

Muchas veces de manera inconsciente buscamos conectarnos con nuestros ancestros y con su historia.
Seguimos sus pasos, sus anhelos y sus sueños sin saberlo …
Sentimos una fuerza interior que nos lleva a vivir el mismo dolor, las mismas vivencias y negamos nuestro crecimiento y evolución siguiendo incluso sus mismos trabajos, oficios y profesiones.
-Sui Mei Chung B.-

El significado de nuestras profesiones en el Transgeneracional

Tal como lo hemos visto hasta ahora nuestros ancestros tienen una gran influencia en nuestra vida, esto también corre para nuestras profesiones y oficios.

Con todo lo visto ya te has dado cuenta que todas nuestras elecciones son de manera inconsciente hasta que tomamos consiecia y despertamos.

Cuando hablamos de este tema, en el Transgeneracional dice que:

Reparas - o - NO Reparas a través de una profesión.

Todos los miembros de un clan familiar se encuentran entre estas dos opciones. Reparas cuando lo haces por lealtad, de manera inconsciente.

Existen varias formas de reparar las historias de nuestro Clan familiar. Con respecto a las profesiones se les llama reparar, pero el reparar, **no**

significa que estoy solucionando un conflicto, más bien está relacionado a que estoy haciendo algo que ellos ya han hecho, o quisieron hacer y ahí entramos directamente a los que son las Lealtades Familiares. En otras palabras, estoy siguiendo los mandatos de mi árbol. Somos leales en todo, como ya lo hemos visto y las profesiones no escapan a esta realidad.

Te darás cuenta que nuestras profesiones u oficios tienen mucho sentido con la temática que ha desarrollado nuestro Árbol Genealógico.

Las profesiones nos muestran con claridad los conflictos no resueltos dentro del clan.

Asumimos de manera inconsciente, por lealtad y amor ciego esta carga de llevar una profesión que no nos corresponde.

No todos reparamos con respecto a la profesión, ahora aprenderás a ver si tú estás, o no **reparando** la historia de algún ancestro.

Reparando a través de mi profesión

¿Tienes un trabajo que no es bien remunerado?

¿Sientes un pesar diariamente cuando te diriges a tu trabajo?

¿Te deprimen los domingos por las noches porque sabes que el día siguiente será Lunes y ya comienza la semana laboral?

¿Tienes un trabajo el que no disfrutas y te sientes obligado de ir?

¿Te sientes desmotivado y bloqueado en tu trabajo?

Si finalmente el trabajo que realizo no me apasiona y no me hace feliz es porque estoy **reparando** un conflicto de mi Árbol Genealógico.

Por el contrario:

Si disfrutas tu trabajo.

Si te despiertas con ganas para comenzar tu día laboral.

Si ganas un buen sueldo gracias a tu trabajo.

Si ves siempre nuevas proyecciones en lo laboral

Si te apasiona tu trabajo, lo amas y te sientes bendecido con lo que haces…

Entonces No estas Reparando☺

Excelente noticia, por qué con esto indica estas escuchando "la voz de tu Alma", estás conectado con tu ser interior, y te has arriesgado a cruzar la barrera del miedo y la exclusión que sienten los miembros de un clan.

Es normal que elijamos nuestras profesiones en relación a lo que se ha dedicado nuestro clan (Lealtad).

Existen fuertes creencias en cada familia que insisten en llevar todos la misma profesión como una **Tradición familiar** sin importar lo que quieran las nuevas generaciones. De manera consciente e inconsciente los obligan a seguir las mismas carreras profesionales.

Cuando analizo la historia familiar lo primero que reviso es el nombre, luego para mi es fácil ver las lealtades que tiene la persona que consulta, más aún cuando me hace saber su profesión u oficio.

A continuación, verás una lista con las profesiones y su significado Transgeneracional. Esto ayudará a que reflexiones acerca del por qué estás estudiando o has estudiado algún tipo de profesión y sobre todo comprenderás la razón del por qué quizás no te sientes a gusto con tu trabajo.

Ejemplos:

Le pregunto a un Joven:

¿Qué estudias?

Me responde:

Estoy en 5to año de Derecho.

• Veo que te queda poco por terminar la carrera.

• Sí, estoy haciendo mi máximo para terminar luego, hacer la Tesis para luego estudiar Licenciatura en Artes…

Este caso se ve mucho, incluso no hacen la Tesis ni examen final, pero ya han perdido 5, 6, ó 7 años de su vida en una Lealtad Ciega.

Vemos que hay familias de abogados, profesores, médicos, carniceros, emprendedores, pilotos, donde cada miembro del Clan se encarga de asumir una lealtad por amor a su clan.

La razón es que nadie quiere ser excluido. Se activa este miedo ancestral de quedar solo, abandonado, y de quizás morir en las peores condiciones, así como lo expliqué al principio de mi libro, que es lo que sucede con el reino animal y la manada.

No debemos sacrificar nuestra felicidad por nadie, nuestros ancestros nos quieren felices, resueltos, amándonos, no debemos hacer nada por pertenecer a nuestro clan, porque en el momento de nuestra gestación ya formamos parte importante de él.

Tenemos otro ejemplo, en donde un padre se niega a pagar la carrera musical de su hijo y le da como opción Arquitectura o Medicina. (Obviamente estas carreras están en su árbol).

NO sabemos Amar ☹

Creemos que al obligar o presionar a un hijo(a) estudiar una carrera que ya está en nuestra familia, se le va a facilitar su camino, ya que encontrará trabajo de manera fácil, creemos que estudiando una carrera que ya está en nuestra familia, le dará status, tranquilidad, y que se beneficiará del apoyo de los mayores. Pero lo único que se logra en estos casos es la frustración y la infelicidad.

¿Has visto a abogados que han terminado sus carreras y que no trabajan de abogado y que ganan un sueldo mínimo en comparación a un sueldo de abogados?

¿Has visto a arquitectos que de un curso todos se gradúan, todos logran buenos contratos y uno de ellos por años no logra surgir trabajando en lo mismo?

Esto es Reparar…

Cada profesión nos indica que es lo que de manera inconsciente estamos buscando reparar: → Edgardo, Ron, tata Feño

Profesiones o actividades que buscan al "Padre Ausente del Clan":

Policías, militares, soldados, marino, electricistas, carpinteros, ingenieros, guardias, programadores, todo lo relacionado a lo electrónico y computacional, así como en el área del ejército.

En el **orden y disciplina** se busca de manera inconsciente, al padre, al que da la contención, la fuerza, lo correcto, el orden, las leyes, en las matemáticas, en la lógica, "cabeza", también se busca al padre, el padre representa esta fuerza masculina, ideas claras, lo racional, el cálculo, lo pragmático, el empoderamiento.

¿Has oído alguna vez que un Joven de buena familia es detenido porque ha robado en un supermercado?

De primera instancia esto nos parece ilógico, incluso si esto ocurriera en tu familia, dirías que no tiene necesidad de robar, que lo hace por maldad, que está mal de la cabeza, que necesita ayuda profesional, etc etc etc…

Este niño necesita a su padre.

Lo busca en medio del conflicto para llegar al **orden y disciplina,** para encontrarse con una autoridad que le diga que ha cometido un error y que debe ir por otro camino.

La delincuencia se genera por estos conflictos, ha faltado padre y madre real o simbólicamente hablando.

Profesiones o actividades que buscan el "Amor y cariño de las Madres en el clan":

Veterinaria, químicos, nutricionista, entrenador o paseadores de perros.

Profesiones o actividades que buscan "desenterrar los secretos del clan":

Arqueólogos, detectives, espías, secretarias, sociólogos, periodistas, bibliotecarios, antropólogos.

Profesiones o actividades que buscan reparar "Injusticas en el Clan":

Juez, Abogados, Intérpretes, traductor, o trabajos realizados en el Ministerio de Justicia.

Profesiones o actividades que buscan el "reconocimiento del Clan":

Todas las profesiones o actividades públicas como políticos, alcaldes, senadores, líderes sindicales.

Profesiones o actividades que buscan "Limpiar la suciedad" del Clan:

Personal de aseo, trabajos en lavanderías y limpieza, tintorería

Profesiones o actividades que buscan "Huir o escapar del Clan":

Pilotos, auxiliares de vuelo, trabajos relacionados con turismo y agencias de viajes. Personal de cruceros, capitanes de barco.

Profesiones o actividades que buscan "sanar o evitar muertes en el Clan":

Médicos, paramédicos, enfermeras, anestesistas, terapeutas, sanadores.

Profesiones o actividades que buscan reparar la "Autoestima del clan":

Todas las profesiones relacionadas con la belleza, cuidados personales y piel.

Esteticista, maquilladores, dermatólogos, joyeros, peluqueros, modelos, peinadores, diseñador de modas.

Profesiones o actividades que buscan "dar educación al Clan":

Maestros, profesores, parvularios, docentes en general.

Profesiones o actividades que buscan facilitar la "comunicación del clan":

Periodistas, relaciones públicas, embajadores, locutores, comunicadores, animadores, telefonistas, diseñador gráfico, publicista, intérprete o traductor

Profesiones o actividades que buscan "unir al clan":

Cocinero, pastelero, mesero, chef, costurera, tejedoras, agricultor o panadero.

Profesiones o actividades que buscan "reparar el dinero perdido del clan": → Bata; mi hermano Rodrigo

Contadores, agentes de seguros, cajeros, ingenieros contables, banqueros, notarios.

Profesiones o actividades que buscan la "Salud Mental del clan":

Psicólogos, psiquiatras, coaching, neurólogos, terapeutas. → mi hermana Ale

Profesiones o actividades que buscan "proteger a los niños del clan":

Pediatras, parvularios, niñera, y toda actividad que esté relacionada con niños. → mi hermana Margarita

Profesiones o actividades que buscan "Limpiar los pecados o la maldad que ha en el clan":

Sacerdotes, catequista, monjas, misioneros, pastores, trabajos voluntariados. → yo

Profesiones o actividades que buscan "dar alegría y entretención al Clan": Mis hermanos Margarita & Rodrigo yo ↑

Músicos, cantantes, pintores, compositores, payasos, mimos, comediantes, floristas, trabajos en un circo.

Profesiones o actividades que busca "rescatar, revivir, encontrar al desaparecido o muerto en el clan":

Bomberos, rescatistas, primeros auxilios, paramédicos, chofer de ambulancia, buzos de salvación, alpinista, detectives, actor, gimnasta, médicos forenses. A mi me encantaba hacer teatro.

Profesiones o actividades que buscan "dar un Hogar al Clan, así como también dar estructura y organización":

Arquitectos, agentes inmobiliarios, decorador de interiores, ingeniero civil, albañil.

¿Qué repara una dueña de casa, madre o padre que se queda al cuidado de los hijos?

Todas las actividades que realizamos tienen un significado oculto. En este caso, cuando una madre o padre se queda a cargo del hogar, está reparando a los padres de generaciones anterior que han trabajo mucho fuera del hogar y ha habido familias que han crecido sin padre o madre por esta razón.

Por un lado, sienten que es lo que deberían hacer (lealtad) pero a ratos y cuando ha pasado mucho tiempo se siente frustrados por no cumplir sus sueños, o por haber dejado alguna carrera congelada.

También existen casos en que los padres están al cuidado del hogar y los **niños** y de esta manera sanan su infancia, ya que no tuvieron el cuidado de sus progenitores y este trabajo lo desarrollan como una vocación.

El peligro está que tienen la tendencia a ser padres muy sobreprotectores, y este **extremo cuidado,** el niño lo recibe como **ahogo.**

El mensaje subconsciente de este niño es:

Amor de madre: ahoga

Si me ahogo: me muero → yo en Santiago...

Por lo tanto, este niño que crece bajo esta crianza sobreprotectora toda una vida, cuando sea adulto va a buscar todo lo contrario.

Ya se grabó en su mente como **programa** en él, que el **amor: ahoga,** y obviamente nadie quiere morir, por lo que este niño de adulto elijirá a parejas que lo dejen o abandonen, así evita correr el riesgo de morir.

Siempre lo comento cuando lo veo en Terapias, sobre todo las madres que tienden a ser muy sobreprotectoras y todas han sido hijas de padres ausentes, madres dominantes, o madres y padres ausentes.

Les digo de buscar un equilibrio, de lo contrario están repitiendo el mismo programa de abandono de ellas en la infancia.

Yo desde pequeña, soñaba con viajar, veía revistas de viajes o anuncios y me imaginaba siempre en otro lugar.

Cuando descubrí la profesión de Auxiliar de Vuelo, fue lo único que quería hacer con mi vida. Viajar, luego de aprender y estudiar el Transgeneracional, sé que siempre quise HUIR.

Comprendí por qué y todo me hizo sentido.

Diviértete aprendiendo acerca de las profesiones y su significado y atrete a conversar con tu familia y amigos y verás cómo aciertas cuando les defines lo que significa.

Recuerdo que estábamos grabando el programa "Mamá al Cien" y tenían a una invitada la cual tenía una hermosa cualidad:

No paraba de tejer, y tejía, tejía…

Y yo le pregunte:

¿Existe en tu familia, alguien que por alguna razón viva fuera, esté de viaje, o no la hayan visto hace años?

Y ella me miró sorprendida y me dijo:

Si, una tía abuela, que algo saben que la obligaron a casarse y tuvo que irse de su país (era de España) y nadie supo de ella y ahora ella quería saber su paradero.

El tejer, representa la necesidad de UNIR.

Cuando estoy en Terapia y pregunto la profesión, y me dicen, Químico farmacéutico, Veterinaria, o Nutricionista, le digo:

¿Qué tan mala es la relación con tu madre?

Y me miran muy sorprendidas y me dicen:

Pero ¿y cómo lo sabes?

Ahora lo sabes tú, aplica todo lo aprendido. ☺

Te comparto un video en donde estoy hablando de este tema

APRENDE CÓMO NOS INFLUYE NUESTRA HERENCIA FAMILIAR EN EL MOMENTO DE ELEGIR UNA PROFESIÓN :-)

https://www.youtube.com/watch?v=-O4ugtnr9eo

LOS SECRETOS Y LOS NO DICHOS A TRAVÉS DE LAS GENERACIONES

¿Crees que los secretos familiares se quedan en las tumbas?

-Alejandro Jodorowsky-

Cuando estoy en clases con mis alumnos y vemos el Módulo de secretos de Familia, es muy curioso, porque nadie dice tenerlos…

Aceptar que existen secretos en nuestra familia, es como aceptar de que somos "imperfectos", "deshonrados", que somos una familia "disfuncional", "pecadora" y nadie quiere pertenecer a una familia así.

La verdad, con mi experiencia personal, y con el trabajo que he realizado estos últimos años te puedo asegurar que todas las familias guardan secretos y la tuya también. (y más de lo que te puedas imaginar).

Cada familia es como una novela. Es más, me atrevo a decir que aún no se ha creado una película con las verdades, historias y crueldades que me ha tocado ver y oír.

La palabra secreto proviene del latín secrētum, y significa aquella cosa que cuidadosamente se tiene reservada y oculta.

> *"Hay un dicho que es tan común como falso:* ⎱ Proverbio
> *El pasado, pasado está, creemos.* ⎰ Falso
> *Pero el pasado no pasa nunca, si hay algo que no pasa es el pasado,*
> *el pasado está siempre, somos memoria de nosotros mismos y de los demás,*
> *en este sentido somos de papel, somos papel donde se escribe*
> *todo lo que sucede antes de nosotros, somos la memoria que tenemos".*
>
> -José Saramago-   → Esa es la verdad.

En primer lugar, debemos comprender por qué se generan los secretos dentro de una familia.

Estas son solamente algunas de las razones:

_ *Por miedo.*
_ *Para proteger a alguien o a nosotros mismos.*
_ *Por compromiso.*
_ *Por lealtad .*
_ *Para evitar problemas y conflictos.*
_ *Por vergüenza.*
_ *Por encubrir otro secreto.*

Los acontecimientos dolorosos, traumáticos, vergonzosos, se silencian para proteger a los seres queridos de esta humillación, dolor o trauma. La tendencia es cuidar a los ancianos y niños que son los miembros más vulnerables del clan familiar.

Es inútil intentar ocultar o mantener un secreto, ya que éste busca salir para liberarnos del trauma.

No son los secretos acerca de "hechos", todo es acerca de las emociones que el ancestro tuvo.

MUY IMPORTANTE:

No intentes escavar y sacar a la luz secretos por tu propia curiosidad, no intentes hacer el papel de heroína revelando secretos que no son tuyos. Estos secretos buscan salir de alguna manera, pero no es el secreto en sí el que busca salir sino más bien la o las emociones que quedaron atrapadas en esos secretos ancestrales.

Nuestro Árbol Genealógico velar por el amor, el respeto de cada uno de los miembros del clan y se debe respetar las razones y el secreto que perteneció en un principio a dos o más personas.

No son los secretos los que traen conflictos emocionales dentro del clan familiar sino, lo que sucede a causa de este secreto, por ejemplo:

Imaginemos que una joven mujer le teme al parto:

Y esta mujer jamás ha tenido, hijos, ¿De dónde viene su miedo?

En realidad, no es al parto al que le teme, sino ***"La información dolorosa proveniente del parto"***

Su bisabuela, muere en el parto, y ella deja 10 hijos, para que los niños no "sufran", se les dice que la madre muere, pero no en el parto.

Acá se esconde la información y se crea un **"Secreto".**

Entonces estos 10 niños quedan sin madre, más el recién nacido que jamás tuvo la oportunidad de estar con su madre ni de tener un mínimo de apego con ella. Los hijos quedan a cargo del padre que es alcohólico, y muy luego los hermanitos mayores son enviados a casa de unos tíos al sur del país a trabajar a muy temprana edad, los más pequeñitos son repartidos entre tíos, abuelos, y familiares ….

Estos niños sufren de gran abandono, maltrato, violencia y abusos en su crianza e infancia.

Uno de ellos muere por un accidente doméstico y tres de ellos caen en vicios y adicciones.

Resumen historia:

A nivel familiar la muerte de esta **bisabuela** en el momento **del parto**, generó grandes cambios en la vida de muchas personas. Se vivió mucho sufrimiento, dolor e injusticias. Y finalmente las memorias dolorosas de este acontecimiento es lo que se transmite en el inconsciente familar, recordemos que la información se transmite por medio del embarazo, y cada hijo de esta mujer lleva una información muy triste y de mucho dolor.

Esta información se transmite a las futuras generaciones y es la bisnieta que no sabe el por qué, pero teme y tiene terror al parto.

Acá hay un secreto que se ocultó, hay un duelo sin resolver, nadie ha acogido el dolor de esta bisabuela que muere abruptamente, ni ha visto el dolor del marido ni sus hijos.

Para sanar este dolor alguien en la descendencia deberá hablar de este secreto, mirarlo con amor, no emitir juicios de lo que ocurrió, sino aceptarlo como parte de la historia familiar. Se recomienda trabajar en este **"secreto"**, con el fin de darle paz, liberarlo con respeto, y que trascienda con el amor que cada integrante de esta historia merece.

¿Qué es lo que se esconde y se guarda como secreto dentro de un Árbol genealógico?

_ Mentiras
— el abuso que sufrió mi hermana Margarita
_ Abusos y Violaciones
_ Incestos
_ Falsa identidad de alguno de los progenitores
_ Robos y Estafas — lo que hizo la Ale con la plata de la abuela Vinia
_ Cárceles
_ Enfermedades mentales, físicas y sexuales. — Ale es bipolar; mi mamá tiene un poco de personalidad limítrofe y mi abuela es super egocéntrica.
_ Homosexualidad
_ Cesantías y falsos estudios
_ Suicidios y muertes trágicas
_ Asesinatos
_ Deudas

_ Adicciones
_ Abandonos
_ Violencia familiar
_ Exilios
_ Prostitución

Por ejemplo, una niña pierde la virginidad por accidente (una escopeta de juguete se le clava en el himen) en la misma fecha que su bisabuela fue violada, hecho que se mantuvo en secreto generación tras generación. (extracto libro Anne Ancelin Schützenberger, Ay mis ancestros)

"Los secretos de familia, las identificaciones inconscientes y lealtades familiares invisibles pasean sobre los hijos y los descendientes".
Si el conflicto oculto no se sana, sigue abierto y activo, y la transmisión Transgeneracional del mismo continúa.
-Anne Ancelin Schützenberger (1919)-

Muchísimas personas, que están en Terapia conmigo, en la primera sesión me develan un **secreto**. Esto es debido a que analizo su Árbol Genealógico, escucho su historia, y debo admitir que con la práctica he desarrollado un don o talento para hacer la pregunta justa, y exacta, esa pregunta que lo cambiará todo…

La persona luego de impactarse, de toser, de cerrar los ojos, estornudar, negarlo, o llorar, me cuentan el secreto, su propio secreto el no – dicho y al mismo tiempo me dicen:

Es primera vez que lo digo …

Y comienza el alivio y parte del trabajo ya está realizado. Muchas veces guardar un secreto nos enferma, nos angustia, nos deprime, y vivimos nuestra vida escondiendo este secreto para no herir, para no causar daño, para no molestar y sin embargo lo único que logramos es muchas veces arruinar nuestra vida.

Todas las familias sin excepción, están llenas de secretos, tabúes, traumas, silencios, vergüenzas. Para analizar los árboles trabajo en paralelo con la

Biodescodificación, que consiste en encontrar el significado emocional a los síntomas o enfermedades. Muchas veces la enfermedad es una invitación a enfrentar un **conflicto familiar** que se ha mantenido en secreto.

"Lo que es callado en la primera generación,
la segunda lo lleva en el cuerpo"
-Françoise Dolto-

Los secretos de Familia toman consistencia, es una energía que vibra, que tiene vida propia y que se instala en el inconsciente familiar, lo que luego se transmite a las futuras generaciones. (se dice que después de 4 Generaciones el secreto pierde fuerza y puede desvanecerse).

El objetivo de heredar estos secretos, es que nuestro inconsciente busca por medio de las futuras generaciones nuevas oportunidades de dar una solución.

Con esto se crean las repeticiones en el clan.

Podemos ver en una familia que la hija queda embarazada a los 14 años, y los padres deciden esconder el nacimiento de este bebé y fingen que el bebé de su hija, es de ellos.

Este bebé llama papá y mamá a los que realmente son sus abuelos maternos, pero vamos a encontrar que la historia se volverá a repetir para sanar esta herida. Recordemos que no necesitamos decirle al niño que sus padres no son sus padres, él inconscientemente lo sabe.

El inconsciente lo sabe todo, ya lo hemos visto, por lo tanto, este niño, dentro de su ser, de su corazón sabe que le están mintiendo, pero no tiene la consciencia para llegar a la verdad.

En esta historia se le niega a una madre ser madre, se miente en la identidad del niño, a la familia, al entorno y se crean vínculos distorsionados con muchas consecuencias como:

_ El niño podría desarrollar algún nivel de autismo, o esquizofrenia, el niño **no tiene la capacidad de mirar a los ojos a nadie**, cuando estamos conversando con alguien y queremos asegurarnos de que nos está diciendo la verdad, le decimos **"Mírame a los ojos y dime la verdad"**

Debido a las mentiras, recordemos que, si en el presente se está viviendo una mentira, es porque esta mentira se ha venido transmitiendo de generación en generación, es decir es muy probable que haya ocurrido lo mismo con los padres, abuelos o bisabuelos.

 Recordemos que **Anne Ancelin Schützenberger realizó años de estudios con sus pacientes de enfermedades mentales y esquizofrenia,** y logró comprobar con los familiares de estos enfermos que todo lo que ellos hablaban en delirio pertenecían a secretos y no dichos del clan, de situaciones, y conflictos que incluso habían sucedido antes de sus nacimientos.

No quiero decir que un niño que sufra de Autismo se sanará si se liberan secretos. Lo que sucede es que estos niños de Almas más evolucionadas, bajan con este Karma, para liberar al clan del sufrimiento, encontrar la reconciliación y reconectar con vínculos que se han roto. El entorno familiar es encargado de comenzar a liberar los secretos, pero no con la finalidad de enjuiciar, ni castigar, sino de aliviar a nuestras generaciones de angustias, dolores físicos, y de más engaños.

Existes Consteladores que están muy en contra de develar secretos, personalmente creo que si el secreto no es tuyo no te pertenece, pero lo que sí es verdad es que si sabes un secreto y ese secreto te carcome por dentro y te hace enfermar debes liberarlo, pero existen varias formas de liberarlo sin causar daño, principalmente realizando "Actos simbólicos o de sanación.

La intención de liberar el secreto es para darle un término con amor, con respeto, sin juzgar jamás a los integrantes de esa historia, no nos corresponde juzgar a nadie de nuestra familia por las cosas y sucesos que han ocurrido.

Más vale saber una verdad, aún cuando sea difícil,
vergonzosa o trágica, que ocultarla, porque aquello que se calla,
es subordinado o adivinado por los otros y ese secreto,
se convierte en un traumatismo más grave a largo plazo.
-Claudine Vegh-

Gracias a la **epigenética,** La **epigenética** (del girego, *epi, en* o *sobre, -ge-*
nética) se define como el estudio de los mecanismos que regulan la expresión de los genes sin una modificación en la secuencia del ADN.
https://es.wikipedia.org/wiki/Epigen%C3%A9tica)

Todas las vivencias traumáticas de nuestros antepasados no desapa-
recen, **dejan marcas moleculares en el ADN,** anclados en el material
genético.

Rachel Yehuda psicóloga estadounidense, **realizó un estudio sobre el**
estrés postraumático que afecta al Transgeneracional a los sobrevi-
vientes del holocausto. El resultado fue que los hijos de los sobrevivientes de los campos de concentración también lo padecían.

Los fantasmas no son los fallecidos que vienen a aparecerse,
sino las lagunas dejadas en nosotros por los secretos de los demás.
-Nicholas Abraham-

Extracto de Entrevista con Anne Ancelin-Schützenberger, Revista Nouvelles Clés (1999)

¿Qué ocurre cuando, por vergüenza o por conveniencia,
no hablamos del incesto, de una muerte sospechosa,
de los fallos del abuelo?

Este link te puede interesar está más detallado lo que acabo de explicar.

https://www.tendencias21.net/Heredamos-de-nuestros-padres-mu-
cho-mas-que-los-genes_ a44085.html

Acá están las explicaciones científicas de cómo <u>los hijos pueden heredar genéticamente los traumas de sus padres.</u>

https://www.bbc.com/mundo/vert-fut-48073817

https://www.bbc.com/mundo/noticias/2015/08/150824_ holocausto_ epigenetica_ herencia_ traumas_ lp

El silencio que se haga sobre un tío alcohólico, creará una zona de sombra en la memoria de un hijo de la familia, quien para colmar ese vacío y rellenar las lagunas, repetirá en su cuerpo o en su existencia el drama que se le intenta ocultar. En una palabra, será alcohólico como su tío

¿Pero esta repetición supone que ese chico sepa algo de esta vergüenza familiar y que haya oído algo sobre su desgraciado tío… verdad?

¡Por supuesto que no! La vergüenza no necesita evocarse en absoluto para pasar la barrera de las generaciones y venir a perturbar un eslabón débil de la familia.

Voy a darle un ejemplo de una niña de cuatro años que, en sus pesadillas, se ve perseguida por un monstruo. Se despierta por la noche tosiendo y, cada año, por la misma fecha, su tos degenera en una crisis asmática. Es el 26 de Abril, me dice la madre. Yo conozco las fechas de la historia de Francia (muchos traumatismos ancestrales encuentran su origen en las persecuciones o en los campos de batalla).

El 26 de Abril de 1915, las tropas alemanas lanzaron por primera vez gas tóxico sobre las líneas francesas. Después, miles de "peludos" (militares franceses de la primera guerra mundial, ya que no podían afeitarse) perecieron asfixiados. El hermano del abuelo era uno de esos soldados.

Le pido a la niña que dibuje el monstruo que ve en sus pesadillas.

Ella dibuja con un lápiz lo que llama ¡"unas gafas de submarinismo con una trompa de elefante"! **¡Era una máscara de gas de la guerra de 1914- 1918! Sin embargo, nunca había visto una máscara de gas y nunca le habían dicho nada sobre la asfixia del abuelo.**

Pues bien, a pesar de todos esos obstáculos, la información pudo pasar. ¿Cómo? Quizás por el hecho de querer evitarlo.

El recuerdo del muerto mal enterrado creó en la madre una zona de sombra en la que se ocultó el dolor.

Hipótesis:

A lo largo de su vida, habrá habido lagunas en la forma de hablar de esta mujer; cada vez que haya encontrado la ocasión de pensar en la brutal muerte de su abuelo (una foto familiar, una imagen de guerra en la televisión), habrá manifestado una conmoción que, sin duda, se habrá expresado primero en la mirada, en la voz o en las actitudes más que en el contenido de las palabras que habría podido quizás intercambiar. Habrá evitado ver cualquier película de guerra… Hablado mal de Bélgica… O tenido miedo del gas…

Los secretos familiares crean disfunción familiar, y al mismo tiempo menoscaban ya que un secreto me lleva al otro y así su-ccesivamente.

> *Cuando alguien me dice "en mi familia no hay ningún secreto"*
> *yo pienso: "Lo que pasa es que todavía no lo has descubierto"*
> **–Alejandro Jodorowsky –**

Jamás contaremos secretos a los niños

No podemos permitirnos involucrar a los niños en los dramas y enredos de los adultos. No es justo, esto produce fuertes trastornos emocionales y mucho dolor ya que el niño crece confundido, duda de sí mismo, la realidad le es distorcionada, al mismo tiempo que desarrolla problemas de inseguridad, y miedos. + Mi abuela Vinia hablaba mal de mi papá y mi mamá con mi hermana Ale. Hasta el día de hoy la Ale es media pesa con mis papás y le cuesta quererlos… y ella es bipolar.

269

Ejemplo:

La madre invita a un "amigo" a casa cuando su marido está de viaje.

Este "amigo", obviamente es su amante secreto, y su hijo los ha visto en una situación "amorosa".

La madre le dice al niño:

Tú no has visto nada

O peor aún : El niño pregunta por qué el tío le da besos a la mamá, y ella le dice:

Shhhh, no lo repitas por favor, el tío es cariñoso y tu padre lo puede mal entender y él se va a enojar mucho conmigo, y vamos a tener **problemas** por **tu culpa.** Mi abuelo Pedro, padre de mi papá, tenía 2 familias.

Los secretos se saben en nuestro inconsciente e inconsciente familiar:
En determinadas circunstancias, las realidades de la vida
son tan difíciles que los padres deciden callarlas.
En la primera generación, es algo indecible; en la segunda,
un secreto de familia; en la tercera, se convierte en un impensable
genealógico, es decir, que ni siquiera se puede pensar.

-Anne Ancelin Schützenberger-
Extracto de su libro *Ay Mis Ancestros*

De nada sirve, pretender que algo no ha sucedido, esconderlo o ignorarlo.

Ya existe y es un hecho.

Me ha tocado ver en consulta un padre que lleva 17 años de matrimonio y 10 años viviendo sin amar a su mujer, sin embargo ha vivido y sosteniendo una mentira por años.

Es decir sigue casado, mantiene en secreto una relación fuera del matrimonio por 4 años, pero no quiere separarse de su mujer porque sus hijos aún son menores de edad y no quiere hacerlos sufrir...

En este caso, (que es bastante común) muchos padres se niegan a separarse **"por sus hijos"**.

¡Es lo peor que pueden hacer por sus hijos !

Los niños desde la dimensión del inconsciente personal y familiar ya recibieron la información que :

Papá no ama a mamá, pero vive con ella

Papá, miente

Papá engaña a mamá

Absolutamete todo lo que vivimos, principalmente en la infancia se graba como **programas** para nuestra vida. Ellos están creciendo enuna familia donde se les está grabando que :

Vivir bajo el mismo techo con una persona que no te ama es normal

Por lo tanto estos hijos de ese padre lo van a repetir de adultos :

Si es niña va a buscar un hombre infiel, igual a papá

Si es niña puede ser leal a su madre y es ella quien va a engañar a los hombres como forma de castigo y venganza.

Si es niño al revés : Va a hacer lo mismo que su padre, o se va a encontrar una mujer que lo engañe.

El programa se repite, una y otra vez, una y otra vez...

Consejo:

Muchas personas no se separan por los hijos, por el que dirán, por el resto, la familia, o problemas enconómicos.

En este caso justamente por amor a nuestros niños debemos separarnos.

De esta manera esto es lo que se les graba en el inconsciente:

* Si no amas a tu pareja, es mejor separarte, dejar que ella haga su vida y yo la mía. → Pampita y Benjamín Vicuña

Si no amas a tu pareja, es mejor separarse por respeto y coherencia

Si no amas a tu pareja, es mejor separarse, aprender de que en la vida todo tiene un término y un final y que uno puede superar separaciones y pérdidas.

En este caso las consecuencias son positivas y se genera un nuevo programa familiar.

> 66
> El *divorcio* no es una tragedia.
> Tragedia es tener un matrimonio
> infeliz, enseñarles a los hijos un
> amor incorrecto, cobarde,
> mediocre y que hay que "aguantar"
> situaciones "por el qué dirán".
> Nadie **murió** por divorciarse.
> El alma muere por permanecer con
> quien no ama.   @SUILANG_
>   @SUIMEICHUNG

Los secretos nos enferman

Entorno al secreto, existen varias emociones difíciles de manejar, el tener que mantener o guardar un secreto, o varios, nos produce nerviosismo, ansiedad, angustia, tensión, miedos, dolores de cabeza, malestares estomacales, ya que debemos estar en **alerta** de evitar que se nos salga, el secreto, o de que lo descubran.

Los secretos encadenan

Imaginemos que mi hijo no es hijo de mi marido. Pero este secreto solamente lo sabe mi marido y nadie más.

Pasan los años, se acaba el amor, pero yo no me puedo separar por miedo a que le cuente a mi hijo y familia la verdad. Por lo tanto dificultan la separación y debo permanecer casada, sin moverme, sin libertad.

Los secretos aislan

¿Has oído alguna vez que una tía lejana dice, que con ciertos familiares no se ven y no se hablan?

Y si le preguntan a la tía cuál es la razón para no verse y no hablarse ella dirá:

La verdad yo no lo sé, pero mis padres no les hablaban y no se juntaban con ellos por **algo que sucedió.** La tía no tiene ni la menor idea de lo que sucedió, hubo secreto, han pasado seguramente una o dos generaciones y las familias siguen asiladas.

Hoy en día es distinto. Lo que antes era un secreto hoy ya no lo es.

Antiguamente se ocultaban los nacimientos con niños con sindrome de down por ejemplo.

Quizás en alguna ocasión has pensando o has oido que dicen que hoy hay más nacimientos con niños son síndrome de down, pero la verdad es que hoy gracias a Dios no los esconden.

Antiguamente un embarazo en la juventud, también era causa de secreto, o la homosexualidad, etc.

Hoy en día un secreto familiar puede ser que algún miembro esté enfermo de SIDA por ejemplo.

Los secretos crean confusión

Los miembros de un clan están obligados a mantener un secreto, las familias se aíslan, se separan y ya casi nadie sabe acerca del secreto.

Por un lado, de la familia se sabe una historia, y del otro lado de la familia se sabe otra.

En la actualidad gracias a las redes sociales muchas familias se han encontrado. Familiares que estaban separados de niños por discusiones o secretos de sus padres o abuelos, hoy pueden estar en contacto sin rencores y al contrario llevarse muy bien.

Los secretos tienden a repetirse

Una joven es violada y aborta el bebé a los 14 años, oculto, con miedo, con verguenza y en secreto.

Después de cometer el aborto se siente culpable, mala, sucia, pecadora y no puede vivir con este dolor, y se promete a sí misma ser fiel a una religión a cambio de liberar su dolor y culpa.

Nace una hija de esta mujer, la cría con miedo y recelo, teme a los hombres, ella ve en cada hombre un potencial abusador, reprime al maximo a su hija, durante toda su época escolar la inscribe en colegios católicos y exclusivamente de niñitas, no la deja tener amigos, hombres, ni ir a casa de amigos, luego le prohibe paseos, salidas, fiestas...

Esta hija, tiene una hija, (su nieta) y su hija se libera, se promete jamás ser tan castradora con su madre, inscribe a su hija en colegios mixtos laicos, le permite mucha libertad a corta edad, y lo que sucede es que a los 14 años esta nieta tiene un novio y queda embarazada.

A la niña se le realiza un aborto.

Acá vemos que se repite el **drama,** abuela y nieta quedan embarazdas a una misma edad, y ambas sufren las consciencias emocionales de un aborto. Cambia el escenario, pero el drama es el mismo.

Un hombre que es homosexual se casa para esconder su identidad sexual. Tiene hijos y vive una vida absolutamente amargada y frustrada.

Su hijo por este secreto, le es leal y es impotente sexualmente o se puede dar completamente lo contrario:

Es un don Juan y tiene sexo con muchas mujeres para vengar el dolor de su padre, y tampoco se casa como una forma de lealtad, el hijo tampoco se permite ser feliz en pareja. → Muchos chicos en Santiago.

Este es un tema extenso, solamente con este capítulo se podían escribir novelas y luego hacer películas. Nuestras familias cargan con una infinidad de secretos que ni puedes dimensionar. Desde los más "simples" hasta los inimaginables.

El objetivo de mi libro es entregar toda esta información de la manera más sencilla y clara, que pudiera al mismo tiempo ayudarte a identificarte con cada tema, para ir descubriendo más de ti, de tu historia personal, de tus orígenes, un bello trabajo que todos deberíamos realizar en algún momento de nuestras vidas. Es por esta razón que he utilizado ejemplos fáciles de seguir e interpretar.

El que tenga ojos para ver y oídos para oír, se convencerá de que los mortales no pueden guardar ningún secreto.
Aquel cuyos labios callan, se delata con la punta de los dedos,
el secreto quiere salirse por los poros".

-S. Freud-

Tomar consciencia de que existen secretos no es con el afán de difamar, herir o enjuiciar a nuestros ancestros o progenitores, simplemente trabajar en estos secretos evitará que nuestros hijos y futuras generaciones tengan que volver a vivirlos.

Recordemos que la sanación del árbol consiste en eliminar la repetición, comprenderla, o repetirla en una forma positiva.

En determinadas circunstancias, las realidades de la vida
son tan difíciles que los padres deciden callarlas.
En la primera generación, es algo indecible; en la segunda,
un secreto de familia; en la tercera, se convierte en un impensable
genealógico, es decir, que ni siquiera se puede pensar".

-Schützenberger, A.A. (2005)-
La Voluntad de vivir. Buenos Aires: Editorial Omeba

HOMOSEXUALIDAD Y TRANSGENERACIONAL

La homosexualidad no se debe a una casualidad.
Su hijo/a, amigo/a no es homosexual por casualidad.
Lo es más bien por fidelidad o por reacción a su historia familiar
y puede que utilice esta manera de ser para cumplir
con la misión y el papel que el clan y su familia le han atribuido
desde su nacimiento, todo ello reforzado por el contexto emocional
y los acontecimientos clave de su infancia.

-Dr. Salomón Sellam-
Doctor Salomón Sellam es Médico Francés
Especialista en Medicina Psicosomática

La homosexualidad es un "PROGRAMA del Árbol genealógico"

Desde la mirada del Transgeneracional, la homosexualidad no es una enfermedad, no es "algo malo", no está relacionado a un castigo, ni tampoco por confusión.

Me gustaría mucho que se entendiera y se integrara esta información que causa aún en nuestros días muchas desavenencias, rechazos, críticas, y prejuicios.

He recibido muchas consultas al respecto en donde tanto padres como madres están muy afectados y afligidos, porque su hijo es "Homosexual", algunas madres me han preguntado si es una confusión normal de la edad, otras me han dicho que quizás no sea homosexual sino "bisexual". (con la esperanza de que le gusten las mujeres y que con el tiempo dejen de gustarle los hombres y de homosexual, bisexual, sea por fin heterosexual)

La verdad es que existen mucha negación y aceptación de la homosexualidad en muchas familias.

En Terapia me han dicho:

"La verdad es que a mí no me afecta, lo que me preocupa es que mi hijo no sea feliz"

"La verdad" es que a la Madre le afecta, y porque ella no se siente feliz (quizás porque tenía otros planes para su hijo, muy probable que quería nietos, o necesita sentirse orgullosa para el resto de las personas y la homosexualidad la avergüenza).

"Yo acepto que mi hijo sea homosexual, lo único que le pido es que no lo comente nunca con la familia"

"La Madre no acepta", quiere creer que si acepta a su hijo, y es lo que le dice, pero la verdad es que no acepta que su hijo sea homosexual, prefiere que viva una vida oculta, que jamás pueda vivir como desea vivir y mantener engañada a la familia, y ella es la que más se engaña al vivir en una mentira que ella genera.

"Lo único que me preocupa es que no lo sepan mis padres, son homofóbicos"

"Lo único que le preocupa es ella", si amas a tu hijo, y sientes que necesita todo tu apoyo y amor incondicional, ¿no se lo darías? ¿Qué es más importante? ¿Complacer a tus padres en antiguas e intolerantes creencias o elegir estar con tu hijo sabiendo lo difícil que será para él aceptar su homosexualidad? ¿Te has sentido siempre muy apoyado por tus padres?

"No quiero que mi hijo sea rechazado ni que sufra en soledad"

Un ser humano, sufre, se siente triste, lo vive muy mal si se efectivamente es **rechazado.** Pero no será el dolor del rechazo de la gente exterior lo que le dolerá, sino el rechazo de su propia madre, padre, o ambos.

No existe un dolor más grande que sentir que no somos lo que nuestros padres esperaban. No existe un dolor más grande que el sentir que nuestros progenitores se avergüenzan de nosotros, de nuestras elecciones de vida, de nuestra forma de ver la vida o de cómo queremos vivir nuestra existencia.

La homosexualidad no es un castigo para nuestra familia, sino todo lo contrario.

LA HOMOSEXUALIDAD ES UN PROGRAMA DE NUESTRO ÁRBOL GENEALÓGICO

Esto quiere decir que tiene un objetivo dentro del clan familiar, viene a "desprogramar" viejas creencias, a trabajar la tolerancia, la empatía, viene por sobre todas las cosas a trabajar el *AMOR, LA COMPRENSIÓN, LA ACEPTACIÓN, LA INTEGRACIÓN*.

Trabaja tu tolerancia, renuncia al juicio, deja que el otro sea como quiera ser y permítete vivir una vida en armonía. Nadie es dueño de la verdad, somos todos hijos del creador, tenemos el mismo derecho de existir, de vivir, de buscar nuestra felicidad.

Así como cuando nacemos, aprendemos a respirar, a que todos nuestros órganos interiores funcionen, así como se activa un programa de abandono, rechazo, maltrato, así como vemos patrones de vida que se repiten, la homosexualidad es un "Programa" que se activa desde el nacimiento o después de nacer.

Viene con una misión muy importante que es el AMOR. Viene a remover su propio árbol, la consciencia familiar y el inconsciente colectivo, en donde se debe trabajar la tolerancia, el respecto, el amor por el prójimo, la integración.

Estamos en un mundo en donde todos queremos sentirnos integrados, aceptados, amados, y eso es algo en que todos en algún momento debemos tomar consciencia y hacer que cada generación sea más amorosa, tolerante, que crezcamos emocionalmente y que evolucionemos.

Antiguamente se encerraban a los enfermos mentales y a los niños que nacían con síndrome de down. Se decía que un familiar estaba de viaje, si esta se había ido de la casa, estaba preso, o estaba hospitalizado por alguna enfermedad "vergonzosa" (tuberculosis, cirrosis, etc.).

Siempre el hablar de la Homosexualidad es un tema delicado. Es un tema que incomoda, y en muchos casos se presenta como tema de discusión, discordia, intolerancia. Me parece en lo personal triste, cruel, injusto, doloroso, irracional, sin sentido que en los tiempos que estamos 2019, nos sintamos capaces de enjuiciar al otro por su identidad sexual.

Cuando se habla de un *"Programa del árbol"*, te lo explicaré de una manera simple que lo puedas comprender.

En el árbol, cuyas emociones se han visto vulneradas, en donde por muchas generaciones se ha visto a los hombres del clan, mal tratar, a sus mujeres e hijos de una manera muy violenta, agresiva e irrespetuosa, uno de los hijos va a sentir que debe *"ser leal a las mujeres de su clan"*. La lealtad en este caso es por todo lo que "ellas" han sufrido y han tenido que vivir y soportar. En donde por muchas generaciones los hombres han sido extremadamente machistas, (y criados por madres y mujeres que favorecen el machismo).

Podemos ver en la descendencia de un hijo, por ejemplo. *¿Por qué una persona debe declarase "gay"? ¿Te lo has preguntado alguna vez?*

Muchas veces en nuestra sociedad se espera que una persona que es homosexual, *"salga del clóset"*, esto más que un apoyo, es a mi punto de vista algo innecesario, injusto y una falta de respeto. No comprendo porque alguien deba "declarar" públicamente su sexualidad. No exigimos ni esperamos que el resto de las personas anuncie que es heterosexual, bisexual, etc. Es tiempo de comenzar a dejar los juicios de lado, y comenzar a vivir y preocuparnos de nuestra propia vida, antes de hablar, y emitir juicios de la vida ajena.

¿En qué mundo estamos hoy que nos permitimos azotar, castigar, matar, encarcelar a un ser humano por amar a otro ser humano?

¿No existe ya acaso demasiada violencia, abusos, recriminaciones, daño y sufrimiento en este mundo que necesitamos enjuiciar y matar al que ama de distinta manera que yo amo?

¿Qué importancia tiene el sexo que tengan las personas que desean estar unidas? ¿A quien realmente dañan con su amor? ¿Tu ego? ¿Tus creencias? ¿Tu religión? ¿O revelan tus deseos más ocultos y temes expresarlos y en el fondo las homosexualidades te recuerdan que no puedes ser quien realmente viniste a ser?

*   ***¿Un homosexual nace o se hace?*** → *gays están desafiando el patrón masculino de la familia.*
    (¿Qué importa, pregunto yo?)

Al igual que un "Programa de abandono", éste se puede activar en la infancia, juventud o etapa adulta, lo que significa que algo ocurre en mi vida, que se presentan varias situaciones que hace que el "Programa de Abandono", se active, y yo sufra de miedos, angustia por estar solo y codependencia. Pasamos de "Un programa a otro", puedo estar sufriendo de abandono, y de repente en algún momento de mi vida, temo más a la herida del rechazo.

Con la homosexualidad, se puede **"activar"** desde antes de la gestación, o en la infancia, cuando el niño (a) vive un entorno en donde no quiere ser igual a los hombres de su clan, porque de ser así significa que hay un patrón que debe repetir y la única forma que encontró su inconsciente de no repetir un programa de abuso y maltrato es siendo homosexual.

Yo entiendo Dios es Amor, y el Amor lo es todo, es unidad, sin exclusión, sin diferencias, o se ama a todos o a nadie.

De lo contrario no es amor. **El Amor incluye, no excluye, el amor se entrega, no se cuestiona, el amor se da sin condiciones de lo contrario es un cariño condicionado.** ♡ *AMOR es desafiante.*

¿Cuánto debe sufrir nuestro clan y las familias para llegar a comprender lo que es realmente el amor?

Te compartiré algo que viví hoy.

Justamente hoy, fui a ver a mis abuelos paternos. Ambos son nacidos en Chile, de padres chinos. Hoy ambos tienen 90 años de edad.

Cuando llegamos a verlos, el saludarlo me impresionó que su audífono chillara ¡tan fuerte! Me dio tanta pena que se lo saqué inmediatamente, intentamos arreglarlo, pero no resultó y mi abuela, dijo que pena porque está sordo, sin esto no escucha nada.

Dio es 1 de los espíritus de amor que existe en el Universo.

Él se llama Ramón, ella Isabel, los amo con mi Alma. Han sido parte importante de mi infancia, de mi desarrollo personal, de mi existencia. Los mejores recuerdos de mi vida se los debo a ellos.

Mientras todos se preparaban para tomar la once, yo me senté a su lado con lápiz y un cuaderno, le dije quiero conversar contigo. Vamos a hablar de tu vida. Le hice muchas preguntas, acerca del amor, de la felicidad, de la muerte, nunca antes había hablado estos temas con él y creo tristemente que nadie lo había hecho hasta ahora.

Como está viejito, casi ni habla, apenas se mueve, mi querida abuela cree que está sordo y nos dimos cuenta que no es así. Simplemente como no nadie le habla nada interesante prefiere entrar en su mundo interno y oír lo que quiere oír, hablar cuando quiere hablar, y si no le interesa un tema, prefiere pasar por sordo. Él siempre ha sido una persona simple y sencilla, jamás en la vida se ha hecho problema por nada, y ahora a sus 90 años no se iba a hacer problema porque le dijeran que estaba sordo.

Simplemente usaba en ambos oídos sus audífonos y así no dejaba enojado ni preocupado a nadie.

Le pregunté:

¿Qué es para ti el amor?

El amor, como te lo explico… (y movía su tierna cabecita buscando una respuesta, mientras que sus ojitos chinos se movían suavemente de un lado a otro).

¿O cómo lo puedes describir?

Mira, la verdad no puedo expresar con palabras lo que es el amor, es algo que siento.

¿Y cómo, cuándo lo has sentido?

Después de unos segundos…

El amor es **Unión,** es todo, siento el amor cuando estoy en familia. Eso es, es estar juntos. My Isabelle & my Shayne ♡

Para mí, él expresó en estas líneas el concepto que más se acerca al amor.

 El **Amor es Unión.** Es pertenecer todos a una misma energía y estar juntos.

Mi querido abuelo, nunca terminó sus estudios, a los 11 años debió salir del colegio para trabajar en la carnicería de sus padres. Trabajó toda su vida, fue taxista hasta que jubiló. Jamás pudo estudiar una carrera, ni tener otro tipo de estudios ni herramientas de autoconocimiento, sin embargo, hoy a sus 90 años, comprende y siente lo que es el amor.

Si todos fuéramos más sencillos, dejáramos vivir al "otro" como quiere vivir, pensar y sentir, estaríamos formando un mundo íntegro, un nuevo mundo sin juicios ni recriminaciones, en donde la paz comience a ser parte de esta nueva consciencia familiar y colectiva.

 La Homosexualidad forma parte importante de un clan familiar, nace con la intensión de sanar nuestro Árbol Genealógico. *Isidora?*

Si, exactamente como lo estás leyendo. Te lo explicaré lo más simple posible, para que lo integres, para que liberes quizás algún prejuicio que tengas, para que dejes de sentir culpa si ésta es tu situación, o para que compartas esta información para sanar.

Me ha tocado recibir en mis Terapias a padres que piden especialmente una hora solamente con la intención de hablar de sus hijos con respecto a este tema.

Recuerdo un caso:

La Madre: Quisiera ver cómo el estudio del Árbol Genealógico puede ayudar a sanar a mi hija.

Yo: ¿Qué enfermedad tiene tu hija? (lo pregunto porque lo que se hereda en los árboles no son las enfermedades sino los conflictos no resueltos de nuestro árbol).

La Madre: Creo que le gustan las mujeres… me cuesta hasta decirlo. ¿Esto se puede sanar?

Yo: Si fuera una enfermedad claro que sí, pero no lo es. ☺

La Homosexualidad, no es una enfermedad, no es un castigo, no es una maldición, no es una moda, no es un capricho, es una forma que ha encontrado nuestro árbol para detener la toxicidad de varias generaciones, que permite limpiar las energías, vibraciones y renovar las ramas de un árbol casi en extinción. Esa es mi misión en esta vida.

Cuando un árbol se seca, por falta de agua, luz, alimento, termina muriendo. Nuestro Clan familiar funciona de igual manera.

@suimeichung

Varias generaciones de amor, sacrificio, exilios, heridas, tristezas y felicidades.

Mis padres Rebeca Bustos y Koc-Ji Chung, bajo ellos mis bisabuelos paternos chinos, Chung Wa-Kay y Yong Tay, y bajo mi fotografía mis abuelos paternos. Ramón Chung Yong (mi abuelo al que yo entrevisté) y María Isabel Wong Leal. (ambos vivos)

El amor es Unión, cada quien vive su vida de acuerdo a las historias familiares heredadas. "Tus Ancestros quieren que sanes", quieren que los superes, que trabajes en ti, que sanes tus heridas, que te perdones, que reconozcas tus dolores y que los transformes.

DO

Tus ancestros quieren que vivas mejor que ellos, que abras tu corazón tu consciencia y decidas por ti mismo que es lo que deseas para tu vida. Quieren que tomes de ellos su fuerza, tus ganas de vivir mejor que cumplas tus sueños y que no te rindas.

"Si sientes que tu vida es difícil", piensa como lo fue para ellos.

En la primera fila de izquiera a derecha está mi abuelo materno Emilio Bustos Q.E.P.D., yo estoy en brazos de mi madre, a su lado su hermana menor "Mary" y a su lado mi abuela materna, Maria Rebeca Q.E.P.D., atrás su tercer hijo David Q.E.P.D. y con él su esposa, Patricia.

De pie está Priscilla, hermana que sigue después de mi madre y mi padre.

* Mis ancestros quieren que viva mi propia vida + allá de las creencias y tradiciones familiares.

Por supervivencia queremos permanecer, pero si este Árbol Genealógico no se nutre con amor, afecto, contención, respeto y tolerancia, es un árbol que se debilita y muere. Para que esto no ocurre existen **Almas bondadosas** que ven el peligro de extinción y se ofrecen a reencarnar en estas familiar para su limpieza. Digo **Almas bondadosas, porque** aún sabiendo con lo que se encontrarán en esta vida deciden venir de igual manera, soportando insultos, exclusión, castigo y hasta muertes brutales y sangrientas en algunos casos. Es más fuerte el amor y lealtad por su clan que su propia felicidad.

Digo **Almas bondadosas,** porque la enseñanza no es solamente para su árbol, sino también para la sociedad, que debe aprender a trabajar la tolerancia, para integrarlos de manera justa en un sistema social que pide una nueva consciencia que está relacionada con el amor infinito.

Te diré ahora cómo la Homosexualidad se origina dentro del árbol y luego ejemplos para que lo puedas entender mejor.

Existe lo que se llama **Proyecto Sentido Gestacional,** lo aprenderás terminado este capítulo. Consiste en el período de 9 meses antes de la gestación hasta los tres años de vida del bebé. Es en este preciso momento donde todas las emociones que vive mamá, papá y el entorno se traspasan al bebé en gestación y se graban como programas de nacimiento y gestación que se activarán durante su vida. *Por eso la intervención temprana es tan importan*

Todo lo vivido 9 meses antes y hasta los 3 años ayudará a determinar la forma que tendrá el bebé de relacionarse y de ser en su existencia. Además de recuerdos hermoso, alegres, se heredarán tragedias, miedos, inseguridades, además de todo lo vivido como pareja por sus padres. Incluso generan resentires gestacionales los que generan fidelidades familiares

Ejemplos:

La Madre está embarazada de un niño

Este niño recibe la información de ambos árboles (materno y paterno) entre todas las informaciones que recibe y hereda, carga con el Patrón del Linaje masculino quienes han sido por generaciones, maltratadores, abusivos, ofensivos, machistas.

Este niño en gestación, comienza a recibir toda esta información y tiene su libre albedrío. **En la Terapia Transgeneracional se habla de libre albedrío, el período de gestación.** Es justo ahí donde decidimos si después de ver todo lo que nos tocará vivir, lo que deberemos afrontar y aprender vamos a querer llegar a la tierra o tomamos la decisión de abortar. **Es por eso que cuando hablamos de Aborto en el Transgeneracional, es lo mismo si es un aborto accidental o provocado. Se habla de una decisión tomada en conjunto con la madre y el bebé.**

Este niño que ya sabe cómo su linaje Masculino, decide quedarse por amor a su clan, sabe que como es niño debe repetir el patrón de sus Hombres y se niega a repetir este molde de abusos, machismos, maltratador y violento y se da la orden de **anular su masculinidad**. Se vuelve leal al dolor de sus mujeres y no se permite repetir una nueva generación con la misma historia.

Acá tenemos a hombres que son femeninos sin ser homosexuales. Que desarrollan más su lado femenino sin miedo y que eligen vivir esta vida respetando a las mujeres, creando un nuevo vínculo de amor que antes no se había dado.

En esta historia nacen los homosexuales. A veces es muy definido a temprana edad, pero antiguamente se ocultaba mucho por ellos mismos por miedo a la crítica, juicio o castigo, pero personalmente con mis amigos o consultantes que les he preguntado, algunos "han salido del clóset" de adultos, pero es algo que de niño lo han sentido. Nacen por lealtad, por amor, una pareja homosexual no puede engendrar niños, por lo tanto, es una forma de **limpiar** y de **podar el árbol.** De esta manera dejan que pase una generación o dos para que se limpien las cargas y herencias de su linaje.

Podar el árbol, cortar simbólicamente el daño, entregar amor para que vuelvan a crecer nuevas ramas.

Este niño que nace ya sabe que identidad sexual va a llevar en esta vida, pero ésta se despierta en distintas edades de acuerdo a las experiencias y conflictos de cada sistema familiar.

La Madre está embarazada de una niña

Si la madre ha sufrido abandono del padre, o maltrato físico, emocional, verbal o violaciones, esta mujer genera resentimientos y odio al género masculino. Emociones que son heredadas y transmitidas a la niña en gestación.

Esta niña nace evitando a los hombres, los odia y no sabe por qué. Además, que la madre se encarga de verbalizar su odio, desconfianza durante toda la crianza… ojo que he tenido madres que me han dicho:

Pero yo jamás le he dicho a mi hija que odio a su padre, que aún no le perdono, que no lo soporto ….

Recordemos que nuestro inconsciente LO SABE TODO, lo digas o no, esta niña y los niños saben exactamente lo que piensan los padres el uno del otro, de nada sirve discutir a puerta cerrada.

Esta niña es leal a su madre, y elige amar a otra mujer, así sabe que su madre la aceptará y no será excluida por su progenitora, ya que los hombres están prohibidos para ella.

Me he tocado tristemente ver muchos amigos homosexuales, con historias muy violentas de parte de sus padres. A causa de esto generan un amor incondicional y lealtad hacías sus Madres (y a todas las madres y mujeres de su clan) y las protegen y cuidan de manera abnegada. (como nunca antes un hombre las había amado)

Otro ejemplo:

La niña crece en un ambiente muy violento, abusos físicos y emocionales, inconscientemente y simbólicamente busca rechazar los hombres en su vida y eligirá a una mujer como pareja.

Cuando una niña o un niño han crecido bajo esta historia de dolor, violencia abusos, del padre o la madre.

Una opción ya lo hemos visto es la homosexualidad como una manera de detener este patrón, pero a veces es más fuerte y se necesita liberar más allá. Recordemos que estamos hablando de generaciones y generaciones de un mismo patrón o molde dentro de un clan.

 En este caso los hijos, aprenden que esta es la forma de vivir, por más daño que hayan recibido, no saben lo que es amar, ni menos amarse y he visto en Terapia que homosexuales, eligen a sus primeras parejas por lo general violentos y agresivos igual que sus progenitores.

Hasta que no tomen consciencia llega el aprendizaje y sanación.

Cuando fallece un niño o joven en la familia

Este tipo de muertes dentro de un clan son muy difíciles de aceptar y por lo general hay un duelo que no se lleva a cabo. *Tía Nina (Tía abuela)*

Estas muertes dejan vacíos muy grandes y dolores muy fuertes y nace alguien dentro del clan que trae al "fallecido de regreso", si el que falleció es niño, y nace una niña, esta niña se va convertir simbólicamente en niño para llenar ese vacío y viceversa.

Gemelo perdido → *Hermano del Tata Feño*

Está comprobado que existen muchos embarazos que comienzan gemelares y que durante el proceso de gestación uno de ellos no sigue en el camino.

Para el feto que sobrevive y que estuvo sus primeras semana o meses pegado a su doble, oyendo el latido del corazón, compartiendo espacio, vidas, almas, de la noche a la mañana se genera un silencio tormentoso, absoluto, cargado de una tristeza y desconsuelo difícil de expresar. Se genera un gran vacío que toda su vida querrá llenar buscando a su **Alma gemela.** En este caso si el gemelo es varón y ha pedido a su hermano lo traerá por medio de su relación de pareja.

Mi familia quería que yo fuera niño. Solo mi hermana Margarita decía que yo era niña.

Sexo no deseado

Los padres, o abuelos esperaban a un niño.

Y la niña en gestación lo sabe. Desarrollará al máximo su energía masculina por lealtad a sus progenitores o familia, y ella se convierte simbólicamente en hombre. *Yo*

Tendrá fuertes dolores en el momento de menstruación, muy probablemente senos pequeños porque reniega de su feminidad.

En este caso puede una niña buscar a una mujer como pareja o solamente será una mujer con mucha energía masculina en ella.

En ambos casos, el contacto con el hombre tiende a ser distante.

↳ en mi caso, es lo opuesto

CASOS EXCEPCIONALES

Desengaños amorosos:

Este tipo de casos me ha tocado verlo más en mujeres. Luego de varios desengaños amorosos, y fracasos sentimentales con hombres, ellas buscan relacionarse afectivamente con mujeres.

Traumas sexuales:

Cuando desde muy pequeñitos han sido víctimas de abusos sexuales, el niño queda marcado y afectado de por vida. En algunos casos se acerca a la homosexualidad, en otros se produce todo lo contrario incluso se puede convertir en homofobia.

Rama muerta o extinción de la descendencia:

Al igual que un árbol al que se secó, el que ya no da hojas y tiene sus ramas secas, es necesario "podarlo", limpiarlo para que tome fuerzas y vuelva a crecer. En un sistema familiar ocurre lo mismo, han sido tantas las memorias dolorosas de todo tipo las que se han vivido y transmitido, que el árbol está muy "cargado de dolor" y se necesita liberar, limpiarlo, debe tomar "aire fresco", es ahí cuando la homosexualidad juega un papel importante en donde *"detiene la descendencia".* (no tienen hijos biológicos y dejan pasar una generación completa).

¿Y qué pasa con los homosexuales que adoptan?

Me lo han mencionado varias veces, que la gente no puede entender si hay homosexuales que saben que no puede tener hijos, entonces por qué adoptan….

A mí en lo personal, me incomoda y me duele mucho que esto sea un cuestionamiento.

En este caso hay "Dos programas que se activan", uno la homosexualidad y el programa de abandono. El homosexual, adopta porque está "reparando o siendo leal", con algún niño de su clan, que fue excluido. Vamos a poner el ejemplo del bisabuelo, que dejó embarazada a una mujer fuera del matrimonio y jamás reconoce a este niño. En este caso tenemos a un hijo *"huacho, hijo de la vergüenza, hijo no reconocido",* todo el dolor de este niño, su sufrimiento, su rechazo, su soledad y abandono son emociones que se heredarán en su clan familiar y que *"alguien bondadoso de la descendencia",* adoptará a un niño para así reparar el dolor del alma familiar.

Por eso yo no quería tener una familia antes

La abuela Margarita me dio ese mensaje.

MENSAJES
TRANSGENERACIONALES

En un clan donde varias mujeres enviudaron jóvenes y con varios niños pequeños el mensaje a los miembros del clan puede ser:

"Cuidado, si te casas y tienes niños corres el riesgo de que tu marido muera prematuramente y debas llevar la familia adelante". Una solución es no casarse así no tendrá hijos que luego quedará sin un padre, ya que los hombres de su clan mueren jóvenes.

* el abuelo murió dejando mi bisabuela
c/ 9 hijos menores de edad (<18).

La infertilidad o la esterilidad tiene un origen transgeneracional:

Cuando ha habido muertes en el parto, violaciones o incestos seguidos de embarazos no deseados, abortos, se transmite un mensaje al clan de *no reproducción*. Esto puede plasmarse en esterilidad o a través de la *homosexualidad*.

"Te bendigo con un hijo homosexual"

¿Te ofende? ¿Te afecta?
Si es así es tiempo de conectar con el amor, dejar el juicio que tanto destruye. Debemos aprender a vivir en armonía y tolerancia, aceptando a cada uno con sus historias de vidas, con sus elecciones, con sus ideas, sin intentar cambiar al otro, sin ofender.

Si te ofendes es por ti. No es el otro, eres tú.

El juicio nos separa y es lo opuesto a la evolución
que nos pide nuestro Árbol Genealógico.
Recordemos que:
"Si yo fuese tú, hubiese tenido tus padres,
si yo fuese tú hubiese vivido tu misma infancia, si yo fuese tú, habría
vivido tus dolores, tus abusos, tus injusticias, tus abandonos,
si yo fuese tú habría escogido tu árbol para nacer, pero yo no soy tú"

(por lo tanto, no hay juicio)

Si a usted no le gusta el matrimonio gay, no se case con gays.
Si a usted no le gusta el aborto, no aborte.
Si a usted no le gusta el sexo, no lo haga.
Si a usted no le gusta el alcohol, no lo beba.
Si a usted no le gusta que violen sus derechos,
simplemente no viole los de los demás.
La tolerancia es un trabajo de consciencia, amor, aceptación.

Ahora quisiera compartir un Extractado del Libro *Homo sex dualidad*, del Dr. Salomón Sellam.

FACTORES PSICOBIOLÓGICOS ADQUIRIDOS

1.Castración/ desvalorización:

La sexualidad está fuertemente ligada a la noción de territorio. Necesitamos un territorio seguro para vivir con serenidad y podernos reproducir. Por esto, este concepto de territorio simple se transforma por un lado en territorio sexual y por el otro en territorio de marcaje sexual donde el macho dominante trasmite su patrimonio genético a sus descendientes.

En los animales el territorio es exclusivamente real, bien definido-ciervos en un bosque, leones en la sabana, lobos en la montaña.

En los humanos es tanto real- casa, departamento, como simbólico, el hogar conyugal, el cónyuge, los hijos.

Los animales y los humanos se agrupan para poder enfrentarse a las adversidades de la vida: en jaurías los lobos, en rebaños los cérvidos, en manadas los leones, en familia y clan los humanos.

En los animales, dentro de cada grupo se instauran instintivamente un cierto número de reglas para su supervivencia. Están dominadas todas por el establecimiento de una jerarquía precisa, que cada miembro debe respetar obligatoriamente. Por lo general un macho se instala en el más alto escalafón tras haber lidiado firmemente contra sus competidores.

Se le nombra macho dominante de forma general y en los lobos, se le llama lobo alfa. Tienen el poder absoluto y es el único que puede reproducirse con la elegida o elegidas por él. Los demás machos pequeños o muy mayores (beta y omega) no pueden dedicarse a esta misión a no ser que corran el riesgo de represalias sangrientas que pueden incluso conllevar la muerte.

A tal efecto existe un proceso fisiológico de castración psíquica que se ha individualizado sobre todo en los lobos, basado en una disminución de la impregnación de testosterona en los lobos beta y omega y un debilitamiento de la dinámica hormonal ovárica en la lobas beta.

Se les llama dominados y presentan un cierto número de señales de sumisión a la pareja de alto rango (alfa). Es posible extender este fenómeno a otras especies cuando los dominados, machos y hembras se ven obligados para sobrevivir a quedarse en el grupo.

En los humanos, esta castración psicológica puede asociarse fácilmente a un cierto grado de inhibición instintiva que sirve para poder resistir y vivir en medio de los ataques que provienen de arriba, de los padres y/o mayores en caso de castración/desvalorización.

En los humanos todo es más sutil, ya que la supervivencia depende del grupo. En nuestra especie el período en que el niño debe permanecer en la familia para llegar a adulto responsable es mucho más largo que en el resto de las especies y debe vivir, y sufrir por largo tiempo las reglas impuestas.

Debe adaptarse a su entorno familiar en el que crecen lentamente. Adaptarse significa a veces autoinhibirse, someterse, con la consecuencia de no autorizarse a individualizarse de acuerdo con su sexo biológico.

Cuando los adultos a cargo son muy dominantes pueden convertirse en verdugos en la castración/desvalorización. El niño se ve obligado a no evolucionar según sus propios deseos. Inhibe sus propias aspiraciones para ser aceptado y amado.

Por ejemplo un padre territorial que no tolera que su hija se vincule con jóvenes de su edad (rivales para el macho alfa) puede inducir en la niña a inclinaciones homosexuales.

Otras veces ante padres muy agresivos se busca refugio afectivo en otras personas del entorno, con las cuales luego se identificará al buscar pareja. Cuando el niño se convierte en la válvula de escape de la agresividad de la familia se instaura una inhibición que a menudo sirve de caldo de cultivo a una eventual homosexualidad.

La castración tiene otro matiz cuando se produce una relación fusional muy fuerte, por ejemplo, entre madre en hijo. Aquí no hay violencia, sino todo lo contrario. El niño recibe la fusión afectiva desbordante en un estado de pasividad desde muy pequeño y a lo largo de muchos años.

La consecuencia del entorpecimiento de su desarrollo psicoafectivo es la instauración de una especie de dependencia y fidelidad afectiva hacia su madre, lo que le impide encontrar su propia vida como adolescente primero y adulto después.

Hay un doble vínculo, el deseo de vivir su vida y por el otro el deseo de quedarse psicológicamente apegado a su madre. La solución es fidelidad absoluta a la madre. El niño madre-dependiente no se permite ir al encuentro de otra mujer, lo que origina una homosexualidad para no traicionarla.

En el caso de la niña mamá-dependiente ella tampoco se permite traicionarla y la buscará simbólicamente a través de su futura compañera. Tanto los factores infantiles como los de castración son de carácter adquirido, obtenidos a través de la experiencia.

A modo de conclusión, las personas homosexuales podrán inspirarse en estos temas para buscar elementos clave que le servirán de vínculos entre su historia familiar y sus resentires profundos, tal vez guardados desde su primera infancia. Integrar esa información tal vez podrá aliviar la carga de sus cuestionamientos existenciales.

Los hijo/as son homosexuales más bien por fidelidad o reacción a la historia familiar a lo largo de varias generaciones y puede que utilice esta manera de ser para cumplir con la misión y jugar el papel que el clan y la familia le han atribuido desde el nacimiento, reforzado por el contexto emocional y los acontecimientos de la infancia.

Extractado del Libro
Homo sex dualidad, **del Dr. Salomón Sellam**

PROYECTO SENTIDO

"Solo hay que imaginar un embrión o un feto en su líquido amniótico.

Este último está estrechamente relacionado con la madre,
que lo produce diariamente, y con su estado emocional.
Sin saberlo, el niño es un tanto inconscientemente prisionero
de las intenciones familiares y puede verse acorralado
por la fidelidad familiar".

-Salomón Sellam-

¿Qué ocurrió en el seno de la familia durante nuestra gestación?

Este término fue descubierto y desarrollado por el psicólogo francés *Marc Fréchet.*

Para explicarlo de una manera simple, es el período de tiempo de gestación, pero que incluye 9 meses antes de la fecundación hasta los 3 años de vida.

Acá el feto y bebé heredan y reciben las emociones de los padres y entorno. El niño estando en el vientre materno vive y hereda absolutamente todas las emociones especialmente de la madre, se habla de un 100%.

No existe una separación entre el yo de la madre y el yo del niño.

Se le llamó **Proyecto Sentido**, porque en realidad es el **proyecto** que los padres tenían para la vida de sus hijos.

Mi Clan decide mi destino, ¿Para qué fui concebido?

De manera consciente o inconsciente, se desea dar un espacio y rol al niño por nacer, para cumplir una carencia, una falta, sueños frustrados, o lealtades familiares. En este momento se transmiten sueños, anhelos, miedos, traumas, afinidades, lo cual hace que el niño nazca luego de su nacimiento y viva repeticiones, como también que traiga consigo nuevos recursos para el árbol.

Hasta los tres años de edad el inconsciente del niño está fusionado con el inconsciente de su madre. Es uno solo, que comparte las mismas ideas, sentimientos, emociones, recuerdos, vivencias, por lo tanto, todas las experiencias de la madre se programan epigenéticamente en el feto y éstas luego son vividas como propias por el bebé por nacer.

El **Proyecto Sentido**, esconde el significado de mi concepción.

Los deseos y sueños que tiene cada integrante de la familia son recibidos por el bebé, pero principalmente de sus padres y mucho más de su madre.

Ejemplo: *✱Ese fue mi caso*

Ojalá que sea niñito

Sin tener una razón clara, pero es lo que se desea para el primogénito. Se desea inconscientemente un niño.

Yo soy chilena, viví 7 años en Francia luego de varios años en China, un tiempo en Japón y he recorrido varios países del mundo en varios continentes y te puedo decir que el primer hijo se espera varón.

Por tradición, por lealtad, por complacer o porque las mujeres han sufrido mucho se desea un hombre como primer hijo.

Si el bebé que se espera es niña, ya lo comenté anteriormente lo que *→ Femenina* sucede, esta niña bloquea en parte su energía ~~masculina~~ y se convierte simbólicamente en hombre o desarrolla al máximo su energía masculina.

Es más atrevida, muestra más seguridad, se siente más atraída por juegos bruscos e incluso rehúsa vestirse de niña y se siente más cómoda con ropas masculinas. *→ESA soy yo!*

Se puede adivinar fácilmente cuando esperaban a un niño y es niña ya que llevarán por lo general nombres masculinizados como:

Martina, Javiera, Bernadita, Josefa, Camila, etc. Fabíola

El Hijo por nacer es finalmente la solución inconsciente a los deseos, y conflictos no resueltos por ambos padres. La manera en que fuimos concebidos, lo vivido por nuestra madre durante nuestra gestación determina nuestro carácter, más tarde influirá en la elección de nuestra profesión, y no será raro que sintamos que estamos viviendo el proyecto de vida de otra persona, es decir estemos finalmente viviendo una vida que no nos corresponde.

Si la Madre no quiere al bebé en gestación, pero finalmente lo da a luz, el niño crece con un sentimiento de rechazo, gran desamor, donde no genera amor por la vida ni su vida. Siente que no debió haber nacido.

4 Alyssia, mi mamá

Se sentirá atraído por juegos de alto riesgo, por lo general desarrollará un cuerpo delgado y fino, incluso más pequeño que el resto, tratando de disminuirse y de **"no molestar a mamá"**. Suele suceder que una vez nacido el bebé la madre carga una culpa enorme, y comienza una sobreprotección hacia el niño, pero ya es tarde la información ya fue enviada, el niño genera resentimientos y muchas veces las madres se preguntan por qué sus hijos la rechazan si ellas le dan todo y los aman tanto (ahora), y es porque existe el recuerdo de no haber sido amados ni deseados en la gestación. Y esta memoria es increíblemente fuerte y poderosa, es energía y la energía no muere, queda, se mantiene o se transforma.

Gracias a la Terapia que manejo hoy y el protocolo de sanación que utilizo en mis Terapias, me es posible contactar con el inconsciente de la persona adulta y regresar al momento de la gestación. Es un trabajo profundo, de mucho amor, en donde trabajo para eliminar estas memorias dolorosas de la mente de las personas que me consultan.

Ha sido maravilloso y muy emocionante porque el INCONSCIENTE LO SABE TODO, me comunica de los miedos que guarda, o me dice:

Mamá no me quiere.
Papá no desea tener hijos.
Fui un hijo por accidente.

Fui concebido después de una reconciliación.
Me trajeron para que los cuide en la vejez.
Mi madre no me da los cuidados que necesito.
Mi madre no me da la atención ni alimento que deseo.
Hubo un duelo durante mi gestación.

Basada en esta información hoy en día se puede modificar estas vivencias y eso cambia y mejora mucho los síntomas físicos que esto nos pueda traer, así como también mejorar nuestro autoestima, seguridad y resentimiento con alguno o ambos progenitores.

En algunos casos cuando la madre trabaja en el Proyecto Sentido de su hijo ocurre la magia: la madre al tomar consciencia del niño, el programa heredado pierde fuerza y se produce la mejoría casi instantánea.

En el **Proyecto Sentido** se produce una lealtad muy fuerte por la información recibida.

Proyecto Sentido:

Si cumplo lo que me pide la familia, seré aceptado y amado, de lo contrario me expulsarán del clan.

Existe este pensamiento ya que el **Proyecto Sentido,** es lo que se espera que el bebé sea para nuestro clan.

Ejemplos:

Que sea abogado como su padre y abuelo

Que sea doctor ya que yo no pude serlo

En estos casos que se desea que tenga cierta profesión u oficio es lo que ocurre con las reparaciones dentro del árbol. Lo vimos en las profesiones.

Los niños se sienten desleales si escogen otra profesión que no sea la que se le fue programada. Y viven una vida profesional frustrada porque terminan siendo lo que no querían ser, y a veces es peor, nunca saben que lo querían hacer. No se atreven a cortar el vínculo.

Pasa al principio, pero después de unos años trabajando en algo diferente te das cuenta por qué tus ancestros tenían los trabajos que tenían.

Que sea un niño para que no me abandone:

en este caso el niño crece como padre o marido de su madre, le trae como consecuencia que el niño se siente **desleal** al estar con una mujer porque **no quiere fallarle a mamá.**

En el momento de estar en pareja puede ser infiel, así está con varias mujeres, no se compromete, porque su **único amor es su madre.**

También puede ocurrir que elija parejas que ya estén comprometidas, casadas o de novias, o que vivan en otra ciudad o país así no puede comprometerse para **no dejar a mamá sola y abandonada.**

Que me cuiden en la vejez: *Yo era el "payaso" alegre de mis papás...*

A estos niños se les llama el **niño bastón.** Por lo general son nacimientos de padres ya mayores, puede ser el único hijo, son también los hijos que nacen últimos teniendo una gran diferencia con su hermano mayor. → *Esta era yo, 12 años menor que mi hermana Ale.*

Es cuando después de 10 ó 12 años nace el "Benjamín", el más chiquito, o el conchito de la familia. A ellos es este el proyecto que se les hereda.

Como consecuencia a la edad adulta, sabotean sus relaciones de pareja para no irse nunca del lado de sus padres, muchos viven con sus padres hasta muy adultos o siempre. → *viví con mis padres hasta los 27 años* ☹

Conozco varios casos así, te daré dos ejemplos para que los identifiques.

Un hombre, hijo único, su madre lo tuvo a los 45 años de edad. Este hijo casi perfecto, vivió solo con su madre hasta que ella falleció. Recién a los 75 años se trae a su novia a vivir con él.

Nace la última hija de tres hermanos. El padre ya mayor se queda viviendo solamente con ella. La hija se casa, se muda muy cerca de sus padres. No puede tener una vida normal con su marido e hijos ya que siente una obligación moral de pasar mañanas y tardes a la casa de sus padres. No resiste ir al supermercado sin comprar mercadería para ellos. Pasa mucho más tiempo en casa de sus padres que en su propia casa y que son su marido e hijos.

La información es tan fuerte y de manera inconsciente que este programa cuesta identificar o aceptar.

Quiero a mi bebé que falleció

Cuando una persona nace después de un aborto, el bebé por nacer hereda la información de este bebé. En otras palabras, viene a **sustituir** al que ya no está. En algunos casos pueden llamarlo del mismo nombre, así le sucedió a **Salvador Dalí.**

El hermano mayor del pintor también se llamaba Salvador y falleció a los 3 años de edad. Al año de morir nace Salvado Dalí que todos conocemos. Ambos llevan el nombre de su padre. Por lo que la carga y la desorientación para Salvador el pintor fue mucha y lo demuestra en sus obras, y en su personalidad. Varias veces comentó que sus padres solían llevarlo regularmente a visitar la tumba de su hermano, lo que le producía gran desconcierto ver a menudo su nombre puesto en una lápida.

"Durante toda mi niñez y juventud viví con la idea de que era parte de mi hermano mayor. Es decir, en mi cuerpo y alma llevaba el cadáver adherido de este hermano muerto porque mis padres hablaban constantemente del otro Salvador".

-Salvador Dalí -

"Yo nací doble, con un hermano de más, que tuve que matar para ocupar mi propio lugar, para obtener mi propio derecho a la muerte [...] Todas las excentricidades que he cometido, todas las incoherentes exhibiciones proceden de la trágica obsesión de mi vida. Siempre quise probarme que yo existía y no era mi hermano muerto. Como en el mito del Cástor y Pólux, matando a mi hermano, he ganado mi propia inmortalidad".

-Salvador Dalí -

¿Eres zurdo? O ¿Conoces a alguien que lo sea?

De ser así, te esperaban del sexo opuesto.☺

¿Tus padres se eran fiel en el momento de tu gestación? → *Realidad de los cuicos chilenos*

El feto lo sabe, el bebé lo sabe, lo que generará de adulto que este niño sea leal al que fue engañado. Podrá, si el infiel fue el padre, parece curioso pero la hija buscará el mismo patrón del padre, un hombre que la engañe, ya que es ese el programa que se grabó. Para ella tu **pareja te debe engañar...** *todos los abogados que conocí en Chile eran coquetos y/o infieles.*
Si el bebé es niño, buscará ser infiel como el padre, así se mantiene fiel solamente a su madre.

Para mí todo es estudio del Transgeneracioal me dio respuestas a muchos momentos y situaciones de vida que no tenían sentido.

Mi nombre y proyecto sentido

Al comienzo del libro te conté que mi querida abuela eligió mi nombre. Que llevó el mismo nombre de una cantante China que fue de invitada al programa de Sábados Gigantes con Don Francisco.

Años después estuve trabajando en TV y llegué a estar nada más que con el mismo Don Francisco y en el mismo programa que vió mi abuela.

Hay algo más interesante aún. Yo nací el 20 de octubre del 74, fui gestada en enero de 1974.

En el año 1973 hubo guerra civil en mi país Chile. El hermano de mi abuela paterna, fue perseguido por trabajar en proyectos de Arquitectura para Salvador Allende. Pasó de una embajada a otra y en casas de amigos escondiéndose porque lo buscaban. Muchos de sus amigos desaparecieron. Existen dos fotos en donde meses antes del 11 de septiembre está el Tió Jorge y en la misma foto está Augusto Pinochet y al otro lado Salvador Allende. Importante foto del recuerdo de la historia de nuestro país que ahora compartiré contigo.

EN LA FOTOGRAFIA en el pódium se ve al Tío Jorge Wong. Sentados de piernas cruzadas a Salvador Allende y a su lado a Augusto Pinochet.

En la fotografía a tu derecha está el hermano menor de mi abuela paterna, Jorge Wong, vivió en México en el exilio por 18 años. En la actualidad está vivo y tiene 85 años. Él tiene muchas historias que contar…

Para mí es la **LIBERTAD DE EXPRESIÓN** (handwritten note)

Mi madre en el año 74 ya estaba embarazada de mí y ella con mi padre, y abuela paterna corrían de un lugar a otro cuando el Tío Jorge estaba escondido en las embajadas, llevando alimentos para él sus amigos y conocidos. En pocas palabras mi gestación estuvo marcada por este episodio nacional, sumado a todo lo que se vivió a nivel familiar de ambas familias (mamá y papá) más las propias vivencias y emociones de mi madre y padre, por lo que de correr de un lado a otra salvando a la gente, lo cargué como "un programa de mi Proyecto Sentido". *Nací en los '80* (handwritten note)

Yo cargo con ese programa, ya lo he trabajado y lo he controlado, pero siempre he tenido que correr de un lado para otro, como apurada. Cuando comencé con mis Terapias sentía casi una obligación de vida o muerte con mis consultantes. Necesitaba **salvarlos,** los llamaba, los escuchaba hasta largas horas de la madrugada, no podía dejar de pensar cómo ayudarlos y orientarlos hasta que conocía el Transgeneracional y con ello la importancia del Proyecto Sentido.

He trabajado el proyecto Sentido con cada uno de mis hijos, y es increíble como pude ver el reflejo de lo que yo viví como ha sido transmitido íntegro a ellos.

¿Has oído hablar de personas que temen andar en barco, avión, o le teman a las arañas, gatos, etc?

Estos miedos o fobias no le pertenecen a los bebés o niños, son por lo general de las madres.

Los miedos son heredados, nadie puede tener miedo a subirse a un bote si jamás ha subido a uno y jamás en la vida ha tenido un accidente.

En Terapia podemos ver que la madre si lo tuvo o quizás su abuela.

Los proyectos de los padres, tanto para sí mismos como para el bebé (profesionales, sentimentales...) "Algunos vienen a la tierra para obedecer a su madre. Otros para complacer a papá... Y otros para disfrutar de la vida".

-March Fréchet-

Elige disfrutar tu vida :) (handwritten note)

Reflexiona y conoce más de ti:

¿Cuál es tu Proyecto Sentido? Buscar justicia, ser la voz de aquellos que no tienen voz.

¿Fuiste un hijo deseado? Sí. Mi mamá quería 6 hijos, yo fui la Nº4 y última.

¿En qué año fuiste engendrado? 1984

¿Qué ocurría con tu Madre, padre y familia en ese momento? Drama 3 hijos, dictadura militar

¿Qué ocurría e tu país? Dictadura de Pinochet

¿Alguien falleció?

¿Naces después de algún aborto? No

¿Ocurrió algún acontecimiento de emergencia como enfermedades, estafas, engaños, robos, terremotos? Sí, el terremoto de 1985.

Analiza pregunta por pregunta y verás como piezas del rompecabezas de tu vida comienzan a aparecer. * Por eso mi tratamiento ayuda tanto a Isabelle.

Los niños no se enferman:

Los niños son el reflejo de los padres. Sin culpa ni juicios, ellos cargan con todas nuestras emociones al 100%. Vienen a reparar, nuestro Árbol Genealógico. Está comprobado que el mal manejo de nuestras emociones, resentimientos, odios, miedos angustias nos enferman, y cuando tenemos hijos ellos enferman por nosotros. Así cargaran también alergias, síntomas y hasta enfermedades físicas y/o emocionales.

→ La Isabelle conmigo

Según la mirada de la Bioneuroemoción, Biodescodificación y Medicina Germánica, los niños no enferman, nuestros niños somatizan nuestras emociones, somos nosotros los que los enfermamos, por lo tanto, la invitación es a tomar consciencia de nuestras emociones, de nuestro actuar de nuestra forma de vivir, de pensar, y hasta de hablar para modificar la información que les estamos traspasando. Yo en Canadá...

Muchas enfermedades, se programan en este momento, el Inconsciente es inocente, y repite las pautas y programas que se graban en esta etapa tan crítica y fundamental como es el Proyecto Sentido.

Las enfermedades son parte del Proyecto Sentido

¿Qué estaría pensando mi madre en ese momento?

A tu derecha está mi querida abuela Paterna María Isabel Wong, luego mi madre Rebeca Bustos ya embarazada de mi, la Tía Carmen Q.E.P.D. esposa del Tío Carlo (ambos sentados juntos, el hermano de mi abuelo paterno).

El día de mi bautizo.

Mi padre Koc-Ji Chung Wong, mi madrina hermana de mi padre Suilang Chung (con quien trabajo en la actualidad y ambas realizamos la Terapia Transgeneracional SAAMA 2.0), mi padrino hermano de mi madre David Bustos Q.E.P.D. y mi madre Rebeca Verónica Bustos Mora.

A mi madre, nunca la han llamado por su nombre, siempre la han llamado Mony...

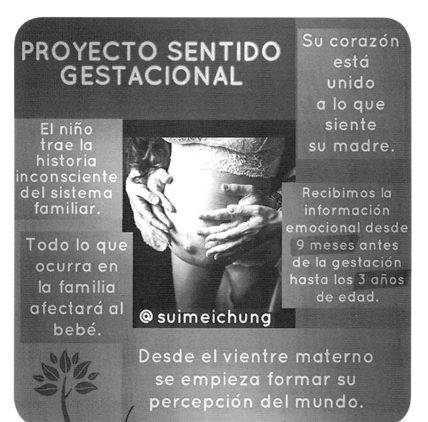

Isabelle trató de nacer en Two Jack Lake en Banff ♡

¿Cuál fue tu proyecto sentido?

Al igual que yo te conté parte de mi proyecto sentido, te invito a averiguar que sucedía en tu país en el momento de tu gestación, te recuerdo que se transmiten las emociones 9 meses antes de la gestación.

Trata de averiguar cómo vivía tu familia, tus padres y de qué modo eso pudo afectarte.

Luego harás lo mismo con tu familia.

¿Qué ocurría con tus padres? ¿Fuiste concebido luego de una separación?

¿Tu gestación fue intencionada por mamá para retener al hombre?

¿Tus padres estaban enamorados?

¿Fuiste "sorpresa" y tu madre/padre te escondieron por meses?

¿Tu madre tuvo nauseas durante todo tu embarazo o síntomas de pérdida?

Todos esos recuerdos y vivencias se transmiten al bebé en gestación y se integran como "programas", los cuales se pueden activar en cualquier momento de nuestras vidas. Es decir, puedo sentirme muy abandonado con serios problemas de autoestima porque mi padre me abandonó cuando supo de mi llegada, y eso lo puedo vivir en la infancia o adolescencia o bien, estoy casada y me separo a la edad de 40 años y vivo muy mal la separación, al extremo de no poder recuperarme y sufro de gran abandono, miedos e inseguridades.

En este caso, lo sucedió es que se "activó" el programa de abandono que sufrí en la gestación. La Terapia Transgeneracional trabaja en encontrar el origen de nuestros conflictos. Y el saber lo que nos está causando el dolor y sufrimiento nos ayuda a tomar consciencia y a trabajar nuestras heridas yendo a la raíz del conflicto.

LA SORPRENDENTE
HISTORIA DE JENNIFER BRICKER

Unos gimnastas rumanos en competencias siempre sacaban entre el 3° y 4° lugar. Se esforzaban mucho por tener mejores resultados, pero no lo lograron.

Tuvieron una hija a la que decidieron entrenar desde que tenía 3 años de edad con el objetivo de hacerla campeona olímpica.

Tuvieron mucho éxito ya que la hija llamada **Dominique Moceanu,** quién destacó entre su generación y les hizo ganar mucho dinero, pero todo a costa de duros entrenamientos y estricta disciplina.

Estos padres en su ambición decidieron traer al mundo a una nueva gimnasta, pero esta la entrenarían desde su nacimiento para lograr aún, mayores triunfos y éxitos que su propia hermana.

Buscaron el embarazo hasta que les resultó. Al nacer su hija planeada y esperada la dan en adopción ya que no les servía para el **proyecto** que tenían para ella. La niña había nacido sin piernas.

La pequeña fue entregada en adopción a los 4 meses de edad a una familia en América que tenía 3 hijos varones.

La llamaron Jennifer Bricker. Esta niña recibió todo el amor y todos los cuidados del mundo, crecía en una familia amorosa y contenedora y un día la pequeña Jennifer le dice a su padre que quiere ser gimnasta.

Sin dudarlo, aceptaron los deseos de su hija y vieron que tenía un talento único e innato que a pesar de no nacer con pernas lograba ser ágil y bastante competitiva.

La vida la lleva a admirar a la campeona del momento **Dominique Moceanu,** la que se convierte en su ídola y la sigue en sus competencias, y se inspira en ella para hacer sus acrobacias.

A los 16 años Jennifer le pide a sus padres información acerca de sus padres Biológicos, y solo ahí se dan cuenta que Jennifer tiene como apellido **Moceanu,** que es de origen rumano y todo indicaba que su hermana era nada más que **Dominique Moceanu,** su ídola de toda la vida.

Logran contactar a su hermana, con los documentos originales como prueba y ambas hermanas se encuentran y se emocionan al ver que Jennifer ha sido admiradora fiel de **Dominique Moceanu** por años.

Esta es una hermosa prueba donde podemos ver que el proyecto de Jennifer era ser campeona olímpica y lo logró. Jugó con éxito en eventos deportivos también en su colegio ganando medallas de oro y compitiendo con niñas con piernas logró superarlas y hoy trabaja feliz en lo que convirtió de la gimnasia su profesión.

Te dejo el link del video para que lo puedas ver es muy emocionante:

https://www.youtube.com/watch?v=BaSwAO9c2AM

JENNIFER BRICKER
LA GIMNASTA SIN PIERNAS

Las hermanas Moceanu ☺

Te comparto esta historia real

Mi hijo siempre está triste:

Me vino a ver a Terapia una madre que estaba muy preocupada por su hijo.

"Mi hijo vive con una pena grande, a medida que crece lo veo más triste, pocas veces lo he visto reír con ganas".

Analizando el árbol y dado que usó la palabra **siempre,** pregunté a la Madre si durante el embarazo de su hijo ella había pasado o vivido algún momento de tristeza.

Inmediatamente se le llenaron los ojos de lágrimas y me dijo:

Si ¿Y cómo lo sabes? Mi padre falleció de cáncer cuando yo tenía casi 5 meses de embarazo. Yo era su hija preferida…

Y no pude hacer el duelo, no me dejaban llorar por el bebé…

Acá estaba atrapada toda la tristeza y dolor. Ella llamó a su hijo igual que su padre, lo que hacía que ella viera en su hijo al padre que falleció todos los días, sumado a eso el dolor de una muerte inesperada y el dolor de la pérdida de su padre la cual no pudo llorar, desahogarse, aceptarlo, ni superarlo. El niño cargaba con todo ese dolor de su madre, el sufrimiento y no podía sentirse feliz, creció meses sintiendo la tristeza de mamá en donde ni él pudo contenerla ni ella a él.

Realizamos un bello trabajo que consistía en realizar el duelo junto al hijo. Para liberar este dolor y cerrar el duelo para dar paso a la sanación.

Tan pronto como nace, se le asigna un nombre, una religión, una nacionalidad, un equipo de fútbol y una raza... Pasará el resto de su vida defendiendo una identidad ficticia.

ACTO DE SANACIÓN
PROYECTO SENTIDO

Te daré un Acto de Sanación para trabajar en tu Proyecto Sentido ☺

Esto consiste en tomar consciencia de qué es lo que has heredado en el momento de tu gestación y aquello que decides ya no te sirve en esta vida con amor y respeto renuncias a él.

Primer Acto

Piensa en un año *"Antes de tu nacimiento"*, luego *el mismo año de tu nacimiento hasta los 3 años de vida.* Averigua que estaba ocurriendo con tu madre, padre, familia, y país.

Tus padres estaban casados, de novios, estaban separados, en la familia ocurrió algún accidente, suicidio, muerte, depresión, se está viviendo algún duelo, nacimiento.

Tu país estaba en guerra, exilio, persecuciones, algún conflicto nacional.

Luego que ya tienes una idea de lo que estaba ocurriendo, concéntrate en las emociones que se vivieron.

Ejemplo:

Tus padres no estaban de novios, y tu madre queda embarazada y esconden el embarazo (lo más probable es que alguna vez hayan pensado en aborto). Las emociones en este caso son: angustia, miedo, inseguridad, rechazo.

↳ *a mi mamá*

Si en tu país había conflictos internos lo más probable es que estas sean las emociones: miedo al futuro, hambre, escasez, inseguridad.

Si en tu familia durante tu gestación o 9 meses antes de tu concepción, algún familiar falleció estas son las emociones que cargas:

Tristeza, pena, angustia, rabia, impotencia. *La gente odiaba al gob. militar*

Esto es solo una idea, tú sabrás mejor redactar y escribir lo que ocurrió en tu Proyecto Sentido.

↳ *En el aire se respiraba que tenías que odiar a quien fuera diferente.*

La derecha odia a la izquierda → CIVIL WAR

Segundo Acto

De acuerdo a las emociones y vivencias que has sacado a la luz, escribe todo aquello a lo que deseas renunciar.

Algo así:

Hoy, yo (Tu nombre completo) reconozco haber heredado de mi padre, madre, familia y entorno las siguientes emociones: (debes escribir la o las emociones además del conflicto que produjo ese dolor).

Ejemplo:

_ Renuncio al miedo a vivir, (porque mi madre me escondió durante tres meses).

_ Renuncio a la tristeza y dolor (duelo por el fallecimiento de mi abuelo paterno).

✳_ Renuncio al miedo a la escasez (mi padre quedó cesante durante mis primeros años de vida). →Esa fui yo. Mi papá quedo desempleado cuando yo tenía 4.

Tercer Acto

Se entiende que debes tomar una idea de lo que yo estoy escribiendo y llevarlo a tu realidad, a tu propio sentir, ya que nadie mejor que tú sabe la emociones que ha recibido.

Agradecer ....

La vida, lo recibido, lo aprendido, porque todo lo que te han dado y todo lo que no te han dado hacen de ti la persona que eres hoy.

Cuarto Acto

Hoy (tu nombre completo, decido tomar las riendas de mi vida, con amor y respeto les regreso el proyecto de vida que tenían para mi.

Tengo mis propias metas y proyecto de vida y en eso trabajaré hasta lograr mis objetivos

Tomo toda su fuerza, amor, esperanza, etc etc etc

Quinto Acto

Cuando termines la carta, debes pararte frente a un espejo:

Y debes leer la carta 3 veces:

_ Leer en voz alta (para tu consciente)

_ Leer en susurro (para tu corazón)

_ Leer en silencio (para tu Alma)

Luego de haber leído las tres veces tu carta debes quemarla y las cenizas las entierras cerca de un arbolito. Puede ser en tu jardín, un parque, lo que sientas necesario.

Una vez enterradas las cenizas debes colocar miel. Si la miel está muy dura, la disuelves antes en agua caliente y la colocas en un vaso de vidrio. Dejas caer la miel sobre la tierra y con tus dedos esparces la miel sobre la tierra con la cual has cubierto las cenizas de tu carta.

INFERTILIDAD
Y TRANSGENERACIONAL

¿Qué se esconde emocionalmente detrás de la infertilidad?

En cada elección de vida, profesión, pareja, amigos se "esconden" verdaderas razones del por qué yo sigo un patrón y lo repito. Así como también es como nuestro inconsciente quien nos impulsa a "no revivir" situaciones o historias de vidas que han sido demasiado dolorosas para el clan familiar. Para que esto suceda y no revivir un dolor, buscamos maneras de tener un nuevo destino y es así como la infertilidad de manera "inconsciente" no quiere que repitamos el dolor vivido en generaciones pasadas.

La infertilidad está basada en fuertes memorias de sufrimiento vividos en el parto, embarazos los que terminaron en muertes del feto, del recién nacido o de la madre en generaciones pasadas.

La infertilidad es también un PROGRAMA DE NUESTRO ÁRBOL. Se puede tratar siempre que se vea que es un conflicto emocional. Es decir, ni la madre ni el padre presentan problemas físicos para engendrar a un bebé, pero sin embargo la gestación no se produce.

Puede estar relacionado a varios conflictos TRANSGENERACIONALES del linaje materno como paterno.

Existe una confusión y contradicción en relación a la maternidad.

Recordemos como lo vimos en este libro, nuestro inconsciente nos rige y nos manipula, y vemos a madres que quieren tener hijos, pero emocionalmente su cuerpo lo rechaza.

Como es un tema Transgeneracional, podría estar relacionado con nuestra madre, abuela o bisabuela que hayan tenido muchos hijos, que ella los

Mi amiga Pía
Karla

haya criado sola en un ambiente toxico, violento, humilde y de grandes carencias emocionales, es probable que algunos de sus hijos hayan muerto y que el dolor haya sido muy grane y ese duelo esté aún abierto.

Pueden ser muchas situaciones vividas, las cuales, para ti hoy en día es una **"solución inconsciente"** el no tener hijos, dado a todo el sufrimiento ancestral que esto ha significado y que se ha transmitido hasta llegar a ti.

El mensaje que quedará grabado y que será transmitido en las generaciones siguientes será "NO TENGAS HIJOS PORQUE SUFREN"

"NO TENGAS HIJOS PORQUE SE MUEREN"

"NO TENGAS HIJOS PORQUE LA MADRE FALLECE EN EL PARTO"

"NO TENGAS HIJOS PORQUE LOS PADRES ABANDONAN A LOS HIJOS Y LA FAMILIA SUFRE"

Recuerdo años atrás que me visitó una doctora. Venía reacia a verme ya que todo lo que yo trabajaba para ella era algo nuevo.

Me dijo que se había realizado dos tratamientos in vitro sin éxito y quería ver si Transgeneracionalmente había algo que estuviera afectado su maternidad.

Le dije textual:

Podría ser que alguna de tus abuelas estuviera mal casada, soportando a un marido violento, y alcohólico y que hubiera tenido diez hijos.

Ella se me quedó mirando fijamente a los ojos y me dijo:

"Mi abuela materna tuvo diez hijos y mi abuelo era alcohólico."

_ Y quizás cuantos abortos agregue yo…

Recordemos que todo lo vivido por la madre y el padre se transmite al 100% al bebé en gestación hasta los 3 años de edad. (proyecto Sentido gestacional)

Imaginemos a esta abuela, un embarazo, un segundo, un tercero, un marido violento, mucho trabajo, sufrimiento, carencias… que se transmiten a su hija y de la hija a la nieta y tenemos en mi consulta a la nieta que quiere tener hijos, pero no puede.

Su inconsciente busca "reparar" de alguna manera el dolor de las madres y también de los niños que han nacido bajo muchas carencias afectivas, abandonos, abusos, en hogares de mucho dolor y la solución para no seguir repitiendo estos programas es la **infertilidad.**

En este caso puede ser que la madre diga que quiere tener hijos (la verdad es que inconscientemente no los quiere porque carga con el dolor que ha significado criar sola a tantos hijos) y esta mujer se casa o se empareja con un hombre infértil, que cumple finalmente su deseo inconsciente de **no engendrar niños.**

Con María, la doctora que me visitó vimos su tema de pareja. María ya no estaba enamorada de él, sentía que era un muy buen hombre, sabía que sería un buen padre, pero no lo amaba como hombre y no se atrevía a decirle para no hacerle daño.

Esta razón también era un motivo inconsciente que estaba causando la infertilidad.

La Terapia Transgeneracional es maravillosa, te permite ir encontrando las piezas del rompecabezas que faltan en tu vida.

Finalmente, dos meses después me llama María y me dice que tiene un mes de embarazo, me dijo que estaba separada y feliz.

Lo que sucedió fue que después de la Terapia, María decidido terminar son su pareja, no quería seguir el mismo patrón de las mujeres de su clan que seguían con su marido solamente porque ya estaban casadas. María era profesional, tenía un buen sueldo y había revertido la desvalorización que habían heredado la mayoría de las mujeres de su clan, pero al mismo tiempo ella de manera inconsciente estaba siendo leal a sus mujeres y les decía:

Comprendo todo lo que han sufrido en sus vidas de pareja y en su rol de madres, y yo por amor a ustedes cumplo su deseo y no traeré hijos al mundo.

También le encargué de hacer una carta a ambas abuelas, ya que la dos habían tenido muchos hijos y la carta principalmente era para decirles que ella, María, comprendía su dolor, pero que hoy era otra la historia, ella era profesional, no dependía de un hombre y si quería traer niños al mundo de una manera consciente y con mucho amor.

Lo que ocurrió fue lo siguiente:

María se separa de su pareja y a los días se da cuenta que estaba embazada.

Ella tuvo que sincerarse, su pareja deja la casa, y se produce el embarazo.

Y se cumple lo que ella quería, no amaba a su pareja = se separa

Y se hace presente este embarazo, ella viviendo sola (que era lo que quería) y sigue su embarazo separada y feliz de que su pareja sea el padre de su bebé.

En la vida no hay nada bueno o malo, no debemos juzgar la vida del otro porque no somos "el otro".

A los meses nace una hermosa niña, y María y su pareja son felices padres separados, que comparen el amor por una misma hija.

 La infertilidad también está relacionada a muchos abortos del clan, muertes infantiles, sufrimiento infantil, graves abusos, que genera que como solución a no seguir con el mismo patrón se sufrimiento y se llegue a la infertilidad.

En algunos casos cuando las madres han tenido una vida dura, en donde han criado a hijos solas, o con padres violentos abusivos, en donde constantemente dicen a sus hijos cosas como:

Por culpa de ustedes yo no puedo vivir mi vida

Me casé por tu culpa porque estaba embarazada

Lo peor es tener hijos, por favor ustedes de grandes no los tengan

Por culpa de ustedes su padre nos abandonó y se fue con otra mujer

Los hijos cortan la libertad

Los hijos son solamente problemas

Claramente en estos casos los niños que han oído este tipo de frases, tienen claro que **no deben tener hijos.**

Si la mujer presenta miomas, fibromas o quistes, puede estar expresando que se encuentra en una relación tóxica la cual no asume, grandes heridas de abandono y humillación, dificultad para vivir su presente y sentimientos de culpa.

"Los miomas están relacionados emocionalmente a la creatividad que nunca nació, deseos frustrados, sentimientos de soledad"

MIOMAS
Y SU SIGNIFICADO EMOCIONAL

La vida nos bendice a las mujeres con el don de dar la VIDA a través de uno de los órganos más sagrados el ÚTERO. El ÚTERO representa simbólicamente "nuestro primer hogar".

En él se manifiestan todas nuestras emociones relacionadas a ser hija, madre, amante, esposa.

Es ahí donde se albergan nuestros miedos más profundos, nuestros reales sentimientos, inquietudes, inseguridades, y nuestras necesidades.

Nuestro útero no solamente necesita cuidados médicos, nuestras emociones reprimidas se almacenan en "nuestro hogar". La energía que poseemos en nuestro interior es la que nos impulsa a crear proyectos, cumplir sueños, desarrollar el amor, y nuestro útero simboliza la "tierra fértil", cuando nuestra desvalorización es grande, cuando hemos sufrido de abusos, humillaciones, carencias afectivas y desamor nada puede "prosperar" y nuestro dolor crea miomas que simbolizan la "idea de un deseo frustrado".

En algunos casos puede ser el hijo que no tuve, la carrera que no pude ejercer, el amor que perdí, la falta de cariño de mis padres y mucho más. Cada caso se analiza en forma personal. He tratado varios casos enfocándonos en encontrar el origen emocional y muchas veces este dolor es "heredado" la desvalorización viene de la madre, abuela y bisabuelas.

El mioma representa también el refugio de todos mis sentimientos no acogidos y habitan en mi nuevo "hogar". Resentimientos, miedos, culpas, abusos, son energías que dan forma simbólicamente al mioma. En algunos casos cuando el conflicto se resuelve el mioma queda, pero deja de crecer como signo de una cicatriz de superación y amor personal. Cuando la mujer "pierde a su pareja, un proyecto, un sueño un hijo" el mioma aparece para llenar simbólicamente el vacío emocional.

En la Terapia TRANSGENERACIONAL SAAMA 2.0, trabajo en encontrar el origen emocional de lo que está causando el síntoma o la enfermedad. Luego se DESPROGRAMA la información y se programa una nueva verdad.

¿Cómo desprogramar la INFERTILIDAD?

He trabajado varios casos de infertilidad. En algunos es la mujer que siente una presión social y familiar de tener que tener un hijo antes de los 35 años. En Terapia ha ocurrido que finalmente la mujer acepta sus deseos de no querer tener hijos y comienza a vivir feliz y en coherencia con este deseo y está bien que sea así.

Para poder quedar embarazada, se deben trabajar creencias, paradigmas, reconocer los patrones que se han heredados, hacer consciente el dolor, la información que se ha transmitido que hoy tú

Es importante **sanar la relación con tu madre** y reconocer que ella no eres tú. Soltar la idea de que vas a vivir los mismos sufrimientos y carencias que ella tuvo para liberar el miedo inconsciente a engendrar un hijo. Hay heridas con tu madre y con tu infancia en la que no deseas ser como tu madre, y temes que vas a repetir el mismo patrón.

Libera la obsesión de ser madre y analiza tus razones de querer serlo.

¿Deseas un hijo porque te sientes sola?

Tuve que frenar a mi mamá y su actitud de "bebé" conmigo.

¿Por qué deseas que un hijo una tu relación rota de pareja?

¿No quieres ser la única hija que no le de nietos a sus padres?

¿Quieres darle un hermanito a tu hijo único?

Asume tus emociones, libera el dolor y haz consciente tus deseos de ser o no ser madre. Si ya ha pasado tu tiempo, haz el duelo, reconcíliate con el dolor y acepta esta etapa y parte de tu vida. Enfócate en tu vida personal, laboral, busca nuevos proyectos, hobbies o actividades que nutran tu vida y tu espacio.

Descubre cuáles son tus sueños, que anhelas, que cosas has dejado en pausa por querer tener un hijo y retoma tu vida.

Si no existen impedimentos físicos, realiza la Terapia Transgeneracional o la Terapia Transgeneracional Saama que yo realizo ya que en la primera sesión habrás desprogramado los bloqueos que estaban impidiendo una gestación.

En nuestro Árbol Genealógico se encuentran respuestas a muchos conflictos y frustraciones que llenan nuestras vidas, limitando nuestro crecimiento y evolución.

Encuentra las respuestas y sana tu árbol para tu beneficio y el de todos.

Conocer tu Árbol Genealógico, tu historia familiar es un viaje al propio autonocimiento y un camino a la sanación.

Aprenderás a amarte, a aceptarte y comprenderás de manera clara el sentido de tu vida.

"Cuando tu abuela estaba embarazada de tu madre, el óvulo que fue fertilizado para convertirse en ti ya estaba presente en ella, por lo tanto todo lo que le afectó y vivió tu abuela, le afectó también a tu madre y a ti."

* Primero te debes aprender a conocer para saber qué es lo que no te gusta de ti.

SÍNDROME ANIVERSARIO

Nuestro Árbol Genealógico entiende de fechas…

"El inconsciente tiene buena memoria
y marca los acontecimientos importantes
del ciclo de vida por repetición de fechas o edad."
-Anne Ancelin Schützenberger-

Para el Transgeneracional no existe el azar, todo tiene un sentido y una razón. Las casualidades no existen.

¿Naciste justo en la fecha que un familiar ha fallecido?

¿Tu fecha de matrimonio es la misma de tus padres, abuelo, bisabuelos?

¿Existen accidentes repetitivos en tu familia?

¿Cargas con alguna enfermedad que tenga o haya tenido algún miembro de tu familia?

¿Tu separación de pareja coincide con la separación de tus padres o suegros?

¿Tienes algún familiar que haya fallecido en la fecha de tu cumpleaños?

Te sorprenderá tomar consciencia de la cantidad de acontecimientos que ocurren en fechas similares en cada familia.

Seguro te habrás dado cuenta que, en tu clan, es muy probable que muchos miembros de tu familia estén de cumpleaños en un mismo mes.

De una forma clara se podría definir como:

Síndrome Aniversario son repeticiones en las mismas de Fechas años.

_ **Nacimientos y Duelos.**

LO MISMO PASA CON LA SOCIEDAD como un ↑ TODO

_ **Repeticiones en la propia vida.**

_ **Repeticiones de situaciones traumáticas, dramáticas, accidentes Transgeneracionales a la misma edad.**

Por ejemplo, un acontecimiento dramático no resuelto que te ocurrió a los 5 años se repetirá a los 10, con la finalidad de solucionar el conflicto. Y si eso no se acoge, ni soluciona volverá a aparecer. *Gob. de Pinochet*

Para el Árbol Genealógico no existe el "azar", por el contrario, éstos obedecen a programas del árbol.

Si hoy estás sufriendo algún tipo de conflicto importante en relación al dinero, amor, trabajo, mira qué edad tienes hoy y busca en tu árbol a tu doble por nombre, profesión, fecha de nacimiento o quizás pueda ser una lealtad. Busca que ancestro vivió lo que estás viviendo hoy. Encontrarás resoluciones, porque se está reviviendo para sanarlo.

Anne Ancelin Schützenberger, en su libro **"Ay, Mis Ancestros"** habla en detalle lo que significa el Síndrome Aniversario.

Comparto contigo un extracto de una entrevista a Anne Ancelin Schützenberger en relación a un Síndrome Aniversario *Revista Nouvelles Clés (1999)*

Usted es Psicoterapeuta y analista, pero cuando usted recibe un paciente se interesa poco en su historia individual, o por lo menos usted la ubica en un contexto más amplio, pidiéndole al paciente que le cuente sobre la vida de sus ancestros.

Usted le hace escribir, en particular, fechas que recuerde con su puño y letra.

¿Como llegó a darle este vuelco al desarrollo de la cura?

Comencemos por decir que no es una "cura" propiamente dicha, es más bien una profundización, una ampliación de la visión que acompaña o precede una Terapia, una crisis, una enfermedad grave, una búsqueda de identidad o de desarrollo personal, un cambio de vida.

Durante los años setenta yo iba a acompañar y hacer seguimiento a domicilio (en París) a una joven de origen sueco de 35 años que se sabía condenada a un cáncer terminal y no quería morir "cortada en pedazos como un salchichón" y pidió auxilio.

Acababan de amputarle por cuarta vez una parte del pie y los médicos estaban listos para cortarle otra parte más arriba. Como yo tenía una formación psicoanalítica Freudiana le pedí a la joven que se dejara llevar y me hablara libremente de todo lo que le pasaba por la cabeza por asociación de ideas. Como ustedes saben un análisis es largo -a veces muy largo- y este ejercicio hubiera podido llevar diez años.

Pero ella no tenía todo ese tiempo. Estaba en una carrera contra reloj con la muerte. Sucede, que en su casa reinaba una foto de una mujer muy bella en la pared de su sala.

Mi paciente me contó que se trataba de su madre, muerta por cáncer a la edad de treinta y cinco años. Yo le pregunté entonces por su edad… "treinta y cinco" me dijo. Yo dije: "ahh?" y ella replicó: "ohhh!"

Tuve de pronto la impresión de que esta joven se había identificado inconscientemente hasta tal punto con su madre que se había programado para repetir su destino trágico. A partir de ahí todo cambió tanto para ella como para mí.

¡Estamos literalmente impulsados por una poderosa e inconsciente fidelidad a nuestra historia familiar!

¡Y tenemos una gran dificultad para inventar algo nuevo en la vida!

En algunas familias, vemos que se repite el síndrome de aniversario, en forma de enfermedades, muertes, abortos naturales o accidentes.

También porque te critican tanto ₒₒₒ

En tres, cuatro, cinco o a veces ocho generaciones. Pero hay una razón más intrincada por la cual repetimos enfermedades, así como accidentes de nuestros ancestros. Si tomamos cualquier Árbol Genealógico, vemos que está repleto de muertes violentas y adulterios, de anécdotas secretas, de bastardos y de alcohólicos. Estas son cosas que se ocultan, heridas secretas que no se quieren mostrar.

¿Qué ocurre cuando, por vergüenza o por conveniencia, no hablamos del incesto, de una muerte sospechosa, de los fallos del abuelo? LA HISTORIA SE REPITE.

El silencio que se haga sobre un tío alcohólico, creará una zona de sombra en la memoria de un hijo de la familia, quien para colmar ese vacío y rellenar las lagunas, repetirá en su cuerpo o en su existencia el drama que se le intenta ocultar. En una palabra, será alcohólico como su tío.

¿Pero esta repetición supone que ese chico sepa algo de esta vergüenza familiar y que haya oído algo sobre su desgraciado tío… verdad?

¡Por supuesto que no! La vergüenza no necesita evocarse en absoluto para pasar la barrera de las generaciones y venir a perturbar un eslabón débil de la familia.

Voy a darle un ejemplo de una niña de cuatro años que, en sus pesadillas, se ve perseguida por un monstruo. Se despierta por la noche tosiendo y, cada año, por la misma fecha, su tos degenera en una crisis asmática.

Es el 26 de Abril, me dice la madre. Yo conozco las fechas de la historia de Francia (muchos traumatismos ancestrales encuentran su origen en las persecuciones o en los campos de batalla).

El 26 de Abril de 1915, las tropas alemanas lanzaron por primera vez gas tóxico sobre las líneas francesas. Después, miles de "peludos" (militares franceses de la primera guerra mundial, ya que no podían afeitarse) perecieron asfixiados. El hermano del abuelo era uno de esos soldados.

Le pido a la niña que dibuje el monstruo que ve en sus pesadillas.

Ella dibuja con un lápiz lo que llama ¡"unas gafas de submarinismo con una trompa de elefante"! ¡Era una máscara de gas de la guerra de 1914- 1918! Sin embargo, nunca había visto una máscara de gas y nunca le habían dicho nada sobre la asfixia del abuelo. Pues bien, a pesar de todos esos obstáculos, la información pudo pasar. ¿Cómo? Quizás por el hecho de querer evitarlo.

El recuerdo del muerto mal enterrado creó en la madre una zona de sombra en la que se ocultó el dolor.

Hipótesis:

A lo largo de su vida, habrá habido lagunas en la forma de hablar de esta mujer; cada vez que haya encontrado la ocasión de pensar en la brutal muerte de su abuelo (una foto familiar, una imagen de guerra en la televisión), habrá manifestado una conmoción que, sin duda, se habrá expresado primero en la mirada, en la voz o en las actitudes más que en el contenido de las palabras que habría podido quizás intercambiar. Habrá evitado ver cualquier película de guerra… Hablado mal de Bélgica… O tenido miedo del gas…

¿Has sentido alguna vez desbordarte en tus emociones?

Seguro que sí, a todos nos ha sucedido y está bien, necesitamos liberar nuestras emociones para aliviar las emociones reprimidas que llevamos dentro. Cuando nos hemos sentido en desbordes emocionales es porque estamos resintiendo y reviviendo memorias dolorosas del pasado. → Mi mamá y hermana Ale viven teniendo desbordes emocionales.

TUS ANCESTROS QUIEREN QUE SANES

Ejemplo:

Paula, está de novia con Raúl. Llevan 3 años de relación, el mayor temor de Paula es sentirse traicionada y engañada por su pareja. Al conocerlo se enamoró a primera vista de él por su generosidad y atenciones.

Ella ha tenido que controlar sus celos durante todo este tiempo, que son signos de inseguridad aparentemente, sin embargo, Paula es una Joven muy bella e inteligente.

Al cumplir los 3 años de relación se cumplió su peor pesadilla…. Raúl la engaña y la deja por otra mujer. Paula tenía **24 años de edad**.

Todo se destruyó, Paula entró en crisis, desbordes de todo tipo, pasó del amor al odio. Sentía que su corazón estaba en llamas, un vértigo la acompañaba a ratos durante del día, un vacío inmenso se instaló dentro de ella, y el llanto, la desolación y la amargura no querían soltarla.

Infancia de Paula:

Su madre los crío a ella y a su hermano dos años menor. La Madre de Paula tuvo que dejar sus estudios porque quedó embarazada a muy temprana edad. Esto causó en ella mucha frustración ya que se vio obligada toda su vida a quedarse en casa, encargada de todos los quehaceres del hogar y criando muchas veces sin paciencia y de malas ganas a sus dos pequeños hijos.

El padre de Paula trabajaba en ventas para una empresa en el extranjero, y por ese motivo no tenía horarios fijos y durante toda su infancia muchos fines de semana, cumpleaños y fechas importantes su padre estuvo ausente.

Este tipo de situación es bastante común. Cuando un padre o madre trabaja mucho, o está fuera de casa largo tiempo el niño lo percibe simbólicamente como un **abandono y traición**. Es la primera traición que siente el niño o niña, vive en su corta edad porque eso "no debería" ser así. Más aún que la madre de Paula, era una mujer dura, estricta y golpeadora.

Los padres de Paula no tenían una muy buena relación, se habían casado muy jóvenes y ambos tenían intereses muy distintos. Al pasar el tiempo la distancia entre ellos fue cada vez más grande, así como las discusiones y dramas familiares.

La Madre de Paula, guardaba muchos resentimientos con el padre de Paula ya que había tenido que soportar muchas infidelidades, ella no tenía ninguna profesión u oficio y siempre se sintió amarrada a esta situación de pareja y familia.

Esto ocurre en muchos casos, en donde la mala relación con la madre causa mucho daño y resentimientos, pero al mismo tiempo genera una **idealización** del padre que no está. La hija le espera, idolatra, pasa a ser una especie de "Superman" con la diferencia de que Superman aparecía **antes** de la tragedia, este **"padre Superman"** siempre **llegaba tarde...**

Cuando Paula tenía **12 años**, su padre los deja y se va con otra mujer.

En el inconsciente de Paula se graban muchos programas, estamos llenos de ellos, nuestra vida gira en torno a programas y creencias.

Veamos unos ejemplos para que quede más claro:

_ Mi padre me abandona

_ Mi madre me mal trata y mi padre, no está para defenderme ... (es acá en situaciones como esta que se genera la **Traición**).

_ Mi madre no me habla bien, me golpea y mi papá no está conmigo (genera **rechazo** de la madre y **ausencia** del padre).

_ Todos los hombres son iguales (repetición del clan).

_ **No me aman = este punto es extremadamente importante.**

Si no tengo una madre amorosa, que me diga a diario lo que me ama, lo bella que soy para ella, lo feliz y orgullosa que está de mí, que me lo demuestre con cariño, actos de amor, con palabras dulces, yo no podré amarme, mi madre no me ha enseñado a **amarme**, a sentirme importante, por lo tanto, de adulta buscaré a **"alguien"** que me diga que me ama para sentirme amada. Y si de adulta ese **"alguien"**, **se va de mi vida, sentiré que mi mundo se derrumba.** (tragedia).

* Como madres nosotras construimos el autoestima de 329 nuestr@s hij@s.

Recordemos que todas nuestras experiencias son Transgenegeracionales, la madre de Paula, tuvo una infancia muy parecida a la de sus hijos. La diferencia era que en vez de 2 hermanos eran 7, y su padre era alcohólico, muy violento y agresivo. Por lo que puedes imaginar que tampoco se le enseñó a amarse, cuidarse, a sentirse segura de sí misma. → las madres enseñamos el "autoestima".

Paula de pequeña vivió y sufrió la ausencia de padre, su primera traición, luego, ya sabemos que su padre fue infiel varias veces, esto también afecta a los niños, porque ella se sintió simbólicamente engañada.

Ahora de adulta, en su subconsciente tiene grabado estos episodios de engaños, malos tratos, abusos, y la lealtad y creencias de su árbol dice:

_ Todos los hombres son iguales (infieles y abandonadores).

_ Los hombres traicionan y engañan.

Entonces no es de extrañar que ella con estas creencias y programas, se relacione justamente con las personas que le activarán estos programas para su evolución.

El **enamorarse a primera vista,** significa que ambos inconscientes se reconocen en este programa:

Miedo a la traición = infiel

¡La pareja perfecta para el árbol!

Y se juntas estos individuos inocentes para entrar en este programa y el mensaje no es solamente repetirlo, sino sanarlo.

Una forma de sanar el árbol por ejemplo sería:

_ Separase:

Acá se envía una nueva información al clan. Antes ninguna mujer se separó por el contrario y aguantó años viviendo de esta manera, ahora está la opción **B** que dice que si lo deseas toma fuerzas te separas y sigue en busca de tu camino y una vida mejor.

_

Realizar Terapia:

Ya sea en pareja o de manera individual se aconseja una Terapia para que cada uno pueda conocerse mejor, luego ver que es lo que pueden aportar a la relación de pareja, ver sus comportamientos de manera personal y realizar un compromiso de cambios profundos por el bienestar de ambos. Se puede **"salvar"** a la pareja cuando hay **amor y voluntad.**

Desborde de Paula:

Después del detalle de este ejemplo podrás comprender que el desborde de Paula, es un conjunto de situaciones no resueltas principalmente de su infancia, en donde Raúl no es importante. Como diríamos es la **guinda** de la torta.

En Terapia Transgeneracional este tema se analiza así:

Con el "engaño" de Raúl, se activaron viejos programas en Paula. Raúl representa simbólicamente a su padre, representa los abandonos que sintió por parte de su padre, representa la traición que sintió de su padre y representa también a los hombres de su clan.

En resumen, el desaborde emocional es por **todos** los **engaños, traiciones y abandonos que ha sentido en su vida** y no solamente lo vivido con Raúl.

Síndrome aniversario
en la vida de Paula

Su padre los deja a los 12 años, existe un drama familiar que no es sanado al contrario cada año genera más dolor.

A los 24 años su novio la engaña y la deja, se repite la misma historia, cambia el escenario, pero la historia es la misma.

En Terapia cuando tenemos un caso así, a diferencia de otras Terapias, no vamos a concentrarnos en su separación con Raúl, vamos a ver su árbol, buscar lealtades y dobles para identificar lo que se ha repetido y no ha sido solucionado. Yo trabajo en este conflicto principalmente

heridas de Infancia en Paula, la ayudo a trabajar en su amor propio, su autoestima, a ver el tema con su madre, sanar su relación, y a ver quien es su padre como **"hombre"** y no como superhéroe, para que pueda ver el **programa** que hereda, de lo contrario como sucede muchas veces, en su siguiente relación va a repetir el mismo patrón.

Trabajo Personal:

Reflexiona acerca de qué situaciones que han ocurrido repetitivas veces deben ser revividas para trabajar en su sanación.

"Somos menos libres de lo que creemos y al mismo tiempo tenemos la posibilidad de conquistar nuestra libertad y de salir del destino repetitivo de nuestra historia si comprendemos los complejos vínculos que se han tejido en nuestra familia".

-Anne Ancelin Schützenberger-

MADRES SUPER POSESIVAS Y CASTRADORAS.
" QUE ODIAN EL SEXO O PASARLO BIEN.
" A LAS QUE LES GUSTA EL DRAMA.

332

Me mudé a Australia cuando tuve 28. A los 27 estaba preparando el viaje

EL CLUB DE LOS 27

Para terminar con el capítulo del Síndrome Aniversario quise integrar a lo que se llamó **EL CLUB DE LOS 27.** Como ya habrás aprendido, las repeticiones no solamente ocurren en nuestro inconsciente familiar, sino que también en el inconsciente colectivo. Este caso también entra en el tema de las lealtades.

Se le llamó así al club de músicos famosos que comparten la singularidad de haber muerto todos a los 27 años por sobredosis de alcohol, drogas o suicidio.

Todos fallecen los 27 años, todos ricos y famosos, todos amantes del rock y todos de muertes trágicas.

Cuenta la leyenda …

Robert Johnson:

Se dice que era un músico mediocre, estaba resentido y enojado con Dios por haber perdido a su joven esposa e hijo. Era tanta su desesperación y desánimo que dicen que hizo un pacto con el Diablo en donde le pidió fama, dinero y tocar el Blues como los *dioses…*

Johnson se convirtió de la noche a la mañana en un músico extremadamente talentoso. Grabó 29 canciones, entre las cuales se encuentran dos de sus mayores éxitos, "Crossroad blues" y "Me and the devil blues", las cuales hacían referencia precisamente a este pacto.

Luego le siguen:
Brian Jones: Fundador de los Rolling Stones
Jimi Hendrix

Janis Joplin
Jim Morrison: vocalista de The Doors
Kurt Cobain
Amy Winehouse

Es exactamente lo que mi abuelo Pedro me dijo antes de morir.

La vida de cada uno de nosotros es una novela.
Ustedes, yo, vivimos prisioneros de una invisible tela de araña
de la que también somos uno de los directores

-Anne Ancelin-Schützenberger-

CLUB DE LOS 27

Igual como las ramas de un árbol, a veces crecemos en diferentes direcciones, sin embargo compartimos una misma raíz. Así la vida de cada uno siempre será una parte esencial de la vida del otro.

Nada es al azar, así como nadie está en la tierra por error. Todos tenemos algún propósito de vida, todos tenemos sueños y metas y así también ocurre en nuestra familia. Cada uno representa un rol importante dentro del clan.

RANGOS DE HERMANDAD

En esta Fotografía está Suilang, mi padre Koc-ji y mi tía Suiying Chung Wong

Ahora hablaremos de la importancia del Rango de Hermandad. Nuestros hermanos, hermanas, son las personas con las que formamos unos de los vínculos más fuertes después de nuestros padres. Existe la complicidad, el amor, la afinidad y lealtades, así como también desavenencias y conflictos.

Me ha tocado ver en mis Terapias que tristemente los vínculos entre hermanos se rompen, y se ven perjudicados principalmente por el mal manejo que han tenido los padres en la comunicación que tienen con sus hijos. → Mis padres NO han sido líderes

Existen las preferencias, un padre no es igual al trato que tiene con su primogénito varón que con su última hija. A los padres no les gusta aceptar que esto es así, pero a veces es demasiado evidente. Suelen ser más exigentes con unos que con otros, más tiernos con unos que con otros, a algunos golpean y al otro hijo no, he visto muchos casos en que una madre puede abrazar a un hijo y al otro no, y se llenan de comparaciones entre un hijo y el otro.

En resumen, somos los padres los que potenciamos las diferencias entre hermanos y los que podemos llegar a romper este maravilloso vínculo que está hecho para durar toda una vida.

El Rango de Hermandad nos indica que cada nacimiento es especial, cada hermano nacido ocupa un lugar en su familia, tiene un rol específico el cual debe ser respetado primero por los padres para que luego por repetición sea respetado por los mismos hermanos.

Podemos ver en muchas familias que el último de los hijos es el más regalón, se le permite absolutamente todo, cosas que para los hermanos mayores era imposible de aceptar, como no comer, comer en su habitación, estar sucio, no ayudar en la casa, salir hasta altas horas de la noche, responder mal a los padres, gritar, hasta golpear y tratar mal a sus hermanos.

Los hermanos mayores tienen prohibido defenderse y deben aceptar el abuso y malos tratos de su hermano menor, así como el abuso de los padres sobre los hermanos mayores. Este patrón de comportamiento queda grabado y puede repetirse luego en sus relaciones de pareja, trabajo en donde no van a poder tener fuerzas para defenderse o expresar sus emociones.

Este es solo un ejemplo, no digo que todos los hijos menores sean igual, aunque no se puede negar que sí existe más permisividad.

Los rangos de hermandad se basan en una regla de tres.

Si tomamos la simbología y numerología integral de la creación:

UNO es masculino, el hombre.

DOS es femenino, la mujer.

TRES es la realización del hijo, siendo el tres la cifra de la creatividad, el hijo es la mayor creación.

Muchos de los estudios Transgeneracionales y Constelaciones se basan en la trinidad de conceptos.

Este rango de hermandad cuenta con simpatía y afinidad por ciertos hermanos entre ellos. Hay algunos hermanos que por "afinidad" tendrán la tendencia de llevarse mejor que con otro hermano.

También existe la Polaridad, con un hermano que compartamos el mismo rango de hermandad también me puedo llevar muy mal, ya que me está mostrando los conflictos, y situaciones que debo resolver en mi vida para crecer y evolucionar.

Vamos a trabajar una tabla de hasta tres para calcular nuestro rango de hermandad.

En la época de nuestros abuelos y bisabuelos se acostumbraban tener muchos hijos, y era normal llegar a 6,8, 10, 12 o más hijos en la familia.

Vamos a mirar la tabla en forma **Vertical.**

Para aplicar el Rango de Hermandad, se deben considerar **los abortos** que existen antes que tú, es decir si eres la **hermana mayor de tres,** y antes que tú hay un **aborto,** para el estudio y análisis del Transgeneracional, pasas a ser la **Segunda hija y no la Primera.** ¿Se entiende?

Si eres el **segundo hijo** y antes que tú hubo **dos abortos,** ya no eres el segundo pasas a ser el **Cuarto Hijo.**

Esta afinidad explica por qué algunos padres se llevan mejor que con otros.

Por lo general cuando padres comparten el mismo rango de hermandad con algún hijo, este será inconscientemente su preferido.

Ejemplo:

*En una familia, si el **padre es el uno** y la **madre es la número dos**, y tiene dos hijos, el **padre favorece al mayor y la madre al menor**.*

Veamos entonces con qué familiares eres doble, y con quién tienes afinidad.

Marca en esta hoja tu línea de hermandad y en tu cuaderno escribe según tu conocimiento el rango de hermandad de tus padres, abuelos, tíos y bisabuelos.

Ejemplo:

Mi padre es el tercer hijo, mi madre es la segunda, la abuela la primera y así sucesivamente.

Entonces tenemos:

Primer Hijo	Segundo Hijo	Tercer hijo
Cuarto Hijo	Quinto Hijo	Sexto Hijo
Séptimo Hijo	Octavo Hijo	Noveno Hijo
Décimo Hijo	Décimo primero	Décimo Segundo Hijo

Esto significa que, si eres el **tercer hijo,** vas a ser Doble, y tendrás más afinidad o todo lo contrario con todos los hermanos que pertenezcan a tu misma línea vertical.

Serás doble del **Sexto, Noveno y Décimo hermano, Pero también compartirás información y serás doble con el Sexto, Noveno y Décimo Rango de Hermandad de tu clan.** Incluye a todo tu Árbol Genealógico, el linaje de la Madre y del Padre.

Es decir, si tu abuela es la sexta hija, eres doble con ella, y si tu bisabuelo es el Noveno hijo, serás también su doble.

Si eres el **hijo mayor** tus afinidades serán con tus hermanos **cuarto, séptimo, y décimo** y con **todos los familiares** que compartan el mismo rango de hermandad.

Es importante estudiar tu Árbol Genealógico para comprender tu historia personal. Busca e identifica los rangos de hermandad de tu familia y si tu madre tiene algún problema con alguno de sus hermanos busca en tu generación que conflicto están heredando.

→ Mi mamá se lleva pésimo c/ la Ale

Compara, analiza, deja que tu árbol te hable ☺

¿QUÉ PASA SI NO TENGO HERMANOS?

Si no tienes hermano serás doble exclusivamente de los hijos únicos de tu clan. Si hay abortos antes que tú, para el árbol ya tienes hermanos y ocuparás el rango de hermandad que te corresponda.

El hijo único carga con todos los proyectos que sus padres tenían para los hijos que no llegaron a nacer, lo que se transmite en algunos casos en una sobre exigencia para este niño, con fuertes y altas lealtades y contratos invisibles, con una negación al fracaso.

Cuando son muchos hermanos, tienen que tratar de ser vistos para sentirse amados y considerados, por lo que su esfuerzo en ser vistos a veces sobrepasa al otro lado de la cordura y vemos robos en la infancia, abusos, malos tratos entre ellos, y muchas diferencias de opiniones y rebeldía.

→ Ese fue el caso mío y de mis herman@s.

El primogénito:

Tiene bastantes beneficios, se le trata distinto, se espera mucho más de él también, y ocurre que se siente como príncipe destronado con la llegada de sus hermanos. El primogénito intenta conquistar el mundo.

El primer hijo por energía tiene más afinidad con el padre. *Ale*

El segundo hijo:

Siempre siente que debe **hacerse su espacio**, goza de mucha menos tención de sus progenitores ya que se instala un sentimiento de serenidad y de menos angustia que con la llegada del primer hijo. El hijo segundo tiende a sentirse acomplejado por no ser "Tan" (puede ser de todo inteligente, rubio, moreno, alto, creativo, etc). El segundo hijo intenta vivir en armonía con el mundo.

Existe la tendencia a dejarlo más tiempo solo, si llora el bebé ya no es grave, no hay un padre o madre que corren desesperados a ver su llanto o que están pendientes del él las 24 horas del día. Crece más independiente, más **solitario**, más **abandonado.**

El tercer hijo o el último: *Margarita*

Tienen la tendencia de ser más seguros, osados, atrevidos, ya que han ganado experiencia el ver a sus hermanos mayores relacionarse y han tenido que aprender a relacionarse con personas de mayor edad que ellos. El tercer hijo se inclina a eludir el contacto con el mundo.

De manera muy sutil y a veces no tanto, los hijos menores están atrapados entre sus padres ya que sus hermanos mayores hacen sus vidas y él, el menor siente una lealtad por no dejar solos a sus padres.

Algunos viven con sus progenitores de por vida.   *Viví c/ellos hasta los 28.*

El cuarto, quinto y sexto hijos repiten las tendencias del primero, segundo y tercer hijo y así sucesivamente.

Cuando entre los hermanos existe mucha diferencia de edad, cada hermano se cría como hijo único, y éstos a su vez desarrollan el rol de padre o madre para sus hermanos menores.

Entonces ya puedes analizar tu historia con tu nombre, parecidos físicos, profesiones iguales, fecha, lealtades y patrones y ahora con el rango de hermandad.

Hay algo que es cierto, de manera inconsciente no solamente en Chile sino en todo el mundo se espera que el primer hijo sea varón. Existen muchas razones por esto, en primer lugar es porque dentro del reino animal, es él quien se encargará de *cazar*, de cuidar a su manada si el "macho alfa" muere, es él quien se encargará de dirigirlos, y en la especie humana es lo mismo, será el hijo mayor quien se encargará de su familia si el padre fallece o desaparece. Será el hijo mayor quien deberá salir a trabajar para mantener la familia. En este caso si el mayor no es un hijo varón será entonces *la hija quien toma el rol de padre.*

Cuando esto sucede veo en Terapia a mujeres, bellas, independientes, que no están en pareja, que buscan estarlo, o que por el contrario los hombres que eligen no se comprometen, están casados o viven en el extranjero, ¿La razón? Muy simple:

Para el Árbol Genealógico, ella es el padre, el hombre, que está casada simbólicamente con su madre, y si tiene hermanitos, éstos serán simbólicamente sus hijos. Para el árbol ella ya tiene su familia y le es leal, es por esa razón que busca no comprometerse, o hombres casados, o que vivan lejos, así cumple su rol de protección, y no dejará a su familia, porque ser leal a su familia es más fuerte que su propia felicidad.

Entre hermanos se debe promover el respeto entre ellos y esta es responsabilidad de los padres y adultos de su familia. Son los progenitores los que deben inculcar el respeto entre hermanos, evitando comparaciones y favoritismos que solo buscan separar y romper el vínculo entre hermanos causando celos, envidias y resentimientos.

El hermano que ha llegado primero se ha ganado un derecho de respeto y jerarquía. Tiene más experiencia, ha compartido seguramente más vivencias con sus progenitores, y muy probablemente no lo ha pasado tan bien por ser el mayor. Los hermanos menores deben aceptar este orden y lugar y deben respetarlo.

Cualquiera sea tu rango, afinidad que tengas con tus padres y familiares existe un vínculo fuerte que debes aprovechar de tus hermanos, existe una especie de complicidad, y lealtad una de las más fuertes del clan después del lazo con los padres.

Se debe potenciar el trato de tu a tu, de igual a igual donde entre hermanos mutuamente se relaciones como mejores amigos, compartiendo secretos, anécdotas vivencias que se guardarán para siempre en sus recuerdos, y éstos mismos recuerdos fortalecerán el trato y la relación que compartirán de adultos.

ESTE ES MI CASO

Si no has tenido la bendición de gozar una buena relación con tus hermanos, y por el contrario guardas recuerdos dolorosos y traumáticos mira un poco más atrás y observa la relación de tus padres con sus hermanos, y lo mismo de tus abuelos o bisabuelos. Mi abuela Vivia tenía dramas y sus hermanos.

Ve cuánto puedes hacer tú por mejorar la relación tomando consciencia que muy probablemente estén todos enredados en lealtades y conflictos heredados. → Mi abuela no se habla y su hermana en México.

Si no es posible tener una buena relación te queda solamente comprender y aceptar desde el amor. Quizás ya en esta vida no haya más por hacer y el vínculo que hoy tienen forma parte de Karma que ustedes han vivido.

No pelees, no discutas, no insultes, no hagas daño, que todo eso se seguirá expandiendo en tu descendencia y solamente lograrás envenenar tu Alma.

Eso me pasó el año pasado

A cambio toma una foto de tus hermanos de pequeños, mírala y diles que les amas, envíales todo tu amor, seguro han sufrido mucho, y el daño que han causado es el mismo daño que han recibido y no podemos juzgar, no nos corresponde, y si lo deseas practica el **HOPONOPONO, LO SIENTO, PERDÓNAME, GRACIAS, TE AMO.**

and move on...

En esta fotografía estoy con mis hermanas Siu-jen y Ailien QuimFa, y mi prima Milén.

Mis hermandas Ailien Quim-Fa, Siu-jen Andrea y yo.

¿QUÉ SABES DE TU ABUELA MATERNA?

Y, Tú ¿Qué sabes realmente?

Querida abuela: ¿Sería mucho pedirte que bajaras del cielo y me abrazaras?

Mientras más estudios tenía con respecto al Transgeneracional más me sorprendía de la gran influencia que inevitablemente tenemos de nuestros antepasados. Desde los aspectos físicos, emocionales, nuestra manera de pensar, actuar de ver la vida ha sido todo con ojos de la mirada de nuestros ancestros.

En relación a tu abuela Materna:

¿Qué sueños tenía? ¿Los cumplió? No, ninguno. Me imagino que se quería casar y tener una familia. Fue mamá soltera.
¿Cómo fue su infancia? ¿Se casó enamorada?
Su padre murió cuando ella tenía 14
¿Qué número de hijo era? ¿Qué estudió? ¿Cuántos hijos tuvo?
Mi abuela era la hija Nº   y tuvo 1 hija
¿Y abortos? ¿De que nacionalidad eran sus abuelos?
chilenos
¿Qué enfermedades tuvo? ¿Cómo fue tu relación con ella? ¿Tuvo algún accidente en su vida? ¿Fue criada por sus padres? ¿Sufrió abusos o alguna violación? ¿Cómo es o era la relación de tu abuela con tu madre? TERRIBLE,
se odian y aman al mismo tiempo.
No sabía hasta qué punto la abuela materna jugaba un rol importante en nuestras vidas. Cuando lo descubrí, ya había sido tarde para mí, mi querida abuela Rebeca ya no estaba en esta tierra.

Varios: se cayó de la micro y terminó hospitalizada. La chocaron de frente y ella iba de copiloto. Cuando estaba en el hospital a raíz de ese accidente, hubo un terremoto y tsunami en el área.

Para mi suerte, la Isabelle se parece mucho a mi mamá y hermana mayor Ale.

Textos de Alejandro Jodorowsky

¿Por qué es tan importante nuestra abuela materna?

Ella es la clave a la hora del traspaso de información genética y de programas de una generación a otra.

Cuando tu abuela estaba embarazada de tu mamá, el feto ya tiene los ovocitos formados y de estos ovocitos, van a salir dos millones de óvulos que tendrá tu mamá durante su vida. Uno de estos óvulos, eres tú. Así que este óvulo lleva la información de la abuela.

¿Por qué de la abuela y no del abuelo?

Porque la abuela pone el óvulo y el abuelo el espermatozoide. Y el óvulo aparte de la información genética, lleva la información mitocondrial, que está en la membrana celular.

En el hombre la información está en el espermatozoide, y como sabes en el momento de la fecundación, la colita queda fuera. En la mitocondria es donde está guardada la información a niveles de programas que se heredan.

La información mitocondrial es una propiedad de los óvulos, no de los espermatozoides por lo que la transmisión es de abuelas a madres, y de madres a hijas.

La información a la que nos estamos refiriendo está relacionada a su **sentir,** a la información, y programas que se guardan en su inconsciente, es todo lo que amó, detestó, sus sueños frustrados, su relación con sus progenitores, sus vivencias de infancia, la relación con su marido, con los hombres, su relación con la sexualidad, sus creencias religiosas, sus memorias tanto alegres como traumáticas, en pocas palabras lo heredamos todo.

Podemos ser leales a un ancestro sin ser "dobles" es decir podemos tener distintas fechas de nacimiento, y aún tener similitudes en elecciones de vida, sufrimientos, recursos. Heredamos mucho más de los abuelos que de nuestros padres. Para los niños ambas abuelas son importantes porque cada una le brinda y transmite herencias de sus árboles.

yo era regalona de mi abuelo paterno Pedro Fabio y me parezco mucho a él.

En esta foto a tu izquierda está mi Bisabuela Materna Amadora Leal, en el centro la hermana menor de mi padre Suiying Chung Wong. A la derecha mi Bisabuela Paterna Yong Tay.

Aquí estoy con mis hermanas, Siu-jen y Ailien Quim –Fa, la hermana de mi madre Priscilla, su hijo Fernandito, y mi abuelita materna María Rebeca Mora.

Acá estoy en brazos de mi abuelita paterna, María Isabel Wong.

LA IMPORTANCIA
DE CERRAR DUELOS EN
EL TRANSGENERACIONAL

"Los duelos no hechos, las lágrimas no derramadas,
los secretos de familia, las identificaciones inconscientes
y lealtades familiares invisibles... pasan por los hijos y los descendientes.
Lo que no se expresa con palabras, se expresa con dolores"
-Anne Anceline Schützenberger-

"No permitirse sentir lo que verdaderamente les está pasando
terminará dañando su cuerpo y su alma."
-Bernardo Stamateas-

Mi mamá sufre TANTO!!!

¿Qué esperas para sanar aquello que no te pertenece?

Los duelos son ciclos emocionales de nuestra vida que no se han cerrado, ya sea porque han sido dolorosos y la persona se siente incapaz de salir de este estado de shock, porque han sido muy traumáticos, trágicos e inconscientemente se ha decidido dejar todo al **olvido y bloquearlo** porque no se ha sabido como poder dar fin a lo sucedido. Estos ciclos emocionales no trabajados, pueden durar años, incluso ser heredados a la siguiente generación.

Una de las razones por las que no se ha podido cerrar un duelo es porque no se puede justificar la pérdida porque ha sucedido muy inesperadamente.

Podemos estar viviendo un duelo bloqueado por nuestros ancestros o bien uno propio.

La muerte del padre de mi abuela Vinia
cuando ella tenía 14 años.

El duelo no realizado, bloqueado pasará a las siguientes generaciones esperando por alguien que lo vea, le dé un espacio dentro de la familia, estará esperando por alguien que le dé contención y cierre amorosamente al ciclo. De lo contrario se transmitirá como una herida abierta buscando quien la cure y la sane.

¿Cómo saber que estoy viviendo un Duelo bloqueado?

- Sientes una gran pena profunda de la cual ignoras su origen.

- Te sientes desganado y desmotivado.

- Trabajas en exceso de horas al día.

- Te cuesta asimilar separaciones y rupturas en tu vida.

- Cuando te encuentras bien, repentinamente sientes una fuerza que te obliga a sentirse decaído.

- Lloras con facilidad y desconoces el por qué.

- Tienes dificultad para expresar tus emociones.

- Sientes que "algo" te falta, tienes la sensación de sentirte incompleto

- Te cuesta proyectarte con sueños y metas.

- De un momento a otro has comenzado tener síntomas y malestares uno tras otro.

- Andas hipersensibles con temas de abandonos, fallecimientos, pérdidas en general.

- Tienes dificultades para conciliar el sueño.

- Sientes un vacío en tu pecho, en que puedes tener dificultad en momentos dolorosos de respirar correctamente.

"Toda pérdida del pasado sin cerrar se transforma en un peso que no me deja alzar el vuelo, que no me permite avanzar."

-Bernardo Stamateas

¿Por qué es importante
cerrar duelos en nuestra vida?

Muchas veces el miedo a enfrentarnos con el dolor, el miedo a caer en las profundidades de nuestras sombras, a lo desconocido, el miedo a revivir el evento triste y traumático, la angustia de sentirnos solos frente a lo acontecido, nos aleja de esta posibilidad de sanación.

Y es así como todo queda "olvidado", pero no solamente se olvida lo ocurrido, también se olvida e ignora el sufrimiento de la persona que ha padecido aquel acontecimiento. Un duelo no cerrado involucra siempre a más de una persona, y el dolor de estas personas es el que no se reconoce, por ejemplo, podemos hablar de la muerte del hijo de la abuela …

Quizás solamente sabemos que tenía 6 años y que murió ahogado.

En la familia se "sabe" de este niño que murió ahogado, pero pocos saben su nombre, ni cómo ocurrieron los acontecimientos. Nadie en la familia ha acogido verdaderamente ese dolor, nadie ha imaginado lo que significó para la abuela, perder un niño, vivir su ausencia y vivir toda una vida cargando esta tristeza.

Nadie sabe lo que significó para el abuelo perder a su niño, nadie lo imagina, nadie se lo cuestiona, pareciera que a nadie le importara ya que ocurrió cuando muchos aún no habían nacido.

Pero queda ese dolor, quedan las lágrimas no derramadas, la angustia, la impotencia, pero alguien deberá comprender el dolor de los abuelos para liberarlo.

EL DUELO MIGRATORIO, ¿AVENTURA O AUTOEXILIO?

¿Has sentido alguna vez unas ganas increíbles de emigrar, de viajar al otro extremo del mundo?

¿Estás constantemente pensando en viajar?

¿Tienes la sensación de estar en un lugar que no te corresponde?

¿Sientes que por más que lo tengas "todo", no te sientes en casa?

¿Has tenido la sensación de ser como una planta, que está en un macetero ajeno y que la pasan de un macetero otro y finalmente muere?

¿Cuándo has estado de viaje sientes la sensación de libertad y ganas de vivir en otro lugar?

Si es así, si por lo menos con una de las preguntas que he mencionado, yo te pregunto:

¿Tus abuelos o bisabuelos son emigrantes?

Te aseguro que si lo son y estás cargando con el **"Duelo Transgeneracional de la emigración"**.

"La emigración hoy tristemente ya no es una solución, es una derrota.
La gente está arriesgando la muerte, ahogándo todos los días, porque están llamando a las puertas que no se abren"
-Tahar Ben Jelloun-

Como lo estás viendo ahora, existen muchos tipos de duelos, siempre se asocia casi solamente a pérdidas familiares, pero también un duelo está asociado a traumas, abusos vividos, y emigración o exilio.

Migrantes somos todos, si crees que no es que realmente no lo sabes. Todas las regiones del mundo se ven afectadas por movimientos migratorios ya sea por entradas o salidas de un país a otro.

Las razones que impulsan este movimiento de personas, son variados, dese huir de guerras y catástrofes, para estudiar fuera, encontrar un nuevo trabajo en la capital, iniciar una vida nueva y/o conocer nuevas culturas…

Existen muchas razones por la que una persona decide dejar su país, pero esto no solamente significa cambiar de tierra, estamos hablando de una cultura completa, muchas veces de idioma, creencias, costumbres. Imagina que de un país vecino al tuyo lo que se bebe y se come ¡ya es distinto! Incluso en un mismo país de una ciudad a otra se tienen costumbres distintas, maneras de pensar diferente, la vestimenta, nada es igual.

Al dejar un país, se dejan recuerdos, alegrías, penas, tradiciones, amigos, familia, mascotas, sueños… es renunciar a algo por algo completamente nuevo que no tienes y es apostarlo todo a sobrevivir. No hay opción.

Siempre estamos emigrando de un lugar a otro, en un mundo sin fronteras, nuestros ancestros lo han hecho principalmente en la búsqueda de una vida mejor. Ellos han tenido una vida difícil, dura, y han querido para ellos para sus hijos y la descendencia darles una mejor calidad de vida. Han pagado un precio alto por nosotros, si este es tu caso, te invito a tomar consciencia, pero desde la mirada de tu corazón.

Muchas veces lo he oído y me encontré repitiendo la misma frase:

Si, mis abuelos se vinieron de Italia, de China, de Palestina, de Alemania, del Sur, pero lo decimos sin verdaderamente reconocer todo el esfuerzo, y renuncias que eso significó.

Han sido muchas vidas de sacrificio antes de llegar a lo que somos hoy. Ha habido muchas privaciones, muchos miedos, muchos momentos de dificultad para que tu estés hoy cómodamente y sin peligro leyendo este libro, por ejemplo.

Si no sabes si tus ancestros son emigrantes, pero te identificas con lo que digo, entonces tu historia comenzó más atrás, *la historia siempre comenzó antes*. Se habla de un **dolor Silencioso del Emigrante**, porque la persona que lo realiza está consciente que es su responsabilidad y no puede buscar víctimas ni culpables. Emigrar implica tener solamente las ganas profundas de una vida mejor, de dar a los suyos y su descendencia tranquilidad, estabilidad, seguridad, nuevos rumbos y proyecciones. Muchas veces ha significado sacrificios, aguantar abusos, malos tratos, insultos, robos, injusticias, desprecios, indiferencias por no pertenecer al país que llegas.

Muchas veces los emigrantes, en la búsqueda de la adaptación e integración, pierden sus raíces, olvidando sus costumbres, hablando muchas veces un idioma que no es suyo, tratando desesperadamente ser quienes no son, para recibir lo mínimo de un país que los recibe con distancia y desamor.

Mi padre fue el primer nieto nacido en Chile, la tercera generación, sus abuelos (mis bisabuelos) fueron los que llegaron en Barco a Chile. Los padres de mi padre eran hijos de chinos, excepto mi abuela Isabel, que su madre era chilena y su padre chino.

En el hogar se hablaba chino cantonés, mi padre hasta los 5 años hablaba solamente chino hasta que fue llevado al jardín. Te imaginarás que con la poca psicología del momento, mi padre fue expulsado del colegio por hablar chino y solamente lo aceptaron al año siguiente con la condición de hablar solamente español… ☹

Los chinos con la necesidad de adaptación dejaron de hablarle chino a mi padre, y mi padre perdió la conexión y vínculo que tenía con sus abuelos ya que ellos solamente hablaban chino, y ellos por amor al primer nieto aceptaron lo que dijeron en el colegio para que el niño no fuera excluido.

Si me permites te contaré parte de mi historia personal que quisiera compartir contigo, quizás te identifiques, quizás te sirva para conocerte más, o tomar consciencia de lo que significa tomar la valentía de salir de tu zona de confort, para emprender rumbo hacia lo desconocido.

Año 1914, en el mundo entero comienza la primera guerra Mundial y China está en constantes ataques con Japón.

China buscaba protegerse de las constantes invasiones de Japón, muchos europeos fueron en busca de chinos con la intención de darles una vida mejor, pero no era verdad, los chinos se encontraron como esclavos creando trincheras, cocinando y trabajando para ellos.

La desesperación, la pobreza, el miedo a morir en las peores condiciones hizo que gran cantidad de chinos dejaran su país en busca de la paz. Japón estaba arrasando con gran parte de los ciudadanos y destruyendo ciudades enteras.

Año 1918, desde China salía un barco con miles de chinos a bordo. Todos jóvenes, recién casados y con niños eran los privilegiados a subir en él. La muerte los estaba rondando, muchos de sus familiares yacían muertos, las ciudades estaban desapareciendo, no había alimento, ya que las tierras estaban destruidas y no había nada que sembrar ni menos cosechar.

Las familias chinas hicieron un gran esfuerzo, juntaron el máximo de dinero y elegían a un miembro por familia que pudiera emigrar y hacer nuevas raíces en un lugar lejano para que siga con su vida y su descendencia.

Solo uno por familia era el afortunado, no había más dinero y estaban dando todo por el todo.

Ahí eligen al matrimonio formado por Chung Wa Kay, y Yong Tay. (mi Bisabuelo y mi Bisabuela paternos) ambos tenían un hijo de un año de edad, llamado Sha King.

Cuenta la historia que era un frío día de invierno, el frío y la lluvia no paraban hace días, miles de chinos se estaban despidiendo afuera del barco, había mucho dolor, desesperanza, llantos, muchos sabían que era la última vez que se verían en sus vidas. ¿Lo puedes imaginar?

El equipaje que podían llevar era mínimo, eran miles de chinos que viajarían por largos meses en un barco que solamente les servía de transporte con un mínimo de alimentación básica.

Antes de zarpar, las familias seguían abrazándose y llorando desconsolados, y la madre de Chung Wa Kay, no podía despegarse de su nieto, su primer y único nieto. La abuela pide permiso para bajar unos minutos para comprar algunos dulces para el pequeño Sha King, y cuando el barco da la señal de cerrar sus puertas y partir, la abuela en su desesperación y amargura, rapta al niño, sale corriendo gritando y pidiendo perdón. Los padres del niño miraban por la borda al bebé partir, su único hijo en brazos de su abuela paterna, mientras lloraban desconsolados. No había nada que hacer, el inmenso barco estaba en marcha, estaban dejando atrás su vida, la guerra, sus ilusiones y lo más preciado su pequeño hijo del amor.

Yong Tay, entró en una profunda depresión, sus pechos llenos de leche le recordaban la amargura de una maternidad interrumpida por la emigración del momento. Yong Tay, abrazaba las ropas de su bebé perdido y pedía por él, segundo a segundo del día pedía por su vida y que lo perdonara, se culpaba de no haberse lanzado al mar. La angustia y la tristeza y la nostalgia la acompañaron todos los meses mientras duró el largo viaje a América Latina.

Hoy me atrevería a decir que la amargura y nostalgia la acompañó hasta sus últimos días de vida.

El barco se hizo pequeño, a las semanas ya casi no había comida y las raciones de arroz eran solamente una vez al día con preferencia para los niños a bordo. Lo mismo ocurrió con el agua, se entregada lo mínimo para no desfallecer. Los hombres se reunían en todos los pasillos y salas fumando y jugando un juego chino llamado mahjong que es una especie de dominó matemático.

Las mujeres se encargaban de lavar ropas, de intercambiar lo poco de alimento que traían, de alimentar a sus hijos, de cuidarlos, de jugar con ellos.

Yong Tay, continuaba su viaje, con su cuerpo adormecido de dolor, no podía hablar, ni comer, solamente lloraba mirando el mar. Lloraba tanto que el mar quedaba pequeño con tanto llanto desconsolado, su mente estaba llena de recuerdos, sueños por cumplir, y de la nostalgia de lo que un día fue su vida en China.

Comenzaron a enfermar dentro del barco, la falta de alimento, el frío y falta de medicación hacía que la cantidad de enfermos aumentaran. Se suma la tristeza del autoexilio, el miedo a lo desconocido, el desconcierto de los que les espera, y la angustia de lo que está por venir. Tristemente debían lanzar al mar a los cuerpos inertes de jóvenes y niños por sanidad y espacio. No había tiempo de duelos, no había tiempo de sentir el dolor de arrepentimientos, estaban solos en medio del mar.

En el año 1918, llega el barco a varias ciudades del norte de Chile gran cantidad de chinos descienden, muchos se instalan en aquella ciudad, en la frontera los reciben los chilenos entregando pasaportes hechos a mano, de cartón grueso y cambiando sus apellidos por la fonética chilena. Obviamente la pronunciación china no tiene nada que ver con el español. Es así como las familias chinas llegaron a tener apellidos en español como la familia León, originalmente los Li Yong, Díaz eran Di Yang, etc.

Llegan los jóvenes chinos por fin a tierra firme, han sido meses de un largo viaje donde se han formado fuertes lazos de compañerismo y amor, juntos compartirán por siempre los recuerdos de una salida traumante y por amor a los que se quedaron atrás, por amor quienes perdieron la vida en el intento es que hoy tienen el deber de salir adelante, crecer, triunfar y formar familia.

Finalmente, a eso venían, en China sus familiares estaban muriendo, y existe en todos nosotros el sentimiento profundo de supervivencia.
*lo desarrolle en la dictadura y "democracia"
Los chinos llegaron primero a Iquique y luego de unos meses mis Bisabuelos con otros amigos chinos llegaban a Santiago. Se instalan en la comuna de Conchalí, donde en la época habían grandes campos cerca del antiguo hipódromo. Los chinos en esos años se dedicaron todos al comercio, que era algo que les permitía generar ingresos a diario.

Ustedes saben cómo es hoy, la acogida para los extranjeros no es siempre de lo mejor, en algunos casos se abusa de su vulnerabilidad, existen injusticias y malos tratos, no siempre es así gracias a Dios, pero hoy sigue ocurriendo.

Si en la actualidad tenemos estos conflictos te pido imaginar por un momento cómo era ser emigrante hace ¡100 años atrás!

Los chinos que llegaron no hablaban pero ni una sola palabra en español, fueron muchas veces cruelmente molestados, y lo puedo decir porque yo sufrí también de ese desprecio y malas palabras por tener nombre y rostro chino. Si he sentido desprecio, odio, y desagrado hacia mi persona cuando niña, ahora puedo imaginar cómo debió haber sido para todos ellos.

El Matrimonio Chung, estaba decidido a hacer una nueva vida acá y rápidamente comenzaron a trabajar para generar ingresos y a hacer su familia. El triste recuerdo de Sha King, los acompañaba día a día.

La entrada de la humilde casa que habitaban mis bisabuelos fue transformada en un negocio, el almacén de la esquina. Chung Wa Kay cambio simbólicamente su nombre por **Fermín**. Siempre fue una persona muy sencilla y simplemente se llamó igual que el nombre de su calle **Fermín Vivaceta**. Ella al tiempo después se hizo llamar **Laura**. Ellos comenzaron con una carnicería, que fue poco a poco tomando forma de almacén. Este negocio fue trabajado con mucha entrega y sacrificio. Para nadie es sorpresa, pero ahora yo ahora lo pienso y lo digo: Pobre ¡Laurita! Qué mujer tan abnegada y fuerte, y me identifico con ella, con sus garras, su valentía para el trabajo y salir adelante.

Laura se levantaba a las 5 de la mañana y partía a la vega a comprar medio animal, o cuando tenían más dinero uno entero. Cuentan que en esas carretillas donde se transporta cemento ella traía al animal que luego colocaba en una mesa en el patío y con una tremenda fuerza y con un hacha comenzaba a descuartizar para la venta. El aceite venía en esos tarros gigantes de madera idénticos como a la casa del "Chavo del ocho". La harina llegaba en sacos y se colocaba en fondos de madera al igual que los tallarines y galletas estilo Tritón.

Yo tuve la suerte de conocer a ambos, lamentablemente Yong Tay falleció a los meses de yo haber nacido, pero a mi viejito lo pude disfrutar mucho más.

En Chile tuvieron tres hijos, todos varones, les colocaron y los inscribieron con nombres en español, para que de alguna manera fueran integrados, pero la raíz de sus nombres era de origen chino.

El mayor, Ramón, tenía un nombre en chino que era Nam Mung (la pronunciación muy similar a Ramón).

El segundo Carlos, tenía un nombre en chino que era Ka Lung (la pronunciación muy similar a Carlos).

Y el tercero Moisés, tenía un nombre en chino que era Moi Sang (la pronunciación muy similar a Moisés).

Desde China en aquel barco llegaron mis Bisabuelos paternos y mi Bisabuelo padre chino de mi abuela Isabel. Todos los chinos se conocían y se hacían llamar entre ellos "Paisanos".

No tuve la suerte de conocer al padre chino de mi abuela paterna, mi Bisabuelo Chung Wa Kay falleció cuando yo tenía 12 años.

Yong Tay, Madre de Ramón, Carlos, Mosés y mi bisabuela.

Yong Tay llegó a Chile a comienzos de Siglo en barco, el cual zarpó en la ciudad de Iquique.

Este fue el documento de identidad que recibió mi bisabuela paterna cuando llegó a Chile desde China. Su nombre original era Yong Tay, pero le pidieron de elegir un nombre en español y ella eligió Laura.

El fue mi bisabuelo paterno, ese fue su número de identidad chileno, su nombre era Chung Wa Kay eligió llamarse "Fermín" porque llegó a vivir a la comuna de Conchalí y la calle donde vivía era "Fermin Vivaceta". Llegó a la edad de 18 años, solo con su esposa. Su hijo mayor quedó en China. Nunca lo volvió a ver. ¡QUE HORROR! Su propia madre se lo quitó

Acá estoy yo con mi amado Acuntay (así le llamé siempre que significa Bisabuelo en chino)

Mi tía Suiying Chung Wong, hermana menor de mi padre. Con mi bisabuelo Chung Wa Kay, mi querida hermana Siu-jen Chung y yo.

En la actualidad estoy bendecida por la compañía de mis abuelos paternos ambos de 90 años. Ella María Isabel, con su mente perfecta, se mueve sola para todas partes, y él, mi abuelo Ramón.

Nadie sale de casa a menos que
el hogar sea la boca de un tiburón
solo corres hacia la frontera
cuando ves a toda la ciudad corriendo también
tus vecinos corriendo más rápido que tú
aliento sangriento en sus gargantas
el chico con el que fuiste a la escuela
que te besó mareado detrás de la vieja fábrica de hojalata
tiene un arma más grande que su cuerpo
solo sales de casa
cuando en casa no te dejan quedarte.
nadie sale de casa a menos que te persiga el hogar
fuego bajo los pies
sangre caliente en el vientre.

Extracto del bello poema "Hogar"
por Warsan Shire, una joven británica de origen somalí.

En breves palabras te narraré lo que siempre ha sabido de ellos. (Mis abuelos paternos).

Ella María Isabel, trabajó en la carnicería de su padre, era la mayor de dos hermanos hombres, regalona de su padre y con una madre dura, muy dura, y estricta que venía del sur de Chile, de muy escasos recursos. Isabel quería ser bailarina o enfermera, después de casada no se le permitió estudiar y años después abre una peluquería en el barrio.

Mi abuelo Ramón, hijo mayor del matrimonio Chung, no tuvo estudios, de pequeño jugaba mucho, amante eterno de la música y taxista toda su vida.

Recuerdo que mi abuela me dijo un día:

Cuando tu abuelo jubile y deje de trabajar, les compraré a todas las nietas un chocolate Sanhne Nuss para cada una… no te puedes imaginar cuantas veces pregunté por su jubilación. Fueron años que soñaba con ese chocolate entero para mí. Hasta que un día mi abuela Isabel, a mis tres hermanas, mi prima y a mí, nos lleva al almacén de la esquina y nos compra un chocolate entero para cada una. Supe inmediatamente que mi abuelo había jubilado. Guardo este recuerdo intacto en mi mente, creo que fue una de las pocas sensaciones donde sentí que desear algo con todas mis ganas y que finalmente eso que soñaba se hizo realidad.

Sin embargo, hay tantos recuerdos de mi infancia con ellos, tantas memorias alegres de vacaciones, del cotidiano, pero me di cuenta muy tristemente que estos últimos años yo había perdido la costumbre de conversar con ellos, es decir los veía, pero no tenía ningún tipo de contacto más profundo como antes.

La semana pasada, fui a verlos, al llegar mi abuela estaba llena de felicidad como siempre y mi abuelo Ramón, muy flaquito, con su piel de seda, y con cabellos negros a pesar de sus 90 años, me saludo feliz.

Le dije:

Hola mi viejito, ¿sabes quien soy?

Y él me miró a los ojos, y me dijo: claro que sí, mi primera nieta ☺

Con su estado actual, olvida casi todo, hay días en que está muy desorientado y no sabe quien es él, y discute con mi abuela, porque él se quiere ir … y ella le pregunta a dónde, y él no lo sabe, él le pregunta, ¿quien eres tú?, y mi abuela se indigna, ella no puede aceptar que Ramón no la reconozca ni que haya envejecido, lo saca a caminar, de paseo, lo levanta, le conversa, está todo el día pendiente de Ramón. Es eso también lo que la mantiene tan viva.

Ella responde:

Soy Isabel ¡tu esposa!

No, no puede ser, yo soy soltero.

¡Pero Ramón! Si tenemos 3 hijos! Grita desesperada.

¿hijos? No puede ser, no tengo hijos, me quiero ir a mi casa.

Mi abuelo Ramón siempre fue muy simple, a pesar de no tener estudios, siempre fue sabio en su actuar, en su forma de ver la vida.

Él era simplemente así:

¿Ramón? Por favor, dime si te tomaste los remedios que dejé acá en la mesa.

Y Ramón la mira sin entender…

¿Ramón? Dime por favor, ¿te tomaste los remedios que dejé en la mesa?

Y Ramón, la vuelve a mirar y suspira …

¡Ramón!! Te estoy hablando, ¡responde cuando te hablooo! ¿te tomaste o no los remedios que dejé en la mesa, o no los dejé? Ya ni me acuerdo.

Y Ramón con su sencillez de toda la vida le dice:

Imaginemos que me los tomé y se acaba el problema.

Para él nada es problema, la semana pasada cuando los visité volví a aprender de él y me emocioné hasta las lágrimas.

Me senté a su lado, había un ruido terrible, era uno de sus audífonos que sonaba muy fuerte.

Era tan fuerte que se escuchaba de lejos. Intentamos repararlo, pero no funcionó. Finalmente le sacamos los audífonos y mi abuela dijo, que lástima porque sin eso no escucha nada, tu abuelo está sordo.

En páginas anteriores comenté esta historia, pero ahora la terminaré para ti, para que te animes, converses con tus abuelos y escucha sus historias porque ahora su significado será distinto, podrás comprender todo desde una mirada más profunda, con más emoción y sentirás al igual que yo un profundo agradecimiento por todo lo vivido.

Acún, (así le llamamos significa abuelo en chino)

Te haré una entrevista y quiero que me respondas para dejar un registro para tus hijos, nietos y bisnietos. Él sonrió y me dijo, bueno, veamos que sale, quizás de algo me acuerde ….

Te acordarás mi viejito… y se acordó maravillosamente de todo.

Sui Mei: Cuéntame, de tu infancia, ¿qué es lo primero que te acuerdas?

Acún: Que trabajaban mucho, los viejos trabajaban mucho en la carnicería.

Y tú, ¿qué hacías?

Acún: puro jugar, lo que más me gustaba. Con mis hermanos jugábamos a las bolitas, los tres hoyitos, y me acuerdo que cuando había fiestas y había juegos artificiales, esperábamos que acabaran para recoger los cartuchos, los llenábamos de tierra y eran nuestras balas. Jugábamos a la guerra…

Sui Mei: Háblame del colegio. ¿Te gustaba?

Acún: Como a todos los cabros, mucho, si yo iba a puro jugar y a pasarlo bien, pero me duró poco… muy poco solamente hasta 4 básico (9 años de edad)

Sui Mei: ¿Hasta 4 básico? Yo no lo sabía… ¿por qué razón?

Acún: Había que trabajar.

Sui Mei: ¿Trabajar en qué? y ¿te gustó trabajar?

Acún: ¿A qué cabro de 9 años le gustaría trabajar? Pero había que traer dinero a la casa. Y veo en su rostro como baja su mirada, y me dice, fui hasta 4 básico no más, luego hubo que trabajar.

Y yo hasta ese momento desconocía esa parte de su historia, que forma parte de la mía.

* Mi papá trabajó desde los 10-11 años, ayudando en el negocio del abuelo, pero no dejó el colegio.

Sui Mei: Todos los niños sueñan, ¿Qué soñabas cuando niño?

Acún: ¿Soñar? No mucho, yo trabajaba mucho… → *Como muchos abogad@s en chile*

Sui Mei: Dime tus sueños, yo sé que los tenías.

Acún: Ya me acordé… quería ser chofer de micro!

Sui Mei: ¿Chofer de micro? ¿y por qué?

Acún: Cuando estaba en la carnicería justo frente a mi había un paradero de micros, y cuando estaba atendiendo en el mesón, veía las micros y me daban ganas de salir de ahí, de ser libre…

Sui Mei: ¿Crees en Dios?

Acún: Creo, claro que si.

Sui Mei: ¿Quien es Dios?

Acún: ¿que pregunta es esa? Yo creo no más, así de simple.

Sui Mei: ¿Qué le pides a Dios?   *Yo No tengo ese sueño* ♡

♡ Acún: Tener salud, salud y tener una familia. Una familia grande, así como está. Porque es para "cachiporrearse" lo tengo todo.

Sui Mei: Háblame de la muerte, ¿le temes, que crees que hay después?

Acún: No me imagino como será, pero no le temo, y es chistoso, porque soy cobarde… muchas cosas me dan miedo, pero la muerte no. Y algo debe haber después de la muerte… pero no sé qué es, pero sé que algo hay.

Sui Mei: ¿Sabes qué edad tienes hoy?

Acún: Claro 90 pues. Y mi viejito suspira y continúa … Yo creo que ya he vivido mucho, ya estoy cansado, ya me quiero ir. Ya hice todo lo que tenía que hacer.

Toda esta conversación se llevaba a cabo sentados los dos, uno al lado del otro, sin audífonos, sin gritar mágicamente conversando con mi abuelo como años atrás, la diferencia es que antes jamás había tocado estos temas ☺

Sui Mei: háblame de tus hermanos, ¿cuántos son?

Acún: cuatro, y recordó a su hermano el que jamás conoció, el pequeñito. Que quedó en China mientras sus padres zarpaban a este gran viaje sin retorno.

Mi abuelo Ramón, quedó pensativo, siempre conversaba así, pausado, calmado, como aceptando todo de la vida sin juicio ni crítica, jamás lo he oído ofender, decir malas palabras, o hablar mal de nadie, jamás, ni de broma.

Le pregunté, qué pensaba cuando pensaba en su hermano mayor que quedó en China, su hermano Sha King. Su tono de voz cambió, bajó su mirada también, había tristeza en sus expresiones, y me dijo:

Pienso que ha sufrido mucho, debió haber sufrido mucho mi hermano. Mi madre siempre se acordaba de él, siempre …

Había tanta sinceridad y dolor en sus palabras que yo tuve que aguantar el llanto para terminar "mi entrevista".

Sui Mei: Si tuvieras que definir toda tu vida en una sola frase, ¿Cómo la definirías?

Acún: Que complicado… déjame pensar… ¿una sola frase?

"Mi vida ha sido de sacrificio, sin embargo, se cumplió lo que yo más quería, que era tener mi propia Familia" ♡ Lo entiendo 100% ♡

Este es el almacén en donde trabajaron hasta sus últimos años los padres de mi abuelo. El pequeño es mi padre. Koc-Ji Chung Wong.

Seguramente el deseo de salir de chile es

un gen que la Toto y yo heredamos, ¿también la Isi.

Anota, anota lo que dije para que se lo digas a mis hijos y nietos y a todos.

Y así lo hice mi querido viejito, así lo hice.

Te aconsejo de hablar o de hacer estas simples preguntas a tus padres, abuelos y si tienes bisabuelos también, con todo lo que has aprendido ahora su historia tendrá otro matiz. Ellos tuvieron una vida que desconocemos, solamente sabemos el relato simple de una historia llena de crudas vivencias.

Si crees o sientes que hoy tu vida no ha sido fácil,
imagina como lo sentían tus ancestros.

Mi abuelo Ramón, su único sueño era ser chofer de micro y tener una familia, fue taxista y tuvo su familia, lo que más quería él, pero recordemos que nuestros deseos también son heredados, cargamos con las frustraciones de nuestros ancestros. Hubo un autoexilio no menor, sus padres jamás regresaron a China, mis abuelos heredaron el dolor de la migración, la nostalgia de sus padres, y este sentimiento lo heredaron mis abuelos, mi padre, y yo.

yo tб

Porque yo desde que tuve uso de razón quise viajar, viajar y viajar.
Y me sentía atraída por el inglés.
Fui Auxiliar de vuelo por 7 años. Sentía la nostalgia de mi familia China, para mí siempre fue un tema cuando me preguntaban por mi nacionalidad. Si bien nací en Chile, no lograba sentirme completamente chilena y luego lo comprendí. Mi corazón estaba dividido, la cultura China estaba en mi sangre y junto a ello, la nostalgia de la familia lejos de nosotros, se entrelazaban llantos de amargura y desolación que eran difícil de definir.

Nuestro inconsciente busca sanar, cuando un deseo inmenso dentro de nosotros persiste el Universo gestiona para que ese deseo se cumpla, y así fue. Para mí: mi Shayne & mi Isabelle

En el año 97 conocí a un francés quien fue el padre de mis hijos. Vivimos en Francia hasta el año 2005. A mi marido le ofrecieron ir a trabajar ¿sabes dónde? Sí a ¡China! Solo imagínate nuestra emoción.

Recuerdo como si fuese ayer, llegamos del vuelo de París a Hong Kong, y ahí debíamos tomar un Ferry a la ciudad de Shenzhen, provincia de Guangdong (justamente de donde son mis raíces Chinas, nada es por casualidad).

En ese momento éramos mi marido, y nuestro único hijo de casi 2 años de edad.

Llegó el Ferry que nos cruzaría hasta la ciudad de Shenzhen, y nos subimos emocionados parecía un yate gigante, subimos contentos había sido un viaje largo y estábamos muy emocionados porque sabíamos que era el inicio de una aventura familiar ya que nos íbamos por 4 años a vivir a China.

Te lo juro que es verdad, iba sentada mirando por la ventana, en ese mar inmenso y profundo, el ruido de los motores, la multitud hablando chino por todas partes me transporté en el tiempo. Mi corazón comenzó a latir cada vez más fuerte, las voces chinas se acercaban cada vez más a mis oídos, habían chinos caminando de un lado a otro, unos riendo, niños jugando, corriendo, algunos bebés llorando y comencé a llorar tanto, pero tanto que no tenía consuelo, en ese momento no comprendía la razón, no tenía pena de dejar Francia en donde había vivido 7 años, ni tampoco tenía alguna razón para sentir esa tristeza, pero todo el cruce, lo hice con lágrimas en mis ojos, que no me aguanté. Me dio lo mismo la gente, el momento todo, solo sentía que tenía litros de llanto acumulados que debía dejar salir. Mi hijo se abrazó a mi corazón mientras yo lloraba, él me acompañaba en ese dolor del cual me era al mismo tiempo irracional, pero necesario.

Luego de años lo comprendí. Ese mismo mar de un profundo azul que nos recibía a mi marido, mi hijo y a mí, fue el mismo mar que vio partir a mis bisabuelos. Yo regresé a China llorando, entré llorando, y mis bisabuelos salieron de China llorando también.

Su dolor fue mi dolor, y yo regresaba a China con mi hijo, para iniciar una nueva vida, al mismo lugar que vio partir a mis ancestros. Mi hijo tenía casi la misma edad del hijo que dejaron en China y ahora yo lo traía de regreso.

Ese mar representaba el escenario de meses de un solo dolor, ese mar había sido lo último que mis bisabuelos habían dejado de ver al alejarse de su China querida. Se estaba repitiendo la historia, el objetivo era el mismo, "una vida mejor" nuestros sueños eran los mismos, ahora había que sanar tanto dolor.

Mi hijo al mes parecía chino, hablaba chino mejor que los chinos, su adaptación fue casi inmediata, y nadie podía creer lo rápido que aprendió el idioma, ahora también comprendo que todo se hereda, el chino estaba en sus venas.

Como regalo de vida mis abuelos paternos viajaron a China y se quedaron semanas viviendo con nosotros, por fin, después de años de anhelo, sus sueños se cumplían y con creces, estábamos viviendo en China, y ya no había guerra, no había pobreza, la rueda de la fortuna estaba girando y ahora nos tocaba disfrutar de ese país que de alguna manera nos vio simbólicamente crecer.

Hemos aprendido mucho ¿verdad?, ¿recuerdas la importancia de nuestro nombre? Como dato interesante, mi padre se llama Koc-Ji y su nombre significa "Patria".

¿Por qué hay gente que se cambia de país?

¿Qué la empuja a desarraigarse y dejar todo lo que ha conocido por un desconocido más allá del horizonte?

¿Qué le hace estar dispuesta a escalar semejante Everest de formalidades que le hace sentirse como un mendigo?

¿Por qué de repente se atreve a entrar en una jungla foránea donde todo es nuevo, extraño y complicado?

La respuesta es la misma en todo el mundo: la gente se cambia de país con la esperanza de encontrar una vida mejor. Para ti y tu descendencia
"Vida de Pi" (2001), Yann Martel

♡

Gracias por compartir este momento conmigo, no por nada estás ahora leyendo mis escritos, sé que despertará en ti la luz que iluminará tu camino y la de los tuyos. La Familia lo es todo, amorosa, disfuncional, tóxica, no podemos despojarnos de esta fuerza magnética que nos atrae y a veces nos consume, pero sí podemos integrar luz en tanta oscuridad.

So true

Emigrar es un estado de estar feliz con una profunda tristeza…

En estos momentos año 2019, estamos viviendo un gran momento de migraciones, algunos sienten la necesidad de ayudar, orientar y acoger, mientras que otros se creen con el derecho de ser dueños de la tierra y tratan con desprecio a quienes quieren un espacio para vivir. Todos somos emigrantes, solamente que algunos lo ignoran.

Es verdad que se necesitan ajustar leyes, para tener mejor control de las entradas visas, pero eso no me da el derecho de exigir que las personas se vayan de algún lugar y decidir yo por lo que es mejor para ellos.

Nadie sabe por lo que está pasando en cada ser humano, cada ser es una novela a veces de terror que ni puedes imaginar, sin embargo, cada uno trata de vivir lo mejor que puede, con las herramientas y recursos que tiene.

Todas las personas que emigran van a vivir un duelo, pero cada quien lo vivirá a su manera, en algunos casos es inmediato en otros puede aparecer años después.

Las personas que emigran, saben que dejan atrás su vida, lo que eran, costumbres, su lugar de nacimiento, familias y amigos, y saben que quizás pueden pasar muchos años antes de volver a verse. En algunos casos pasará toda una vida sin poder tener esa posibilidad.

¿Te imaginas vivir en un lugar de guerra civil, en donde no hay trabajo, dinero, donde hay extrema violencia, no hay alimentos, donde tus hijos paran de estudiar, donde existe un ambiente del terror, y debes rogar por tener algo para comer para ti y tu familia?

¿Lo puedes imaginar de verdad? Hoy tienes un hogar, tuyo o compartido, pero tienes un techo, comida, sabes que si tienes hambre algo tendrás que comer y vestir, pero en este mismo momento que lees este libro muchas personas están viviendo completamente otra realidad.

Sería bueno que trabajáramos la empatía, hoy por ti, mañana por mí.

¿Qué pasaría si esta realidad de terror fuera en la generación cuando tus hijos sean grandes? ¿Acaso no te gustaría que él y su familia fueran en busca de una vida mejor? ¿Qué pasaría si se fuera de tu país, y luego te contara que lo insultan, que nadie lo ayuda, que les es muy difícil encontrar un trabajo digno, que viven en pésimas condiciones?

¿Cierto que sería un gran dolor?

La persona que deja un país ya no vuelve a ser la misma persona de antes, muchas cosas han cambiado dentro de sí, la manera de ver la vida, las prioridades, la empatía, en muchos casos se potencia la motivación y sueños, ya que vivir en otro país te motiva a creer y superarte.

Existen algunos casos en que la emigración te bloquea, es tan duro el cambio y tanto el dolor de dejar una vida entera que pierde interés en la vida y las ganas de vivir.

Te compartiré un caso real, como todos los que te he compartido

En Chile, años 40, un joven matrimonio abrió un almacén para trabajar juntos y generar ingresos para la familia. En esos años la vida de negociante era un poco más sacrificante que hoy, no existían entregas, ni autos grandes, todas las compras eran en la vega, y había que tener todo para la clientela a diario. Trabajaban de lunes a lunes, de 6:00 am a 11 pm, por años. Se las ingeniaban para traer nuevos productos, cocinaban pollos los fines de semana, pasteles durante la semana, había mucha presión porque además tenían que criar a sus tres hijos solos.

A pesar del sacrificio nunca era suficiente el trabajo, ella Loreto, trabajaba de sol a sol, con un marido que no permitía el descanso porque había que generar diariamente ingresos.

Pasaron años así, trabajando duramente hasta que uno de sus hijos se marcha a Estados Unidos. Al tiempo, feliz de ver que con lo que trabajaba en una semana era lo que ganaba en un mes en Chile, no dudó en gestionar la llegada de sus hermanos y padres al país donde los sueños se cumplen.

Los hermanos en USA, comenzaron a trabajar inmediatamente, convencieron a sus padres de dejar todo y de ir con ellos a esta nueva aventura. Los hijos sabían el sacrificio y la vida que sus padres llevaban por años y no permitieron que su madre, quien fue la que más duramente trabajó, tomara ni una escoba. Cada vez que ella quería limpiar, cocinar o hacer algo en casa le hacían sentar:

Mamita por favor no haga nada de nada, ahora usted va a descansar.

Loreto en Chile, tenía por costumbre ir todos los domingos a misa, era su salida de la semana, esperaba día a día y el domingo en la mañana se peinaba, se vestía elegante especialmente para ir a Misa. Además de la ceremonia religiosa era su lugar de reecuentro con sus pares, era el único descanso que realmente tenía.

Los hijos tenían una casa, luego dos, y luego tres ... trabajaban, trabajan, y permitían que su padre los ayudara ya que él sabía manejar y tenía carnet de conducir por lo que podía transportarlos de un lugar a otro, en cambio Loreto pasaba sus días sentada, sola, ya no tenía a nadie con quien conversar todos la llenaban de atenciones, pero inconscientemente comenzó a sentirse inútil. Sus hijos por amor a ella, y pensando que le hacían un gran favor, no la dejaban hacer nada, y muchos domingos se quedó peinada y vestida y nadie tuvo el tiempo de llevarla a misa. Nadie se percató que Loreto comenzó a apagar su luz interior, ella siempre fue una mujer activa, madrugadora, trabajadora, tenía fuerza para levantar peso y cargar mercadería a su negocio a diario en Chile, pero ahora nadie parecía necesitar de su ayuda.

Sus hijos querían darle una vida mejor, sin esfuerzo sin trabajo, sin sacrificio, pero ella estaba en otro lugar, la habían sacado de sus tierras, estaba en "otro macetero" en donde no hablaba el idioma, en donde las comidas eran diferentes, en donde sus amistades de infancia y recuerdos de infancia quedaron detenidas en su pasado, en donde los programas de TV eran distintos, la música, el entorno, todo era extraño para ella, y Loreto comenzó a sentir que ya no existía. Sus días se tornaron grises y aburridos, no había sentido de despertar, poco a poco dejó de hablar, de sentirse importante para alguien, ya no era útil, ni cocinar la dejaban para que no se cansara y sin nadie darse cuenta ella enfermó. Olvidó quien era, olvidó sus raíces, sus recuerdos, olvidó que tuvo una vida, no sabía dónde estaba quien la atendía.

Olvidó el dolor que sentía de una vida ausente, vacía, olvidó las razones por las que llegó a ese país.

Sus hijos y marido, la atendían con amor, ahora ella en silencio, acostada en cama sin ni siquiera recordar como volver a caminar.

Al fallecer Loreto, regresa el dolor, la culpa, la frustración y la impotencia, con tanto amor, a veces causamos heridas. Nadie es culpable de nada, ¿cómo iban a saber que el querer que esté sin hacer nada iba a ser lo peor? Solamente querían darle un descanso, pero el duelo de la emigración nunca se hizo.

"Aprendí pronto que al emigrar se pierden las muletas
que han servido de sostén hasta entonces, hay que comenzar desde cero,
porque el pasado se borra de un plumazo
y a nadie le importa de dónde uno viene o qué ha hecho antes."
— Isabel Allende —

Se me murió una plantita de tanta agua que le daba.
Comprendí que dar de más,
aunque sea bueno no siempre es lo mejor.

Buscar una vida mejor no es un capricho es un derecho, esto ya lo vemos que trae muchas consecuencias tanto positivas como negativas emocionalmente.

Podemos cerrar el duelo de un ancestro y esto traerá comprensión y alivio a nuestra vida.

Quizás ahora sea el momento de hacer un viaje y reconciliarnos con un pasado que dejó sin querer conflictos sin resolver.

Acá estoy ya viviendo en China, en la ciudad de Shanghai en el año 2007

"REGRESANDO A MIS RAÍCES"

Acá estoy con mis abuelos Paternos. Ramón Chung Yong y María Isabel Wong Leal.

Ambos son hijos de padre chino. La madre de Ramón también era China y la madre de María Isabel era chilena.

Ambos abuelos crecieron bajo la cultura china, en su niñez y juventud se juntaban muchas familias chinas, compartían la cultura, música, juegos, y todos los hijos de chinos crecieron escuchando el idioma chino de sus padres, comiendo sus comidas y celebrando las fiestas de año nuevo en Chile.

En el año 2006 mis abuelos, mi padre, la prima de mi padre Mayling Chung, el hermano de mi abuelo Carlos y mis abuelos paternos hacen el viaje de su vida a China en dónde por primera vez hacen contacto con sus tierras.

Acá está mi padre Koc-Ji Chung Wong cuando me visitó en Shanghai.

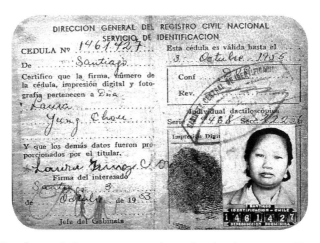

Este fue el uno de los pasaportes de mi bisabuela paterna Yong Tay..

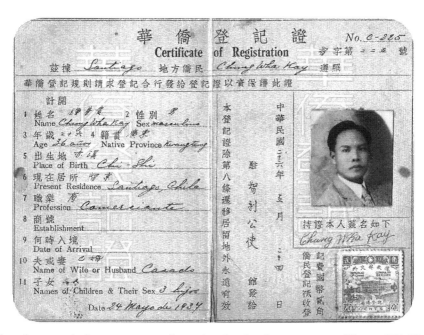

Este fue uno de los pasaportes de mi bisabuelo chino paterno Chung Wa Kay.

ADICCIONES Y
TRANSGENERACIONAL

*La adicción se crea cuando la madre desprecia al padre
y le transmite al hijo la idea de que no viene nada bueno de él,
sino que solo de ella.
Entonces el hijo toma tanto de ella, que le hace daño.
La adicción es la venganza del hijo.
Se venga de la madre por no permitirle tomar nada del padre.*

-Bert Hellinger -

Muchas veces nos vemos repitiendo los mismos patrones que de infancia nos causaron tanto dolor. Puede ser violencia física o verbal, abandonos, y también adicciones. Las heridas emocionales se heredan cuando no han sido resueltas. Todas las adicciones nos reflejan heridas muy profundas no resueltas. No es por placer ni por diversión, es sentir una profunda desconexión con nuestra alma por carencias emocionales que nos hacen querer "escapar" de nuestra realidad de tristeza y dolor. → Many Canadians.

La adicción genera en nuestro cuerpo la estimulación de diferentes neurotransmisores que producen placer como la dopamina, la serotonina o endorfinas. Lo cierto es que todos tenemos la capacidad de generar estos neurotransmisores de forma natural, sin embargo, **las personas adictas buscan sobre-estimular estos centros neurológicos a través de sustancias que acaban terminando con sus vidas. Las adicciones buscan evadir el presente, porque el sufrimiento interior es demasiado. No tiene sentido decirle a un adicto que deje su adicción por amor a su mujer o sus hijos, el adicto no sabe amarse, menos puede amar a los que le rodean.**

Las adicciones un gran porcentaje son conflictos no resueltos con nuestra madre. Es mi manera de solicitar ayuda de mamá de forma

→ La madre no le enseño a quererse a sí mismo.

equivocada. Como yo no expreso mis emociones, busco llamar la atención para ser atendido, visto, amado, acogido.

El alcoholismo por ejemplo es el rechazo hacia uno mismo, es un gran sentimiento de desvaloración. En muchas ocasiones, las personas alcohólicas, fueron hijos no deseados, aunque haya sido por un segundo. Por lo tanto, aunque luego sean hijos muy queridos, queda una emoción guardada en el inconsciente que le dice a la persona: tu padre, tu madre no te ama, todo el amor que te demuestra es falso. Por lo tanto, la persona busca hacerse daño y ser víctima para retar al padre o la madre a "que lo amen".

Está comprobado que un cambio de vida, trabajar en nuestro amor propio, el aceptarnos, buscar metas, nuevos proyectos y el sentirnos amados y apoyados por nuestros seres queridos ayudan a que la persona enferma salga de este profundo estado de abandono y soledad.

(La adicción es un tema Transgeneracional, puede ser incluso por lealtad que la persona caiga en una adicción por amor a un familiar que ha sido excluido por la misma razón) bien el miedo a afrontar situaciones negativas en el plano afectivo, por miedo a ser herido y será esta mi forma de evadir el ser adulto responsable y a enfrentar mi vida.

Este tema al igual que todos es muy importante, porque cuando existe un adicto finalmente a la persona se le excluye, recordemos que estamos analizando nuestra historia familiar y que siempre existen lealtades y dobles en nuestra familia. Está comprobado que el ambiente emocional en donde pertenecemos es un factor determinante en el desarrollo de adicciones.

Las adicciones en su gran mayoría tienen relación con la madre, nos hablan de un conflicto con el amor maternal (real o simbólico), madre sobreprotectora o ausente lo que se traduce a que no recibo todo el amor que quiero o de la manera que quiero de mi madre. MI madre no me nutre, su alimento es tóxico.

Si bien la mayoría de los conflictos provienen de la madre, la interacción y vínculos con el padre será clave, pues ambos son complementarios a el estado emocional del hijo(a).

Existe la posibilidad de que un adicto sea leal a un ancestro que fue excluido, y él toma su lugar para que de una manera simbólica se integre a este ancestro al clan. Pero existen también más características que se suman para que la adicción sea llevada a cabo. Se suman muchas heridas de infancia, muchos abandonos, violencia, injusticias varias que forman el cóctel ideal para la creación de una adicción.

La adicción es también un llamado a gritos pidiendo amor, es también un programa heredado de no merecimiento, muerte y destrucción.

Existen muchos no – dichos detrás de una adicción.

Según la Teoría de Bert Hellinger, la adicción se genera producto del rechazo que tiene la madre con el padre del hijo.

Muchas veces en Terapia tengo a madres que me dicen que dan todo por sus hijos, y que ellos no quieren pasar tiempo con ella, que son rebeldes o le hablan en mal tono.

Les pregunto por el padre y me dan una lista de frases negativas contra él, les tienen rencor, rabia, lo desprecian y luego me dicen:

"Ojo, que esto jamás se lo he dicho al niño"

Y ni falta que hace ¡porque el niño ya lo sabe! Por medio de vibración, Carpo Mórfico, o inconsciente colectivo esa información ya se ha transmitido al hijo y al 100%.

Por lo tanto, si ves que tienes este problema comienza a solucionar tus propias heridas de infancia para comenzar a tener una relación sana con tu pareja ya que mientras yo no sane mis heridas de infancia, proyectaré mis carencias en mi pareja y exigiré que me de todo lo que mis padres no me han dado. Y como eso no ocurre, comienzo la guerra con él, dejando al niño en medio de nuestra relación de pareja y el niño se irá al lado del progenitor que él sienta está más desvalido.

Y si no se le permite estar con el progenitor que él elige, crecerá con resentimientos, buscando vengar a su padre o madre con el progenitor del sexo opuesto, mientras este niño buscará dañarse y caerá en la adicción buscando consuelo.

377

→ Por eso mi mamá actúa como hija de mi papá.

Muchas veces nos vemos repitiendo los mismos patrones que de infancia nos causaron tanto dolor. Puede ser violencia física o verbal, abandonos, y también adicciones. Las heridas emocionales se heredan cuando no han sido resueltas. Todas las adicciones nos reflejan heridas muy profundas no resueltas. No es por placer ni por diversión, es sentir una profunda desconexión con nuestra alma por carencias emocionales que nos hacen querer "escapar" de nuestra realidad de tristeza y dolor.

La adicción genera en nuestro cuerpo la estimulación de diferentes neurotransmisores que producen placer como la dopamina, la serotonina o endorfinas. Lo cierto es que todos tenemos la capacidad de generar estos neurotransmisores de forma natural, sin embargo, **las personas adictas buscan sobre-estimular estos centros neurológicos a través de sustancias que acaban terminando con sus vidas. Las adicciones buscan evadir el presente, porque el sufrimiento interior es demasiado. No tiene sentido decirle a un adicto que deje su adicción por amor a su mujer o sus hijos, el adicto no sabe amarse, menos puede amar a los que le rodean.**

Las adicciones un gran porcentaje son conflictos no resueltos con nuestra madre. Es mi manera de solicitar ayuda de mamá de forma equivocada. Como yo no expreso mis emociones, busco llamar la atención para ser atendido, visto, amado, acogido.

El alcoholismo por ejemplo es el rechazo hacia uno mismo, es un gran sentimiento de desvaloración. En muchas ocasiones, las personas alcohólicas, fueron hijos no deseados, aunque haya sido por un segundo. Por lo tanto, aunque luego sean hijos muy queridos, queda una emoción guardada en el inconsciente que le dice a la persona: tu padre, tu madre no te ama, todo el amor que te demuestra es falso. Por lo tanto, la persona busca hacerse daño y ser víctima para retar al padre o la madre a "que lo amen".

Está comprobado que un cambio de vida, trabajar en nuestro amor propio, el aceptarnos, buscar metas, nuevos proyectos y el sentirnos amados y apoyados por nuestros seres queridos ayudan a que la persona enferma salga de este profundo estado de abandono y soledad.

(repetido. ver p. 374)

(La adicción es un tema Transgeneracional, puede ser incluso por lealtad que la persona caiga en una adicción por amor a un familiar que ha sido excluido por la misma razón) bien el miedo a afrontar situaciones negativas en el plano afectivo, por miedo a ser herido y será esta mi forma de evadir el ser adulto responsable y a enfrentar mi vida.

¿Se puede sanar una adicción?

La respuesta es sí, se puede, pero no basta solamente con saber el origen del conflicto para sanar una adicción, la persona además debe tomar consciencia de dónde viene la necesidad de codependencia con tóxicos, debe hacer un profundo trabajo personal viendo su historia familiar, su pasado, su infancia principalmente, debe trabajar la voluntad y por sobretodo debe comenzar a amarse. La adicción es también un auto-odio me maltrato, me castigo… no merezco ser feliz, por lo tanto, quiero sabotear mi vida.

Y mi abuelo materno que jamás conocí.

Se necesita también apoyo y ayuda profesional paralelo a un trabajo del árbol. *Tengo que integrar mi abuelo paterno en mis "memorias".*

Si la adicción no es tan profunda, un constante trabajo personal, puede ayudar a dejar la adicción.

≠ Adicciones

Una adicción es un deseo irresistible de ir donde he elegido esconder mi dolor. (cigarro, alcohol, marihuana, cocaína, trabajo, etc.).

Las personas adictas, si bien están clínicamente enfermas, están profundamente heridas.

El adicto en su mente inconsciente te habla:

"Existe pánico a verme tal como soy, lo vivido pretendo hacer que no existe, a cambio prefiero huir de mi presente, evadiendo mi realidad."

¿De qué dolor hablas? No lo recuerdo, lo prefiero así…

"No sé qué es el amor, o quizás no lo comprenda aún, nunca he sabido amarme, por lo que no sé hacerme amar, querer ni respetar por quienes me rodean."

"Me dejo llevar por la fuerza de mi adicción sintiendo que me acoge en sus brazos de fantasía y en un viaje lleno de vaivenes y sonidos mágicos, llego a lo alto de la cima en donde nadie podrá alcanzarme, ni herirme jamás."

"Duele, cómo duele esta soledad, para olvidarla me introduzco en los brazos mágicos nuevamente y me pierdo visualizando colores y paisajes de otra dimensión. Cuando caigo de la cima, la tortura de voces y rostros mirándome con desprecio y desagrado me recuerdan que no pertenezco al mundo de todos y solo quiero volver a desaparecer, y vuelvo a huir."

No creas que no me he preguntado cuando dejaré esta vida que me mata y me destruye, me lo he preguntado más veces que tú. Quisiera tener la respuesta para dejarte de engañar.

Cuando veo un rayo de luz, todo mi ser vibra de emoción sintiendo que esta vez alcanzaré a subir por el buen sendero que me llevará la paz y tranquilidad, pero al caminar, me siento solo, mi corazón que está guardado bajo siete llaves comienza a latir tan fuerte que el dolor vuelve a regresar.

*¿**Dónde están todos? ¿Acaso nadie ve que lo intento?** Trato de subir y avanzar, pero el dolor es más fuerte aún. Me rindo ante mis emociones, caigo de rodillas llorando por sentir amor, quisiera sentir el calor de papá y mamá, quisiera regresar al lugar en donde todo comenzó, donde no había juicios hacia mí, quisiera volver a sentir que solo desean mi existencia.*

Necesito aprender a creer en mí para salir de esta inercia que me hace perder la consciencia.

Háblame de lo bueno que fui de niño, de los lindos dibujos que hacía, de mis gracias, mis juegos, mis actuaciones en el colegio, háblame de mis sueños, seguro los tenía. Enfócate en potenciar las pequeñas cosas que sí hice bien. Necesito ganar tu confianza para volver a creer en mi"

Si resumimos en una sola frase que es lo que desencadena una adicción te puedo decir que es **"La necesidad de recibir amor "**. No lo tengo, lo necesito, lo necesito ver de quienes me rodean para poder vivir en armonía y equilibrio.

Cuando he visto adicciones en Terapia es un trabajo muy delicado, el adicto siente vergüenza de su condición, ha sido tan enjuiciado y criticado que la persona se siente mala y no merecedora de la sanación y de una vida mejor.

Algo que en lo personal me ha ayudado mucho en mis Terapias, es ver al niño interior que cada uno tiene en sí.

¿Cómo tratarías a un pequeño niño de 4 años que está llorando en el parque porque le quitaron un dulce?

Seguramente te acercarías suavemente, le hablarías con dulzura y amor, y buscarías la forma de calmarlo en su tristeza, no creo que te reirías de él porque llora por un dulce, tú sabes que para ese niño ese es un motivo de desilusión y angustia.

Si el niño no se calmara, ¿lo golpearías? ¿Lo insultarías? ¿O buscarías la forma de hacerlo reír y distraerlo?

Bien, ahora te digo, una persona adicta es un niño de 4 año llorando desconsoladamente porque siente que le han quitado *algo*…

Ya sabes entonces como sería la manera amorosa de comenzar a relacionarnos con él. Se necesita de mucha paciencia y amor, el adicto necesita saber que se le ama a pesar de todo, es por eso que prueba tu amor con "pataletas" y tú lo alejas de ti, y él vuelve a caer de la cima…

Según el Transgeneracional y Biodescodificación las adicciones son mamás y en menor porcentaje papá.

En las adiciones debo lidiar con la relación de mi padre como también busco mejorar la relación con mi madre buscando su amor.

Todas las adicciones evitan el contacto con las emociones. Existe dentro de la persona que sufre una adicción, un vacío existencial que no se puede explicar, hay una importante desconexión entre Alma, cuerpo y mente. TIENES QUE BUSCAR LA PAZ CON TU PROPIA DIVINIDAD

"No estoy en armonía conmigo mismo ni tampoco con la divinidad. Mi vida es un pesar, el cotidiano es una herida abierta que con la adicción anestesio mi dolor."

Personalmente no me gusta definir que la adicción siempre es mamá, aunque si reconozco que prácticamente la mayoría de nuestros conflictos tienen su origen con nuestra progenitora, es nuestro referente de vida, es quien nos aporta el amor propio y equilibrio emocional, pero con cada caso es diferente y todos hemos tenido vidas distintas por lo que no se puede generalizar.

Si alguien en mi entorno o yo mismo caigo en algún tipo de adicción quiero que sepas que estás en un rol de Víctima, esperando que papá o mamá acudan en tu ayuda. En otras palabras, me siento incapaz de salir adelante, busco que me amen y cuiden y me saquen de aquí. Necesitas desarrollar la valentía y voluntad para salir de donde estás. Nadie puede hacer el trabajo por otro, por mucho amor que le tengamos.

La persona que busca una adicción, busca sentirse seguro, y lo digo busca, porque de alguna manera todo lo que nos ocurre en nuestra vida presente lo atraemos nosotros. Si bien heredamos conflictos, yo de adulto busco resolverlos o perpetuar el drama. *Las 2 opciones.*

En el próximo capítulo veremos la definición completa de lo que significa una Víctima.

No todos los niños en los cuales sus padres discuten caen en adicciones gracias a Dios no es así. Pero existe la tendencia a que suceda, y en esto trabajamos en Terapia, para evitar que ciertos patrones y moldes de conducta se repitan nuevamente. El estar inmerso en una adicción evita que yo esté en el presente. *La persona que bebe mucho está huyendo del presente. (Carolyn)*

El suplir las carencias afectivas con regalos y cosas materiales acrecienta el vacío del niño provocando más abandonos.

Existen muchas razones para que la persona busque consuelo en el lugar equivocado, incluso un aborto de la madre, la muerte de algún hermanito puede generar un vacío tan grande a nivel familiar, en donde principalmente la madre no logra reponerse y el hijo busca *ser visto.*

Cuando por ejemplo los padres no logran comunicar y uno de ellos se victimiza, sufre, se enferma o vive en depresión culpando a su pareja de

→ Eventualmente los hij@s de Amanda

Eso le podría haber pasado a Shayne si
su mamá se quedaba c/su papá.

su desgracia y el niño genera un resentimiento con progenitor "culpable" de tal situación. Si la que se victimiza es la madre, y ella tiene un hijo, este hijo no querrá tener vínculos con su padre y si el daño es mucho, no querrá parecerse a él y desarrollará un auto odio por ser parte de él, y buscará la forma de destruir su vida.

Si tenemos en nuestra familia un duelo pendiente, y los miembros del clan, lo sufren en silencio, habrá alguien que por lealtad buscará traer al difunto de regreso al clan. Buscará la forma de parecerse y como esta persona ya no está buscará incluso desaparecer en su honor y buscará hacerse daño hasta morir.

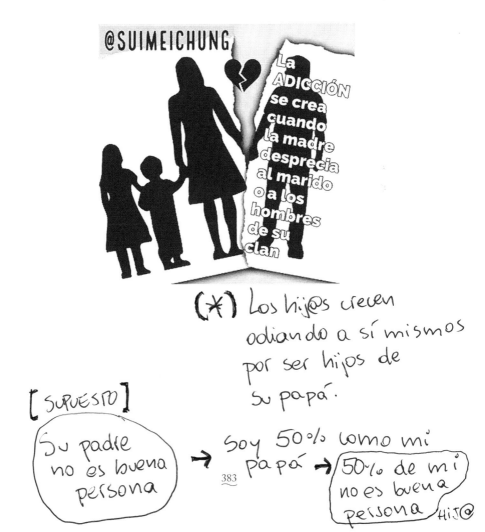

@SUIMEICHUNG

La ADICCIÓN se crea cuando la madre desprecia al marido o a los hombres de su clan

(*) Los hij@s crecen odiando a sí mismos por ser hijos de su papá.

[SUPUESTO]

Su padre no es buena persona → Soy 50% como mi papá → 50% de mí no es buena persona Hij@

¿CÓMO PODEMOS EVITAR Y SANAR LA ADICCIÓN DE UN HIJO O LA PROPIA?

"Toda adicción surge de una negativa inconsciente
a enfrentar el dolor y salir de él.
Toda adicción comienza con dolor y termina con dolor.
No importa a qué sustancia sea usted adicto: alcohol, comida,
drogas legales o ilegales, o a una persona,
usted está usando algo o a alguien para ocultar su dolor"

-Eckhart Tolle —➜ Mi mamá es adicta
a saber de mi y
mi familia...

El primer paso para sanar una adicción **es reconocer que la tienes**. Por lo general las familias y el mismo adicto evitan hablar o pronunciar la palabra adicción y cuando buscan ayuda se van por las ramas tratando de explicar lo que está sucediendo, y evaden concentrándose en otros temas.

Cómo vemos puede haber múltiples razones relacionadas a nuestra gestación, a nuestros ancestros, lealtades, duelos pendientes, es por eso que se aconseja hacer un estudio mirando desde el presente y buscando hacía atrás para encontrar el origen de lo que gatilló la adicción.

[Este libro te enseña a ser "bruja blanca"].

ADICCIONES Y SU SIGNIFICADO EMOCIONAL

Handwritten note top: → El padre de Shayne perdió su padre en un accidente de auto → El abuelo de Shayne chocó en BC

Handwritten note left: Quizá x eso el papá de Shayne es alcholico y no sabe ser papá.

Alcohol

Handwritten note right: Simbólicamente, el padre de Shayne está casado c/ su mamá.

Si decodificamos el alcohol, podríamos llegar a una gran cantidad de *azúcar*, por lo que la persona en esta situación tiene necesidad de algo dulce, lo dulce se relaciona con la **dulzura el cariño y amor.** La persona alcohólica busca rehuir a las responsabilidades, y compromisos. Ésta persona puede haber sido un niño no deseado, en donde él sienta que mamá y papá no lo aman.

Esta persona esconde también un miedo profundo a ser herido. Recordemos que todo lo que vivimos durante nuestra gestación queda almacenado en nuestro inconsciente, si en ese proceso mamá o papá no me deseaban, por un segundo o algún tiempo alguno de los dos pensó en abortarme, aunque no lo haya hecho yo sentiré que no merezco vivir, y, es más, generaré resentimientos hacia ellos y buscaré ganar su amor llamando su atención, como también esta herida me podrá llevar a castigarlos y una adicción cumple también con ese objetivo. Muchas veces los padres sienten culpas, por abandonos, malos tratos o episodios violentos que fueron víctimas sus hijos, y al no saber reaccionar, caen en una relación tóxica con sus ellos creyendo que pretender que la adicción no existe y terminará por desaparecer en algún momento.

La persona que cae en esta adicción, ha tenido muchos episodios tristes, trágicos, y dolorosos en donde ha decidido buscar un refugio para tanto malestar.

Se necesita estar consciente de lo que sucede, es una batalla que se debe luchar con fuerza interior, con coraje, valentía y mucha voluntad de querer cambiar tu realidad, debes querer con todas las ganas salir victorioso, hay que avanzar y aunque te caigas, ignorar el tropiezo, levantarte y volver a seguir. Tu meta debe ser amarte, el resto llega por añadidura. Cuando te amas, no buscas castigo, buscas amarte, cuidarte, respetarte. *y enseñas al resto a respetarte también.*

Handwritten note bottom: Esa es mi mamá siempre siente que nadie la quiere... y es tan "needy"...

¿Cuál es la emoción biológica oculta detrás del alcoholismo?

Existe fuertemente la emoción y herida de ser un niño rechazado, la persona se siente completamente inútil e incapaz de hace bien o tomar alguna responsabilidad.

La persona que se rechaza a sí misma tiene graves problemas de autoestima y seguridad. + Posiblemente traumas

En estas situaciones el individuo, siente la impotencia de estar lejos de papá y de estar obligado emocionalmente al cariño de un solo progenitor. El alcohol, le hace compañía y mientras más soledad siente, más aumentará su adicción.

La persona en esta situación tiene un conflicto importante no resuelto con mamá.

Ahora aprenderás un decreto para comenzar a trabajar el amor propio y la voluntad al cambio.

El gesto de "beber" es el mismo gesto que hace un bebé al amamantar, es el placer oculto se querer sentirse "pegado a mamá", el alcohol posee grandes cantidades de azúcar, que se transmite en el deseo de BEBER LA DULZURA DE MAMÁ.

Decreto del alcoholismo → CÓMO LIBERARTE

Desde hoy, tomo responsabilidad de mi vida, de mis actos, de mis metas y me proyecto con sueños. Estoy camino a una vida en armonía y en paz. Renuncio conscientemente a evadir, y huir de los conflictos y me prometo enfrentarlos para tener una vida sana, plena, y próspera.

Cigarro / Tabaco

El cigarro y tabaco está relacionado a muchos miedos conocidos y desconocidos, existe gran incertidumbre e inseguridad del futuro, y la persona tienen dificultad para creer en sí misma o proyectar en su futuro estable y armonioso.

⎿ Shayne y yo fumamos weed.

Esta persona tiene un profundo deseo de *regresar con mamá*. *El **gesto de fumar simula simbólicamente la succión del pecho materno.***

"Me ha faltado alimento y nutrición emocional de mamá"

En algunos casos el individuo tiene una madre posesiva, controladora, absorbente. El tabaco está también relacionado con *conflictos de territorio.*

Al fumar y soltar el aire fuera, el fumador, está pidiendo simbólicamente más espacio, más libertad. La persona en esta situación busca agradar a mamá, porque siente que su madre no lo considera.

¿Cuál es la emoción biológica oculta detrás del tabaquismo?

Simbólicamente el pulmón está relacionado con la libertad y el poder comunicar. El individuo con esta adicción, buscar sentir esta libertar que no tiene con su madre y se esconde en el cigarro. SO TRUE!!!

La persona debe asistir a una Terapia Transgeneracional y Biodescodificación para encontrar y acceder al origen que ha desencadenado esta adicción.

Según la Biodescodificación, fumar no causa ninguna enfermedad, nuestras enfermedades y síntomas nos indican que emoción está atrapada en mí que no puedo solucionar ni ver. Los pulmones son la vida, es lo esencial para poder vivir, puedo vivir sin oír, sin ver, pero no podemos vivir sin respirar.

Según la visión de la Biodescodificación, Bioneuroemoción y medicina germánica nos hablan que son nuestras creencias que nos enferman.

Es importante que la persona que fuma solucione los problemas con su madre o quien haya sido la madre. Necesito compañía para sentir placer, el cigarro es la compañía que no juzga.

El fumador se siente lejos emocionalmente de su madre, al mismo tiempo se da la polaridad de sentir invasión de territorio, ahogado por una madre sobreprotectora.

↳ una madre
→ quien protege, controla e invade al hij@ Y
→ quien no reconoce ni satisface las necesidades/ gustos/ personalidad del hij@.

Esta persona tiene mucho miedo a fracasar, le importa mucho la opinión de sus cercanos, por lo que tiende a ser muy vulnerable. **El fumador siente que en el ambiente que se encuentra es un ambiente tóxico, que necesita huir, tener libertad de lo contrario morirá.**

Decreto del cigarro

Desde hoy, acepto comunicar más y trabajar mi manera de expresar mis emociones. Trabajaré en metas y proyectos de vida, para saber con claridad que es lo que quiero en mi vida y hacer que las cosas pasen. Descubro lo maravilloso que soy, desde hoy decido amarme, y darme un lugar valioso en mi entorno.

Las drogas y tranquilizantes

Si bien todas las adicciones tienen un origen Transgeneracional, en el caso de las drogas es más fuerte aún. Existen muchas disfunciones familiares, madre o padre ausentes, real o simbólicamente, progenitores enfermos con depresión o también con alguna adicción.

La persona con este tipo de adicción se siente muy ***abandonado.*** Pueden ser hijos de padres separados, o padres que hayan fallecido y que el progenitor que tiene a su lado sufre de problemas de autoestima, seguridad personal, amor propio. → violencia por parte de la "nueva" pareja

El individuo que acude a drogas o tranquilizantes tiene angustia de estar solo, y busca refugio en este tipo de adicciones.

¿Cuál es la emoción biológica oculta detrás de las Drogas y/o tranquilizantes?

La persona siente y sufre de gran abandono y angustia a la soledad. De un momento a otro siente que lo ha perdido todo, (dinero, familia, trabajo) y busca consuelo en fármacos. Esta persona siente que nadie lo valora, ni lo ama ni considera. Esconde mucha inseguridad y falta de amor propio.

Detrás del uso de drogas → baja autoestima.

Decreto de la droga

Desde hoy trabajaré la soledad para aceptar mi compañía. Estoy consciente que debo trabajar mi voluntad y proyectarme en una vida digna y en tranquilidad. Sé que no ha sido fácil, trabajaré con todas mis fuerzas para llegar a la luz.

Dejar de consumir me pide mucho valor, pero la búsqueda de la paz interior es mi motivación. Llegar a ser yo mismo en cualquier circunstancia me permite alcanzar y vivir la verdadera paz interior y sentirme en mi lugar en este gran universo.

Deseo volver a ser integrado en mi clan familiar y haré que eso suceda.

Adicción al Trabajo |→ LAWYERS

En este tipo de adicción se encuentra mayor cantidad de hombres. La persona busca evadir conflicto en el hogar y se "esconde" en su lugar de trabajo como excusa.

El individuo con esta adicción sufre de gran estrés emocional. En el momento de su gestación, uno o ambos padres mostraron, pensaron o sintieron rechazo hacía el bebé, y esta emoción se graba con un gran sentimiento de no merecer la vida, y de desvalorización, por lo tanto, simbólicamente hablando, la persona adicta al trabajo necesita mostrar que es valioso que merece un lugar en la vida y en su clan familiar.

Como sabemos que todo lo heredado, se graba como "programas "en nuestro inconsciente, en este tipo de adicción también hay casos con una fuerte información Transgeneracional, que puede estar relacionada a que la madre debió tomar medicamentos para no perder el embarazo, y lo vivido se instaura la impronta o programa de droga=vida.

La persona en esta situación carga con una pena profunda y siente la necesidad de demostrar que **valió la pena haber nacido,** ser

Probar *abogado*

→ los abogados "exitosos" solo están tratando de ser valorados por sus familias en algunos casos.

Decreto adicción al Trabajo:

Desde hoy decido terminar con la necesidad de justificar mi existencia. Me valoro tal como soy, y deseo comenzar a disfrutar de mi vida y de mis seres queridos con amor, tiempo alegría.

Corolyn A.
Aussies

Cocaína

Esta adicción está relacionada a un fuerte odio y resentimiento con el padre. Esta persona carga con grandes humillaciones, frustraciones, engaños. Siente que no le es importante a nadie, y no sabe cómo retomar la confianza, el respeto y amor de sus cercanos.

Trabajar los serios conflictos con el padre ayudarán a dar con el origen que desencadenó esta adicción ya sea un conflicto de infancia, Transgeneracional o ambos.

He comprobado en mis Terapias que las personas adictas a la cocaína guardan un gran resentimiento, y rabias hacia su padre.

Decreto adicción Cocaína:

Desde hoy comienzo a verme con ojos del amor, y de la compasión. Hoy comprendo que la amargura ha dañado mis emociones. Trabajaré para limpiar mi corazón de resentimientos permitiendo traer luz, y alergia a mi vida con cosas simples de la vida. Disfruto de un atardecer, la lluvia, el aroma a flores, tierra húmeda, de intercambio de sonrisas, de la complicidad de las miradas. *y así disfruto de la vida a diario*

Marihuana

Este tipo de adiciones se da más en los jóvenes. Es la búsqueda de encontrar claridad para decidir mi camino, el sendero que me llevará a encontrar mi lugar en la tierra. También nos habla de la madre, la búsqueda del cariño y afecto de mamá.

La persona que es adicta a la marihuana vive un conflicto de identidad ¿Quien soy? ¿Quien es mi padre? ¿Por qué elijo vivir como vivo? El individuo en esta situación siente que su hogar está dividido, separado, y se siente a la deriva. Busca su camino, su propia identidad, no quiere ser el reflejo de sus padres.

Decreto adicción Marihuana:

Desde hoy comprendo que, de seguir sin ánimo y perdido en mi vida, seguiré más confundido que antes. Asumo que soy responsable de mis actos y que solamente yo podré cambiar mi destino.

Aceptaré la compañía que papá y mamá me ofrecen porque es su forma de entregarme amor y quiero recibirlo para liberar mi dolor.

Adicción al Sexo

Ale
Sarah

La persona con esta adicción no tiene control de sus emociones. Está relacionado al proyecto sentido y gestación en donde los padres no querían realmente tener un hijo y este nacimiento carga con el programa de que es hijo del placer, la aventura, pero no del amor.

La persona sufre de gran ansiedad y muchos miedos por su futuro, lo siente incierto, teme por su vida, vive en una inseguridad que no puede controlar. Las relaciones sexuales lo hacen sentir que **"tiene control"** irónicamente hablando, llena el vacío de la soledad por unos momentos y la atormenta la soledad.

Adicción al Juego, Ludopatía

La persona que sufre esta adicción ha tenido una infancia dura, triste y dolorosa, al igual que las otras adicciones, pero en ésta la persona se esconde constantemente en una realidad, la que puede durar días sin salir de este estado. La mente libera el control y se deja dominar por la emoción del juego, lidiando frustración y adrenalina, donde el placer de jugar lo domina todo. No existe un sentido, la persona se deja dominar por esta anestesia general.

Esta persona ha sido espectadora de muchas discusiones, peleas, donde también ha vivido la perdida de dinero, tragedias inesperadas, separaciones importantes o exclusiones del clan.

Por lo general esta adicción va acompañada siempre de otro tipo de adicción como cigarro, alcohol, drogas o fármacos.

Haschish

Buscar Transgeneracionales ligados a asesinatos y guerras.

Heroína → Heroe *A quién no ayudé??*

Impresión de energía y gran optimismo ¿De quien no he sido el héroe? ¿A quien defraudé? Tengo toda la intención de ser un héroe, de defender aquello en lo que creo, de ser el mejor, pero no lo logro. Anula el instinto de agresión/violencia, por no matar a los demás, me mato yo. Buscar en el árbol historias de violencia.

Morfina

No soporto el sufrimiento, el dolor emocional en el que vivo.

Te permite actuar sin consciencia. Huir de mi presente.

Esta información está en los libros de Enric Corbera®, apuntes de los cursos del Enric Corbera Institute®, Salomón Sellam, Christian Fleche, Enrique Bouron o el Dr. Hamer. *se hacer en caso de adicción.*

Si vives y tienes algún problema de adicción, el primer paso es aceptar y reconocer esto en ti. Luego estar consciente que debes pedir ayuda profesional y contención familiar para salir de esta situación.

El estudio del Árbol Genealógico es de gran ayuda para comprender la razón de estas adicciones y ver si proviene de traumas, lealtades, duelos, patrones o todas las anteriores y se trabaja con el ancestro, y las limitaciones que se han heredado.

Es importante si te encuentras o conoces a alguien que esté sumido en una adicción, que debe comenzar un trabajo personal profundo, de mirar su realidad actual, aceptarla para decidir y cambiarla, mirar su infancia su pasado, acogerlo para sanarlo y luego dejarlo ir. No podemos construir una nueva vida siendo la misma persona que hemos sido hasta ahora. La sana-

↳ mi hermana Margarita no entiende eso... No entiende por qué me cambié el nombre.

Yo cambié y adopté la cultura canadiense como mía.

ción se inicia con un cambio radical de nuestras creencias, nuestros pensamientos, nuestros hábitos, nuestras actitudes, debes probarte a ti mismo y a nadie más que eres capaz de hacer este cambio y de hacer que las cosas pasen. Aprende a confiar en el proceso de la vida, hoy como adulto te debes a ti una vida mejor, solo si logras estar y sentirte bien las personas de tu entorno cambiaran la forma de relacionarse contigo y generarás un nuevo vínculo. Nadie cambiará tu vida. Por mucho amor que sientan por ti, eres tú el único responsable de cambiar tu realidad. *El lenguaje es realidad...*

Debes aprender a cuidar con quien te relacionas, el amor lo abarca todo, tus amistades, tu cotidiano, el cuidado de tu cuerpo, lo que comes, lo que haces, lo que hablas, cambiar incluso tu manera de hablar en integrar palabras amorosas y positivas te ayudará a cambiar tu energía. *No importa ya, y lo digo de verdad lo que sucedió antes, no importa en este proceso que desear iniciar, cargar con el pasado solo lograrás cargar con amargura y dolor cada nuevo paso hacia tu futuro.* *Cambias la FORMA DE PENSAR, SENTIR*

Perdónate por no haberlo hecho antes, hoy sí tienes una nueva mirada y estás preparado para iniciar una nueva vida.

Eres un Alma amorosa, un ser bueno y bondadoso, existe una fuerza más potente y milagrosa, llena de amor, llámala Dios, Universo, Energía divina, que sí te ama, yo te amo, amo a ese ser que eres en tu interior. Es este amor el que me impulsa a escribir, a aportar con mis conocimientos un grano de arena en tu vida para que despiertes y cumplas con tu propósito de vida, el que muy luego descubrirás, por ahora transfórmate, todo lo vivido te ha llevado a conectar con nuevas personas, libros, audios. Cree en ti, no estás aquí por equivocación y como dice mi mentor **Lain Cargía Calvo, VINISTE A BRILLAR** ☺

Te compartí algunos decretos, son frases positivas y de una gran fuerza que debes repetir mental y verbalmente para comenzar a re programar tu mente, puedes crear una tú mismo que te ayudé a mentalizar lo positivo que deseas lograr.

Busca y pide toda la ayuda que necesites no te rindas, puedes y mereces vivir dignamente, con amor, y en armonía.

*"Las personas no son adictas al alcohol, o a las drogas,
son adictas a escapar de la realidad"*

ACTO DE SANACIÓN ADICCIONES

① **Primer paso**

Busca un momento en el que estés solo(a), crea un ambiente tranquilo con música agradable y suave, puedes prender una velita y también incienso o usar algún tipo de aroma que te guste y te haga sentir bien.

Es importante saber que esto es la primera toma de consciencia, debes tener la fuerza de ser más fuerte que este dolor y estar decidido a vivir en armonía y tranquilidad.

Se recomienza estar acompañado de un Terapeuta Transgeneracional o un especialista que siga y acompañe tu proceso de sanación. (Terapias Integrales, Saama, Psicólogo, lo que sientas que te ayude emocionalmente a liberar todas las emociones dolorosas que están atrapadas en ti).

4En eso estoy...

Escribe en una hoja tu nombre y apellido y la adicción que tienes.

Escribe también que comprendes que esta adicción es el resultado de profundos dolores, muchos ancestrales y que hoy te despides y tomas consciencia para liberarte de esta amargura.

Escribes que comprendes el daño que te has causado y el daño que sienten aquellos que te aman y que deseas revertir estas emociones gracias al amor por la vida y por querer vivir mejor.

Es una carta que debes imaginar a la "Adicción" como "alguien" y le dices que ya no quieres su presencia contigo que desde ahora enfrentarás tus heridas que saldrás de esta situación.

Yo (tu nombre completo y fecha que escribes la carta)

Estoy consciente que tengo esta adicción _____, desde hoy me despido de ti comprendo el mensaje que me han venido a entregar y renuncio a entregar el control de mi vida, para poder vivir una vida con sentido, amándome, conectando con la pasión y la alegría de vivir.

② Segundo Paso

RENUNCIO CONSCIENTEMENTE A:

Y acá haces tú lista de todas las renuncias que quieres tener en tu vida.

- Ejemplo: renuncio a gastar dinero que no tengo en comprar…
- Renuncio a sentirme mal cada mañana cuando… algo no resulta como quiero
- Renuncio a seguir sufriendo porque… mis padres son difíciles y mis herman@ también.
- Renuncio a perder mi vida. y a tener pensamientos suicidas.

③ Tercer Paso

Luego escribes otra lista con todo lo que quieres potenciar en ti, incluso si son talentos que crees que no tienes siempre comenzando por la palabra **AGRADEZCO**

Agradezco tener fuerza de voluntad para…

Agradezco trabajar en potenciar mi autoestima.

Agradezco día a día mi amor y cuidados hacia mi.

Agradezco que mi seguridad personales cada día mejor.

Aunque de alguna manera sientas que no es así del todo, AGRADECE de todas maneras, para que esto que estás diciendo y decretando se haga tu realidad.

 Cuarto Paso

A qué le quieres decir "adiós"

Deseo ver partir ...

Acá escribes que emociones o situaciones deseas dejar partir, ya sea la tristeza, sentimientos de soledad, angustias, impotencia o puedes describir alguna situación que sea repetitiva y no la quieras más en tu vida.

Repite esta frase ahora, y luego todas las veces que lo sientas es necesario :"DIVINIDAD SANTIFICA MI CUERPO, Y GENERA EN MI LA PAZ Y LA ARMONÍA"

 Quinto Paso

Cuando termines la carta, debes pararte frente al espejo:

Y debes leer la carta 3 veces:

_ *Leer voz alta (para tu consciente).*

_ *Leer en susurro (para tu corazón).*

_ *Leer en silencio (para tu Alma).*

Luego de haber leído las tres veces tu carta debes quemarla y las cenizas las entierras cerca de un arbolito. Puede ser en tu jardín, un parque, lo que sientas necesario.

Una vez enterradas las cenizas debes colocar miel. Si la miel está muy dura, la disuelves antes en agua caliente y la colocas en un vaso de vidrio. Dejas caer la miel sobre la tierra y con tus dedos esparces la miel sobre la tierra con la cual has cubierto las cenizas de tu carta.

Te recomiendo comenzar a leer los Libros de LAIN GARCIA CAL-VO, (autor del best seller La Voz de tu Alma, que trabaja a fondo la autoayuda y reprogramación mental).

Mira sus videos en Youtube, encontrarás justo ese que necesitas oír, créeme si de verdad quieres un cambio hazlo.

El primer libro y Best Seller, LA VOZ DE TU ALMA y toda la saga completa, será de gran ayuda, encontrarás la fuerza y motivación para tomar las riendas de tu vida. En lo personal así fue como llegue a él, estaba en búsqueda de respuestas, principalmente en ese momento quería comprender como trabajar la abundancia en mí, como modificar patrones que había heredado y me gustó mucho como **Lain**, hacía hincapié en una frase muy simple pero con mucho sentido en decir :

No importa de dónde vienes, importa hacía dónde vas... y eso tiene mucho sentido, no porque tus padres hayan nacido pobres debes ser pobre, no porque tus padres hayan sido infelices debes ser infeliz, tenemos la obligación moral de cambiar nuestra vida, tu propósito de vida es superarte, crecer y todo aquello que no fue hecho por tus ancestros debes terminarlo con éxito.

Está en tus manos modificar lo heredado, agradecerlo y vivir una vida que sueñas, esa que siempre has querido ☺ *My Canadian dream*

También te recomiendo los libros de **Louise Hay** pionera en el trabajo de heridas de infancia y Autoestima personal, comienza por su libro, ***Usted puede Sanar su Vida.***

Te comparto un texto justamente de ella, son afirmaciones para que lo estudies, y lo repitas con fe y esperanza y luego lo integres en ti:

The best message ever

AFIRMACIONES PARA LIBERAR ADICCIONES

Estoy en paz.

Estoy preparado(a) para cualquier situación.

Libero mi estrés con respiraciones profundas.

*Tengo el poder, la fuerza y el conocimiento
para manejar todo en mi vida.*

Yo irradio aceptación, soy profundamente amado(a) por otros.

Libero la necesidad de ser perfecto(a).

Soy suficiente exactamente cómo soy.

Estoy abierto(a) a mi sabiduría interna.

Veo mis patrones y puedo hacer cambios fácil y amorosamente.

*Reconozco que la consciencia es el primer paso de la sanación
y el cambio. Soy más consciente cada día.*

*Fluyo relajadamente con la vida y dejo que la vida provea mis
necesidades fácilmente.*

*Estoy dispuesto(a) a crear nuevos pensamientos de mí mismo
y de la vida.*

Me amo, me acepto y me respeto a mí mismo(a).

*Soy gentil y amable conmigo(a) mismo(a) mientras crezco
y cambio. Soy libre.*

-Louise L. Hay-

Siento que dejar el país donde naciste si éste no es lo que esperabas es algo que venía en mis genes europeos.

¿PODEMOS HABLAR DE DINERO?

Si naces pobre no es tu culpa, pero si mueres pobre sí lo es
-Bill Gates -

Ser rico, pobre, abundante, miserable, próspero, es también un programa de nuestro árbol.

Descube cuáles son las creencias limitantes que heredas acerca del dinero, éxito y abundancia.

Así como estamos en este momento, viviendo la consecuencia de las vivencias y creencias de nuestros antepasados.

Nos sentimos increíblemente desleales a nuestra familia, si somos exitosos, abundantes y peor aún si tenemos dinero. Las lealtades invisibles que tenemos hacia nuestros ancestros no solo son en relación a nuestra vida en pareja y familia, ya vimos que nos afecta también en la elección de nuestra profesión u oficio, en el nombre que elegimos para nuestros hijos y el dinero es parte importante de este legado ancestral.

Nuestra relación con el dinero, el éxito, la prosperidad, y la abundancia está directamente relacionado a cómo nuestros antepasados lidiaron con estas energías. Por generaciones hemos tenido un pésimo concepto acerca del dinero, de las personas que lo poseen, y de las *"graves consecuencias de poseerlo"*. El dinero no es el culpable de tu desgracia, sino la forma en que te relaciones con él.

En tu inconsciente crees que no mereces el dinero, que las personas que lo tienen son malas y que para tener dinero es necesario mucho sacrificio y esfuerzo.

→ *La relación que tienes con el dinero es algo que se hereda.*

Aunque cueste creerlo, y aceptarlo es la triste realidad.

Lo veo a diario en mis Terapias, el tema del Dinero es algo que todos tenemos que resolver, es un tema "tabú" para muchas familias, y existen demasiadas creencias negativas y limitantes que nos hacen tener una percepción errónea de lo que es el dinero y de la que significa en nuestras vidas.

la humanidad entera es así

Para comprender nuestra existencia y nuestro presente es necesario aceptar que la historia comenzó mucho antes que nosotros. Que lo que estamos viviendo hoy es una realidad creada por años de creencias y Lealtades en relación a todo lo que nos rodea. *La "realidad" es una creación social.*

Nuestras creencias y lealtades en el amor nos hacen escoger a un cierto tipo de persona, nuestras creencias y lealtades con respecto a la familia nos hace formar cierto tipo de familia y sus costumbres, nuestras creencias y lealtades con respecto al dinero nos hacen vivir en la riqueza o la pobreza.

Ya hemos aprendido que ser "Leal" a nuestra familia es más fuerte que nuestra propia "Felicidad".

Es decir, si tus abuelos y padres han tenido carencias económicas que han desencadenado discusiones, disgustos, peleas y separaciones, incluso muertes …

¿Cómo tú vas a osar tener dinero? Sería una burla para ellos, que lo han "pasado tan mal, a causa del dinero y tú te atreves a tenerlo contigo, y peor aún a *DISFRUTARLO.*

Si en tu familia alguien se suicidó, o mató por dinero, ¿Cómo tú vas a osar tenerlo?

Si en tu familia, alguien se fue o abandonó a causa del dinero… ¿Cómo tú vas a osar a tener dinero?

Si en tu familia alguien se prostituyó… ¿Cómo tú vas a osar tener dinero?

Si en tu familia un hermano estafó a otro hermano… ¿Cómo tú vas a osar tener dinero?

Si en tu familia alguien perdió mucho dinero y por esta pérdida sus hijos no pudieron terminar sus estudios y pasaron hambre ... ¿Cómo tú vas a osar tener dinero?

Si en tu familia, se prohibió la unión de una pareja por problemas de dinero ... ¿Cómo tú vas a osar tener dinero?

Muchas de estas historias han ocurrido en nuestras familias, muchas de estas historias forman parte de los secretos de nuestra familia, y como son graves, traumáticas y dolorosas se "esconden" pero nada se puede esconder a nuestro inconsciente o Alma Familiar.

Somos leales al sufrimiento de un ancestro, si al abuelo perdió todo su dinero, existió una familia entera que sufrió, que pasó grandes carencias, sufrimientos, muy probablemente violencia familiar, discusiones grandes acerca de la escasez del dinero, enfermedades, y en la misma familia se siguen repitiendo los conflictos de pareja, quizás más violencia, quizás más malos tratos, falta de alimento, calor, ropas, etc.

En muchas familias existe este tipo de situaciones, que por falta de dinero a la hija de 10,12 ó 14 años la han enviado a trabajar en casa de tíos o primos lejanos a cambio del dinero, y esta pequeña niña sufre abusos de todo tipo incluido sexuales, y en su mente e inconsciente asocia:

dinero = abuso (*) LAS EMOCIONES SON ENERGÍA

dinero = soledad Y LA ENERGÍA JAMAS MUERE,

dinero = sufrimiento SE TRANSFORMA O SE TRANSMITE.

Lo que sufre esta niña, se traspasa, recordemos que las emociones son *"energía"*, y la energía no muere, se transforma, se transmite, recordemos que por medio del embarazo todas sus vivencias son transmitidas a las futuras generaciones, por lo que tú puedes tener o no conocimiento acerca de lo que vivió esta niña, puedes saber exactamente lo que ella sufrió o no, y poco importa, porque cargas con esta herencia emocional, y tu mente "te protege del dolor", tu inconsciente en otras palabras busca una solución a lo vivido y la solución para evitar tanto dolor es que tú no tengas dinero.

Así te evita el dolor de haberlo perdido, así no sabes lo que es tenerlo para luego perderlo, y te evitas el tener que abandonar a tu familia para trabajar de empleada en casas ajenas, evitando discusiones, violencias y abusos por la *"culpa"* del dinero.

La gran mayoría de nosotros venimos de una crianza y creencia Judeo – Cristiana, es muy probable que tu hoy no tengas ningún tipo de religión o que no promulgues de manera constante a alguna religión, pero sin embargo has bautizado a tus hijos, por "tradición familiar", te has casado por la "Iglesia" por tradición familiar y es esta misma **"Tradición Familiar"** la que te *impide* ser *próspero* y vivir en *abundancia* en la *actualidad*. Incluso puede que no hayas bautizado a tus hijos, que no te hayas casado por la iglesia, pero sin embargo en lo más profundo de tu ser, tienes fuertes creencias negativas y limitantes acerca del dinero.

¿Cuáles son este tipo de creencias?

Nuestros abuelos y padres cargan con estas creencias y ellos con todo el amor de mundo nos transmiten la misma información.

Te daré algunas de las frases que ellos suelen decir con respecto al dinero.

- El dinero no hace la felicidad.
- Lo más importante es ser feliz.
- Las personas deshonestas tienen dinero.
- La vida es dura.
- El dinero se gana con sacrificio.
- Para entrar al reino de Dios hay que ser pobre.
- Es bueno ser humilde para poder entrar en el reino de los cielos.
- Ganarás el pan con el sudor de tu frente.
- El dinero es sucio.
- El dinero transforma a las personas.
- El dinero no es importante.

Podría darte una lista interminable de creencias negativas acerca del dinero, pero he seleccionado solamente algunas, que seguramente las tienes tú.

Estudié Derecho porque mi papá quería eso

¿Y cómo saber que es así?

Simplemente porque si hoy no te sientes abundante y tienes dificultad para tener o mantener el dinero es porque tus "creencias no son lo que tú crees ..." y están asociadas al tipo de creencias que te acabo de nombrar.

Siempre sentimos la *"necesidad de complacer a nuestros padres"*, es algo visceral, algo que nos contradice, pero que al mismo tiempo nos sentimos obligados a hacer. Ellos son nuestros referentes que nos han dado la vida, se han sacrificado por nosotros, han renunciado a sus sueños, por lo tanto, estamos deuda con ellos, y lo que ellos piensen o digan es ley para nosotros. *Hablaré en detalle acerca del tema de los padres y nuestra relación con cada uno de ellos, para eso ya estoy preparando lo que será mi segundo libro titulado "SANARÁS CUANDO DECIDAS HACERLO".*

Si nuestros padres no han ganado dinero, yo tampoco debo ganarlo.

Si nuestros padres no han sido prósperos, entonces yo tampoco.

Si nuestros padres no han sabido mantener ni generar dinero, yo tampoco sabré mantenerlo ni menos generarlo.

Es un mandato inconsciente el cual sigo sin saber el por qué.

Hay una razón científica para explicar también todo esto que estamos hablando.

(*) **Existen tres tipos de cerebros:**

1- Cerebro reptiliano.
2- Cerebro emocional o cerebro limbico.
3- Cerebro racional o neocórtex.

Nuestro cerebro ha estado en constante evolución por más de 250 millones de años. En este caso y en relación al tema que estamos viendo vamos a referirnos al *"Cerebro Reptiliano"*. *El Cerebro Reptiliano, está activo desde comienzos de la creación por lo que todos guardamos información de siglos y siglos atrás sin tener apenas consciencia de ello. Este cerebro es el encargado de nuestra supervivencia, y al mismo tiempo es el encargado de nuestras conductas inconscientes involuntarias como lo es la respiración, la presión sanguínea, etc.*

Esto es super interesante cuando eres una gran mezcla de razas.

Es aquí donde se almacenan las vivencias de nuestros antepasados, todo lo que ellos hicieron para vivir y sobrevivir para perpetuar la especie.

Nuestro *"Cerebro Reptiliano"*, es instintivo, no reflexivo. Como su función principal es encargarse de nuestra **supervivencia**, es normal que nos envíe información para encontrar "barreras" y "dificultades" cuando nos proyectamos hacia "nuevas metas", y nos dificulta lograr nuestros objetivos, ya que nuestro *"Cerebro Reptiliano"*, se siente seguro solamente en un terreno conocido. (repetir las mismas historias, dramas y conflictos es algo ya conocido para nuestro *"Cerebro Reptiliano"*, por lo que algo distinto a lo que ya conoce lo asusta).

Cualquier intento de querer *"Cambiar nuestra realidad"* simplemente lo recibe como una amenaza, y prefiere huir, antes de enfrenar algo nuevo. Es decir, nosotros recibimos esta "orden" y rechazamos cualquier oportunidad de algo nuevo en nuestras vidas, y es así como si en nuestro sistema familiar existen carencias y dificultades con el dinero, esto forma parte de "algo conocido", y teme ir hacia algo nuevo, y repetimos la historia de nuestros ancestros por esta información almacenada.

Nuestro *Cerebro Reptiliano,* tiene funciones claras y bien definidas ya hablamos que está a cargo de la **supervivencia,** de **regular las funciones vitales básicas de nuestro organismo**, de *"Evitarnos el dolor"* y va a buscar por todos los medios la mejor manera de esquivar el sufrimiento. A cambio nos guiará a circunstancias de vida que nos sean más agradables, como tiene un comportamiento de **"Territorialidad"** nos hace por medio de la supervivencia, querer defender *"lo nuestro"*, así como nuestro hogar, nuestra familia y defender *"nuestras creencias"* y pertenencias.

Y por último nuestro *Cerebro Reptiliano,* tiene la importante misión de **perpetuar la especie,** y está encargado de nuestro instinto sexual que nos provoca sentirnos atraídos por otras personas.

Esto explica que todo lo vivido por nuestros ancestros en relación al dinero ha quedado grabado en este cerebro el que se encarga de protegernos y si en nuestro pasado se ha sufrido mucho, y han tenido vidas traumáticas y dolorosas en relación al dinero, el programa que se nos graba es negativo y pesimista.

Si disfrutas ganando dinero, si eres feliz con lo que haces, vas en contra de la programación de tus ancestros y esto te genera **culpa** y la **culpa** genera **castigo.**

Ancestralmente hemos también incorporado el *"Castigo"* como algo normal y aceptado por todos nosotros.

Si conducimos mal y un policía o carabinero nos ve cometiendo una infracción "nos castigará" con un parte, el cual deberemos pagar con nuestro dinero.

Si no cancelamos el pago al día y nos demoramos, vamos a ser "castigados" e irónicamente vamos a tener que pagar ese castigo con dinero.

Cuando alguien infringe una ley, debe pagar una multa en dinero. (Castigo)

Si a nuestro hijo le damos una mesada, y luego de que baje sus notas, no será premiado, sino "castigado" y ese "castigo" será quitándole su mesada, es decir, no le daremos su dinero.

El dinero tiene como significado para nuestro inconsciente como castigo.

En nuestro *Cerebro Reptiliano*, tenemos guardada la información de castigo, para la mayoría que venido de una tradición religiosa nacemos ya "pecadores" y debemos durante toda nuestra vida, ganarnos el derecho de entrar el reino de los cielos, y para eso debemos vivir en sacrificio y humildad. Todos estos principios han sido mal interpretados y por eso hemos vivido como hemos vivido, sufridos, pobres, miserables e infelices. Creemos que debemos vivir en sacrificio, que hay que sudar para ganar dinero, y que hay que mantenernos pobres para llegar a ser "santos". QUE HORRIBLE...

→ Ser *Humildes, no es ser pobre,* es ser sinceros, sinceros con nosotros mismos y reconocer que estamos en un mundo de aprendizaje para poder evolucionar y que estamos dispuestos y abiertos con nuestra mente para integrar nuevas creencias que nos permitirán salir de la zona de confort en la que estamos. *Y es eso lo que nos pide la religión "ser humildes" pero no pobres ni miserables.*

Si tú has "actuado mal", has mentido, engañado, has causado daño, has hecho algo injusto, sabes que eso no está bien, y como sientes "culpa" por haber hecho lo que hiciste, buscarás inconscientemente "castigo", *¿y sabes cuál será tu castigo?*

El **dinero,** te castigarás al igual que el padre que le quita la mesada al hijo por tener bajas notas ...

Buscarás un trabajo que te paguen mal harás estafas o robarás, te castigarás dónde más duele, y el dinero, el no tenerlo, nos duele.

No es el dinero el culpable de nuestra desgracia, es el mal manejo que hemos hecho con nuestra vida, y de las creencias negativas que hemos dado al dinero lo que nos lleva a crear una realidad de pobreza, miseria, inarmonía.

> *La gente no es pobre por cómo vive,*
> *sino por cómo piensa...*

Decir que el dinero no es importante, es como decir no es importante si dejas de respirar ...

Al igual que el Amor, el dinero es energía. No por nada hay una frase que se dice mundialmente y en casi todos los idiomas:

"Salud, Dinero y Amor", ¿y te fijas que Dinero va antes que el Amor?

Hemos recibido y heredado una carga muy negativa con respecto al dinero, el dinero es el intercambio que tenemos para obtener aquello que queremos. En el momento que comencemos a reconciliarnos con el dinero, y a quitarle la culpa por lo que han vivido nuestros ancestros el dinero nos bendice.

Nacemos con un libre albedrío, siempre se nos ha dicho esto, y estamos programados, pero no condicionados a vivir una vida que no queremos, y es ahí donde podemos elegir. Seguimos repitiendo el drama familiar o cambio de realidad, y para que eso ocurra debo aceptar que no me siento en culpa si decido tener una vida mejor, debo aceptar no me siento en culpa por querer tener dinero y que no me siento en culpa por querer ser prospero. Y próspero y abundante es en todas las áreas de nuestra vida, próspero y abundante en amor, próspero y abundante en salud, próspero y abundante en amistad, próspero y abundante en mi vida personal y laboral.

Estar y vivir en carencia de dinero es algo similar a estar y vivir enfermo. Cuando no tenemos dinero, estamos preocupados, nos sentimos débiles, nuestro ánimo es bajo, nuestra motivación disminuye, y nos sentimos limitados al no poder hacer lo que queremos. Cuando estamos enfermos, nos sentimos preocupados, nuestro ánimo es bajo, nuestra motivación disminuye, y nos sentimos limitados y condenados a vivir de una manera que no queremos.

Si Dios lo ha creado todo, es amo y señor del mundo entero y todo el Universo, es también creador del Dinero. Las personas que tienen dinero son "amados" por Dios, y los que están en carencia, están rechazando el amor de Dios. Sé que estas simples frases te afectan, pero lo que están afectando son las creencias que guardas en tu interior en tu cerebro reptiliano que te hace "rechazar" cualquier cosa que atente con tu zona de confort.

Es acá donde saltan todas nuestras creencias más profundas acerca del dinero, es decir si crees que las personas con dinero son "malas", esa será tu verdad y lo que piensas se manifiesta, por lo que conocerás a personas malas con dinero y luego te convencerás diciendo que es así, pero es así porque eso forma parte de tus creencias.

Si eres padre, o tienes sobrinos, ¿me equivoco al decir que tú quieres lo mejor para ellos?

Sé que querrás que vivan felices en armonía y en paz, y también en abundancia ¿o no?

Y para los que creemos en Dios, ¿tú crees que él nos quiere sufriendo o viviendo en paz?

El estudiar y analizar nuestra historia familiar nos llevará a la comprensión de nuestra vida. Con respecto al dinero es importante saber si ha habido robos, estafas, peleas, separaciones, muertes, para dar con el origen de los conflictos y sacar a la luz las emociones que están atrapadas y liberar el dolor para luego poder cambiar nuestra vida.

Cuando estás con problemas de dinero, o estás viviendo situaciones de carencias, es un mensaje del "Universo, o llámalo Dios, los Ángeles, la divinidad, Espíritu Santo, que te indica que *"algo en tu interior"* no está *bien.*

En el Universo no hay carencia de nada, y si la hay ha sido nuestra responsabilidad. La falta de agua, plantas, extinción de animales, la falta de vegetación no es culpa del Universo sino de la destrucción e inconsciencia del ser humano.

Estamos tan acostumbrados a vivir en el sufrimiento que la sola idea de vivir otra realidad nos angustia. **y critican a quien cambia.**

Imagina que hoy te despiertas y miras a tu alrededor y está el hombre o la mujer de tu vida a tu lado.

Que despiertas en la casa de tus sueños, que miras tu cuenta de banco y tienes millones y millones de pesos, que deseas viajar y que es posible comprar esos pasajes en avión y de ir a Tahiti.

Que sales al jardín y tu cuerpo está sano, liviano, lleno de vida, que nada te duele, que todo está a tu favor….

El solo hecho de imaginar esto, ya no lo crees …ni siquiera la posibilidad de que tu cuerpo esté sano y no duela… ☹

La abundancia también es salud, lo normal es estar sanos no enfermos. No solamente no crees lo que lees, sino que te angustia, te incomoda, inconscientemente al leer lo que escribí tu mente lo va negando.

¿Millones de pesos? ¿y para que tanto? Y ¿pasajes en avión? ¿no será mucho? ¿y Tahiti, para que tan lejos …si acá también hay playa? Y no solo eso, sino que sentimos que al tener tantas cosas buenas algo malo deberá suceder.

Intenta imaginar que despiertas y nada te duele, que la salir de casa, las calles están expeditas, que en tu trabajo todo es armonía y que tu jefe te ama.

Imagina que estás con el amor de tu vida, que llevas el trabajo de tus sueños y que el dinero te alcanza para todo lo que deseas, incluso te sobra…

¿Cuál es tu sensación al sentir que todo está bien para ti?

¿Reconoces un poco de angustia e inseguridad? quizás hasta de incredibilidad. **NO te sabotees a ti misma.**

Y es normal, estamos programados para vivir en dificultad y sufrimiento, y cuando todo comienza a ir bien inconscientemente creemos que debemos "pagar la culpa" por recibir tanto… y es así donde saboteamos nuestra vida, relaciones de pareja, familia y trabajo. Porque no nos sentimos merecedores de tantos beneficios, abundancia y bendiciones.

No es posible estar felices, tranquilos, sentirnos abundantes y con dinero, porque debemos de alguna manera "pagar esta culpa y deslealtad", y esperamos entonces que algo malo pase… Y pasa, o nos roban, nos estafan, perdimos dinero o nos enfermamos. **WE HAVE TO BE STRONG.**

O por fin llegamos a fin de mes con $500.000 extra a nuestro favor, y me rompo una muela, choco el auto, o debo pagar una deuda… en definitiva rechazamos el dinero y la abundancia, y buscamos la forma de sabotearnos al igual como lo han hecho nuestros ancestros, igualitos a ellos para estar tranquilos.

Hagamos una prueba, busca papel y lápiz, yo escribiré algunas frases y tu deberás responder inmediatamente sí o no, después de cada frase. Vas anotando todo y al final comprobarás si tienes muchas o pocas creencias que están limitado tu relación con el dinero. Tus respuestas deberán ser lo más honestas posibles, no trates de pensar ya que tu creencia está muy arraigada en ti y están saldrán inmediatamente a medida que vayas leyendo.

- ¿Te sientes merecedor de toda la Abundancia del mundo? **Sí**
- En el Universo no hay carencia de nada. **Sí**
- ¿Sientes que el dinero es bueno? **Sí**
- ¿Hay algo que esté impidiendo tu abundancia? **No**
- Para tener dinero hay que trabajar duro. **Sí**

- La vida es difícil. **No**
- El dinero no es importante. **No**
- ¿Te gusta tener dinero en tus manos? **Sí**
- Amo el dinero y el dinero me ama. **Sí**
- ¿Gano lo suficiente? **Sí**
- El dinero no hace la felicidad. **No**
- El dinero transforma a las personas en malas personas. **No**
- El dinero separa a las personas. **No**
- El dinero trae conflictos familiares. **Sí**
- Si tengo salud no puedo tener dinero. **No**
- Si tengo dinero no puedo tener salud. **No**
- Nací pobre, moriré pobre. **No**
- Si deseo algo, puedo alcanzarlo, lo atraigo, lo poseo y lo disfruto. **Sí**
- Nunca llego a fin de mes con el dinero. **No**
- Merezco ser rico. **Sí**

Podría hace una lista infinita, pero más que nada quiero que tomes consciencia de cuáles son las reales creencias que tienes en ti.

Harás un trabajo importante y muy sanador.

En tu hoja en la que has escrito las respuestas vas a escribir completamente lo contrario.

Es decir, a la frase:

El dinero transforma a las personas en *malas personas* / El dinero transforma a las personas en *buenas personas*.

El dinero *no* es importante / El dinero *es* importante.

Si tengo salud, también puedo tener dinero

Haz una lista por lo menos de 50 Creencias relacionadas al dinero, éxito, abundancia y prosperidad. No debes pensarlo mucho, si es una creencia de tu abuela, esa creencia también tuya, créeme, por lo tanto, debes tomarla en cuenta para revertir ese pensamiento que de alguna manera está limitando.

Cuando he pedido a mis consultantes hacer esta lista me impresiona que lleguen a mí porque están "bloqueados con el dinero y la abundancia", y luego de la primera Terapia llegan a la segunda sesión y me dicen:

Sabes no pude hacer la lista de las 50 creencias limitantes acerca del dinero

Solamente escribí unas cuentas. La verdad es que no las tengo …

Y yo les pregunto:

¿Y ahora te sobra el dinero? ¿Estás y te sientes más abundante?

Y me responden:

No aún me siento bloqueado..

Y les digo:

Si hoy tienes problemas con el dinero, prosperidad y abundancia es que SI TIENES CREENCIAS LIMITANTES ACERCA DEL DINERO, y no solamente eso. Para el estudio y análisis del Árbol Genealógico la relación con nuestros padres está 100% ligada a nuestra abundancia y prosperidad.

Nuestra relación con la madre nos afectará en el DINERO y ABUNDANCIA

Nuestra relación con nuestro padre, nos afectará en la PROSPERIDAD y TRABAJO.

Cuando creas que no tienes creencias limitantes puedes hacer algo muy fácil:

Piensa en las creencias acerca del dinero que tiene tu pareja, tus padres, abuelos y bisabuelos y la tia … y todas aquellas creencias TE PERTENECEN están grabadas en tu inconsciente familiar y NO TE HAS DADO CUENTA.

Quizás por eso puedo sentir/imaginar fácilmente
lo que otr@s están pensando/sintiendo.

Cuando escribas la lista de las 50 creencias limitantes, por cada creencia limitante escribe el contrario y no te sabotees el trabajo. Si sietes que es ridículo, que es tonto e inútil, mira cuántos años llevas cargado una creencia limitante que ya es tiempo de sanar.

Todos hemos oído hablar acerca de la ley de atracción que no consiste en solo pensar que quiero ser rico y abundante, sino que además debo sentirlo en lo más profundo de mi ser que esa sea la verdad. Según esta ley, **los seres humanos emitimos vibraciones a través de nuestros pensamientos y emociones, y toda la esta vida emite una vibración, los colores, las palabras, en consecuencia, vamos a atraer a nuestra realidad y a nuestra vida lo mismo que pensamos o sentimos.** Pensamientos de carencia y pobreza, atraen la miseria, pensamientos de abundancia y gratitud, atraen la riqueza.

Te tomará algún tiempo integrar nuevas creencias, quizás en algunos casos no tanto, puede ser que tu conflicto no sea con el dinero sino con las relaciones de pareja, pero mirado desde la abundancia es un mismo conflicto a solucionar ya que parte de ti no cree que mereces abundancia en amor, y en ese caso se trabajan las mismas creencias limitantes. Si tus padres no han amado, tu lealtad es a no tener a alguien que te ame.

Pero no basta con saber que tenemos problemas con nuestras ideas y creencias en relación al dinero, con respecto al Transgeneracional es más profundo aún. *I love making money ♡*

Ya hemos comprendido que el dinero es "energía" que debe estar en movimiento para generar más de lo mismo, no es bueno ni malo, todo depende de la carga energética que le demos. La energía del dinero es una de las vibraciones más altas de la tierra, cuando lo aceptemos sin miedo, sin angustia esa energía se acercará a nosotros ya que si sentimos y pensamos lo contrario simplemente se nos aleja.

Una amiga me decía el otro día: Sui Mei por favor ayúdame, ya me dijiste que mi problema del dinero viene de los conflictos no resueltos con mi madre, eso lo entiendo, pero aún así no logro desbloquear mi abundancia y me siento limitada.

Le pregunté: ¿Quieres ser exitosa y tener dinero?

Amiga: la verdad me da vergüenza admitirlo, quiero, pero no quiero ser exitosa y el dinero me da lo mismo…

Acá hay una gran incoherencia, me viene a consultar porque está bloqueando su abundancia, no tiene dinero y en su trabajo no puede surgir y cuando le preguntó si quiere ser exitosa y tener dinero, me dice que "NO".

Frente a su respuesta, la energía del dinero y le Universo simplemente responde a "sus creencias" y es ella misma quien se está saboteando en esta área.

Amiga: Lo que sucede es que quiero ser humilde…

Yo: ¿y para ti ser humilde es ser pobre?

SER HUMILDE NO ES LO MISMO QUE SER POBRE.

Amiga: no lo había pensado, creo que sí…

Yo: la humildad es reconocer que no lo sabes todo, que siempre hay algo por aprender, que eres humano, que puedes equivocarte y tu sanación y humildad está en reconocer tus errores y no volver a repetirlos.

Yo: ¿Tu Madre fue una mujer exitosa, que se sintió bien con sus logros y tuvo una vida feliz? (me gustaría aclarar que exitosa no es ser famosa mundialmente, es lograr de acuerdo a tus proyectos y metas personales el éxito laboral, o reconocimiento por tu trabajo).

Amiga: todo lo contrario, y siempre se lo he dicho, solo fue dueña de casa, jamás quiso estudiar o trabajar en algo, pensaba que no era buena para nada…

YO: ahí hay una "lealtad ciega", no te permites triunfar, ni ser exitosa, ni mucho menos ganar dinero porque *"si tu madre no lo ha hizo"*, sientes de manera inconsciente que es una deslealtad hacerlo tú.

Amiga: haaaa ya me queda claro, ¿son mis creencias cierto?

Yo: exactamente, tienes creencias equivocadas cerca de ser una persona humilde, exitosa y abundante.

Le recomendé de escribir 100 veces con puño y letra esta frase:

"Puedo ser una persona humilde, exitosa y abundante"

Como mi amiga reconoció que quiere ser exitosa laboralmente, pero le da vergüenza admitirlo, le dije en las mañanas cuando se despierte vaya frente a un espejo y en voz alta se diga y mirándose fijamente a los ojos:

"Decido ser una mujer exitosa"

Con toda su fuerza y lo haga también antes de acostarse para que comience a integrar dentro de esta esta posibilidad de vida. "Ser una mujer exitosa".

Muchas religiones nos han hecho creer que la Espiritualidad no va de la mano con el dinero, y que si tengo dinero no soy una persona espiritual y todo el mundo quiere ser espiritual por lo tanto todo el mundo reniega del dinero... Grave error.

Ya dije un poco más arriba acerca de la humildad, se dice en una parte de la Biblia que solamente entraran al reino de los cielos los humildes, pero está relacionado con ser humildes de conocimiento, de aceptar en ti que debes crecer, evolucionar, yo me siento humilde sé que no todo lo sé y que debo seguir aprendiendo y creciendo, el que deja de aprender deja de crecer... y quiero seguir evolucionando ya que el conocimiento me da alegría, luz, paz, tranquilidad y motivación.

Aquellos que transmiten un mensaje de "pobreza" mira cómo viven, mira sus ropas, atuendo, su hogar, no son "pobres" ellos sí han entendido el mensaje de Jesús, ahora es tu turno.

Es falso que el dinero causa drama, muertes o sufrimiento, es una irresponsabilidad culpar a un "papel" por nuestros actos cometidos.

Recordemos que nuestros conflictos actuales con el dinero es una consecuencia del mal manejo que han tenido nuestros ancestros y ahora es nuestro turno y nuestra responsabilidad reparar ese patrón establecido.

Si quieres aprender más acerca de la energía del dinero, te recomiendo leer los siguientes libros: "Como Atraer el Dinero" de Lain García Calvo,

"Piense y Hágase Rico" de Napeleón Hill, "El Dinero no es el Problema, Tú lo eres" de Gary M. Douglas.

Ahora te daré una breve definición de patrones y arquetipos relacionados a dinero:

El Avaro

Sabemos que es la persona que guarda con afán todo su dinero. Es el miedo finalmente lo que lo lleva a este comportamiento ya que tener todo su dinero consigo mismo le da seguridad. Esta persona tiene miedo de no tener dinero.

Esta persona tiene creencias negativas en relación al dinero y "guarda" porque siempre quiere tener por si se enferma, por si queda sin trabajo, por si queda en la ruina, y recordemos que todo forma parte de nuestras creencias, y él atraerá exactamente lo que piensa, y estará su dinero exclusivamente para la realidad de escasez que ha creado.

Poco importa si en algún momento llega a heredar grandes sumas de dinero porque su mente mediocre hará que lo pierda todo y muere en su miseria.

El Despilfarrador

Acá tenemos a la personalidad opuesta al avaro. Así como del odio al amor hay un paso, acá estamos viendo un mismo programa en desequilibrio.

A diferencia del avaro, esta persona no guarda ni puede retener el dinero consigo mismo, siempre va a gastar más de lo que tiene entrando en constantes "fondos huecos" y vacíos de dinero, que buscará en forma desesperada de cubrir esos "vacíos" pero generando otros en forma paralela.

Al realizar un estudio del Árbol Genealógico acá encontraríamos que ha habido personalidades y arquetipo de "Avaro" dentro de su sistema familiar, recordemos que el avaro siente miedo de no tener dinero y el despilfarrador, tiene miedo a tener dinero, seguramente hay "lealtades" familiares que han afectado de manera subconsciente a esta persona, ya sea porque ancestralmente ha fallecido un familiar porque un avaro no dio dinero para su tratamiento, o han perdido su hogar por malos negocios, y de cierta manera el despilfarrador, no quiere parecerse al "Avaro" y busca ir en contra de esta personalidad que ha causado tanto daño o conflictos.

Pueden ser hijos o nietos de un Avaro y en revancha y en venganza pierden todo el dinero.

Ejemplo: *El abuelo y la abuela eran así pero igual tenían casas en la playa.*

Tenemos un Bisabuelo *"avaro"*, que hace trabajar a sus hijos desde niños, a su esposa sin descanso, acumulado y guardando dinero, pero "No lo disfruta" el avaro no tiene ese programa solamente el miedo a la escasez.

Todos sufren del maltrato de este hombre y se sienten obligados a trabajar sin descanso a cambio de nada.

Este bisabuelo muere y otro miembro de la familia toma todo su lugar y actúa exactamente igual ... acá se van guardando resentimientos, abusos, malos tratos... hasta que llega el nieto o bisnieto, hereda la empresa y en dos meses lleva la empresa a la quiebra.

Este joven rompe con el dolor que se ha transmitido por generaciones y llevando a la empresa a la quiebra libera a su generación y a otros el tener que estar esclavizados en un mismo modelo de vida.

Es muy probable que tenga un rubro completamente distinto y que esté dispuesto a trabajar de una manera más holgada y a disfrutar del dinero.

La Pobreza

Esa soy yo

Existen muchas creencias que están detrás de la pobreza, existen fuertes creencias ligadas a la religión y el sentimiento de humildad mal interpretado, hay mucha desvalorización, las personas bajo estas creencias sienten que nada de lo que hagan los hará ricos ni abundantes y finalmente no hacen nada más que lo mínimo y aunque se esfuercen sus creencias los limitan. Existe la creencia que el dinero se gana a través de mucho sacrificio y se ven en trabajos con sueldos miserables y de mucha exigencia.

Tienen resentimientos a las personas con dinero y creen que las personas ricas son malas … y como ellos no quieren ser "Malas personas" entonces se mantienen en la pobreza. Están convencidos de que nada bueno les puede pasar, y viven en tormentos sintiendo que la vida es injusta y que nadie "le da".

Hay que trabajar el amor propio, comprender que somos creadores de nuestra realidad y aunque hayamos heredado ciertos programas como ahora el de pobreza, es posible absolutamente revertirlo.

Las personas más exitosas y ricas del mundo vienen de familias extremadamente pobres.

El comprador compulsivo (yo)

Así como existen las adicciones que vienen de programas y patrones inconscientes las compras compulsivas está en un mismo nivel. La persona siente esta necesidad que sobrepasa su nivel de consciencia, siente alivio y gratificación al comprar y luego se llena de culpas, y auto odios por los gastos y problemas que esto le trae, pero luego vuelve a caer en lo mismo.

Existe un deseo interno de autodestrucción que puede haberse generado en el momento de su gestación o durante la infancia.

De este tema y mucho más hablaré en mi siguiente libro en donde vamos a ver a fondo cómo se causan nuestras heridas de infancia, como las heredamos, qué características personales reflejan estas heridas y como sanarlas ☺

La persona en este estado busca aprobación, límites, contención y apoyo que no ha recibido en su infancia.

Si en este momento no tienes dinero, es una señal para que trabajes las creencias limitantes que hay en ti.

Muchas veces oímos decir, *"a mí no me importa el dinero"* y sin embargo sufren de su escasez, no hay coherencia con lo que pienso, siento y digo. Comienza a sanar esta herida, a ver los beneficios que puedes tener si tienes dinero, además de los beneficios personales de toda la ayuda que te permitirá hacer. Pídele que venga a ti, no permitas que por tus creencias limitantes esta energía te rechace como tú a él.

No tener dinero es como estar enfermo. Te sientes mal, incómodo, preocupado, nervioso, ansioso.

Si deseas iniciar un camino Espiritual y no eres abundante y próspero, estás por el camino equivocado…

La Espiritualidad es armonía, belleza, abundancia, plenitud, bienestar y prosperidad.

Historia Real

"MIEDO AL DINERO"

Hace un par de años atrás, me vino a ver Verónica. El tema que quería sanar eran sus miedos y angustias, cuando comenzó la Terapia rápidamente pude deducir que sus miedos y angustias estaban relacionados con el **dinero.**

Ella era contadora, y trabajaba en una empresa extranjera hacía más de cinco años. Tenía, muy buena reputación en su trabajo, un puesto estable y bien remunerado, pero varias veces durante el año, le venían crisis, ataques de colon, miedo y angustias.

Comencé a ver desde cuando comenzaron los ataques de colon, y me llevó a la adolescencia. Había un evento que provocó este malestar que fue cuando terminó la enseñanza media y no había dinero para pagar sus estudios, ella postuló a una beca y la ganó, lo que le permitió terminar su carrera sin problemas, solamente cargaba con la tensión y preocupación de rendir año a año con las exigencias académicas para continuar con la beca.

Verónica era la penúltima de 8 hermanos. Familia muy humilde y pobre. Su madre era costurera y su padre trabajaba como obrero en una fábrica de metales y hierro. Vivían en una casa pequeña que estaba dentro del patio trasero de sus abuelos paternos.

El padre de Verónica era alcohólico. Le gustaba además jugar en carreras de caballo. Dinero que tenía, dinero que gastaba y las disputas familiares a causa del dinero eran a diario y por años. El ambiente familiar era tóxico, grandes y violentas discusiones, golpes, gritos, abusos eran el cotidiano familiar.

Muchas veces Verónica recordó que para comer había solamente pan, y ulpo. (comida a base de harina tostada, agua caliente y azúcar).

Verónica recuerda ser muy cercana a su madre. De los 8 hermanos, tres eran mujeres, Verónica y las mellizas que eran 6 años mayor que ella, por lo que Verónica estaba mucho tiempo sola ya que las mellizas estaban siempre juntas.

Su infancia fue muy cruda. Su madre trabajaba en una fábrica cosiendo pantalones y ropa de trabajo en un horario extenso de lunes a sábado. Verónica y sus hermanas estaban encargadas del aseo, lavado, limpieza del hogar y de todos los miembros de su familia. En su infancia también vivió abusos por parte de uno de sus hermanos, lo que también estaba relacionado con el tema de miedos, angustias y colon.

El abuso de su infancia fue algo que había visto años atrás y ella lo dio por superado. Ocurrió cuando debían ir a casa de sus abuelos a buscar comida, pan o leche y ella era encargada de ir a buscar la mercadería, cuando su hermano la encerraba y abusaba de ella. Verónica es alérgica al gluten, y también a la lactosa… ambos productos que están relacionados con papá y mamá. De manera inconsciente y para el estudio de la Biodescodificación, Gluten es "papá" y lactosa la "madre". Su inconsciente archivó en su mente como "peligro" el pan y la leche, además que también está relacionado con no sentirse protegida por sus padres, y de no recibir los cuidados necesarios y de "rechazar" a papá y mamá.

Cuando le pregunté a Verónica que me dijera exactamente qué es lo que le producía miedo me dijo:

_ Tengo miedo de que me falte en las cuentas finales.

_ ¿Y en todos estos años alguna vez te ha faltado dinero?

_ No, nunca, jamás.

_ ¿Has hecho alguna cuenta mal, que haya afectado a tu trabajo?

_ Nunca, todo lo contario siempre he realizado mi trabajo a la perfección, pero a veces temo que me falte … que deba contar y que no esté el dinero que debe haber. Y me pongo nerviosa, cuento, reviso, calculo varias veces para asegurarme que todo está bien.

Y en la Terapia me fui a los 5 años. Le pedí de recordar que sucedía en esos años. Al principio no recordaba nada de nada. Le dije que debía ir en kinder, hice varias preguntas que hicieron que llegara a sus recuerdos y su inconsciente trajo el momento doloroso.

Me acuerdo, mi papá había perdido su trabajo, la empresa quebró y le dieron un dinero por término laboral. Mi madre había pasado los pocos ahorros a su madre que cayó hospitalizada por una cirugía de cadera. Y mi padre perdió hasta el último peso en las carreras de caballo …

Ahí su mirada se detuvo, hubo silencio, en el ambiente se sentía la rigidez y tensión del momento. Y Continúa con la historia:

Era invierno, recuerdo que ni pan esta vez había. Mis hermanos mayores fueron a trabajar a una construcción de ayudantes por unos pesos para comer. Mis hermanas estaban en casa de su madrina que se las había llevado yo creo por lo mal que estábamos en casa.

Mi madre junta ropas nuestras, zapatos viejos, y me dice que vamos a ir a la feria a vender estas cosas para tener dinero para ir al mercado. De su trabajo le habían regalado unas faldas y blusas que habían quedado de la temporada anterior y también las llevamos a la feria para venderlas.

En ese momento Verónica continúa su relato como si de repente todo lo vivido se despertara en su mente.

Hacía mucho frío, yo estaba con una parca gruesa azul marino, un gorro de lana y unos guantes verde oscuro. Mi madre vestía una falda de algodón café hasta el suelo, unos botines viejos, casi los únicos que recuerdo que uso durante mi infancia, un chaleco grueso café y una bufanda negra. Nos acomodamos en el medio de la feria al lado un local de comida rápida. Había mucha gente, por eso nos pusimos ahí para poder vender todo. Mi madre ofrecía las ropas a la gente que iba a comer, muchos miraban lo que teníamos y las ropas nuevas del trabajo de mi madre fue lo primero que se vendió. Me acuerdo muy bien, porque nunca había visto a mi mamá tan feliz …

"Luego de unos segundos Verónica me dice":

Qué terrible… mi madre me pasó "el monedero" con el dinero recaudado, y cada venta que ella hacía, mi madre me pasaba el dinero y yo lo guardaba… me decía de cuidarlo bien, de no soltarlo.

En la feria vendían de esos algodones de azúcar de colores, y había un organillero que tocaba su música sin parar toda esa mañana. Me acuerdo que yo quería comer un algodón rosado, sabía que eso no podía ser porque jamás me habían comprado algo que yo hubiese pedido, además que sabía que estábamos ahí justamente porque no teníamos dinero para comer. A las horas el hombre de los algodones me mira, me llama y me ofrece de regalo un enorme algodón rosado. Quizás no fue tan enorme ni grande, pero para mí en ese momento era inmenso.

Recuerdo que había mucha gente y yo me paseaba de un lado a otro también ofreciendo las ropas. A las horas ya la gente comienza a desaparecer, y mi madre me dice de quedarnos hasta que venda lo último que habíamos traído. Cuando vendió los pantalones viejos de mi padre, mi madre me toma del brazo y me pide "el monedero".

Me pide bruscamente el monedero, con dinero una vez más, me trajina la parca, me saca la parca con el frío que había, me quita los guantes, y mientras eso ocurría sus ojos llenos de lágrimas se grabaron en mi mente. Me agarró del pelo y me lo tiró tanto tanto que sentí que se me iba a caer… me dio de golpes, y patadas, tantas que la gente la detuvo y me separaron de ella.

"Yo había perdido el monedero con todo el dinero del día"…

Tengo vagos recuerdos de lo que sucedió. Mi madre lloraba por la calle y yo atrás de ella llorando también. Recuerdo que me dolía el estómago, no quería llegar a casa, sabía que sería una pelea terrible, y yo sé cómo es mi padre de violento…

Conclusión:

Ahí estaba el origen del conflicto "Miedo al dinero" que se traduce en **"Miedo a perder dinero"**. Pero ese miedo tenía un fundamento.

Bastó ese recuerdo en donde la pequeña Verónica iba con su madre a la feria para vender ropas usadas, ese mismo día ella pierde el **monedero** con todo lo recaudado durante la jornada. El haberlo perdido fue tan grave, tan terrible, que su mente lo bloqueó. En Terapia Verónica recordó vagamente que esa tarde al llegar a casa, habían gritos, golpes, llantos, y ella entre medio de sus padres y hermanos llorando, recibiendo también golpes e insultos.

Su inconsciente guardó ese recuerdo y las consecuencias de **"haber perdido dinero"**, por lo tanto, ahí también se inició su dolor de estómago. En el futuro cada vez que se encontraba en una situación de angustia, miedo o desesperación se **activa el dolor** que reemplaza el recuerdo doloroso y traumático. Es decir, su **inconsciente la protege del drama**. En vez de recordar todo lo traumático que vivió ese día, su cuerpo le trae un dolor a cambio.

Es así como funciona nuestro inconsciente y nuestra mente. Esa vivencia en donde ella pierde el monedero no ha sido tratado, ni visto, ni sanado, por lo tanto, queda guardado dentro de las emociones de Verónica como un trauma doloroso. Como este episodio no fue jamás sanado, ella crece con este miedo inconsciente hacia el dinero, principalmente a **perderlo**. No por nada, estudia *"Contabilidad"* y lleva a la perfección las cuentas de la empresa, por nada del mundo quiere **perder dinero** …su inconsciente recuerda lo que vivió cuando eso ocurrió…

→ como una gran espina en su corazón.

MADRE – PADRE – ABUNDANCIA
ÉXITO Y PROSPERIDAD

*"Quien tiene a su madre en el corazón,
lo tiene todo en la vida"*

*"Quien reconoce un vínculo amoroso
con su padre próspera en la vida"*

Que pasa con mi mamá Shayne?

Ya hemos comprendido la importancia de conocer cómo nuestros ancestros se relacionaban con el dinero. Hemos comprendido que todo forma parte de una lealtad ciega de la cual, debemos aprender a desligarnos de una manera consciente, aceptando que existen muchas creencias arraigadas en el fondo de nuestra Alma y mente que hacen que sigamos los mismos patrones de conducta que hemos heredado.

Hemos comprendido durante la lectura de este libro que **"Estamos programados, no destinados, y si cambiamos nuestra programación, seremos capaces de cambiar nuestro destino".**

Nuestro Árbol Genealógico, es un árbol que tiene vida, y muchas vidas, muchos sueños, frustraciones, dramas, alegrías, duelos, tristezas están atrapadas en una consciencia o Alma familiar. Esta energía más fuerte y poderosa está basada en el "Amor", todo lo que ha sucedido ha sido por amor, el problema es que no sabemos cómo amar. Lo hacemos con crítica, con juicio, con egoísmo, pensando que nuestra manera de ver y hacer las cosas es lo mejor para todos. Queremos protegernos del dolor y de sufrir y que nuestra familia no sufra, y nos vamos llenando de "escudos" simbólicos que nos dividen y separan muchas veces de quienes más amamos.

lo que no ha sanado se puede transformar en una enfermedad mental.

Muchos de alguna manera u otra con el correr del tiempo nos vamos distanciando de nuestros padres. Puede ser que vivas cerca de ellos, o que los visites regularmente, pero dentro de tu corazón hay una gran distancia, que te impide acercarte a ellos, de amarlos, abrazarlos, porque el dolor y el sentimiento de injusticia es más grande dentro de ti.

Lo veo a diario en mis amistades, dentro de mis cursos, Terapias y en mí. Sanar a Nuestra Madre y Padre es algo que todo deberíamos hacer. Y no es fácil, implica remover muchas memorias dolorosas que hemos perfectamente bloqueado, y que creemos que porque ya somos adultos eso ya no importa, o peor de todo creemos que mágicamente ha sanado.

Si hoy estás bloqueando el ingreso de dinero en tu vida, no puedes generar nuevos y más entrada de dinero, o no puedes prosperar en ningún ámbito de tu vida, la invitación es a revisar la relación con tus padres.

Mi madre ha despertado en mí muchas emociones, más de las que te puedas imaginar, me ha guiado por un maravilloso mundo espiritual en busca de respuestas y sanación personal. No ha sido ella quien directamente me ha llevado a cursos, Terapias, o a estudiar todo lo que he estudiado, pero ha sido la relación con ella que me ha llevado a buscar respuestas de mi existencia, a cuestionarme mi vida, mis estudios mi relación con mis hijos, conmigo misma, con mis amistades, con todo. La madre es nuestro referente en nuestra vida para todo.

Mi padre me ha hecho trabajar mi abundancia, mis deseos de prosperar al máximo, mis ganas profundas de crecer y ser más en esta vida. Así como también a buscar respuestas dentro de mí y comprender mis elecciones de pareja, comprender qué es el amor, que es lo que merezco, y más ☺

Este libro está enfocado en comprender la importancia de los ancestros en nuestra vida. Estoy preparando ya mi segundo libro que tratará todos nuestros temas de Infancia, amor de pareja, la relación con nuestra Madre Padre, el proceso y el camino que nos llevará a la sanación. Es un libro realmente maravilloso, que página a página será un bálsamo para tu corazón.

Comencemos con nuestra Madre y cómo nos afecta en nuestra relación con el dinero.

La riqueza es temporal – La abundancia es permanente.
La abundancia no es algo que adquirimos,
es algo con lo que nos conectamos.

-Wayne Dyer-

Bert Hellinger, creador de las Constelaciones Familiares, nos da a conocer que **tener a mamá en nuestro corazón es estar en paz con nuestra historia**, con todo lo que hemos vivido, con nuestro destino, y esto significa agradecer la vida que nos fue entregada como el más grande acto de amor, el más sublime y generoso. La vida es una bendición, aceptar nuestra vida, tal como nos ha sido dada, nos conecta con la felicidad, armonía y la abundancia. Es por eso y por esta misma razón el origen de la mayoría de nuestros conflictos.

Para el Transgeracional se dice que el 95% de nuestros problemas son "Madre", cuando tomé la Formación de Medicina Cuántica, nos dijeron que el 100% de nuestros conflictos provienen de la madre. Y esto me hace mucho más sentido, sin duda el 95% en su momento también lo fue, pero el 100 es el todo, y madre y padre fueron crearon en un vientre "Materno", la Madre es nuestro referente de vida, dentro de sus entrañas hemos sido creados, hemos crecido, y nutrido dentro de ella, y si ella ha sufrido en su infancia, en su adolescencia, y en gran parte de su vida, nosotros cargamos desde antes de nacer con todos sus dolores, angustias, miedos, sus resentimientos, que luego los hacemos nuestros.

La mayoría de nuestras madres han sido maltratadas por sus madres, y a su vez nuestras madres por nuestras abuelas, y nosotros hemos sufrido ese karma de igual manera.

ÉXITO Y DINERO ES TU MADRE

Éxito es triunfar, es lograr nuestras metas y desde la mirada del Transgeneracional es sobrevivir, es transmitir la vida a las siguientes generaciones, y en este sentido nuestra madre es quien ha logrado el éxito, ella es vida y nos trajo a la vida.

Somos el éxito de un proceso que culmina con la bendición de la vida. Todos somos por lo tanto hijos del éxito, hijos de nuestra Madre, desde lo más profundo, hemos vencido muchos obstáculos para llegar donde estamos hoy.

Enfoca tus pensamientos a esta grandeza de la vida, somos vida gracias a la Madre, la vida que pulsa en cada una de nuestras células fue creadas en ella. Existe un vínculo que no se puede negar, llevamos a nuestra madre en nuestra sangre, y cuando tenemos grandes conflictos y dolores con ella, nuestro cuerpo físico también lo resiente.

Bert Hellinger, nos explica que el Dinero es tu Madre. Según la relación que tengas con tu Madre es la relación que tendrás con el dinero.

Cuando te quejas acerca del dinero puedes decir frases como:

"No tengo dinero"

"El dinero no es suficiente"

Lo que en verdad y de manera inconsciente estás diciendo es:

"No tengo mamá"

"Mi mamá no es suficiente"

¿Te hace sentido?

Si nuestra Madre representa el éxito y la Abundancia, pero estás en desconexión con ella y de su energía, y rechazas lo que de ella viene o te ha dado, experimentarás escasez, falta de abundancia y dicha en tu vida.

Tu madre ya cumplió con darte la vida, te guardó en su vientre por 9 meses, te dio el calor que necesitabas, la temperatura, exacta y te nutriste con todo lo que necesitabas para desarrollarte y nacer. Recibiste de ella todo lo que necesitabas, lo suficiente para cumplir un ciclo y nacer. Reconocer este regalo, es el primer paso para trabajar tus bloqueos con el dinero, éxito y abundancia en tu vida.

En cambio, si te quedas pegado en un papel de víctima esperando que te "den", exigiendo perdón, y cargado(a) de resentimientos no saldrás jamás del dolor *"del niño abandonado"* y pasarás tu vida esperando nada.

Aceptar que ya has tenido suficiente cambiará tu energía interior y te permitirá mirar y avanzar un paso más allá.

El rechazar, enjuiciar, criticar o matar simbólicamente a nuestra madre en vida, nos trae gravísimas consecuencias para nuestra vida y para el éxito. Algo dentro de nosotros no estará bien. Bert Hellinger decía que con solo mirar a una persona él sabía exactamente como era la relación con su madre.

Si hemos sentido rechazo, y abandonos durante la infancia o gestación, estas memorias nos condicionan. Se nos "graban estos programas" que luego activaremos de manera inconsciente en nuestras vidas. Por miedo a ser rechazados, nos alejaremos de quienes amamos, incluso del dinero, ya que le dolor de sentir rechazo o que nos abandonan es más grande.

(perder dinero, me abandonó el dinero me siento desprotegido, entonces mejor no lo quiero conmigo).

Incluso el sentir abandono, puede hacerme rechazar el éxito y el dinero, porque sentir que lo puedo perder será más doloroso aún.

Si guardas recuerdos o sensaciones en donde no te sentiste protegido por tu madre, volverás a repetir este patrón y te acercarás a personas que te abandonen o rechacen, y lo harás de manera inconsciente ya que sentirás que sufrir estas emociones y vivencias "te llevará al lado de tu madre" ya que de ella provienen estos recuerdos más profundos, y son los que se transmitieron en programas.

Lo mismo sucede en la enfermedad, podemos llegar a pensar que tener la misma enfermedad de nuestra madre inconscientemente nos acercará a ella, y le seremos fiel por medio de la enfermedad y el sufrimiento. "Ahora madre estamos iguales, estamos juntas".

Existe una fuerte relación entre la Madre y el dinero.

Cuando hablamos de la Madre, hablamos de una energía que vive, la madre nos dio la vida, por ella fluye la energía divina, ella es creación, crea vida, una y otra vez, la madre es confianza, la madre es amor. Es exactamente igual que la energía del dinero, todo depende del uso que le des.

El Dinero genera confianza, el tenerlo nos hace sentir seguros, incluso sanos, da confianza y seguridad a quien lo recibe, es una energía de creación, con el dinero se nos es posible crear, construir, es vida, ya que con su intercambio nos beneficiamos de alimentos, abrigo, y cubrimos nuestras necesidades básicas.

EL DINERO ES AMOR

Es también amor, porque cuando damos un buen uso nos hace sentir bendecidos y bendecimos a quien lo damos, es una cadena que fluye en armonía y abundancia para todos. El dinero nos permite la facilidad de cumplir nuestros sueños de permitir que otros los cumplan, nos da el beneficio de la tranquilidad al igual que nuestra madre, cuando estamos con ella solamente agradeciendo la vida, lograremos encontrar la paz dentro de nosotros.

Aprendemos desde pequeños a hacer juicios, de acuerdo a los valores que se nos han transmitido, tenemos los conceptos de *"bueno y malo"*, y en familias se acepta el maltrato, así como las infidelidades y en otras se calla no se acepta, pero se omite. Para muchas familias se cree que *"golpear"* nos hace buenas personas y también estudiosas. Lo he oído mucho en mis Terapias ***"gracias a los golpes de mi madre hoy soy una persona de valores"*** ... o ***"gracias a los golpes de mi padre, estudié y hoy soy quien soy"***, en otras palabras, dentro de nuestro clan está ***"aprobado, integrado y aceptado el maltrato"*** y luego no comprenden por qué el marido las mal trata, o golpea y viceversa, pero no comprenden que la verdad es que el maltrato se integró como algo "bueno", ¿se entiende?

Muchos niegan sus conflictos con sus madres, pero están durante toda la vida en la búsqueda de su amor, reconocimiento y aprobación, y he visto a hijos regalarle todo su sueldo, casas, autos por querer comprar simbólicamente su amor. No se rinden en complacerlas, y mientras más lo hacen, más grande es el dolor, aquellas madres no hay como complacerlas, sufren de amnesia cuando son adultas y los hijos quedan locos quebrándose la cabeza llena de pensamientos de cómo poder vivir y asimilar tanto dolor.

A medida que avanzamos en esta vida, vamos aprendiendo, integrando nuevas herramientas de sanación, y mientras esto va ocurriendo el "Fantasma de la madre" nos persigue. El juicio contra ellas se hace cada vez más grande y ese niño interior que vive en cada uno de nosotros, se siente cada vez más abandonado, solo y triste.

Para lo que estas aprendiendo es importante aceptar algo, yo lo creo y quizás tú también compartas la misma creencia. En esta vida venimos a aprender, a crecer y a evolucionar. Y si eso no se cumple, recibimos una nueva invitación para bajar a la tierra. En ese proceso "antes" de reencarnar, ya sabemos lo que queremos y necesitamos aprender. Es muy probable que en esta vida necesites aprender a amarte, a conectarte con la espiritualidad, que tengas necesidad de crecer y sanar para ayudar a otros, ahora necesitas descubrir el amor en ti para despertar la abundancia infinita y es ahí, donde tu madre es la persona "indicada". Es ella la que te hará vivir todas las experiencias que necesitas para despertar, crecer, para acercarte más a ti, a buscar nuevos conocimientos y a valorar tu vida. Ella no es buena ni mala, simplemente es el ser a quien tú elegiste para bajar a esta tierra.

Si amo, acepto y reconozco a la madre en mí, estoy amando, aceptando y reconociendo la abundancia dentro de mí que luego veré reflejada en mi exterior.

La palabra *abundancia* proviene del latín *abundantia* y se refiere a una *gran cantidad de algo*. El término puede ser usado como sinónimo de **prosperidad, riqueza o bienestar**. Ejemplo: *"He encontrado abundancia en todas partes mientras recorría las calles de Madrid"*.

La mayoría de nosotros piensa inmediatamente en dinero cuando oímos la palabra abundancia.

Aunque es cierto que si tenemos más ingresos monetarios nos sentiremos ricos y abundantes, pero eso no lo es todo. Abundancia es tener una "Gran cantidad de algo", debemos sentirnos abundante en amor, en nutrición, en alegría, en sueños, en amistad. Es por eso que puede haber personas con mucho dinero, pero que están vacíos, algo importante les falta … les falta integrar en su corazón a la Madre.

La verdadera abundancia está en sentirnos plenos, satisfechos con nuestra vida, con lo que hacemos, y con lo que somos.

Recordemos que vivimos bajo "programas y lealtades", tu puedes sentir que no tienes conflictos con tu madre y que igualmente tienes problemas para generar dinero o estás bloqueado con la abundancia, mira a tu padre, ¿El ha solucionado sus conflictos con la suya? Solucionarnos no es sentarnos en la mesa y sentir que "la hemos perdonado", es solamente comprender que ella hizo lo que pudo, con las herramientas que tuvo, reconocer hoy que tú vas un paso más a allá en la sanación y que la comprensión lleva al perdón. No es justo criticarla, por lo que hizo o no hizo, es tiempo de sanar, liberar, dejar atrás "esa mochila" de amargos recuerdos y concéntrate en ser una mejor persona primero por ti, luego los que te rodean, solo así comenzarás a sentir paz en tu interior y todo mágicamente comenzará a fluir para ti. → liberar a tu madre de críticas te libera a ti.

El trabajar nuestra relación con nuestra Madre es fundamental, no es algo que se logra simplemente con ver un video en YouTube, o con escribir una carta o leer algo en un blog. Esto es un trabajo que dura años, y a medida que pasan los años podrás ir integrando a tu madre completamente en tu corazón. Para comenzar basta con comprender tu existencia, la de ella, lo que has heredado de tu Madre, que también han sido talentos y virtudes, y que ella al igual que tú han sufrido, ella la igual que tú no lo ha pasado bien, y muy probable que peor que tú, y recordar que ella carga también con sus propios programas y lealtades familiares.

Poco importa lo que hizo o dejo de hacer, te dio la vida y eso es maravilloso, ahora es tu responsabilidad el saber qué haces con este maravilloso regalo, lo tomas y te encargas de quejarte por todo lo que no recibiste de más, o lo tomas con agradecimiento y renaces con nuevas y propias metas, convirtiendo tu vida en un flujo de abundancia y éxitos.

Mi siguiente propósito y objetivo es entregarte una real ayuda con este tema que es tan importante para nuestra vida, para conectar con la felicidad, la paz y armonía. He reunido la experiencia de mis años de trabajo para entregarte casos reales en donde te podrás sentir identificado y podrás comprender aún más tu propia vida desde una mirada distinta. En mi segundo libro entrarás al mundo de tu infancia, ese lugar que muchos han querido olvidar.

Estamos programados según nuestro árbol a actuar de cierta manera, tu hoy tienes herramientas que te ayudarán a la comprensión de tu presente y pasado, pero lamentablemente muchos de nuestros padres no han tenido esta bendición.

No se puede exigir ni esperar "Peras del Olmo", cada quien da a acuerdo a lo que se programó.

No podemos tener semillas de cerezos y cada vez que los planto espero plátanos. *Es así con nuestros padres, llega un momento en que debemos cesar de esperar "aquello" que queremos y recibir con gratitud lo que nos dan ya que es todo lo que pueden dar.*

Si quieres plátanos, sé tú esa semilla y crea lo que quieres ver en tu vida. Podemos cambiar nuestra programación, y eso es una gran ventaja y bendición.

Con mis hijos Diego y Gustavo

Mi madre y mi hija Mei-li Kay

Acá estoy con mis hijos Gustavo, Diego y Mei –Li Kay

ACTO DE SANACIÓN
SANANDO EL DINERO – ÉXITO – ABUNDANCIA

En tu cuaderno de trabajo harás una lista con **15 cosas más importantes** que te hayan sucedido en tu vida.

Cuando hayas terminado con tu lista, ondéalos por orden de prioridad.

Sobre la primera frase escribe:

"Lo más importante de mi vida es que mi madre me haya guardado en su vientre por largos meses, logró que yo naciera y sobreviviera".

Cuando aceptas la responsabilidad completa de su vida y asumes que eres tú quien dirige y controla tus pensamientos, palabras y acciones tu vida comienza a fluir, dejas de buscar culpables y tu vida comienza a tener un nuevo sentido, el sentido que tú le das.

Compara esta frase con cada una de las 15 que escribiste y comenzarás a sentir que esa es la gran verdad, y que sin el éxito de tu nacimiento nada de lo que has vivido existiría. Agradece todo lo recibido y reconoce también que tú no hiciste nada para lograr el éxito de tu vida, pero si eres el responsable de generar más de lo mismo.

Esto ayudará a que tu consciencia integre nuevos pensamientos, sentimientos y emociones en la relación y vínculo con tu madre.

ACTO de SANACIÓN
PARA SANAR LA ENERGÍA DEL DINERO

Primer Paso

Necesitas tener un billete que sea de alto valor

Como por generaciones hemos oído que el dinero es "sucio" tendrás que tomar tu billete, lavarlo, secarlo y perfumarlo.

Segundo Paso

Tomarás el billete entre tus manos y le pedirás perdón:

Te dejaré solamente una idea, tú puedes siempre agregar lo que tu Alma sienta:

Amado dinero, perdóname por haberte tratado tan mal, por darte el poder que no tienes y por todos los conflictos que ha tenido mi familia por generaciones.

Te pido perdón por rechazarte y hacer todo lo posible para que te alejes de mí.

Comprendo que existen muchas creencias negativas en torno a ti y comprendo que eres una alta energía que cuanto más circula más fluye.

Tercer Paso

Escribirás en una lista 30 creencias Limitantes acerca del dinero

No debes pensarlo mucho ya que tenemos más de 300 creencias limitantes acerca de esta energía.

Toma tu tiempo hazlo con calma y verás cómo van saliendo de tu mente estas creencias que te mantienen limitado(a).

Aunque creas que no son tuyas, la escribes igual, porque créeme, si la has oído es porque te pertenece

Ejemplo:

El dinero es sucio

El dinero trae problemas

El dinero separa a la familia

El dinero se gana con sacrificio

El dinero se me va como agua entre las manos

El dinero transforma a las personas

No necesito dinero

Cuarto Paso

En la misma hoja, al lado de la creencia limitante escribe exactamente lo opuesto ejemplo:

El dinero es sucio..... El dinero es limpio.

El dinero trae problemas..... El dinero ayuda a solucionar problemas.

El dinero separa a la familia..... El dinero une a la familia.

El dinero se gana con sacrificio..... El dinero lo gano trabajando en lo que amo.

El dinero se me va como agua entre las manos..... El dinero llega y permanece conmigo.

El dinero transforma a las personas..... El dinero transforma positivamente a las personas.

No necesito dinero..... Amo el dinero, lo quiero conmigo, que venga a mí.

Te darás cuenta cómo te incomoda leer las creencias opuestas al dinero, simplemente porque llevas siglos en tu inconsciente creyendo lo contrario.

Al intentar integrar una nueva creencia nuestra mente lo rechaza porque prefiere quedarse con lo conocido, teme a lo nuevo, teme al cambio es por eso que miles de personas se quedan en su zona de confort y jamás se atreven a intentar algo nuevo o dar un nuevo paso a en su vida, pero eso ya no es para ti ☺

Esta carta no la debes quemar, debes leerla por 21 días seguidos o en la mañana o en la noche, descansas 4 días y retomas la lectura 21 días más, descansas 4 días y vuelves a retomar la lectura.

Si al cabo de este tiempo cada vez que leas estas afirmaciones, sientes una "voz interior" que te dice: *"ridícula eso no es verdad, no es cierto"*, deberás seguir en el proceso se reprogramar tu mente hasta que cuando leas tu hoja ya esto te sea familiar y completamente verdadero.

Quinto Paso

Con tu billete lavado y perfumado, te vas a un lugar tranquilo, puede ser tu dormitorio o tu baño y besas el billete, y lo pasas por tu cabeza, cuerpo y por toda tu piel, para quebrar y revertir las creencias de que el dinero es sucio, y que no lo quieres cerca de ti.

Sexto Paso

Tomas el billete y debes llevarlo en tu sostén, o sujetado cerca de tu ropa interior por 21 días.

Ten cuidado que no se te caiga, lo puedes pegar con tela de papel si lo deseas, o también colocarlo dentro de tu calcetín, la idea es que esté en contacto con tu piel.

Terminado los 21 días, sacas tu billete limpio de cargas negativas, amado, deseado y transmutao y lo gastas en ti.

Prohibido comprar cosas para el marido, hijos padres o pagar cuentas.

Debes dar el mensaje al Universo de que estas dispuesta a recibir la abundancia infinita, que gastas en ti con placer, con gusto y con amor y el Universo comprenderá tu nuevo mensaje:

"Estoy dispuesto(a) a darme lo mejor" bendiciones, éxito y prosperidad ☺

"Perdona a quien diga que el dinero no hace la felicidad"

la Espiritualidad le da sentido a nuestras vidas, y
el amor y el dinero les da alegrías a nuestras vidas.

SANANDO A TRAVÉS DEL TIEMPO

Para el Transgeneracional, vivir en la escasez en un conflicto, no ser abundante y no tener dinero también lo es.

La espiritualidad es conectar con nuestra Alma, con el Universo, el cosmos, y con todas las altas energías de nuestra tierra y el dinero es una de las energías y vibraciones al igual que el AMOR. La Espiritualidad nos hace conscientes de nuestro poder mental, de nuestra existencia y de la responsabilidad de nuestra vida.

El dinero no hace la felicidad, pero la pobreza tampoco. Nadie puede negar que si tenemos dinero estamos armonía y que, si algo sucede, y necesitáramos de él, el tenerlo nos facilitaría todo mucho más.

Deja de quererlo fuera de tu vida, no es pecado, no es vanidad es amor propio. Lo mereces y él a ti.

PERDÓN AL DINERO

Para que las relaciones de personas fluyan, necesitamos estar en armonía con nosotros mismos y con el otro, cuando nos hemos enfadado, o disgustado entramos en un estado de baja vibración y esa energía nos afecta y nos consume. Cuando nos **"reconciliamos",** elevamos nuestras energías, nuestra vibración aumenta y todo comienza a fluir.

Sucede lo mismo con la energía del **"Dinero",** por siglos hemos estado disgustados, enojados, enfadados y culpando al dinero por nuestras desgracias, por las elecciones de nuestra vida, por el amor y desamor. No es el dinero el malo, ni el culpable, hemos sido todos nosotros que hemos dado el poder de nuestra vida a esta energía, otorgándole el peor de los significados y transmitiendo la misma baja energía por generaciones.

Es tiempo de SANAR, de hacer las paces con esta energía y comenzar a disfrutar de los beneficios del dinero como algo que nos corresponde, sin miedos, sin culpas, sin rechazo.

Existe un miedo con respecto al dinero que he visto en casi todas las personas que me consultan: **Temen tener dinero porque creen que la gente se va a aprovechar de ellos,** y es tan fuerte esta creencia que prefieren ser pobres o tener lo justo así se evitan este tipo de conflictos que finalmente no es real y que está en sus mentes.

Sanar nuestra relación con el dinero es comprender que eres tú quien por tus creencias limitantes, tus patrones familiares le has otorgado un significado negativo, queriendo que el dinero, se desaparezca de tu vida, y no quieres saber de él, ni hablar del dinero, ni pronunciar la palabra, ni tenerlo cerca, en tus manos y esta energía que es inteligente ha "obedecido a tus órdenes".

¿Te incomoda tener dinero en tus manos?

¿Te molesta cuando alguien habla de dinero?

¿Te parece de mal gusto cuando alguien habla de lo que gana o quiere ganar como sueldo?

¿Cundo tienes dinero en tus manos prefieres depositarlo o cambiarlo, pero no tenerlo contigo?

¿Sientes que el dinero es sucio y si ha pasado por tus manos debes lavarla con abundante agua y jabón para no tener rastros de "dinero en tus manos"?

Mi pregunta es ¿Y por qué? Hazte esa misma pregunta y verás que son tus creencias la que te han alejado de él.

Es importante que tomes consciencia para que trabajes en este conflicto que es heredado, y que mientras tengas rechazo a él, y sigas teniendo miles de creencias negativas la energía dinero te rechazará a ti también.

Te enseñaré una simple oración que vas a realizar para sanar y perdonar el dinero para que todo comience a fluir. Debes tener al menos 3 billetes en tus manos, cuando leas esta oración. Debes transcribirla a mano en puño y letra y en la otra mano debes sostener los billetes.

ORACIÓN DE PERDÓN AL DINERO

Amado DINERO, en nombre de mis padres, abuelos, bisabuelos, y ancestros te pido perdón por todas las cargas negativas que por generaciones te hemos otorgado.

Te pido perdón por culparte por nuestras elecciones de vida, y por creerte responsable del éxito y fracaso de cada uno de los miembros de mi clan.

Comienzo a tomar consciencia de mis creencias, y de cómo tantas veces te rechacé y te quise lejos mío y de los míos.

Te pido perdón por las veces que te maldije, por las veces que hice mal uso de tu energía, por las veces que te desprecié y pretendí que no significabas nada en mi vida.

Hoy me reconcilio con mi vida, me perdono por haber vivido muchas veces mi vida sin sentido, me perdono por creer que lo sabía todo, me perdono por los juicios que he cometido y por no sentirme merecedora de las bondades de la vida.

Hoy "Dinero" te acojo en mis manos con amor, gracias por querer estar siempre presente, esta vez te dejo entrar a mi vida y a la de mi familia con una nueva energía, con una nueva vibración.

Hoy te abro las puertas de mi vida, de la vida de mis ancestros y te permito entrar sin juicios, dejando atrás todas las creencias que me alejaron de tu vibración.

"DIVINIDAD en mí, genera abundancia. DIVINIDAD santifica energía la energía del DINERO para mi y mi entorno"

Gracias Gracia Gracias, que así sea para mi, para mi familia y para todos mis seres queridos.

Y colocas la fecha de hoy, tu nombre completo y la lees cada vez que te encuentres en desesperanza, para que tomes consciencia y recuerdes que el dinero es energía, es un "papel" y que tú le das el significado que quieres.

EL NACIMIENTO Y ÉXITO

El éxito primero y decisivo para nuestra vida
fue nuestro nacimiento.
Lo conseguimos mejor y con las más vastas consecuencias
si vinimos al mundo por nuestras propias fuerzas,
sin intervenciones del exterior.

Aquí tuvimos que demostrar por primera vez nuestra
capacidad para imponernos,
y este éxito actúa durante toda la vida.
De esa experiencia obtenemos también la fuerza
para imponernos con éxito más adelante.

-Bert Hellinger-
Éxito en la vida, éxito en los negocios. 1ª ed. Trad. al español:
Luis Ogg. Barcelona.Rigden Institut Gestalt. 2010

CARTA A MAMÁ

Como ya lo sabes no me gusta trabajar con "Cartas Tipo", puedes dirigir la carta a quién quieras.

Cada uno tiene su propia relación con la madre y no necesariamente lo que yo le diga a la mía es algo que tú le debas decir a la tuya.

En esta carta la base es más o menos así:

Querida Madre (Nombre completo de tu Madre)

Hoy reconozco que: (todo lo que has tomado consciencia, por ejemplo que renuncias a esperar más de ella, que aceptas como es y que la amas, que reconoces que tiene sus propios programas heredados etc …)

Que desde hoy la integras en tu corazón tal y como es y _____ _____, _____, _____, _____, _____.

Madre, hoy recibo de ti la vida, y _____ (ejemplo, enseñanzas, los valores que aprendiste, talentos, emociones positivas etc)

Me comprometo a _____ darme cuenta cuando esté actuando desde mi herida, a reconocer cuando me convierto en niña(o) herido buscando explicaciones y etc etc etc y a cambio recordaré la verdad de todo que es el regalo de mi vida y de mi responsabilidad con ella.

Agradezco de ti _____

Hoy me libero de las emociones de _____, _____, _____ por el daño que me causan y dejo atrás _____.

Te amo y te acepto tal como eres.

Gracias por la vida y por ser perfecta para lo que yo necesitaba para crecer y despertar.

Gracias, gracias, gracias.

Tu Hija (tu nombre completo y la fecha que escribas esta carta).

Puedes modificar como quieras la carta, lo principal es que aceptes, reconozcas, te comprometas, agradezcas y sueltes.

Cuando termines la carta, debes pararte frente al espejo:

Y debes leer la carta 3 veces:

Luego frente a un espejo, lees la carta tres veces:

_ Leer voz alta (para tu consciente).

_ Leer en susurro (para tu corazón).

_ Leer en silencio (para tu Alma).

Luego de haber leído las tres veces tu carta debes quemarla y las cenizas las entierras cerca de un arbolito. Puede ser en tu jardín, un parque, lo que sientas necesario.

Una vez enterradas las cenizas debes colocar miel. Si la miel está muy dura, la disuelves antes en agua caliente y la colocas en un vaso de vidrio. Dejas caer la miel sobre la tierra y con tus dedos esparces la miel sobre la tierra con la cual has cubierto las cenizas de tu carta.

Quien tiene resentimientos en contra de su madre, los tiene también contra la vida y contra la felicidad.
Tal como su madre se aparta de él por consecuencia de sus resentimientos y rechazo, de la misma manera se retiran de él la vida y el éxito.

-Bert Hellinger-

PADRE Y PROSPERIDAD
FUERZA – DISCIPLINA

Detrás de cada niño que cree en sí mismo
Hay un padre que creyó en el primero
Muchos problemas con los niños también se producen
porque no pueden acceder al padre.
Solamente la madre puede abrir el camino al padre,
con lo cual tiene un poder tremendo.
Pero nadie más puede franquear el camino al padre.

–Bert Hellinger–

Si la madre reniega del padre que eligió para sus hijos, no permite una sana relación de sus hijos con el padre, los hijos crearán un gran vació en su corazón, y no tendrán la fuerza que necesitan para emprender el vuelo de la vida. Solamente reconocemos al padre en nuestra vida, cuando nuestra madre nos facilita el camino.

Si bien Madre es un tema que todos debemos trabajar, en algún momento de nuestra vida tendremos que abrir nuestro corazón para Sanar a nuestro padre. Algunos viven toda la vida idolatrando a "papá", en Terapias las mujeres lo describen como un "Super Héroe", pero en las películas vemos que los "Super Héroe", llegan "antes del caos", pero en la vida real llega casi siempre después… Los niños, especialmente las niñas tienen serios problemas de comunicación con sus madres, muchas se sienten frustradas, maltratadas y abusadas por ellas, y esperan al padre para que las "salve", pero este padre, no está presente, llega tarde para "salvarlas", pero el abandono que sienten de sus madres es tan grande, que imaginar y aceptar que el padre también las abandona no tiene perdón, y prefieren crecer como niñas heridas, soñando con un padre perfecto.

Para otros esta figura no existe, o porque lamentablemente ha fallecido, o no está presente en la vida de sus hijos, ya sea por inmadurez, porque la madre lo ha excluido de la vida de sus hijos o porque él se ha alejado.

Existe mucha relación entre nuestro padre y la Prosperidad. Es verdaderamente nuestro padre quien inicia y da empuje a nuestra vida, gracias a sus espermatozoides existe la creación y es nuestra madre quien se ocupa del cuidado y contención en nuestra gestación. El padre da y la madre recibe, es el equilibrio perfecto de la gestación para la creación de nuestra vida.

Todo es energía y la vida entera busca el equilibrio.

Abundancia en relación al dinero es un fluir con la vida. Es estar en armonía y paz con nosotros mismos y nuestro entorno. Es sentirnos plenos y satisfechos con lo que tenemos. ♥ mi familia ♥ Canmore

Prosperidad está relacionado con hacer "prosperar" algo que ya tenemos y hacerlo crecer.

Por lo tanto, puedes perfectamente ser Abundante, pero no Próspero. Es decir, tienes mucho dinero, pero siempre terminas gastando más de la cuenta, o tienes gastos inesperados y no logras hacer crecer tus ingresos.

Necesitamos estar en armonía con nuestro padre para seguir cosechando el éxito de nuestra madre.

La relación con los padres es quizás la más importante y la que más debemos cuidar si queremos tener una vida feliz, próspera y abundante en todos los sentidos.

Estoy hablando de abundancia y prosperidad en todas las áreas de tu vida: familia, profesión, parejas, hijos, economía, social, espiritual...

La prosperidad tiene que ver con crecer, salir adelante y desarrollarse alcanzando objetivos, metas... se relaciona mucho con la carrera profesional. Muchas veces confundimos abundancia con Prosperidad. La abundancia es sentirnos plenos, abundantes, ya sea de dinero, en familia con amigos, abundancia en salud. La Prosperidad es "hacer crecer y aumentar lo que ya tenemos ", ser próspero es algo que para algunos es natural y para otras

> La abundancia es sentirse plen@ y feliz con lo que se tiene.

personas es algo inalcanzable, porque pueden tener mucho dinero pero sin embargo, se les hace poco y no lograr incrementarlo.

En algunas situaciones es la madre quien prohíbe el vínculo con el padre, y el niño por lealtad con su madre se aleja de su progenitor, pero esta crea graves conflictos emocionales a futuro.

Desde llenar ese vacío en relaciones toxicas, en adicciones, codependencia emocional, conflictos de rebeldía con la autoridad, y es ahí donde los niños y jóvenes buscan al padre cometiendo robos, o cualquier acción que los enfrente a encontrar una autoridad que los frene, que les muestre límites.

La figura del padre, afecta el trabajo, la realización profesional, la salud mental, la relación con el mundo, la fuerza y el compromiso y las relaciones sociales entre otras.

Nuestro padre no es fruto de la casualidad. Su presencia en nuestra vida es muchas veces cuestionada, en algunos casos el solo hecho de habernos dado la vida ya es suficiente. Su participación es nuestra gestación es un regalo y yo de adulto es quien decido que hacer con el regalo de la vida.

Quizás te identifiques con algunas de estas frases:

¿Terminas siempre renunciando a tus trabajos?

¿Dejas todo lo que empiezas a medias?

¿Tienes ánimo y fuerza para terminar tus proyectos?

¿Tienes conflictos con los "jefes" de tu trabajo?

¿Te sientes bloqueado en el ámbito laboral?

Solamente si ya respondes en forma positiva a una de estas preguntas, es porque necesitas sanar al padre en tu vida.

La energía y rol biológico de nuestro padre, nos aporta la capacidad de mantener un nivel de trabajo, al mismo de tiempo de mejorarlo y de seguir escalando. Una buena relación con nuestro padre, nos transmite la fuerza y disciplina para desarrollarnos en el área laboral. De la misma manera que una buena relación con nuestro padre nos transmite la fuerza y energía para triunfar en lo profesional, ganar dinero, y generar nuevas oportunidades de trabajo, y creer económicamente, con más ingresos.

Si lo analizamos bien, podemos ver la importancia de mejorar nuestros vínculos con mamá y papá para encontrar el equilibrio perfecto entre dinero, abundancia, éxito y prosperidad.

Ni para Hellinger, ni para nadie que tenga conocimientos del Transgeneracional, o Constelaciones Familiares, es un misterio que nuestra máxima realización como profesional y la obtención de bienes materiales, no se logra trabajando nuestro exterior, sino desde el interior de cada uno de nosotros.

Si tienes problemas de dinero, el éxito se te arranca y estás bloqueado en el área laboral, debes buscar dentro de ti, la respuesta en está en tu interior no fuera de ti, y los temas que estás invitado a revisar son Mamá y Papá. ☺

¿Y si odio a mi padre por cobarde, abusador, por ser un asesino?

¿Y si mi Padre, es un estafador, un torturador, abandonador, o una mala persona?

Tenemos siempre la opción de ir por un camino nuevo, de hacer nuevas elecciones en nuestra y vida y de elegir tener éxito, abundancia y prosperidad.

No existen personas malas, sino personas que sufren.

El comprender a nuestro padre como padre, gracias al conocimiento de nuestra historia familiar nos ayudará a comprender nuestra historia de vida con él. No te pido ir corriendo a sus brazos si él ha sido una persona que te ha causado mucho daño, pero comenzar a trabajar en eliminar nuestro resentimiento nos aliviará nuestra Alma, y nos sentiremos en paz para integrar esta vida. Muchas veces cuando los padres se separan por infidelidad del padre, la hija comienza a desestabilizarse emocional-

↳ soy parte de una familia de científicos (padre es físico) y dueños de locales (mis 2 abuelos).

mente. Por un lado, ama al padre y por otro lo odian por la traición. Pero en Terapia siempre le digo:

✳ ***Tu padre es tu padre y no tu marido, lo que sucedió con tu madre es algo entre ella y él.*** → No olvidar decirle eso a mi mamá

La infidelidad es de tu padre y madre no es tuya.

Tú no tienes nada que perdonar, eres la hija y él será siempre tu padre, y él, al separarse de tu madre, es de ella de quien se aleja no de ti.

En estos casos vemos a una madre quien busca refugio y apoyo en la hija(o), y genera un desequilibrio de los roles dentro de la familia, y en el hijo(a) busca apoyo y contención. → mi abuela materna

Jamás de los jamases los padres deben contar sus conflictos de pareja a sus hijos, causan gran desequilibrio emocional y los hacen elegir entre uno y otro generando culpas, rabias y resentimientos. SO TRUE

Lo más importante en la vida de un niño son mamá y papá, no se puede romper el vínculo o la imagen de cualquiera de ellos porque generarán grandes disfunciones y carencias en sus vidas. (destruyes el autoestima de l/a hijo/a → ellos son mitad papá (genes). La relación que tenemos con nuestro padre afectará la relación que tengamos con la autoridad, y jefes, se verá reflejada en nuestro compromiso con nosotros mismos, con la fuerza de avanzar de crecer, con nuestra motivación y con las metas y propósitos que tengamos.

Siempre que en Terapia me hablan de conflictos con su jefe, yo pregunto por la relación con su padre, y siempre que me hablan de estar "bloqueados" hago la misma pregunta.

Muchas veces hemos oído por la radio o TV que el hijo de un político, un famoso, o un millonario es atrapado robando en un supermercado. La primera pregunta del común de la gente es:

¿Cómo es posible? Con todo el dinero que tiene su padre y ¿Roba?

¿Qué necesidad tenía?

La ausencia del padre y la falta de disciplina son los padres de la delincuencia.

Este hijo busca a su padre en el Orden y Disciplina, debido a tener un padre ausente simbólicamente o real, lo hace ir a buscarlo a la "fuerza". Frente a autoridades o policías el niño calmar su angustia y dentro de sí mismo su niño herido dice:

Acá papá, estoy frente a ti, ¿Qué hago ahora que he robado?

El niño busca límites y si no los tiene los buscará luego en sus trabajos en desavenencias con sus jefes.

Una buena relación con nuestro padre además de ayudarnos a trabajar la prosperidad nos traerá salud y paz mental.

¿Qué esperas para integrar a tu padre en tu corazón?

Sin el espermatozoide que aportan los hombres, las mujeres serían estériles. El espermatozoide es el que aporta toda la fuerza de la vida para poder avanzar por el cuerpo femenino hasta el óvulo y fecundarlo; es ese proceso biológico el que se ve reflejado en todos los aspectos de la vida.

-Mónica Giraldo Paérez-
Colombiana. Consteladora Familiar y Organizacional

Sin duda el tema del dinero es para seguir hablando mucho más, forma parte importante de nuestras Lealtades familiares, así como también está directamente relacionado con el vínculo emocional que tenemos con nuestros padres.

Recuerda:

"Estamos programados, no destinados a vivir una vida que no queremos, en el momento que cambias tu programación, puedes cambiar tu destino".

Te comparto ahora un Poema acerca del bendito dinero ☺

El dinero es como el Buda, si no trabajas no lo obtienes.
Si detienes su fluir, desaparece.
Solo es tuyo cuando está entre tus manos.
Pero esas manos no son tuyas. Si lo sueltas deja de ser tu amo.
El dinero es de todos, pero se pertenece a sí mismo.
El dinero da la luz a quien lo emplea para abrir la flor del mundo
y aniquila a quien se endiosa confundiendo la riqueza con el alma.
Porque el alma, esencialmente, es la pobreza.
Cuando menos se es, más se recibe a la existencia.
El dinero es como la sangre: da la vida si circula.
El dinero es como el Cristo: te bendice si lo compartes.
El dinero es como la mujer: se te entrega si lo amas.
Hijo del sol, el oro parece alejarse de nuestras manos
pero es la luz que nos conduce.
Debemos limpiarlo de la codicia que nos inspira la muerte
hasta dejarlo invisible como un diamante.
No hay diferencia entre el dinero y la consciencia.
No hay diferencia entre la consciencia y la muerte.
No hay diferencia entre la muerte y la riqueza.
-Alejandro Jodorowsky-

Mi hija Mei –Li kay
con mi padre Koc-ji Chung.

Yo y papá.

ABORTO,
UN DUELO SILENCIOSO

"Un aborto es cosa de dos, afecta a ambas partes, la mujer y el hombre.
No obstante, en la mujer tiene efectos más profundos,
de un alcance mucho mayor: ella pierde algo de su alma
y también pierde algo de su salud;
ella deja algo de su cuerpo con el hijo abortado…
a través del aborto la mujer entrega algo de sí misma".

-Bert Hellinger-

Para el análisis del Transgeneracional y Árbol Genealógico, da lo mismo si el aborto es provocado o es natural. Para lo que consciente al clan familiar existe un "vació", un espacio que debe ser reconocido y el Alma integrada.

Desde la mirada del Transgeneracional, un aborto es un "proyecto" que no se pudo llevar a cabo, por lo tanto, quedan "pendientes" para que alguien los tome y los realice.

Cuando vimos el capítulo del "Proyecto Sentido" aprendimos que todas las emociones vividas por los padres y el entorno son transmitidas al bebé en gestación, pero las emociones y vivencias por la madre son las que más marcan al feto. Existe un vínculo único entre la madre y el bebé por nacer, hay una conexión única de empatía, amor y contención, en donde el bebé siente absolutamente todo lo que la madre piensa, resiente, y al mismo tiempo el feto recibe la información de la relación de los padres.

El feto incluso recibe órdenes imposibles de desobedecer, y una de esas órdenes es:

"Sal de mi cuerpo", "Tengo miedo a ser madre" "no estoy lista para ti" "no es el mejor tiempo" "con mi pareja estamos mal" "no quiero hacerme cargo de ti" "no quiero engordar" ...

Si el entorno al que llegará este bebé no es el más adecuado, el feto "aborta", detiene el proceso y se produce el aborto. Por lo tanto, esta decisión es de "ambos", "madre e hijo" a un nivel inconsciente de comunicación.

Y lo repito, estos mensajes son absolutamente inconscientes de parte de la madre. Las náuseas durante los primeros meses de embarazo están relacionadas a las "dudas", los vómitos simbolizan el "Rechazo" de la madre por el bebé en gestación.

Se podría decir que los tres primeros meses de gestación corresponden a nuestro *"Libre albedrio"*, es justo ahí donde el feto recibe toda la información emocional de sus progenitores, su clan, los patrones que heredará, así como las lealtades invisibles, y en decisión en conjunto con la madre continúa su proceso de gestación o "abandona el proyecto de nacer".

Un aborto deja un vacío en la familia, esto se oculta por tristeza, vergüenza, dolor, remordimiento, culpa, y esta vida debe ser reconocida, honrada, e incluida en el Sistema Familiar.

Si no reconocemos este aborto estamos fallando a la primera ley de Los órdenes del Amor que era la Ley de Pertenencia. Por lo que es necesario y vital reconocer que existió, no importa si fueron 3, 6, 8 meses o 2 semanas de gestación.

Si "olvidamos" este aborto, estaríamos "excluyendo" a un miembro en nuestro clan, recordemos que no tenemos el derecho de excluir a nadie. De ser así algún miembro del clan en Lealtad, sufrirá enfermedades, o tendrá situaciones de vida conflictivas, sobre todo si el miembro que le es leal es el que nace después de un aborto.

El aborto tiene su lugar dentro del *"rango de hermandad"*. *Si yo soy el hijo mayor y descubro que antes que mi hubo un aborto yo paso inmediatamente a ser el segundo hijo.* Es importante que cada aborto sea considerado en el clan, en el momento de reconocerlo ya los estamos incluyendo y dando su lugar. Al hacer esto, de reconocerlo e integrarlo estamos liberando al miembro que estaría cargando con este aborto, recordemos que un aborto deja "proyectos sin cumplir ", y el que carga con este aborto sentirá deseos profundos de hacer una cosa, y al mismo tiempo de hacer otra, ya que por una parte son sus deseos de su Ama y por otra los deseos del Alma que se fue. (lealtades invisibles).

 Al reconocer un aborto, estamos liberando cargas emocionales principalmente al miembro que ha decidido cargar con él.

También aprendimos en el capítulo de los "secretos" que todo aquello que se oculta busca salir a la luz, con esto estamos evitando que más abortos se sigan repitiendo en las siguientes generaciones.

Si una persona sufre un aborto tras otro se debe trabajar su "programa inconsciente" de no traer hijos al mundo, muchas veces cuando se trabaja este tema la madre puede concebir niños sin problemas. Recordemos que en la naturaleza no hay errores, tampoco los hay en nuestro Árbol Genealógico, ningún nacimiento es por accidente, nadie está en la tierra por error, todo nacimiento forma parte de un plan perfecto y era necesario para ayudar a encontrar en equilibrio en el Sistema Familiar. Es nuestro árbol quien decide los nacimientos, y une a las parejas para realizar la perfecta concepción. *Por eso a mi familia les gusta tanto el Shayne.*

Acá te daré algunas razones que un embarazo puede terminar en aborto

_ Existe un programa de "no tener hijos" ya sea porque los hijos han sufrido mucho, o porque han fallecido a corta edad

_ Se heredan miedos

_ Se heredan angustias, historias de sacrificio y dolor

_ El proyecto sentido no es el más adecuado (nace después de un muerto, nace para satisfacer a mamá, nace para juntar al matrimonio etc.)

_ Rechaza al padre

Casi siempre después de un aborto viene otro embarazo que reemplazo al feto que partió. Existe un duelo no realizado, un dolor y sufrimiento que es difícil de asumir. En muchos casos se toma como algo banal, sin importancia, pero por lo general la madre siente que algo de ella ha partido.

Existe una fuerte creencia, pensamiento de que el "niño fallecido o abortado" es un ángel que nos cuida… esto implica una gran responsabilidad al hijo que lo sigue ya que en primer lugar siente culpa por estar vivo y de estar ocupando un lugar que estaba pensando para otra persona, se siente frustrado por no estar a "la altura del hijo que se fue", y en muchos momentos de su vida puede estar "saboteando" el éxito por sentir que no lo merece.

El aborto que sea finalmente, justificado, provocado, accidental, deja huellas dolorosas en el Alma de la Mujer.

Existen mujeres que viven muy mal un aborto y otras que tratan de bloquear el dolor con la llegada de otro hijo, con un nuevo trabajo, con un viaje, o simplemente lo ignoran. Sea como sea, te des cuenta o no se genera un fuerte impacto emocional, con el dolor del hijo que nunca verás nacer.

Las mujeres tenemos un sexto sentido, así como el sentido de la "maternidad", muchas mujeres hemos sabido que estamos embarazadas, incluso el mismo día de la concepción. Es una conexión indescriptible e inexplicable que cruza océanos, y continentes. La conexión con la madre es única. Bajo este mismo concepto, tarde o temprano si ya ha ocurrido un aborto sentiremos la necesidad de conectar con este bebé que no nació. Podemos dejar pasar años, pero está "ahí" hay un duelo pendiente, no realizado que pide sanar.

Tenemos la capacidad de bloquear gran parte de nuestra infancia, tenemos la capacidad de bloquear recuerdos dolorosos y también los abortos. Muchas personas en Terapia recuerdan situaciones que habían bloqueado por años. Las madres que sufren de abortos suelen ignorarlos, y ocurre más de lo que te puedas imaginar.

LA IMPORTANCIA DEL DUELO
DESPUÉS DE UN ABORTO

Un aborto es un miembro del clan que deja de existir, es necesario reconocerlo, integrarlo y dejarlo ir en dignidad y amor. Es muy importante que preguntes en tu familia por los abortos, existe un cierto miedo y vergüenza a reconocer que los hay, te invito a trabajar este tema para liberar la energía que carga al clan cuando han sido excluidos.

Para esto se trabaja con "Actos de Sanación" y lo puede trabajar madre, padre o el hijo que viene después del Aborto.

Es normal que nuestras madres o abuelas no sepan de la importancia de reconocer los abortos ni menos de realizar un proceso de duelo por lo sucedido, pero de igual manera cargan con el dolor, hay mujeres que pueden siempre quedar con dos o tres kilos de peso siempre con ellas y que no sea posible bajarlos por "cargar" simbólicamente aún con este embarazo que no fue. También hay mujeres que quedan con un pequeño vientre de embarazo por la misma razón.

Realizar el duelo significa hacer consciente esta parte de tu vida, hablarlo, sacarlo a la luz, agradecer la bendición de haber sido elegida para esta concepción y al mismo tiempo desear que el bebé que no nació encuentre la luz. No pidas que regrese a ti en el próximo bebé, no sueñes con dejarlo retenido en esta dimensión, debes dejarlo ir en amor, comprensión y madurez. No está en tus manos decidir por su Alma, somos libres de elegir nuestra propia existencia, existe una fuerza divina que lo controla todo y debes confiar que todo es para mejor. Quizás una vez que lo liberes, lo hables y lo aceptes despiertes en ti emociones de tristeza frustración, pena o rabia. Sea cual sea las emociones vívelas, llóralas, cierra este ciclo de un duelo que ha quedado por muchos años en el olvido.

ACTO DE SANACIÓN
TRAS UN ABORTO

Este acto tiene el objetivo de reconocer aquella Alma que eligió venir, ya sea dentro del vientre materno por una semana, dos meses, 6 meses. Incluso se puede realizar cuando han fallecido niños pequeños y se quiere cerrar el duelo con un acto simbólico consciente lleno de amor y agradecimiento.

Esto lo pueden realizar ambos padres si así lo desean ya que esta Alma ha elegido a ambos progenitores para su concepción.

Primer paso

Necesitas tener un "Angelito" puede ser de oro pequeño que se usan en colgantes o pulseras, o comprar de esos angelitos de loza, cerámica u otro material que se ocupan para la decoración.

Vamos a utilizar simbólicamente a este Angelito en representación al feto o bebé que ha dejado de existir.

Debe ser especial y exclusivamente para este Acto de Sanación, no lo puedes pedir prestado y luego regresarlo, debe ser tuyo.

En un lugar calmado, debes estar sentado frente a una hoja y lápiz. Puedes adecuar el ambiente como más te guste, utilizando alguna vela, aromas, incienso, música agradable.

Segundo Paso

Toma a este angelito entre tus manos, cierra los ojos y siente… siente si esta Alma había elegido ser niño o niña.

No te angusties, te llegará la información rápidamente.

Pregúntale: ¿eres niño o niña? Y la primera información que llegue a tu mente será la respuesta.

Luego que ya tienes el sexo de tu angelito debes darle un nombre.

Con el mismo gesto de acoger a tu angelito entre tus manos siente…
¿Cómo se llama?

No debes pensar mucho ni comenzar a quebrarte la cabeza buscando un nombre, este te llegará de la misma manera que te ha llegado el sexo de tu angelito.

Tercer Paso

En una hoja escribe:

A mi niño(a) mi amada(o) y escribes su nombre completo incluyendo sus apellidos.

Y "Agradeces"…

Agradezco con toda mi Alma que me hayas elegido como madre…

Agradezco que tu corta existencia haya estado dentro de mí…

Y puedes agradecer todo lo que sientas en ese momento.

Cuarto Paso

Tus deseos y bendiciones para este "Angelito"

Pido que sigas la luz...

Pido que sigas creciendo y evolucionando donde sea que estés…

"DIVINIDAD SANA EN MI ESTE DOLOR, LA DIVINIDAD ESTÁ CONTIGO Y GENERA PAZ, Y TRANQUILIDAD.

Importante:

No puedes pedir que venga otra vez, no podemos intervenir en ese deseo. No está en nuestras manos pedir que reencarne y dejar comprometido a esta Alma a vivir algo para lo que no está preparado, solamente podemos desearle lo mejor y agradecer su existencia.

He visto casos en madres que han perdido un bebé o se han realizado un aborto y es tanta la culpa y el dolor que quieren creer que el siguiente hijo después del aborto es ese quien ya no está presente.

Cuidado con eso ya que trae consigo fuertes emociones que perturbaran al niño por nacer ya que cargará con la información de ser un "niño no deseado".

Y de ser así a ese niño "no deseado "le costará sentirse encarnado, tendrá sentimientos de culpas por sentir que vive una vida que no es suya, generará sentimientos de no "merecer" la vida, y saboteará las oportunidades de sentirse feliz, de amar, de ser amado, de trabajar en lo que ama y mucho más.

Este niño que nace después de un aborto y que la madre ha deseado que sea el niño que abortó es *NO DESEADO*, simplemente porque la madre y el padre estaban esperando al bebé que se fue y no es este bebé que llegó.

Por favor poner mucho cuidado con esto.

Esto se llama **"Síndrome del niño Yacente"** y lo explicaré con intensidad y mucho detalle en mi siguiente libro que escribiré acerca de nuestra infancia, nacimiento, formas de parto, heridas de infancia siempre desde una mirada del Transgeneracional. *(Segundo libro de la Trilogia, Sanarás Cuando Decidas Hacerlo).*

Quinto Paso

Dejar ir …

Acá debes dejar ir a este feto, bebé, niño, dale tu bendición y escribes algo así:

Te amo, y con todo el amor que te tengo te libero de mi dolor, te dejo ir en paz y tranquilidad.

No te preocupes por mí, mamá estará bien, ya tienes un lugar en mi corazón y en nuestra familia.

Ocupas el número (primero, segundo, tercer) hijo, acá le dices cuál es su rango de hermandad.

Por lo tanto, si fue tu primer embarazo, lo dices eres mi primer hijo, y así sucesivamente.

Recuerda que lo que yo escribo es una guía y orientación, basado en los puntos que te dí, tú puedes siempre escribir algo más, todo lo que salga de tu corazón es bienvenido ☺

Luego escribes la fecha de hoy y tu nombre completo.

Cuando termines la carta, debes pararte frente al espejo:

Y debes leer la carta 3 veces:

_ Leer voz alta (para tu consciente).

_ Leer en susurro (para tu corazón).

_ Leer en silencio (para tu Alma).

Luego de haber leído las tres veces tu carta debes quemarla y las cenizas las entierras cerca de un arbolito. Puede ser en tu jardín, un parque, lo que sientas necesario.

Una vez enterradas las cenizas debes colocar miel. Si la miel está muy dura, la disuelves antes en agua caliente y la colocas en un vaso de vidrio. Dejas caer la miel sobre la tierra y con tus dedos esparces la miel sobre la tierra con la cual has cubierto las cenizas de tu carta.

Sexto Paso

El Angelito que tienes "simbólicamente representa al bebé abortado", por 9 días seguidos debes tenerlo contigo.

Si es de decoración, busca una cajita o envase de vidrio le colocas algodón, pones en su interior a tu "Angelito" que ya tiene nombre y lo proteges.

Si es cadena lo cuelgas junto a ti.

Cada día representa 1 mes de embarazo. A todas partes que vayas lleva a tu amor, a tu Angelito. El Décimo día lo ubicas en un lugar visible dentro de tu hogar o dormitorio. Si es pulsera o collar lo sigues trayendo junto a ti.

Cada vez que pases cera de tu Angelito sonríele y recuérdale que le amas.

¿TE SIENTES DIVIDIDO ENTRE DOS PROYECTOS DE VIDA?

Si tu nacimiento se llevó a cabo después de uno o más abortos, es muy probable que estés llevando 2 proyectos de vida. (Proyecto Sentido). Si es así sentirás que llevas una vida que no es tuya, o bien te puedes sentir divido entre una actividad u otra.

Existen ciertos síntomas que nos confirman que tu vida ha llegado después de un aborto, te invito a que lo consultes con tus padres, incluso si ellos dicen que no y tú tienes estos síntomas significa que tu gestación era "doble" y que muy temprano en tu gestación tu gemelo no se desarrolló y tú has venido solo al mundo. (esto se llama Gemelo Evanescente).

- Sientes una pena profunda, sin ninguna razón aparente.
- Sientes gran desmotivación por la vida, no lograr divertirte por completo.
- Tienes la tendencia a comprar "todo doble y de a dos".
- Tienes la sensación de vivir una vida equivocada.
- Al momento de dormir lo haces siempre boca arriba y con brazos en forma de cruz, o estirados alrededor de tu cuerpo (como los muertos).
- Te gusta vestirte de negro.
- Tus movimientos son más pausados que el resto de las personas.
- Tienes problemas con tu peso (tener sobrepeso).
- Bruxismo.
- Eres hiperactivo (te mueves por dos).

Acerca del *"Gemelo Evanescente"* como hablo extensamente en mi tercer libro de esta Trilogía de Autosanación de la Nueva Era *"Historias Reales Transgeneracionales", es un tema muy interesante, que trae ciertos conflictos emocionales muy fáciles de identificar y que cuando se trabajan, se logra gran alivio y comprensión de nuestras vidas.*

SUICIDIOS
Y TRANSGENERACIONAL

Un suicidio se prepara durante cuatro o cinco generaciones.
El suicida es un enemigo de su vida porque considera
que la vida no es suya: alguien no se la ha dado,
y en su lugar le ha metido en el cuerpo la vida de otro.
Ha fallado la madre, el padre y los abuelos.
No es que el suicida quiera eliminarse a sí mismo,
sino a alguien o algo que lo invade.

-Alejandro Jodorowky-

Al igual que el dinero, el tema del suicidio es un tema tabú. Es algo de lo que no se habla o se evita hablar, es un tema que trae conflictos, nadie quiere hacerse cargo ni responsable, sino que se intenta dejar en el olvido lo antes posible.

La persona que comete un suicidio, busca la paz ... hay demasiados tormentos y sufrimientos que no logran salir de su mente, de su Alma y de su cuerpo. Siente que con esto "escapa" al dolor, al mismo tiempo es un último llamado de socorro desesperado de un "niño atrapado en un cuerpo de adulto".

Si bien heredamos muchos talentos, virtudes, y conflictos de nuestros antepasados, nuestra infancia juega un papel clave para poder revertir un triste destino. El suicidio es un conjunto de memorias dolorosas, de injusticias y de gran sufrimiento que alguien decide cargar por amor a su clan. Exactamente como lo oyes, **"alguien debe hacerse cargo"** de todos los duelos inconclusos, de los abusos, de los malos tratos, violencias, incestos, pero el error recae en que volvemos a retomar nuestras vidas dejando a este miembro de nuestra familia, excluido, faltamos a una de las leyes más importantes, la Ley de Pertenencia y no exclusión y el sistema familiar se vuelve a desequilibrar.

Si comenzamos a hacernos cargos de los abusos, de las injusticias, de los excluidos, de los niños no reconocidos, de los abortos, incestos, y todo lo que existe dentro de un sistema familiar vamos a comenzar a "equilibrar" nuestro Árbol Genealógico y al mismo tiempo comenzaremos a encontrar la armonía y equilibrio, salud mental y paz, y que no te extrañe que el Suicidio ya no formará parte de la historia de tu familia.

Es de vital importancia tomar consciencia de todo lo que transmitimos y de todo lo que se nos transmitió durante nuestra gestación. Si uno de los padres no desea tener al bebé, puede que lo diga o no, la verdad poco importa ya que la información es recibida de igual manera, el mensaje que recibe el feto o el bebé por nacer es *"no quiero que vivas"*, es el mismo mensaje cuando los padres han querido hacer un aborto y no les resulta, el niño recibe el programa de *"no quiero que vivas"*, luego de esto cuando nace el bebé, esto se olvida, pero el programa ya se grabó…

El niño que recibe este programa, sentirá culpa al vivir (se siente ilegal, que vive una vida que no merecía), saboteará éxitos, y prosperidad y a cambio buscará una vida triste, apagada, llena de obstáculos. Buscará, vivir su vida al límite exponiéndose a graves accidentes, a fracasos para dar término con su vida.

El niño que ha recibido este tipo de programas, se puede ver en sus juegos, se hará el "muerto en las piscinas" jugará a los vaqueros y será el que muere, etc. De adulto además de sabotear su vida, buscará una forma inconsciente de morir, ya sea en accidentes, adicciones o enfermedades terminales.

¿Recueras en el comienzo de este libro que te dije que cada Familia era un bosque de información y que cada clan tenía su propio "pendrive, nube, o dropox"?

Pues bien, todo lo que has estado leyendo, aprendiendo, integrando en ti tiene resonancia con tu familia. Cada nueva información está actualizando la información que ya antes existía. Estás entregando nuevas herramientas de sanación para las futuras generaciones.

"Estamos viviendo las creencias de nuestro Clan". Tú, al cuestionar viejas creencias, al aprender nuevos conceptos y el estar trabajando en ti, abre nuevas puertas de sanación a los miembros de tu familia.

Imaginemos la generación de tus abuelos o bisabuelos. Existe un joven de 20 años, que ha heredado muchos programas y patrones, de los cuales ha vivido conflictos que no sabe cómo resolver. No tiene conocimientos ni herramientas para trabajarlo, solamente repite programas sin tener consciencia del por qué.

Este joven en su desesperación *"busca en su inconsciente familiar"*, su pendrive, dropox, algún tipo de ayuda y dice:

Tengo 20 años, me siento solo, depresivo desde que nací, tremendamente triste y no logro ser feliz. Mi padre me ha abandonado y mi madre ha sido depresiva toda su vida y ausente. Tengo un pequeño hijo que no me dejan ver y estoy entrando en adicciones…

Se entiende que todo esto es de manera "INCONSCIENTE", la persona no tiene consciencia de los programas que ha heredado, ni menos que puede estar siendo leal a otro ancestro, solo sufre, y se siente completamente vacío, existe una gran desconexión entre su Alma, Espíritu y cuerpo. → Si alguien necesita ayuda es porque su Alma, Espíritu y cuerpo no están conectados.

La respuesta de su clan:

"Suicidio" un joven a su misma edad antes que él, vivió lo mismo y la solución a sus conflictos fue el suicidio. Y el programa se vuelve a repetir.

Hoy, tú estás aprendiendo la importancia de conocer tu historia Familiar, de conocer los dramas, para darle un duelo, liberar el sufrimiento y pasar a un siguiente nivel. Dramas → necesitan duelos para liberar el sufrimiento.

Imaginemos ahora en tu generación o en una después que la de tus hijos.

El mismo joven (con menos drama se supone ya que cada generación limpia y libera programas) pero el joven se siente igual de atrapado, dolido, confundido y en su desesperación *"busca en su inconsciente familiar,* su pendrive, dropox, algún tipo de ayuda y dice:

la Toto y yo inspiramos al Max y la Isi ♡

La respuesta de su clan:

Acá ya se han integrado muchos recursos y las respuestas son variadas, desde buscar ayuda con un Terapeuta, Terapia floral, reiki, registros akáshicos, Terapia Saama, Transgeneracional, Tarot evolutivo, viaje al extranjero, cambiar de profesión, aceptar su homosexualidad, sanar su infancia, sanar la relación con sus padres, tomar las riendas de su vida sabiendo que está programado no destinado, y *eso lo cambia todo.*

Si te identificas con este caso te recomiendo ir a fondo con el estudio de tu Árbol Genealógico, liberarás muchas emociones atrapadas y al mismo tiempo estarás liberando emociones de muchos de tu clan.

> *"Nos ponemos enfermos inconscientemente, tomamos consciencia y nos sanamos inconscientemente"*
>
> **- Enric Corbera -**
>
> **Ingeniero Técnico Industrial, Naturópata y Licenciado en Psicología**
> **https://www.enriccorbera.es/instituto/biografia-enric-corbera**

No quiero que entres en pánico ni en psicosis pensando que necesariamente se deben repetir suicidios si ya existen suicidios en tu familia. Lo cierto es que en todas las familias lo hay y muchas veces reparamos una situación y este tipo de programas en el árbol se desactivan.

Desde la mirada del Transgeneracional, el suicidio no es más grave que el cáncer o una enfermedad grave mortal. Las enfermedades son dentro del Transgeneracional "Suicidios velados", es una forma lenta y sutil de buscar morir. Acá estamos entrando en el ámbito de la bioneuroemoción, biodescodificación que nos habla y explica que toda enfermedad es un conjunto de emociones bloqueadas y conflictos no resueltos cargados de mucha culpabilidad. (todo por supuesto de manera inconsciente). Existen muchas lealtades invisibles, karmas de vidas, elecciones que nos han llevado a vivir la vida que hemos vivido y para cambiar nuestra realidad necesitamos renunciar a viejas ideas, creencias, paradigmas, programas y patrones de nuestro clan que están impidiendo que tengamos la vida que deseamos vivir.

What is holding you back? That's a good question.

*La **BioNeuroEmoción** es el arte de comprender y estudiar estos códigos*
que emplea la Naturaleza para hacernos tomar consciencia
de que hay «algo» que no está funcionando bien.
Cuando digo que «algo» no está funcionando bien,
me refiero a un sentido estrictamente emocional, es decir,
mis emociones intrínsecas no están en coherencia con mis emociones
extrínsecas, las que muestro socialmente.

-Enric Corbera-

Ingeniero Técnico Industrial, Naturópata y Licenciado en Psicología
https://www.enriccorbera.es/instituto/biografia-enric-corbera

Ingeniero Técnico Industrial, Naturópata y Licenciado en Psicología. Lleva más de 20 años estudiando diferentes obras y autores como Carl Gustav Jung, Dr. David R. Hawking, Dr. Bruce H. Lipton, Dr. Robert Lanza, con el objetivo de unificar el conocimiento disperso y complejo y hacerlo accesible a todo el mundo.

 Según Alejandro Jodroswky la forma de suicidio, mostrará la naturaleza aparente del conflicto:

① **Si se da un tiro en la cabeza, proclama que su padre lo ha destruido con sus conceptos rígidos.**

② **Si se ahorca, la cuerda asesina es el cordón umbilical de su madre, que lo odió desde el momento que apareció en sus entrañas y luego, ya nacido, por culpabilidad, lo ahogó con sus esforzados mimos.**

③ **Si se lanzó de un alto edificio y se estrelló contra el suelo, manifiesta que no pudo soportar el odio entre su padre (edificio-falo) y su madre (tierra reprimida): revienta clamando por una unión de su Sol y su Luna, símbolos de los padres cósmicos.**

④ **Si tragó píldoras nocivas, es que de boca de su madre escuchó demasiadas palabras de odio y sufrimiento.**

⑤ **Si lo atropella un tren o un poderoso vehículo, denuncia que los preceptos anquilosados de sus abuelos le impedían gozar de la vida.**

(6) Si se ahorca dentro de un armario, revela que está fatigado de los impulsos sexuales que le avergüenzan.

(7) Si se degüella, si se da un tiro en la boca, encuentra la forma de expresar todo lo que calló durante su vida, impidiéndose de este modo maldecir a quienes abusaron de él.

(8) Si se prende fuego lamenta el abandono de su padre, al que ve como Dios.

(9) Si se ahoga en el mar, expresa el deseo de regresar al vientre materno para ser parido en una forma correcta, con amor y no con rechazo...

Respuesta de Alejandro Jodorowsky a Plano Creativo.

Fuente: http://gemmapitarch.com/2014/05/29/el-suicidio-ale-jandro-jodorowsky/

TE COMPARTO UNA SANACIÓN
QUE FUE ESCRITA POR LISE BOURBEAU,
EXPERTA EN TEMAS DE HERIDAS DE INFANCIA,
ACÁ SU RESPUESTA AL SUICIDIO

(Lise Bourbeau, escritora de varios libros de Autoayuda / Quebec, Canadá, 14 de febrero de 1941/ Famosa por libros como : *"Obedece a tu cuerpo"*, *"Escucha a tu cuerpo"* y *"El cáncer un libro que da esperanza"*)

Causa probable:

Visión de la vida en blanco y negro.

Negativa a ver otra salida.

Nuevo modelo mental:

Vivo en la totalidad de las posibilidades.

Siempre hay otra manera.

Estoy a salvo.

BLOQUEO FÍSICO:

El suicidio es la acción de ocasionar voluntariamente la propia muerte o intentarlo.

BLOQUEO EMOCIONAL:

Es evidente que la persona que decide suicidarse, ya sea que lo logre o no, toma esta decisión porque cree que es la única salida que le queda.

Son más numerosas las personas que fracasan en sus tentativas de suicidio que quienes lo logran: para las primeras son estas líneas.

La persona con tendencia suicida busca captar la atención de alguien para que se haga cargo de ella.

Suele ser el tipo de persona que se siente víctima y que quiere que los demás le tengan lástima.

Ella misma siente mucha lástima de su propia suerte. La parte de sí misma que se siente víctima es tan fuerte, que de manera continúa le origina problemas, y ello le da la razón con respecto a que es realmente una víctima de la vida.

Por otro lado, la persona suicida debe realizar un proceso de perdón porque siente rencor y a menudo ira hacia quienes, según ella, no la cuidaron bien durante su infancia.

Es del tipo que no respeta sus límites, y que quisiera tener todo de un modo inmediato; no tiene la paciencia ni el coraje necesarios para avanzar gradualmente.

BLOQUEO MENTAL:

Si sueles tener ideas suicidas o ya lo has intentado algunas veces, y todavía estás vivo, el mensaje es que, en tu fuero interno, quieres vivir. Sin embargo, tu forma de ver la vida hasta ahora no es buena para ti.

Te sugiero que hagas un nuevo plan: busca la ayuda de alguien objetivo (que no se sienta responsable de tu felicidad), para realizarlo, porque en general, cuando una persona tiene pensamientos suicidas, está tan inmer-

Por eso voy a teropia 469 He tenido pensamientos suicidas varias veces en mi vida.

sa en su negrura que no logra ver esta nueva ruta que respondería a sus necesidades. Vive un día a la vez y aprende a respetar tus límites. Debes restablecer contacto con tu capacidad de crear tu vida.

Aprende que es **TU VIDA** y puedes hacer con ella lo que quieras.

De cualquier forma, la vida es eterna y el alma inmortal. Si eliges terminar con esta vida antes de haber completado lo que viniste a hacer, debes saber que tendrás que volver para empezar de nuevo. *→ sería como repetir de curso.*

Sólo tú deberás asumir las consecuencias de tu decisión.

Los seres humanos utilizan muchas formas de huir para no hacerse responsables de su propia vida.

El suicidio es la última fuga.

El suicidio es aún un tema sensible y delicado de hablar, asumir y enfrentar, existen personas que llegan a mi muy asustadas y me dicen:

"Tengo mucho miedo, quiero hacer un estudio de mi Árbol Genealógico porque hay un suicidio y no quiero que se repita ..."

Las enfermedades terminales, accidentes trágicos y mortales, desde la mirada del transgeneracional, constelaciones familiares, bioneuroemoción, biodescodificación son atraídas de manera inconsciente por la misma persona que la padece. Sé que es difícil de comprender, pero se esconde un gran dolor que no ha sido expresado, existen lealtades familiares y amor ciego que nos hacen repetir el mismo destino doloroso de nuestros ancestros.

Lo que significa que no se debe tener más miedo al suicidio que a un ataque al corazón que haya terminado en muerte, en ambos casos, es un deseo inconsciente de querer partir, es una muerte velada.

Por lo tanto, se aconseja no solamente hacer un estudio de tu historia familiar si sabes que ha habido un suicidio, un **cáncer de mamás.** Diabetes, hipertensión, **asma,** es también una buena razón para hacerlo ☺

mi papá y mi mejor amiga desde la secundaria sufren de diabetes...

*Esta parte me ayuda a entender por qué ex-novios o chicos que me gustaban y sabía que yo les gustaba pero hacían difícil la relación conmigo

ↄ se saboteaban a ellos mismos.

Ellos estaban respondiendo a lealtades familiares.

CUÍDATE DE SER UNA VÍCTIMA DE TU VIDA

"Hay que cuidarse de las Víctimas, son muy peligrosas.
Alguien que se queja de lo malo que fueron con ella (él),
está buscando un aliado, no está buscando arreglar su situación.
Una víctima nos arrastra a su estado.
Hace que todos sean culpables.
Todos los que no se "solidarizan" con su estado son "malos".
Una víctima es muy peligrosa; daña a todos ".

-Bert Hellinger-

ↄ el pueblo judío durante todo el siglo XXI

Solamente seremos capaces de sanar nuestra vida al comprender nuestra historia familiar, sin juicio, sin crítica, sin odios ni resentimientos, asumiendo que lo que sucedió fue un resultado de programas y lealtades invisibles de los cuales nuestros ancestros no tenían consciencia.

Una vez que estudiamos nuestra historia familiar el siguiente paso es comprender que nadie nos "debe pedir perdón" ni mucho menos "nosotros perdonar". Es solamente con este nivel de consciencia que seremos capaces de salir del "victimismo" y tomar las riendas de nuestra vida.

ↄ canadian girls

La victimización es un estado en el cual estoy en constantes quejas. Siento que el mundo y las personas están en mi contra y que todo me sucede a mí para amargar mi vida y no lograr ser feliz. ↄ se sienten centro del universo.

Llega un momento en nuestras vidas que es necesario renunciar al estilo de vida que teníamos si queremos cambiar nuestra realidad. Mi realidad es lo que vivo hoy, mi entorno, mis hijos, mi pareja o mi soledad. Mi abundancia o escasez, es esa mi realidad y la he creado yo. Así como tú has creado tu propia realidad, tu entorno, tu trabajo o tu cesantía.

Cuando asumimos que somos responsables del 100% de nuestra vida, estamos dando un gran paso a la sanación. Dejo de buscar culpables, y me ocupo de sobrepasar los obstáculos y de vencer al destino.

Puedes tener esta actitud solamente cuando ya tienes un conocimiento de tu historia familiar. Porque puedes elegir mantener o potenciar un programa heredado, así como de revertirlo para tu beneficio, sin culpa y en plena consciencia.

Nada en nuestra vida sucede por accidente o por mera casualidad, creo que ese punto ya lo has entendido bien, por lo que tenemos metas por cumplir, conflictos que solucionar, y nuevos programas y creencias que integrar en nuestra vida y clan familiar. *y en nuestras culturas.*

No vas a poder ser feliz ni encontrar la paz si sigues pensando que "alguien es culpable de lo que te sucede hoy". Ya no hay excusas que el padre que me abandona, la madre que me maltrata, el abuelo que me abusa.

Sé que es duro de aceptar, pero solamente cuando lo haces, liberas una gran tensión emocional y la vida comienza a fluir para ti.

Las víctimas siempre tienden o buscan a un culpable, o es una persona en particular, un extraño, la pareja, o es la madre, el padre, el presidente de tu país, la sociedad, la vida.

Las víctimas se tienen lástima a sí mismas y buscan Almas que los hagan sentir "pobres y desgraciados", así de esta manera las víctimas se convencen de su realidad con mentalidad de mediocres. Como dice Laín Garcia Calvo, gente *"Mediocre"* es la que *"medio creen"* que pueden cambiar su vida y medio creen en ellos mismos. @laingarciacalvo

Si del odio al amor hay un paso, sucede lo mismo con el victimismo al empoderamiento. O me quedo en el extremo en donde todo es gris, negativo malo, vivo con resentimientos y juicios, y todo está en mi contra o me cambio de "polaridad" y decido que todo está bien, que todo irá mejor ☺

Cuando comprendes que tu manejas tu vida, no querrás que otro lo haga por ti.

En este momento sé que tienes muchas ganas de sanar heridas del pasado, de liberar programas, comprender lealtades para disminuir su carga emocional. Nadie puede hacer el trabajo por ti, eres responsable de todo lo que haces, piensas y dices. El querer cambiar y mejorar tu vida es una decisión, y sanar es para "valientes". Hay que tener ganas de mirar nuestras sombras, nuestro pasado, reconocer nuestras heridas para poder sanarlas, vivir los duelos pendientes, reconocer los abusos y hablar lo que ha sido escondido, no con el afán de crear problemas y conflictos sino justamente para solucionarlos.

Se debe trabajar la culpa, el sentimiento de sentirnos "desleales" por querer pensar, actuar y hacer de una manera distinta a como pensaron, actuaron e hicieron nuestros ancestros. → yo me sentí culpable por cambiarme de país.

El amor es aceptarnos tal como somos y no intentar cambiar al otro para poder llevarnos bien o comprendernos mejor. EXACTO!!!.

Es necesario aceptar las creencias que vienen de tu clan con respecto a la vida, a las relaciones de pareja, al dinero, a la salud, al éxito, a la religión y cuestionarlas *"Todas"*. Una a una a plena consciencia y desde el fondo de tu corazón comenzar a decidir qué es lo que deseas dejar en ti, y que es lo que ya no te sirve para seguir creciendo y evolucionando. Lo que ya no te "resuena" forma parte de creencias limitantes que solamente sabotearán tu vida, porque esas creencias eran en un principio para protegerte, cuidarte, y prevenirte, pero hoy tienes mucha más consciencia de la vida de lo que tenía tu bisabuela y mucha más consciencia de lo que tus padres pueden tener hoy. Every generation should be better than the generation before. Always!

Existe cierto "placer" en vivir como una víctima, tienes atención y compasión de tu entorno, no tienes ninguna responsabilidad de tu vida y dejas que todo recaiga en terceros, te justificas de tu desgracia y te convences de qué haces tu mejor. Buscas aliados para que oigan tus quejas y siempre está con alguien que consigues que estuche tus lamentos. Nunca estás solo porque generas lástima.

Esto se vuelve "Tu vida", durante años vives de esta manera y ya no sabes vivir de otra. Estás durante todo el día buscando palabras de lamentos,

My mom and maternal mom were victims their whole lives. I promise myself, I will not!

Mi abuela Vivía 100%

de miseria y te "entretienes" en ese rol de victima que ocupa toda tu existencia. *Si alguien te da a conocer nuevas creencias o te invita a vivir de otra manera, te sientes "atacado", porque es como quitarle la "droga a un drogadicto".* No se puede llegar y quitar algo que forma parte de toda tu esencia, pero sí puedes comenzar a convencerte de por qué es bueno dejar ciertos pensamientos y creencias limitantes.

Cuando renuncias al victimismo es cuando logras empoderarte de tu vida.

Cuando renuncias al victimismo, comprendes que eres tú quien tiene el control absoluto de tu vida, comienzas a soñar, a desear vivir mejor, buscas nuevas posibilidades de vida, y por sincronía todo comienza a llegar a ti, nuevas personas en tu entorno, cursos de sanación, audios, videos, libros, amigos, y hasta tu amor. Ese amor que tanto esperabas llega a ti solamente cuando logras amarte y darte en esta vida todo lo que mereces.

"Somos responsables, el mundo que vivimos
es un reflejo de nuestro estado mental.
Todos nuestros pensamientos, todos nuestros juicios,
todas nuestras creencias, se acumulan en el campo cuántico y llegan a un
momento en que se colapsan en mentes y en sociedades como pararrayos
para materializar toda esa miasma y
toda esa podredumbre de nuestro estado psíquico.
Nuestro inconsciente individual, familiar y colectivo no está al margen de
nuestro inconsciente de la tierra, todos formamos parte de todos...
Si quieren cambiar su mundo y las condiciones que le rodean solo hay un
camino...Cambia tu"
-Enric Corbera-
Ingeniero Técnico Industrial, Naturópata y Licenciado en Psicología
https://www.enriccorbera.es/instituto/biogra a-enric-corbera

¿PARA QUÉ ME SIRVE COMPRENDER MI HISTORIA FAMILIAR?

conocer → para saber tu Karma;

Comprender nuestra historia familiar, estudiar nuestro Árbol Genealógico nos permite, saber qué es lo que sucedió con aquellos que vinieron antes que nosotros, que es lo que les tocó vivir y cómo lo vivieron, que dificultades pasaron, a todo lo que sobrevivieron y así también para poder comprender sus elecciones de vida, su forma de vivir y de ver la vida.

Con la comprensión de tu Historia familiar llega la calma, puedes comprender lo que te ha tocado vivir y al mismo tiempo comprender por qué tus padres, abuelos o bisabuelos vivieron como vivieron e hicieron lo que hicieron.

Todos los conflictos que tengas en el presente los puedes resolver mirando y estudiando tu historia familiar.

Podrás comprender por qué siempre eliges las mismas parejas, por qué puedes surgir laboralmente o por qué no te permites terminar la tesis, por ejemplo.

Comienza a recopilar datos, fechas de nacimiento, los nombres defunciones, accidentes en tu clan, las enfermedades, ciudades de orígenes y por sobretodo aprende de su historia. Lo que tus ancestros han vivido está ligado a lo que tú estás viviendo hoy. COV 19 ?

No te preocupes de no tener toda la información, pero verás que todo comienza a fluir cuando comienzas a indagar en tu historia familiar, aparecen tías, primos, hijos no reconocidos, cartas, videos que irán encajando con el rompecabezas de tu vida.

Además de encontrar respuestas a todas tus preguntas comprenderás la vida desde otra mirada, desde una mirada de amor, de compasión, de comprensión y eso producirá grandes cambios en ti y en quienes te rodean.

*"Si sientes que tu vida es una lucha,
sal de tu rol de VÍCTIMA"*

→ Indígenas lo hacen mejor que los europeos.

¿QUÉ SIGNIFICA HONRAR A NUESTROS ANCESTROS?

"Honrar a los padres significa tomarlos tales como son,
y honrar la vida significa tomarla y amarla tal como es:
con el principio y el final, con la salud y
la enfermedad, con la inocencia y la culpa."
- Bert Hellinger -

HONRAR a nuestros ancestros. Seguramente es algo que has oído en más de alguna vez, sobre todo si te interesa el tema del Transgeneracional.

Honrar a nuestros ancestros es nuestro deber, de ellos venimos y por ellos estamos hoy acá, pero honrarlos, es aceptar su existencia, comprender que han vivido una vida sin tener consciencia de haberla vivido, que no han tenido las herramientas ni recursos para cambiar su destino, y que es nuestra misión despertar nuestra consciencia para mejorar nuestra vida, la de nuestra descendencia y la de ellos también.

Se habla en el Transgeneracional que al sanar tu propia historia sanas 4 generaciones futuras y 4 pasadas. Se transmite una liberación emocional y energética que traspasa nuestro nivel de consciencia.

Todo el trabajo, descubrimiento, limpieza y sanación que hagas removerá energías y transformará y reprogramará una nueva información a tu clan.

Las personas que tienen hijos, todo el trabajo que realicen los padres hasta los 14 años será en beneficio directo de sus hijos.

A partir de los 14 años, los Jóvenes ya trabajan su propio inconsciente, e inconsciente familiar, a partir de esta edad, ellos deben elegir si desean realizar los cambios en su vida, si desean descubrir historias en su sistema familiar para poder sanar y modificar patrones gracias a la identificación de lealtades familiares.

Es importante destacar que cuando Alejandro Jodorowky dice:

Si tú haces tu trabajo todo tu árbol se purifica, si tú haces un trabajo a consciencia de tu Árbol Genealógico, sanas hasta la 4ᵗᵃ generación, no quiere decir que se eliminan todos los dolores, adicciones, abandonos, exclusiones, dramas o sufrimientos.

Heredamos programas de igual intensidad positivos como negativos, lo que sucede es que los programas positivos, no los agradecemos, y no le damos la importancia de esta virtud y bendición.

Somos Almas individuales con un propósito de vida, con metas y proyectos, cuando nacemos tenemos una especie de "amnesia" y no recordamos la verdadera razón de nuestra existencia y comienzan a correr los programas heredados y nos enredamos en el destino y vidas de quienes nos antecedieron.

Elegimos nuestra familia, nuestros padres y las vivencias que trae nuestro clan familiar justamente para vencer los desafíos, despertar de la inercia, tomar consciencia y así liberarnos para dirigir nuestra vida.

Por lo tanto, la responsabilidad es de cada uno, de cada miembro de la familia. A partir de los 14 años de edad, cada quien debe aprender a oír la Voz de su Alma para seguir el camino que lo llevará a la luz, a la paz, al crecimiento y evolución.

Nuestra familia es PERFECTA es justo lo que necesitamos para remover nuestra consciencia, despertar y evolucionar.

Quizás suene fuerte, increíble, pero es la verdad, no serías la persona que eres hoy si hubieses tenido los padres que querías.

TUS ANCESTROS QUIEREN QUE SANES

Eres hoy mejor madre y padre para tus hijos, eres mejor hermano o hermana, eres emocionalmente más inteligente que tus padres, tienes más herramientas, has evolucionado a otro nivel. Siempre se puede mejorar, siempre se puede dar de uno mismo y ser mejor persona, que tus heridas emocionales te conviertan en alguien que realmente no eres.

Tienes una hipersensibilidad que te ha hecho poner escudos en tu corazón, has sentido la obligación de proteger tu Alma, del dolor, pero ya es hora de sanar.

Deja que caigan los muros emocionales que has construido a tu alrededor y deja que la magia del amor llene tu vida.

¿Cómo? Mirándote con amor, tratándote con amor.

¿Cuando haces algo mal, o no estás conforme contigo, mentalmente te insultas?

Si es así no o hagas más, tú necesitas todo el amor del mundo, pero primero de ti misma (o), vence el miedo al cambio, vence la resistencia a permanecer en una vida que no mereces, tus ancestros te han elegido a ti porque saben que eres capaz de producir este cambio de remover hasta el último suspiro y contigo florecerán nuevas energías llenas de vida, amor, motivación, amor por la vida, por tus padres, por tus hijos, por tus seres queridos. → ser + sanos ♡

Una Madre en Terapia me preguntó:

Estoy consciente de todo lo que me dices, comprendo que he mirado a mi hijo con rabia y resentimiento porque veo en él a mi padre, (fue abusada de pequeña por su padre).

Su hijo es doble de su padre.

Su hijo nace para **reparar** la relación y el daño que ha existido entre su madre y su abuelo.

Madre e hijo están obligados a trabajar el amor, a aceptarse, comprenderse y a atravesar la frontera del dolor, del sufrimiento.

la Isabelle vino a ayudarme a reparar mi relación

con mi hermana Ale. A entender al menos...

Es por eso que su hijo ha elegido ser "doble" de su abuelo, así no deja a su madre otra opción que reparar el daño que sufrió de pequeña.

Mientras ella no sane la relación con su hijo y siga en ataques y resentimientos con él, (sin fundamentos, ya antes de comenzar la Terapia no sabía por qué no podía abrazarlo, porque no soportaba su voz, lo que su hijo hacía, lo que estudia, etc. El abuso de su padre sigue vivo dentro de ella. Mientras no cierre esta herida, la hable, la libere, la llore, mientras no haga un duelo a este triste y doloroso episodio en su vida, es como si cada día y por años consecutivos ella reviviera emocionalmente este daño.

Ahora que ella está en Terapia descubrió que este vínculo de lealtad se trabaja para cortar este lazo y repararlo.

Ya te explicaré cómo encontrar tus dobles en el árbol, la primera manera de saber de quien eres doble es por tu nombre, si llevas el mismo nombre, o inicial ya cargas con la información de ese ancestro, tanto las emociones positivas como negativas son transmitidas.

Cuando conoces tu historia familiar, en el mismo momento sientes una rara sensación, pareciera que nada ha cambiado, pero la verdad es que sí. Y lo sabes, y lo puedes sentir.

Comienzas a ver tu vida con otros ojos, tu infancia, tu adolescencia, tu vida actual, la comprensión de todo lo que te ha tocado vivir cae sobre tu Alma como una llovizna dulce y amarga, que limpia todo el dolor acumulado por generaciones.

Es como una hermosa película muda, que antes la veía con cortes, los actores parecían no tener rostro y todo era en blanco y negro, ahora la ves en colores nítidos, con sonido, con voces claras y, las personas en tu película ahora tienen rostro, una historia, una vida que llega a cruzarse mágicamente con la tuya.

Cuando estudias tu historia familiar, no significa que tu hermana que es golpeada por su marido se va a separar, o él va a dejar de golpearla, cuando tu estudias tu historia familiar, no significa que tu hermano va a dejar de ser alcohólico, cuando estudias tu historia familiar, no significa que la inestable relación con tu hijo va a cambiar de la noche a la mañana, cuando estudias tu historia familiar, no significa que la mala relación con tus padres va a mejorar mágicamente.

Cuando estudias tu historia familiar el clan comienza a tomar consciencia, es como si todas las hojas secas del árbol comienzan a caer, las ramas largas, viejas y secas se quiebran, se produce una limpieza general, el árbol se poda, todas las hojas que ya no sirven se pierden para dar espacios a nuevas y frescas hojas que darán color y nuevos frutos.

Cuando estudias tu historia familiar, tu hermana quiere comprender por qué razón esto en una relación violenta, comprende que es ella quien debe amarse, y buscará ayuda, orientación, te escuchará … cuando estudias tu historia familiar, dejas de tratar a tu hermano como lo peor, comprendes su dolor, sus heridas, y él querrá sanar sus heridas y sanar su vida, cuando estudias tu historia familiar, tu hijo siente la necesidad de regresar a ti, y tú dejas de juzgarlo por lo que tú quieres que sea y lo aceptas, y aceptas su vida y sus elecciones de vida… **cuando tu estudias tu historia familiar comienzas a ver a tus padres con otros ojos.**

Comienzas a verlos como seres perdidos, como niños sufridos viviendo **una vida de adultos,** comprendes que son **personas heridas y no malas,** comprendes que, si te han causado tanto daño y dolor, ellos han sido Almas tristes, abandonadas, igual o peormente maltratadas que tú, con una cruda infancia, con un vida difícil, carentes de amor, cuidados, contención… cuando estudias tu historia familiar comprendes **que tus padres no han sabido ser felices, al contrario han vivido una vida muy infeliz, sacrificada y amarga y por eso han hecho lo que han hecho y han actuado como han actuado.** SO TRUE

Cuando estudias tu historia familiar comprendes que sí has tenido más herramientas y has buscado más oportunidades de sentirte y vivir mejor.

Cuando estudias tu historia familiar, te das cuenta que si has tenido momentos de felicidad, y ahí hay una gran diferencia.

Tú nunca has estado en la situación de vida de tus padres, tú no has vivido exactamente lo que a ellos les tocó vivir, ni has vivido la dureza que les tocó experimentar en relación a sus padres, colegios y entorno, ni las dificultades que ellos han tenido que sobrellevar, y lo comprendes todo…

Tú no hubieras podido jamás hacer ni provocar el daño que tu madre o padre te hicieron, tú no hubieras podido jamás repetir exactamente los castigos o golpes que quizás recibiste de ellos, porque tú, no has sido tan infeliz como lo han sido ellos.

Una persona que se ha sentido feliz, que comprende lo que es el amor, que desarrolla la empatía, el respeto, la gratitud, no puede hacer daño. (no le nace).

Cada generación debe superar emocionalmente a la generación anterior, debe haber un quiebre para liberar tanto dolor, y encontrar el equilibrio. Yo me fui del país (1ro a Australia, 2do Canadá). No hay equilibrio cuando en una familia por generaciones existe un patriarcado, no hay equilibrio cuando en una familia existe el matriarcado, es por eso que estamos viviendo un fuerte movimiento en la búsqueda de la identidad, de los roles en nuestra sociedad y en nuestras familias.

No importa que edad tengas, no creas que existe una edad para sanar y que pasada cierta edad no tienes opción de vivir mejor.

Eso es una creencia, ya que es el estudio y comprensión de tu historia familiar lo que te llevará por un hermoso sendero de amor, de comprensión y del perdón.

Nunca es tarde para expresar nuestras emociones, para vivir como queremos vivir o estudiar algo nuevo, de emprender un nuevo proyecto ya sea personal, familiar, laboral. Quiero ser capaz de amar sana l.
a mis familiares.

Recuerdo un caso muy lindo que quiero compartir contigo

Hace un par de años atrás llegó a mi consulta un hombre de unos 45 años de edad.

Trabajamos sus temas personales, de infancia y Transgeneracional, y tuvo rápidos progresos en su vida. Tuvo mucha consciencia de muchos temas que pensaba que no tenían importancia y otros que había "olvidado".

Un día me llama y me pide hora para su madre de 75 años.

Me dijo que necesitaba urgente una Terapia para ella ya que su madre estaba muy mal, perdida y confundida con su vida.

Obviamente llegó el día de la Terapia.

Ya me sorprendió que ella llegara sola manejando una tremenda camioneta que apenas podía bajarse o subir de lo alta que era.

Me dijo que era de su hijo pero que ella no le gustaba depender de nadie y por eso se vino manejando sola.

Cuando estuvimos sola, ella me dijo:

Yo sé todo lo que te ha dicho mi hijo, que estoy perdida, mal y que quiere que me ayudes a "sentar cabeza "ya que estoy confundida y no sé qué hacer con mi vida…

Continuó diciéndome:

Yo lo único que quería era conocerte personalmente, él me ha hablado mucho de ti y sé de todos los cambios que él ha hecho en su vida y quería darte personalmente las gracias por eso ya que él me preocupa mucho desde que se separó porque no había estado nada de bien…

Sé que realizas la Terapia Transgeneracional y estoy muy curiosa de ver de qué se trata y me encanta el Tarot, yo lo leo, pero necesito que alguien me lo lea esta vez y por eso también vine hoy.

Fue una hermosa conversación como de dos viejas amigas.

Me contó que toda su vida la habían preparado para ser esposa y madre y más esposa que madre.

Que vivió muchos años aguantando infidelidades y engaños de su marido, que siempre se sintió sola, tuvo 4 hijos, todos varones y no fue fácil convivir con 5 hombres los largos años de su vida.

Luego sus hijos comienzan a estudiar, a irse de la casa y ella se encontraba a solas con su marido, atendiéndolo, y soportando su mal genio y había empezado ya a cuidar de sus nietos.

Un día vió un aviso en un diario de un curso de tarot. (tenía 58 años) llama para preguntar de qué se trata y solamente recuerda que oyó una frase que le hizo "Click".

La mujer al teléfono le dijo:

el Tarot es un estudio de autoconocimiento y sanación personal … y ella dijo, lo tomo, me inscribo.

De un segundo a otro sintió una voz interior que le hablaba y le decía que debía CONOCERSE Y SANARSE.

Se dio cuenta de que ella no se conocía, no sabía que le gustaba, jamás se había preguntado por qué se había casado, porque tenía 4 hijos, por qué nunca tuvo interés por estudiar y por qué llevaba una larga vida viviendo sin sentido y de manera autómata.

Se dio cuenta una vez que tomó el curso de tarot, que llevaba más de la mitad de su vida viviendo una vida que no le hacía feliz, se dio cuenta que todas las mujeres de su familia, madre y abuelas se habían casado con hombres machistas, mujeriegos, violentos y alcohólicos.

Cuando cumplió los 60 años celebró su cumpleaños con sus hijos, nueras, nietos y marido y les anunció que se quería separar y que la próxima semana se iba a vivir fuera de la ciudad, a un lugar remoto, perdido y que iba a trabajar dando cursos de autoayuda a mujeres de escasos recursos y que iba a leer el tarot.

Se fue, me dijo hace ya más de 10 años y ha sido la mejor decisión consciente que ha hecho en su vida.

Sus hijos aún la lloran, quiere que recapacite, y ella me dijo, lloran a la madre que los atendía y cuidaba de sus hijos, y mi ex marido esta viejo, mal genio y no hay una amante que lo aguante a menos que lo cuide ahora.

Mi ex marido me ofreció de regresar a vivir con él y a cambio me dejaba su dinero cuando muera, ¿te imaginas me muero yo antes? ¿Y termino mis últimos días de vida viviendo amargada, sola y triste sabiendo que tuve la posibilidad de vivir una vida a mi manera?

Se fue lejos de la ciudad, se enamoró de un hombre 20 años más joven que ella, que trabajaba en una construcción, y él la cuida, se cuidan, comparten tiempo juntos y se aman.

Me dijo que ella prácticamente le ha enseñado a leer y escribir, y que juntos han leído muchos libros de autoayuda especialmente de Jodoroswky y Louise Hay. Me dijo que él se siente profundamente agradecido de estar cn ella y ella de estar con él.

Entonces su familia la cree loca, que está mal de la cabeza y temen que este nuevo amor le quite su dinero, el cual ella renunció.

No vivo de mis hijos ni de mi ex marido, vivo con lo mínimo que hago de mis Terapias, cursos y mi trabajo, mucho de lo que hago es por trueque, a cambio recibo alimentos, fruta, reparaciones en mi hogar hasta me han hecho una ampliación por mis servicios y todos vivimos en una comunidad de amor y alegría.

Tomó más cursos luego del tarot y ella es hoy en día muy valorada y amada por el círculo de personas con las que eligió vivir.

Me dijo:

Recién a los 60 años, pude decir que estoy feliz de vivir, tengo consciencia de cada segundo de mi vida, tengo algo que hacer cada día, tengo salud, amor, y dinero.Ni comida me falta, lo tengo todo, moriré en paz cuando eso suceda.

¿Qué lindo verdad?

¿Vives una vida que amas?

¿Tienes algo que hacer cada día que te llena de pasión y entusiasmo?

¿Estás compartiendo tu vida con la persona que amas?

¿Te aman?

¿Te has querido separar y piensas que ya es demasiado tarde?

¿O quizás no lo has hecho por miedo a no tener seguridad económica?

 ¿Te gustaría estudiar algo nuevo, pero crees que ya no estás en edad de empezar algo nuevo? → Quizás mi mamá debería estudiar algo

Rompe los esquemas, con amor, sin juicio, comprende qué patrones y herencias has heredado y cambia tu programación, para poder cambiar tu vida.

En el estudio y trabajo del Transgeneracional se habla de **HONRAR** a tus ancestros. La palabra Honrar etimológicamente significa "tratar con respeto" y respeto a su vez significa "volver a mirar".

Es mucho más simple de lo que crees. Honrar, significa darle el lugar que cada uno tiene en esta historia familiar, reconocerlo, aceptarlo, integrarlo.

No hay nada que perdonar, no existen personas malas, solo personas que sufren.

Hay personas que de acuerdo a sus creencias los muertos ya no existen entre nosotros. Que hay que dejar a los muertos tranquilos y bajo esta creencia quedan muchos conflictos sin resolver.

Hay una película que adoré, es "COCO". La vi con mis hijos y familia, lloré con ganas, la historia de la película refleja mucho lo que significa el Transgeneracional en nuestra vida. En esta película se ve cómo nos afectan las lealtades familiares, el compromiso que sentimos hacia nuestros ancestros, cómo nos puede liberar el conocer los secretos que se esconden y cómo encontramos la paz y la armonía cuando conocemos nuestra historia familiar. *La Película COCO 100% recomendada* ☺ de Disney Pixar. Recomiendo también la película española "El árbol de la sangre" también la película "Damage" donde actúa Jeremy Irons y Juliette Binoche.

Aunque nuestros ancestros físicamente ya no estén con nosotros ellos nos acompañan siempre, están en tus sueños, en tus anhelos, en tu ADN, en tu sangre, en tus pensamientos, en tus creencias, ellos quieren que sanemos y quieren que tengamos un futuro mejor, ellos quisieron lo mismo cuando estuvieron vivos y actuaron de acuerdo a sus creencias y a las herramientas que tenían en ese momento.

Busca fotos de tus ancestros y crea un pequeño "Altar", piensa en todo lo que ellos hicieron para que tú estés aquí hoy. Agradéceles la vida, reconoce su existencia y valora todo lo recibido sin juicios, sin resentimientos, sabiendo y comprendiendo que han tenido una vida más difícil y dolorosa que la tuya, que, a diferencia de ti, ellos no han sabido que tienen la opción de elegir una vida mejor.

Tomar todo de tus ancestros te dará la fuerza que necesitas para creer en tus sueños, en ser más por ti, por ellos y por las siguientes generaciones.

De mi familia hoy lo tomo y acepto todo con amor

Cada vivencia, cada dolor, cada memoria es hoy mi memoria de vida. Es dónde he encontrado las fuerzas para seguir mi camino.

Cuestioné, critiqué, enjuicié la vida de otros sin razón, sin saber, sin conocer su verdad. Sin permitirles escuchar, ni oír su versión.

Sin embargo, aunque lo haya oído, eso a mí no me pertenece, esa es su historia y hoy la honro y la respecto con infinito amor.

Hoy integro en mi corazón, cada acto, cada palabra, cada hecho de sus vidas porque forman parte de mi existencia, y reconozco el esfuerzo y sacrificio que han tenido que vivir para permitirme una vida mejor.

- HONRAR a tus padres y tus ancestros significa poder mirarlos con respeto, comprender y saber quienes son, conocer sus talentos, sus debilidades y fortalezas. Decides amarlos, pero esto no significa que te debas someter o manipular, agradece de corazón todo lo entregado, todo lo vivido y a consciencia con todo lo que te han dado y decide seguir adelante con tu vida colocando límites con amor.

- Es importante que te fijes metas, tu propósito de vida, seguir tus sueños en memoria de todos aquellos ancestros que "pagaron el precio" para que tú en estos momentos disfrutes de lo que tienes es tu obligación y deber en esta vida. NO te puedes permitir morir en la pasividad de vivir una vida sin sentido.

- Decide hacer algo provechoso con tu vida, vences la inercia, sal de tu zona de confort, date lo que mereces y trabaja para dar una mejor calidad de vida a tus hijos y futuras generaciones.

- Honra tus antepasados, honra tus ancestros, tu historia porque ellos son el motivo por el cual existes hoy.

- Tus antepasados, sus vidas, son una de las fuerzas más grandes que existen en la vida de cada ser humano, tú eres su descendencia, la herencia de sus sacrificios de su esfuerzo, has recibido regalos maravillosos de ellos, es tiempo también de descubrirlos, no puedes imaginar por todo lo que ellos tuvieron que pasar y vivir para que tú estés aquí hoy.

Si a veces piensas y sientes que tu vida hoy, en 2019, es difícil, imagina como lo fue hace 50, 100 ó 200 años atrás.

> *"Honrar a los padres significa tomarlos tales como son, y honrar la vida significa tomarla y amarla tal como es: con el principio y el final, con la salud y la enfermedad, con la inocencia y la culpa."*
> –Bert Hellinger–

Con la intención de haber aportado un poco de consciencia en tu vida, para que comiences a sanar gracias al conocimiento de tu propia historia familiar, para que te sientas con el poder y fuerza interior de vivir con ganas, con la intención de cambiar tu destino, por un futuro mejor con fe y armonía he escrito esto para ti.

"Tus ancestros quieren que sanes"
Hazlo, atrévete.
En tí está la llave de la Sanación.

-Sui Mei Chung B.-

Toma la fuerza de tus ancestros, ellos tenían sueños, e ideales, anda y ve por los tuyos, hereda y transmite nueva información a tu descendencia, todo lo que estés haciendo hoy será tu legado para tus hijos, sobrinos, nietos, bisnietos.

Familia Chung Yong – Sentados mis abuelos paternos Yong Tay y Chung Wa Kay, de izquiera a derecha, mi abuelo Ramón, y sus hermanos Carlos y Moisés. La mujer de pie es mi abuela Materna María Isabel Wong.

Los bisabuelos han fallecido.

En el aeropuerto de Santiago, están mis bisabuelos paternos,

De pie la tía Carmen, mi Padre Koc-ji, con sus hermanas Suilang , y Suiying.

En cuclillas "Koke Pang".

Colonia China en Chile a comienzos de siglo en Santiago.

CUANDO COMENCÉ A AMARME

Mi vida cambió. Comencé a sentir que existía, que debía sentirme parte de este mundo y que necesitaba dejar de vivir bajo las sombras

Me di cuenta de lo valiosa que era, que estaba llena de virtudes, que era yo quien me despreciaba y no me aceptaba.

El día que decidí comenzar a amarme dejé el llanto por las risas, el miedo por la valentía, mis dolores los transformé en mis experiencias de vida y saqué fuerzas para avanzar y levantarme.

La oscuridad se volvió luminosa, mi soledad se acompañó de mi alma y mi angustia no encontró lugar en mi vida.

Cuando comencé amarme, me di cuenta de lo bendecida que era al poder tomar consciencia y despertar para tomar las riendas de mi vida. Descubrí que LA ÚNICA RELACIÓN QUE NECESITABA CUIDAR Y TRABAJAR ERA CONMIGO MISMA.

Asumí sin culpa que debía darme lo mejor, que ya era tiempo de pensar en mi, en mis sueños, en mi futuro y hacer lo mejor con el regalo de la vida.

Miré con respeto y sin juicio la vida de mis ancestros y decidí cambiar mi programación para cambiar mi destino. No deseaba tener una vida llena de sueños sin cumplir ni frustraciones a cambio me atreví a seguir mi corazón.

Nadie ha dicho que fue fácil sin embargo es posible encontrar La Paz de nuestra Alma.

He escrito una Trilogía de Autoayuda y Crecimiento Personal de la Nueva Era, para que puedas trabajar en ti, conocerte, descubrirte, y poder avanzar a consciencia sintiéndote merecedor@ de las bendiciones de la vida y que el Universo tiene para ti.

SI YO PUDE TÚ TAMBIÉN PUEDES LOGRARLO

"Muchos de nuestros sueños parecen al principio imposibles,
luego pueden parecer improbables, y luego,
cuando nos comprometemos firmemente, s
e vuelven inevitables."
-Christopher Reeve-

ORACIÓN A MIS ANCESTROS

Para realizar esta profunda, intensa y mágica oración te recomiendo:

_ Estar en un espacio en dónde no seas perturbado(a)

apagar o silenciar teléfonos, estar lejos de la tv.

_ Música suave a elección.

_ Prender 3 velas blancas y dejarlas que se consuman hasta el final.

(velas clásicas largas, blancas).

_ Prender un incienso, o aceites aromáticos. (solo si lo deseas).

_ Colocar un pocillo con arroz, lentejas o porotos crudos.

_ 1 vaso transparente de vidrio con agua fría.

_ En un pocillo puedes colocar un poco de tierra y hojas secas, flores o colocar una plantita para la ceremonia.

_ En un platito colocar tres cucharadas de miel.

_ Fotos familiares.

_ Tener algún elemento de metal, puede ser el marco de una foto, un reloj, cadena, pulsera, aros.

Este hermoso ritual simboliza la energía del Universo, los elementos, aire, tierra, agua, fuego, metal, se hacen presentes para entregar toda la fuerza a nuestro clan.

También se integra la luz, la abundancia y la prosperidad con los granos de arroz, lentejas o porotos y finalmente toda la amargura que se ha vivido la transmutaremos simbólicamente con miel.

Las fotografías, representan a los miembros de tu clan, incluso aquellos de los cuales no hemos conocido o no tenemos su fotografía.

Ahora que ya tienes todo lo necesario, cierra por un momento tus ojos y visualízate en un lugar que para ti simbolice tranquilidad.

Puede ser en una caminata a la montaña, caminando frente al mar, en el campo, desierto, ciudad.

_ Ahora deja que tu mente se conecte con tu corazón y trae a este lugar a tus padres, si no los conociste, imagina su presencia, visualizados acercándose hacia ti. A sus lados tus hermanos, los vivos y aquellos que no nacieron. Luego tus abuelos, primos y ese lugar que está en tu mente, ya están miles de almas de tu sistema familiar.

Comienza la oración:

Hoy (fecha en que has elegido hacer la oración), en plena consciencia estoy aquí (dices tú dirección, ciudad, país) para honrar, validar, agradecer, respetar, bendecir a todos mis ancestros, tanto de mi linaje masculino, como femenino. Los haya conocido o no.

Llegó el momento de abrir mi corazón a cada uno de ustedes. Comprendiendo que todos han vivido vidas, difíciles, duras, llenas de dolor, sacrificio y carencias. Hoy es tiempo de liberar emociones bloqueadas, de elevar mi mirada hacia ustedes con respeto infinito, agradeciendo el camino que me han facilitado para que yo pueda trascender y avanzar.

Hoy es el día del "juicio final", en donde en plena voluntad dejo atrás los juicios para aceptar e integrar sus vidas con comprensión, amor, y gratitud. Cada uno de ustedes heredó historias por resolver, hoy yo tomo lo que me corresponde y modifico lealtades para transmitir nueva información a mi descendencia por medio del conocimiento de mi historia personal y familiar.

Reconozco a todos aquellos que:

Han fracasado, a los que han sido excluidos, a los que han robado, abusado, mal tratado, abandonado, asesinado, suicidado, a los enfermos, a los pobres, a los injustos. Y tomo la fuerza del trabajador, del respetuoso, bondadoso, próspero, al abundante, exitoso, triunfador, talentoso, mediador, y transmuto las bajas energías en fuerza infinita para despertar consciencia, evolucionar y crecer.

En mi cuerpo está la vibración, memorias, y vidas de cada uno de ustedes. Estamos todos conectados como la raíz de un árbol en la que crecen distintas ramas sosteniéndose todas de una misma base.

Les pido su bendición para poder avanzar por nuevas ramas, para expandir mi descendencia hacia otros caminos, inclinándome hacia la luz, la paz, la espiritualidad y la armonía.

Reconozco mis raíces y pido su fuerza para sostenerme en este nuevo andar sabiendo que iré derrumbando muros de emociones atrapados por generaciones. No estoy viviendo nada que no haya elegido vivir. Acepto mi destino con orgullo y amor.

Agradezco el haberme elegido y haber encausado mi vida hacia la sanación de nuestro árbol familiar. Todo lo que he vivido me ha llevado a tener el privilegio y la misión de remover ramas y cortar de raíz todo aquello que nos ha quitado fuerza, alegría, felicidad en vidas pasadas.

Hoy con amor renuncio a repetir historias dolorosas y traumáticas. Renuncio a vivir una vida sin sentido, renuncio a que mi vida sea el escenario de vidas pasadas y asumo mi presente sabiendo que el elegir un nuevo camino no, me aleja de ustedes sino por el contrario, fortalece nuestras raíces.

A los hombres de mi clan, a las mujeres, a los ancianos, a los jóvenes y niños, que han tenido una larga vida como a los que han tenido una corta existencia los honro, honro a cada uno de ustedes, honro sus historias de vidas y respeto como han decidido vivirla.

Los libero y me libero de cadenas emocionales, los libero y me libero del abuso, de la impotencia, sumisión, engaño, traiciones, y los libero y me libero de vivir dormidos sin poder hacerme cargo de mi vida.

Hoy yo tomo consciencia que tengo la bendición de vivir como deseo vivir, sin culpa ni castigo. Les abro un nuevo camino a mis hijos, a mis sobrinos, a mis nietos, y bisnietos para que sigan su proyecto de vida sintiéndose libres de vivir como deseen vivir. Los autorizo a romper patrones y lealtades que no he sido capaz de liberar y cortar.

Gracias a todos, y a cada uno de ustedes, los honro, los amo y libero en este acto de consciencia, amor y paz. Gracias por los recursos heredados, prometo multiplicarlos y expandirlos.

Gracias papá, gracias mamá, hermanos, hermanas, hijos, sobrinos, abuelos, bisabuelos y a todos los que pertenecen a este árbol abundante y frondoso.

"DIVINIDAD, sana en mí, los lazos que me impiden el camino hacia mi evolución"

"DIVINIDAD, sana en mí, a cada miembro de mi clan, santifica mi familia y otórganos la bendición del amor."

Que la paz y la verdad, el amor, la prosperidad y la abundancia se hagan presente ahora y para siempre.

Que así sea, en armonía para todo el mundo.

Gracias, Gracias, Gracias.

Firmas con tu nombre, fecha, lugar y por 21 días dejas un altar con las bendiciones preparadas y prepara un bello collage con fotografías familiares para recodar siempre tus raíces.

Te agradecería si quisieras enviarme una fotografía de tu altar de agradecimiento a tus ancestros para publicarlo y motivar a las personas a remover nuevas energías en sus vidas.

La gente puede pensar que quiere ser libre, pero en realidad no está dispuesta a renunciar a su manera de ver las cosas.
El mito de vivir una vida perfecta es contraproducente e innecesario.
Nadie puede despertar de un sueño si piensa que no es el soñador.
Nadie sale de un programa si piensa que su vida no está condicionada por ellos. Tu eres el soñador de tus sueños.
Tu eres la causa y no el efecto.
Tus proyecciones hablan de tus programas y tus juicios de tus justificaciones. Despertar a esta verdad se hace urgente.
El mundo necesita tu toma de Consciencia.
Tu liberacion es la de Todos

-Enric Corbera-
Prólgo del libro "Dejar ir"
Ingeniero Técnico Industrial, Naturópata y Licenciado en Psicología
https://www.enriccorbera.es/instituto/biografia-enric-corbera

"La tragedia en la vida no es no ver tus sueños alcanzados.
La tragedia es no tener sueños que alcanzar"

↳ tener sueños y no cumplirlos es mejor que jamás tener sueños (vivir sueños de otros).

"Trilogía de Autosanación y Crecimiento Personal de la Nueva Era."
(Tu Terapeuta de Papel)

Sui Mei Isabel Chung Bustos
Terapeuta Transgeneracional SAAMA 2.0
@ @suimeichung
Otubre 2019

TE INVITO A CONTINUAR CON LA SIGUIENTE LECTURA

"Sanarás Cuando Decidas Hacerlo"

**Es mi segundo libro
de la "Trilogía de Autosanación y Crecimiento Personal
de la Nueva Era".
(Tu Terapeuta de Papel)**

"Nunca es tarde para sanar nuestra infancia"

"En cada uno de nosotros vive un niño que quiere ser reconocido y amado"

El viaje más maravilloso, más provechoso y más sanador, es el viaje que haces hacia tu interior.

¿Sabías que las heridas de infancia se heredan igual que el apellido, color de ojos o cabello?

Es tiempo de SANAR, de volver a conectar con la alegría de vivir, de comenzar a disfrutar de las cosas simples de la vida, y sentir que merecemos de la vida lo mejor.

Todo lo que no has resuelto de tu infancia lo vivirás de nuevo en tu adolescenciay lo que no has resuelto en tu adolescencia lo revivirás en tu etapa adulta.

· ¿Te cuesta mantener relaciones de pareja estable?

· ¿Sufres de celos e inseguridad al estar en pareja?

· ¿Sueles sentirte ofendido con facilidad? →Donno

· ¿Tienes problemas para comunicar y expresar tus emociones? No

· ¿Tienes problemas de comunicación con tu Padre / Madre? No

· ¿Estás en búsqueda de reconocimiento constantemente? No

· ¿Tienes poca paciencia y te irritas con facilidad? Antes sí, pero hoy no.

· ¿Sientes a menudo que la gente no te valora? No

· ¿Vives siempre en la desconfianza? No

Llegó el momento de conectar con tu Alma, de abrir tu corazón para liberar el dolor y transmutarlo en alegría, armonía y ganas de vivir con pasión y a consciencia.

En este libro aprenderás a reconocer el origen de tus heridas a cómo identificarlas y herramientas para tu autosanación. Lograrás conectar con tu corazón desarrollando el amor que tanto anhelas.

Ya ha hecho lo más difícil, aceptar que tienes heridas por sanar,

Con amor para ti,

Sui Mei Chung Bustos

"Trilogía de Autosanación y Crecimiento Persona de la Nueva Era"
(Tu Terapeuta de Papel)

Acá un breve resumen de mis libros:

1. "Tus Ancestros Quieren Que Sanes"

Heredamos las historias de vida de nuestros ancestros. Conflictos y duelos no resueltos, como también virtudes y la forma de ver la vida. Aprenderás todo acerca del TRANSGENERACIONAL, de la importancia de conocer tus raíces, sabrás identificar patrones y lealtades, en donde encontrarás respuestas a muchas situaciones de tu vida presente y pasada. Todos tenemos una historia, un origen, tengas información o no.

2. "Sanarás Cuando Decidas Hacerlo"

Descubrirás exactamente cuáles son tus heridas, en qué momento se generaron, y tendrás herramientas para trabajar estas heridas a tu favor. Comprenderás la importancia de reconectar con tu infancia y tu niño interior para despertar la alegría y motivación en tu vida.

3. "Historias Reales Transgeneracionales"

Repetimos los nombres, apellidos, profesiones, oficios, y hasta las enfermedades por lealtad y amor a nuestro clan. En este libro verás como una misma historia se va repitiendo en distintos escenarios y como el drama, secretos, abusos, pasan de una generación a otra.

Tu historia en papel

UN RECUERDO ANCESTRAL PARA LAS FUTURAS GENERACIONES

Si sabemos de dónde *venimos,*
sabremos *mejor* a dónde vamos.

Si sabemos porque *venimos*
entenderemos *mejor* quienes somos.

¿Te gustaría dejar a tus hijos o a tu descendencia tu historia familiar?

¿Qué te parece si pudieras contar tu historia de amor a tus hijos quienes no conocieron a su padre / madre por diversas razones?

¿Piensas que tus abuelos tienen un "tesoro" con sus experiencias de vida y temes que esa información valiosa se pierda?

¿Te gustaría narrar tus historias de juventud, viajes y estudios a tus hijos o nietos?

Ahora transmitir tu historia familiar
es posible...

He creado un nuevo proyecto que seguro te encantará.

"TU HISTORIA EN PAPEL"
"Un Recuerdo Ancestral Para Las Futuras Generaciones"

Con el propósito de que tú puedas transmitir tu historia familiar a tus hijos, sobrinos, nietos y bisnietos.

Ya sabemos la importancia de conocer nuestras raíces, nuestros orígenes para encontrar el sentido a nuestra vida, lo que nos ayudará a encontrar respuestas a muchas situaciones que hemos vivido o que viviremos.

Con mi equipo de Terapeutas Transgeneracionales trabajaremos en tu historia familiar.

Sabemos guiar una conversación, sabemos exactamente dónde buscar en tu Árbol Genealógico para removerlo, agitarlo con amor y que comience a tomar fuerza para expandirse en sabiduría y amor.

Tu nos aportarás información, y yo haré la historia para ti. No te preocupes si no tienes mucha información, muchas veces poco es mucho. ☺

Será un bellísimo regalo tanto para las futuras generaciones, así como para tus padres, abuelos y bisabuelos, *ver su historia familiar escrita en papel.*

Podrás tener contigo "El Libro" que transmitirá información valiosa para tu descendencia.

Puedes querer transmitir toda la historia o parte de ella, lo que desees escribir será un maravilloso recuerdo familiar.

Sui Mei Chung Bustos

Escríbeme

tuhistoriaenpapel@suimeichung.com

Me pondré en contacto contigo
para que recibas la información detallada.

TESTIMONIOS REALES

Estas páginas están dedicadas a publicar "Testimonios Reales" de personas a las cuales he atendido, han sido mis estudiantes, y que quieren expresar lo que el aprendizaje del Transgeneracional ha significado para ellos.

Espero que los disfrutes y espero el tuyo para publicarlo en mis próximos libros y redes sociales ☺

JAVIER GONZÁLEZ
Director Área Legal Derecho Familia en Casasempere Abogados
Autor de "Bendice tu divorcio" 📷 @gonzgonz_ javier

Tuve el honor de ser el primero en leer el libro de Sui Mei y debo decir que me impresionó mucho. No conocía nada de las Terapias Transgeneracionales hasta que el universo en su infinito poder puso en mis manos este maravilloso libro. Debo decir que el libro es tan claro y tan detallado que sin conocimientos previos en la materia Sumei consigue hacerte entender a la perfección todo cuanto explica. Le doy mi más sincera enhorabuena a Sumei porque se nota que es toda una experta en la materia y que su vida en este campo se mueve en la pasión por lo que hace cada día. Con magistral dominio ha optado por utilizar un lenguaje claro, sencillo y con muy buenas maneras nos narra su contenido como si de una historia se tratara, lo que hace que su lectura sea muy sencilla y amena.

Me ha gustado mucho la mezcla de historia personal que adorna, complementa y aclara las explicaciones sobre las Terapias Transgeneracionales.

Realmente ha sido maravilloso conocer los desafíos y retos por los que han tenido que ir pasando los ancestros de la familia de Sui Mei hasta llegar a ella.

En momentos es desgarrador conocer episodios de sus vidas. Es un libro que recomiendo su lectura porque aporta mucho valor en tu vida. Estoy convencido que Sui Mei va a ayudar a muchas personas gracias a este maravilloso libro y a las Terapias que realiza. De hecho tras acabar de leerlo estoy tan intrigado por conocer más de mis ancestros y estoy con tantas ganas de que mis ancestros me ayuden a sanar mi interior que sin dudarlo ni un segundo voy a hacer Terapia Transgeneracional con Sui Mei. Gracias por escribir este maravilloso libro y por guiarme a abrirme los ojos a que muchas de mis limitaciones de mi vida son heredadas de mis antecesores y tienen sanación.

SUILANG CHUNG WONG
Terapeuta Transgeneracional SAAMA
Ⓜ bioTerapiasuilang@gmail.com Ⓘ @suilang_

Mi nombre es Suilang Chung Wong, soy hermana del padre de Sui Mei, su madrina de nacimiento y en la actualidad colegas de trabajo.

Fuí profesora de Estado en Matemática y Estadística, a partir de los años 90 me dediqué a estudiar diversas técnicas de sanación como una forma de seguir mi propio proceso personal, pero siempre sentía que algo faltaba, lo que me mantenía en una búsqueda constante.

Descubrir el Transgeneracional ha sido para mí una experiencia inigualable, tanto a nivel profesional como personal. Me ha permitido aprender a crecer y a la vez poder compartir este maravilloso conocimiento que entrega tantas respuestas a nuestra vida y nos ayuda constantemente a tomar consciencia de nuestra existencia.

El trabajar el Transgeneracional junto con Sui Mei me permitió reencontrarme con mis ancestros, comprender nuestras historias personales, aprender de nuestras lealtades familiares, nos impulsó a trabajar en fuertes creencias para modificar patrones que se han venido heredando de generación en generación.

→ Eso es algo a trabajar

Me hizo tomar consciencia de cómo mi conducta era solo un reflejo de todo lo que habían vivido esas valerosas mujeres de mi clan, cómo ese cruce de emociones como la tristeza, la impotencia y la desesperanza cobraban un nuevo sentido en mi vida donde integré y agradecí todas las dolorosas experiencias que vivieron para que finalmente yo pudiera comenzar a resolver parte de esas emociones solo como un inicio de un largo camino por recorrer.

Hoy me siento feliz, emocionada y muy orgullosa de este libro y de la Trilogía que Sui Mei ha escrito porque sé que en el conocimiento de nuestra historia familiar está la llave de nuestra sanación. En este libro aprenderás a identificar lealtades familiares, amores ciegos, la importancia de los abortos, duelos, la repetición de los nombres y su carga familiar y mucho más.

¡Que lo disfrutes!

se refiere a la forma de ver la vida, a la forma de interpretar

La forma en que interpretamos la vida depende de nuestras familias.

BEATRIZ CABEZAS MARÍN
Autora de la trilogía "El Grito de JOB"
www.beatrizcabezasmarin.com 📷 @beatrizcabezasm

"Tus Ancestros Quieren Que Sanes" es una hermosa trilogía que nos enseña a entender que todas nuestras experiencias de vida son heredadas de nuestros ancestros. Cuando conocemos la historia de nuestra familia comprendemos nuestra propia historia, nos enseña a detectar que existen patrones repetitivos o manifestaciones que pueden ser incomprendidas, pero todo tiene un origen y es en nuestro árbol familiar.

Estoy completamente segura que la obra de Sui Mei, será de gran ayuda, muchas respuestas y una guía perfecta para el lector, porque está escrito con un estilo sencillo y fácil de comprender para todo tipo de personas que incluso no están familiarizados con la temática y esa facilidad entrega acceso a este conocimiento que traerá muchas respuestas a situaciones de nuestra vida.

Gracias Sui Mei por esta obra que tanto nos ayuda a comprendernos como un todo y aprenderemos a sanar nuestras vidas y a la de nuestras familias.

JACQUELINE PÉREZ
Esteticista facial y corporal, Terapeuta Holística, Coach Ontológico
@ @merakiTerapias.s

Hola, mi nombre es Jacqueline Pérez, de profesión Esteticista facial y corporal.

Conoci a Sui Mei por intermedio de una clienta que se trataba con Flores de Bach y Tarot con ella. Quise ir a conocer sus Terapias, igual con un poco de desconfianza, me resistía tanto a conocer cosas de mi inconsciente, que antes de entrar a su casa, hasta vomité. Tenía la sensación de que me iba a enterar de algo muy fuerte.... ¡Y asi fue!

Encontré que era muy acertiva, dulce y muy sabia, sobre todo cuando comenzó a verme el Tarot Evolutivo. Sentí que avanzaba tanto, como si fueran 10 sesiones de ir al psicólogo.

Su sencillez, ternura y claridad para explicarme todo, fue tan especial que logré "un darme cuenta enorme en mi vida". Cuan equivocada estuve toda la vida.

Con sus Terapias descubrí mis heridas de infancia, me enseñó a ver lo que yo no veía y a salir de un mundo que me entristecía, victimizaba y no me dejaba avanzar.

A medida que fuimos haciendo más sesiones, fui logrando sacarme "mi armadura", la que no me dejaba ver con claridad que estaba repitiendo patrones de mis ancestros, por lo que me propuso que hiciéramos el Árbol Genealógico, ¡ahí entendí toda mi vida!. De una semana a otra cambié 360°.

Fue como un despertar de la consciencia y descubrí que a esta vida yo venía a reparar y a cerrar ciclos y también a abrir otros.

Sui, le dije: "ahora entiendo" y declaré "yo quiero ser como tú, y dedicarme a lo que tú haces". Y así fue.

Estudie con ella Flores de Bach, Tarot Evolutivo y Transgeneracional. Cada charla que dicta me llena de conocimiento, también veo sus videos en vivo. En fin, el conocer a Sui fue mi transformación total. Un crecimiento mágico, ya que, cambié mi "observador" de la vida, logrando cambiar mi realidad.

Me siento muy orgullosa de haber conocido tremenda mujer.

Sui, por todo lo que viviste, eres y serás muchas gracias. Sigue por favor avanzando asi tal cual como eres, con tu energía linda, tu entrega, tu bondad.

Te admiro y te re quiero un montón.

MARÍA GENOVEVA VÁSQUEZ FLORES
Educadora de Párvulos, Terapeuta Floral - Transpersonal
Terapeuta Transgeneracional, Biodecodificación, Astrología, Orfebre
www.genoveva.cl ⊚ @genovevaTerapia
✉ genovevavasquezflores@gmail.com

Años atrás (1998), tuve la oportunidad de tomar flores de Bach y descubrir que las emociones se educan logrando la sanación, lo que más tarde (2005) me llevó a ser Terapeuta Floral.

Descubrir que las emociones se educan logrando la sanación, lo que más tarde (2005) me llevó a ser Terapeuta Floral. Nunca dejé de estudiar y buscar la forma de poder ayudar y ayudarme, ya que ahí tomé la determinación de trabajar mis emociones de por vida, si es necesario.

Mi mayor encanto fue cuando conocí a Sui Mei ofreciendo tan generosamente, su conocimiento de sanación cuántica, y la Terapia Transgeneracional. Se me abrió un mundo que me hace mucho sentido, ya que con el solo hecho de organizar mi Árbol Genealógico comencé a comprender que muchas emociones y creencias las traemos de forma inconsciente, heredadas de nuestro árbol Bello trabajo, muy sanador.

Estudiar y asistir a la Terapia con Sui Mei, ha sido lo mejor que he vivido. Su Terapia es rápida, certera, dinámica, sanadora y ella la realiza con tanto amor y entrega. Siempre preocupada de cada una de las personas que ve, tanto en la Terapia como en los cursos que imparte.

Me siento bendecida y llena de felicidad por tener el privilegio de encontrar en mi camino a un ser de luz como Sui Mei.

Gracias - Gracias - Gracias.

ALISON RODRÍGUEZ HEREDIA
Secretaria (f) SoyAlly Rodriguez (o) @SoyAlly Rodriguez

Quiero comentar mi testimonio, acerca de la bella experiencia, que realicé, al estudiar el Transgeneracional.

Fue un viaje hacia mi Sanidad interior, y la de todos mis Ancestros, fue un Despertar de la Consciencia Ancestral en mi clan, que siempre estuvo en mi Árbol Genealógico, esperando ser descubierta y rescatada, por un buscador innato.

Cada clase que asistí a participar de este aprendizaje del Transgeneracional, me fui dando cuenta, que tengo una bella familia, y que mi Árbol es frondoso, cosa que antes estaba dormida, oculta en un cofre llamado: "Secretos Ancestrales".

Esperando salir a la luz de la Sanidad, El Universo conspiró este mágico descubrimiento del Amor.

Sui Mei Chung es un Canal de Sanidad, un instrumento de transmisión que usan los Maestros Ascendidos, para llevarnos a este bello descubrimiento mágico del Árbol Genealógico, y el despertar de las consciencias.

Tuve la maravillosa suerte de estar en los cursos y talleres que realizan Sui Mei y Suilang y ambas son unas mujeres sanadoras de una energía bellísima.

El trabajo realizado por Sui Mei Chung ha sido en mi vida la clave, para avanzar a todo lo mencionado anteriormente y en especial a soltar el perdón que tanta falta nos hace, comprensión, reflexión y encontrar el destino de camino en esta vida.

Sui Mei Chung eres una mensajera de gracia en mi vida.
Gracias, Gracias, Gracias.
Namasté

Yo creo que más allá del perdón es ACEPTAR y ENTENDER. supone un "juicio".

CAROLINA BEATRIZ SALAZAR ARANDA
Terapeuta Transgeneracional. Psicogenealogía. Pscomagia
✉ cbsa2004@hotmail.com

Después de recorrer la mitad de mi vida, mi cuerpo y mi alma me pidió un freno, para poder ver "cuál es la misión u objetivo para esta vida terrenal."

Casualmente llegué a las manos de Sui Mei para poder encontrar mi línea y darme cuenta todo lo que valgo y lo que soy capaz de hacer.

Mágicamente me mostró este mundo cautivante del TRANSGENE-RACIONAL, el cual, te permite ver que las respuestas a nuestros conflictos actuales están en nuestra historia, plasmada en nuestros ancestros...

Para algo nos hacemos terrenales y hoy tengo claro para qué.

Sui Mei, Maestra, que el universo te premie por toda tu pasión y tenacidad para dar a conocer esta forma de lograr la auto sanación.

Gracias.gracias.gracias

PAMELA SALAZAR BRAVO
Jefa de Personal, empresa Industrial
✉ spamelapatricia@yahoo.com
f Pamela Patricia Salazar Bravo 📷 @miarbolensanacion

Mi nombre, Pamela Salazar Bravo, 50 años, Contadora de Profesión, Terapeuta del Alma. LLegué al estudio Transgeneracional gracias a un regalo que mi hermana nos hizo a mi hijo adolescente y a mí, Taller

"Sanando las heridas de infancia". Conocí a la mejor maestra Sumei, fue tan fascinante que luego con mi hermana hicimos el Taller "Transgeneracional y Ancestrología", ahí definitivamente volví a nacer.

Siempre pensé que tenía mala suerte, que no había nacido bajo la luz de una estrella, pero la verdad es que estudiando mi Árbol Genealógico, me di cuenta que solo estaba viviendo una vida que no era la mía, sino la repetición de las vidas de mis ancestros, los que se encargaban una y otra vez de repetir sus experiencias generación tras generación, tales como: miseria, miedos, odio, envidia, amor no correspondido, hijos no deseados, abusos, secretos de familia, abortos, muertes, enfermedades, suicidios, viudez, mujeres solas, agresiones y un sinfín de situaciones traumantes. Estudié para Terapeuta Transgeneracional, y cada vez más me fui enamorando de este fascinante mundo, seguí estudiando, convirtiéndome en un alma imparable, hambrienta de conocimientos, conociendo personas extraordinarias, que al igual que yo venían con muchos traumas y ancestros que nos marcan a lo largo de nuestras vidas.

En este estudio me fui dando cuenta que tenía dobles lealtades familiares, secretos de familia y cada vez que lo vuelvo analizar me encuentro con algo nuevo, lo que me ha convertido en una mejor persona, llena de empatía, comprensión, menos prejuiciosa, positiva, amorosa y sobre todo amarme primero a mí, para así poder entregar ese tremendo amor en mi interior a mis consultantes, que son los que necesitan de toda nuestra ayuda, para convertir este mundo, en algo mejor para todos.

Ser felices es una elección y no una opción, deje de ser víctima para convertirme en la responsable de mi vida y hacer lo que me apasiona.

Aprendí de la mejor, un ser de luz en mi camino, ya que no existe en este mundo mejor Maestra que Sui Mei, simplemente alma que enamora y te entrega lo mejor.

Como fui alumna de la mejor, sé que estoy preparada para ser una excelente Terapeuta, no tengo ninguna duda, amo lo que hago.

IGNACIO GREZ REYES
@ @ignaciogrez_

"No alcanzan las palabras para describir lo que significó el Transgeneracional en mi vida. Fue una transformación y reinterpretación profunda de mi mundo. En mi primer lugar, Sui Mei con esta Terapia logró lo que ningún psiquiatra ni psicólogo había logrado en 7 años; sanar a mi madre de sus ataques de pánico. Tras ver lo que logró Sui Mei en apenas dos sesiones me di cuenta que ese debía ser mi camino, abandoné mi carrera de Psicología y me convertí en uno los aprendices de Sui Mei y Suilang. Si tuviera que elegir una sola decisión que cambió mi vida por completo, sería esa, emprender el camino de aprendizaje de la Terapia Transgeneracional. Actualmente, luego de apenas 5 meses de haber finalizado mis estudios con Sui Mei, ya he atendido a más de 150 personas impartiendo lo que ella y Sui Lang me enseñaron. El Transgeneracional va mucho más allá de una simple Terapia, nuestro Árbol Genealógico nos afecta nuestra vida entera y de nuestra compresión de él depende gran parte de nuestro futuro".

NORA CARRIÓN R.
Bibliotecaria @ carrionni@gmail.com @ @nora_ carrion_ r

Hola, mi nombre es Nora Carrión, tengo 64 años y me encuentro actualmente aprendiendo sobre Terapia Transgeneracional.

Siempre he sentido la inquietud de conocer sobre lo que hay dentro de mí en sentimientos y a nivel energético, pero lo dejé ahí guardado en algún rinconcito de mi ser por muchos años, hasta que ocurrió un evento en mi vida tan doloroso que me hizo re-nacer desde las cenizas o lo que quedaba de mí. Busqué ese camino incansablemente desde hace 5 años ya, hice muchos cursos, incluso la maestría de Registros Akáshicos, nunca pensando en convertirme en terapeuta, sino más bien en descubrirme o redescubrirme… pero aún no me sentía satisfecha, comencé a mirar sobre Terapia transgeneracional leyendo los escritos de Sui Mei en Facebook hasta que me hizo sentido lo de los ancestros y tomé una Terapia con ella, luego vino la posibilidad de tomar el curso y lo tomé y ha sido una experiencia verdaderamente extraordinaria, es como que estuviera abriendo los ojos de a poquito, y pudiendo ver el significado de todos los eventos de mi vida, el darles un sentido, el entender por qué han ocurrido los acontecimientos y literalmente estoy armando el puzle de mi vida y además pudiendo ver en los otros, quienes me rodean, la explicación de sus temas y pudiendo conversar e ir abriendo sus ojos también.

Para mí ha sido un antes y un después. Sé que hay mucho mucho por aprender aún, que este es solo el comienzo y eso me llena de energía y seguiré feliz en este camino.

Lo único que lamento, es haber comenzado tan tarde, pero sé que la explicación es que no estaba preparada para vivir esta maravillosa experiencia, sé que una de mis misiones es poder aconsejar o mostrar este valioso conocimiento a gente más joven para que se siga difundiendo y logremos hacer de este mundo un mundo más sano, más consciente y más feliz. ♡ ♡ ♡ Un mundo más

Agradezco enormemente a mis ancestros que me pusieron en este camino y mi maestra que con su enorme vitalidad nos transmite y contagia con toda su energía este conocimiento.

Eternamente agradecida.

PAULINA CRISTAL VALDIVIA
Diseñadora, Terapeuta Transgeneracional, Floral.
Lectura Tarot Terapéutico Evolutivo
@amariyoterapias

Cuando encontré un aviso en Facebook sobre una Terapia para trabajar el niño interior de Sui Mei, fui a ver si podía sorprenderme, pero con poca expectativa...y realmente salí renovada. Nunca pensé que llegaría donde estoy ahora. Realmente pienso que mi vida dio un giro en todo sentido, aprendí a conocerme, a conocer a mis ancestros, a cambiar mi visión de la vida y cada día quiero adquirir más y más conocimientos y nuevas experiencias para mi y para entregar a los demás. Sin duda uno de los mejores regalos que el universo me ha entregado ha sido conocer a Sui Mei. Gracias, gracias, gracias.

MOISÉS TOLEDO
Terapeuta Holistico @tarotista_terapeuta_holistico

Quiero agradecer a Sui Mei por todo su conocimiento y dedicación profesional entregado hacia mi persona, logrando potenciar mucho más mi trabajo Como Terapéuta Holístico y Tarotista Terapéutico Transgeneracional.

El estudio del Transgeneracional ha sido un portal gigantesco en mi búsqueda e investigación por muchísimos años, en descubrir mis orígenes y significado de muchas experiencias vividas.

Su expertes con respecto al estudio del Transgeneracional y su dedicación para entregar su conocimiento a sus alumnos es invaluable.

DANIELA ESTEFANY AGUILERA BOIN

Profesional de Turismo, Terapeuta Transgeneracional, Terapeuta Floral, Tarologa Tarot
Terapéutico, Terapeuta Saama
(f) d.aguilera.boin@gmail.com (IG) @amariyoterapias

Al dar mi testimonio quiero decirle a todo el mundo que este leyendo este libro, si alguna vez se sintieron que estaban perdidos y sin FE, no se preocupen!!! Yo pase por lo mismo.

De llegar a estar en el hospital en coma por intentar suicidarme, ahora estoy aquí escribiendo mi experiencia de vida.

Cuando conocí a Sui Mei, estaba desesperada, no sabía que rumbo tomar en mi vida. Estaba desempleada, sufría crisis de pánico y de ansiedad, con depresión, donde veía que la única salida para mí era el nuevamente optar por el suicidio. Una amiga sabía por lo que estaba pasando y me habla de Sui Mei y de la Terapia Transgeneracional, y vi en esto mi última esperanza de sanar. Solo quería SANAR!

La palabra Transgeneracional no me decía nada, no sabia lo que era, mi nivel de bloqueo no me permitía entender en profundad en que consistía. Tome cita con Sui Mei, me quedaba poco dinero en mi cuenta de banco para poder pagar la consulta y literalmente para vivir, pero no me importo, dentro de la consulta Sui Mei me explico de las lealtades familiares, de que somos 95% inconsciente y que esto controlaba nuestras vidas. Ahí es donde están todos nuestros traumas, miedos y bloqueos.

Existe una frase que Sui Mei me dijo en Terapia y que cambio mi vida, "Tu eres la responsable del 100% de las cosas que te han sucedido". Ya no eran mis padres, mi las pocas oportunidades, y miles de excusas que uno inventa o busca. En ese momento te di cuenta que estuve en victimismo por varios años y no hice nada mas que buscar culpables para no hacerme responsable de mi situación actual.

siento el llamado de querer ayudar a otras personas quienes sufrieron debido a CRAZY SIBBLING.

Desde ese día me cuenta de todos los patrones limitantes que seguía estaban en mi Árbol Genealógico, ahora siendo consciente de toda esta información que estaba en el inconsciente familiar de mis ancestros hasta mi cuarta generación y encontré varios puntos relevante, todo estaba en el árbol.

Cuando te haces consciente de lo que esta en el inconsciente comienza la transformación, en ese momento me convertí en una buscadora, comprendí el sistema de creencias que había en mi familia y no pare hasta que me convertí en terapeuta. No fue fácil, tome las clases para convertirme en Terapeuta Transgeneracional, no me sentía digna que ese curso, pero gracias al apoyo constante de Sui Mei, pude paso a paso concretar cada una de mis habilidades.

¿Quien mas puede ayudarte a salir de la oscuridad? Solo aquel que estuvo en ella. Sui Mei creyó en mi, me impulsó a trabajar en mis heridas en mi historia familiar y con mucho orgullo hoy puedo decir que soy terapeuta Transgeneracional, hago Terapia floral, realizo maravillosas lecturas del Tarot terapéutico Evolutivo, lecturas de Registros Akáshicos y voy por mi quinto curso el que me tiene muy emocionada Saama. Sin duda, este es mi camino, cada vez creo mas en mi misma, pero puedo decir sin dudas que conocer a Sui Mei cambio mi vida, me ayudó a descubrir el camino a la sanación y trabajo personal, para poder seguir ayudando a otros, a muchas almas perdidas que sufren tanto como yo estuve en algún momento de mi vida.

Solo decir GRACIAS, GRACIAS, GRACIAS!

PAOLA BÉLGICA CORDERO IBARRA
Educadora de Párvulos. Terapeuta
✉ paolita.cordero@gmail.com

Hace tres años cuando conocí a Sui Mei, me encontraba a nivel de consciencia en un lugar muy distinto al de hoy.

Asistir a su Terapia, seguirla y luego formarme como terapeuta Transgeneracional ha significado para mi, un gran cambio. Ser capaz de observarme, de incorporar a mis antepasados como parte de mi, reconocerlos, agradecerles y ponerlos en mi corazón. Me ha permitido aceptar y reconocer... y a partir de ahí ser más consciente en mis decisiones.

Compartir con otros que también se encontraban en la búsqueda de un aprendizaje, o de una forma profunda de conocimiento fue para mi una gran experiencia para desarrollar la tolerancia, la compasión y mirar de otra manera. La Terapia Transgeneracional junto a la práctica de tarot evolutivo terapéutico me ha permitido un espacio al que nunca pensé entrar y del cual ya nunca quiero salir.

Te deseo todo el éxito del mundo con la publicación de tu libro y espero que mucha gente quiera conocer de qué se trata este mundo con el cual podemos recorrer nuestro sendero de forma diferente.

Querida maestra gracias y mis mejores deseos.

SUSANA CAROLINA PÁEZ CATALÁN

Técnico Financiero, Terapeuta Transgeneracional Saama, Lectura Tarot Terapéutico,

ⓕ Susy Paez

Mi querida Sui Mei, estoy muy emocionada de contar mi testimonio con mucho amor y cariño, para agradecer todo tu profesionalismo, tu entrega, tu compromiso, tu empatía, tu lealtad, tu sabiduría, y tu enorme corazón.

A principios de marzo fui a control con mi ginecólogo donde me realiza una ecografia encontrándome un tumor complejo de 9cm, inmediatamente me da una orden para más exámenes, entre ellos un tac y tumores los cuales salieron alterados, me derivó a un ginecólogo oncólogo ya que todo era un mal pronóstico.

Aún recuerdo ese día que te llamé desesperada, angustiada, mal, muy mal, ya que mis sentimientos negativos me consumían, y ahí es donde empieza mi camino de sanación, ya que gracias a ti, a la Terapia transgeneracional y SAAMA, puede revertir todos mis exámene. El médico no lo podía creer, el tumor ya no era complejo y mis exámenes tumorales eran normales. Me operé, la operación fue exitosa con biopsia benigna y una recuperación muy rápida.

Es por eso que Actualmente me encuentro realizando este maravilloso curso para terapeuta transgeneracional y tarot terapéutico ya que son herramientas potentes que realmente si quieres un cambio en tu vida, empieza por ti. → Tu puedes ser tu PEOR ENEMIGO

Gracias gracias gracias Sui Mei!! Cada vez que no eres

Te amo y te admiro en lo más profundo de mi ser. empático o paciente contigo mismo

ALEJANDRA ALARCÓN MIRANDA
Kinesióloga, Lectura Tarot Terapéutico, Transgeneracional, Terapeuta Saama
✉ alealarconm@gmail.com 📷 @alejandra.almir

Conocer el concepto de la Terapia transgeneracional significó para mi, empezar a encontrar respuestas a situaciones personales y familiares que no tenían explicación.

Entender que mis miedos, inseguridades, la forma de relacionarme con los demás, entre otros aspectos de mi vida, estaban determinadas por experiencias vividas por mis padres y abuelos, por las emociones y sentimientos que ellos sintieron y que ellos a su vez, estaban condicionados por las experiencias de sus padres... Todos actuamos en base a la información que llevamos en nuestro inconsciente familiar...

Al conocer nuestra historia y la de nuestros antepasados, nos damos cuenta que no tenemos el libre albedrío que creemos, comprendemos que estamos programados para repetir inconscientemente sus vivencias, muchas veces camufladas, y así seguir perteneciendo a nuestro clan...

Agradezco a cada uno de mis ancestros, especialmente a mis padres y a mi abuela paterna Celia Del Carmen "La Lela", ya que sin las vivencias de todos ellos, mi toma de consciencia no habría sido así como la vivo hoy y mi capacidad de elegir mi presente no sería posible !

Sui Mei es una gran profesional del transgeneracional, transmite sus conocimientos con tanta pasión y dedicación que te envuelve y cada vez quieres saber más y más.

Gracias Sui Mei y Suilang por ser parte de este hermoso camino... La Vida!

PAULINA ANDREA RIVERA DIAZ
Masoterapeuta, Reflexologia, Reiki, Terapias Transgeneracionales,
Canalización, Masajes con bambú, Masaje Craneal
✉ Paulinardiaz@hotmail.com

Para todos mis ancestros va dirigido, por tener hoy la gran oportunidad de contar con ésta valiosa herramienta. Ya que al sanarme yo, puedo sanar a todo mi clan familiar. Quiero compartir con Uds. mi historia. ¡En el año 2007 terminó una relación amorosa en la cual quedo muy afectada, dando comienzo a una gran caída de cabello, ésto cada vez fue en aumento. Probé una infinidad de productos y tratamientos, donde nada daba resultado. Un día escucho de un gran cirujano que realizaba implantes capilares.

Voy donde él, sin duda creyendo que resolvería mi caso, me decido y lo hago. El médico me advierte todas las complicaciones que podrían ocurrir, así y todo, acepté... Lo hago y fue 'Fatal' nunca lo había pasado tan mal.

Ocurrió todo lo que el doctor. había mencionado, es una cirugía muy invasiva donde perdí todos mis implantes y cabellos que bordeaban la cirugía. Desde ahí se desencadena mi sufrimiento, cayendo en una gran depresión, bajé de peso de forma notoria, teniendo que cubrir toda la zona afectada con un gran cintillo de seda, para así seguir trabajando de forma "normal" todos mis implantes cayeron y quedé calva, esto duró un año.

En el 2010 comienza la magia, miles de puertas fueron abiertas escuchando el llamado de la sanación del alma, trabajando con los ángeles, reiki, canalizando y realizando sanación. Siempre sanando el alma, aceptando y perdonando. Mi búsqueda nunca ha cesado en seguir avanzando. El año pasado escucho talleres de transgeneracional, me sumerjo en un año de estudios con mis queridas maestras Sui Mei y Suilang.

Descubrí la raíz de mi historia a través de mis ancestros. Y esto se los quiero detallar. Mi abuela paterna Juana sufría muchos golpes, mi abuelo Pedro era un hombre violento y bebedor, cada vez que él llegaba a casa ebrio surgían peleas. Pedro tomaba por el PELO a mi abuela y la arrastraba por el piso.

¿Qué tiene que ver con mi historia?

¿Resulta que ese ex pololo era doble de mi abuelo Pedro, en fecha de nacimiento, q significa? El dolor qur me causa el quiebre amoroso, hace q se active el programa de dolor por lealtad con mi abuela Juana.

En el momento del término de mi relación, comienza a caer mi pelo sin cesar. Recién ahí hago consciente el conflicto de mis ancestros.

Honrando, aceptando y perdonando a todo mi clan familiar, pongo fin a todas mis generaciones futuras y corto este programa.

Agradezco a mis maestras por conocer hoy esta herramienta maravillosa, que sin duda te podrá sanar a ti también.

ISIDORA HORMENT PÁEZ
15 años. Curso 2do medio,
Estudiante Tarot Terapéutico Evolutivo con Sui Mei y Suilang Chung
ⓕ isii horment ⓘ @isid2r4_

Hace un tiempo atrás fui a Terapia transgeneracional y SAAMA con Sui Mei, me enamoré de ella y de lo que hacía, me ayudó a ser segura y a no ser nerviosa.

Tomé la decisión de hacer el curso tarot terapéutico y es lo mejor que me ha pasado, es una herramienta que llega al inconsciente del consultante y me llena de emoción aprenderlo.

¡Muchas gracias Sui Mei por todo lo que me enseñas!

PATRICIA CANALES
Ingeniera Agrónoma

Hace 6 meses que conocí a Sui Mei y la Terapia transgeneracional, con la cual encontré muchas respuestas a hechos de mi vida que no me permitían seguir avanzando. Sui Mei con su gran amor me ha explicado y me ha enseñado a cancelar y romper patrones heredados de mis ancestros, entendiendo que todos ellos me entregaron lo mejor para ser hoy la mujer que soy. Durante estos meses he aprendido a perdonar y a perdonarme, a valorarme, a agradecer más, a crear mi propia realidad y a cumplir mis sueños. Dicho esto solo quiero agradecer a Sui Mei por su ayuda, conocimientos y herramientas que entrega en cada Terapia que he asistido y que sin duda me ha hecho ser hoy una mujer cada día más feliz y mejor.

GABRIELA GONZALEZ
42 años, Bioquímica, Especialista en Cosmética Natural,
Terapeuta Holístico Transgeneracional y Tarot Evolutivo.
www.diamorcosmetica.cl @diamorcosmetica

Desde los 17 años que estudio diversas disciplinas complementarias en búsqueda incansable de paz y salud, la que era bastante deficiente por uno u otro motivo, desde desde el típico resfrio hasta dos parálisis faciales antes de los 30 años, cirujias diversas, estres y depresión considerable estuve fármaco dependientes muchos años, y si bien con bastante esfuerzo usando todas estas tecnicas milenarias fue mejorando mi calidad de vida me acompañaba una extremada autoexigencia, exito académico y laboral, pero la depresión no cesaba y apareció obesidad y anemia.

Es así como a los pocos años de convertirme en madre, conozco a Sui Mei Chung, quien se ha transformado en mi terapeuta, maestra y amiga ya que gracias a su tratamiento conocí la Terapia Trangeneracional y SAAMA, que por fin!!! lograron liberarme de las ataduras y comprender lo que mi árbol quería enseñar y compensar.

Desde entonces, tomé consciencia de que mi cuerpo hablaba lo que aprisionaba al alma, y desde el primer día mi alivio emocional fue considerable...

La guía clara y precisa de Sui Mei ha permitido que hoy por hoy, yo tambien esté en el camino de ser Terapeuta Trangeneracional bajo la enseñanza de Sui Mei Chung y de Suilang Chung.

Hoy gozo de salud y abundancia plena, con la convicción de que todo tiene sentido...

Te aseguro querido lector que en estos libros encontrarás la esencia de la Terapia trangeneracional que aplica y enseña Sui Mei y también estoy segura de que como a mí, cambiará tu vida para siempre, si haces lo que debes hacer y tomas las riendas de tu vida.

PAULINA CABRERA G.
Empresaria rubro transporte. Profesora de Educación Física
Estudiante de Transgeneracional y Tarot Terapéutico Evolutivo
con Sui Mei y Suilang Chung ⊙ @pauli_gati

"Desde siempre sentí que algo que no coincidía en mi vida, viviendo con mucho dolor. Lo que me llevo en una búsqueda incesante de respuestas, realice diversas Terapias como yoga, biodanza, acupuntura, entre otras. Pero siempre volvía a tener esa sensación de no estar completa que había algo más. Hasta que un día, viendo un programa de televisión, vi a Sui Mei hablando de Transgeneracional, las heridas de infancia y como afectaban en la vida adulta, si estos conflictos no se resolvían, fue revelador, ya que por fin había encontrado eso que buscaba, ese sentido que me faltaba. Comencé hacer el curso de Tarot evolutivo con Sui Mei y Suilang, también fui a Terapia Transgeneracional Saama y sentí que estaba lista para comenzar el curso de Terapeuta transgeneracional con ellas.

Mi visión de vida cambio, eso hace que lo que pienso, siento, tengo y hago sea una experiencia maravillosa. Entendí, que mi felicidad solamente depende de mí y que proyecto mi realidad en mi entorno. Así que se puede modificar lo que angustia o aqueja, buscando el motivo en ti sin culpar a nadie más. Pase años buscando el amor fuera y estaba en mí, logre integrar este conocimiento a mi vida, gracias a la Terapia Transgeneracional."

Saludos, Buen día!!!

ANAHÍ MONTENEGRO MÁRQUEZ.
Terapeuta de Salud,en Medicina Integrativa, Terapeuta Saama
@ @miarbol_ miuniverso

Cuando leí "Terapia Transgeracional" "geneanologia" " Árbol Genealógico" me pareció interesante de inmediato... Me contacte con Sui Mei para hacerme la Terapia yo, pero cuando supe que dictaria el curso para ser terapeuta me inscribí sin pensarlo. En las clases conocí las "heridas de infancia" heridas que todos tenemos! Me sentí tan identificada cuando reconocí las mías, y después como un juego de adivinación, reconocía las de mis familia, y como nos desarrollamos en la vida, los miedos que tenemos,la manera de actuar,etc. Responden a la "herida del niño" Soy parte de la primera generación de terapeutas transgeracionales, y hoy parte de su equipo me siento muy orgullosa ya que ahora puedo entregar a mis pacientes las respuestas que necesitan, pero no hacian consciencia aún con años de realizar otras Terapias... la revelación que hacen nuestros ancestros a través de las repeticiones y las lealtades invisibles, entregan la pieza del puzzle que faltaba para ver realidad...

MARIA ELEANA CATALAN SANDOVAL
67 años, Reiki, Masaje de relajacion, Biimagnetismo
Estudiante de Transgeneracional y Tarot Terapéutico Evolutivo con
Sui Mei y Suilang Chung (f) maria eleana catalan

Conoci a Sui Mei en el momento perfecto de mi vida, donde nunca pense que existia esta maravillosa Terapia transgeneracional donde mi vida cambiaria por completo.

Hoy me siento una mujer jovial, segura, valiente, feliz, he tomado el control de mi vida sintiendome plena, es por eso que actualmente estoy realizando el curso para ser terapeuta transgenaracional y tarot terapéutico ya que he sanado y he soltado todo lo que me impedía avanzar y no me daba cuenta, estoy muy agradecida !

Gracias suimei por enseñarme esta hermosa Terapia

JUSTINA CARMO
Autora de la Trilogía "Tu Dinero, Tu Paz"
@ @Justina.carmo

Sin raíces no hay alas. Sin honrar nuestros ancestros, no podemos tomar nuestra vida y encontrar el lugar adecuado en el mundo que nos corresponde. En el libro *"Tus ancestros quieren que sanes"* descubrimos que la clave pequeña que abre las grandes puertas de la realización personal se compone de una simple sílaba: SÍ. Si a la vida, tal como es. Si a nuestra familia, tal como es. Si al pasado, tal como fue. Si a todos, porque todos tienen el derecho a pertenecer.

Sui Mei Chung ofrece nuevas perspectivas para la sanación de nuestra alma, tanto a los que sufren al pensar en sus padres y familiares como a los que se sienten de alguna forma excluidos o distanciados de ellos. Habla el lenguaje de la reconciliación y de la paz. Muestra el poder del amor y el camino para integrar y superar las heridas que obstaculizan la plenitud de la propia vida.

Una lectura más que recomendable.

NATALIA YLONKA MARQUEZ JIMENEZ

Esteticista profesional ⊚ @nataliamarquez8

"Sui Mei, gracias a su Terapia transgeneracional pude enfrentar todas mis heridas de infancia.

Mi experiencia fue maravillosa,

Cambio mi vida y la de mi hija, me devolvió las ganas de vivir, fue una bendición poder conocer una persona tan linda por dentro y por fuera.

Gracias a tus conocimientos y amor

En tus Terapias, pude enfrentar los

Miedos, traumas, penas de niñez.

Gracias por todo lo q aprendi de ti

Vivir el presente, ser una mejor persona.

Volver creer en el amor y en las personas.

Mi Maestra

MARLENE BEATRIZ SÁNCHEZ SÁNCHEZ

ⓕ TerapiasBanikeval ⊚ @ bani_ keval

Es importante conocer tu Árbol Genealógico para identificar muchas situaciones que existen en tu vida y que no son tuyas, sino de tus ancestros, afectando en diferentes ámbitos como el económico, social, mental, amoroso, de relaciones familiares, etc., que impiden que fluya tu vida libremente.

Como consultante aprendí que a través del Transgeneracional y de la información obtenida de mi Árbol Genealógico, logré identificar ciertos sucesos que venían traspasándose de generación en generación. Situaciones que no eran mías y que no me explicaba porque sucedían.

A través de este conocimiento pude trabajar lo necesario para sanar mi vida, la de mis ancestros y la de mis descendientes.

Como Terapeuta este conocimiento me ha ayudado mucho, ya que es más fácil identificar cuando la raíz del problema es algo Transgeneracional, y así informarle al consultante los pasos a seguir en la Terapia y acompañarlo en el camino de su sanación Transgeneracional.

Quisiera agradecer de todo corazón a Sui Mei Chung la oportunidad brindada en este maravilloso curso, lo que provocó grandes cambios en mi ser como persona y como terapeuta. Que, si bien no fueron fáciles, gracias a su apoyo incondicional, perseverancia y sabiduría logré transformar mi vida. Y como consecuencia dejar libre el camino a mis descendientes.

PAMELA ARTIGA MUÑOZ
Lectora e instructora de "Registros Akahsicos"
@ @pamela.registros

Durante muchos años estuve en una búsqueda y con muchas preguntas sin resolver... Una crisis en mi vida me llevo a buscar ayuda en el Transgeneracional en el año 2017 y a conocer a Sui Mei y Suilang, las cuales entregaban un curso sobre este tema que tanto me llamaba la atención y que en Chile nadie conocía y menos enseñaba.

Estudie con ellas durante el 2018. Fue revelador y sobre todo sanador para mi alma y mi clan familiar. Seria maravilloso si todos pudieran tener la oportunidad de analizar su árbol familiar, para poder entender y liberar tantas memorias que nos limitan y no nos permiten crecer ni vivir una vida de abundancia y libertad ya que estamos condicionados a repetir patrones e historias familiares.

Todas las herramientas que me entrego el Transgeneracional, además de mi sanación, las utilizo ahora con mis pacientes en las lecturas de Registros Akashicos con mucho éxito.

No quiero dejar pasar esta oportunidad de agradecer a Sui Mei y Suilang por toda su dedicación, amor y pasión con la cual entregan generosamente todo su conocimiento y por inspirarnos siempre a crecer y ser mejores. Infinita gratitud y que el Universo las bendiga hoy y siempre.

MARJORIE NATALIA TRONCOSO VASQUEZ
AMURIS, Centro de spa, Terapias complementarias
y Autocuidado para empresas e instituciones
ⓕ Facebook Amuris cafe spa ⓘ @Amuris_ cafe_ spa

La vida siempre te llena de sorpresas y aventuras que son a veces, inexplicables para el ser humano, pero nuestro Yo Interior siempre sabrá lo que debemos aprender en el minuto exacto de este bello Plan Universal que Dios tiene para todos. Recordando que siempre somos actores de esta gran Obra Universal entrando en escena cuando te toca actuar y aportarás con tu vibración...todo será cuando debe ser, no cuando uno quiere que sea, las señales de Universo siempre están, sólo debemos estar listos y preparados para recibir con amor y gratitud los regalos que nos manda nuestro Creador, porque no sabemos cuándo llegarán!!

Eso me paso a mí, poco antes del lanzamiento de estos libros. Sui Mei llegó a mi vida, invitada por mi compañero de radio Luis Astorga a nuestro programa radial, "El despertar de la consciencia" donde sin pedirle nada, me dio todas las respuestas a lo que tanto pregunté al Creador de todo lo que es…así lo sentí y lo ví. La entrega que ella hace con esta trilogía de libros colaborará aún más en el despertar de la Matrix, sé que será un gran aporte para sanar al ser humano y con esto, contribuir también a la sanación de nuestro planeta Tierra. Al leer sus publicaciones en sus redes sociales, una de ellas me hizo mucho sentido y ratificó aún más la belleza de esta frase, la que indico como: "TODO REGRESA A TI"… Esto me hizo entender y aceptar aún más mi propósito de vida…

Su sabiduría, su entrega y amor por lo que hace me impresionó y me hizo más sentido lo que ella me mostró, cosas que muchas veces olvidamos y que siempre las vemos, pero no las hacemos de un modo Conciente " IN LAKECH (yo soy otro tu) … HALA KEN (tú eres otro yo). Eso es para mí nuestra querida Sui Mei, fue magnífico ver cómo mi Creación de AMURIS Centro de Spa, Terapias complementarias y autocuidados, era mi misión en esta vida, era mi IKIGAI, me hizo ver que estábamos en la misma frecuencia, conectadas en pro de ayudar en el despertar de la consciencia del planeta. Por esto le doy las gracias en colaborar aún más en este bello y feliz despertar, segura estoy que la entrega de sus libros "Su bebé" como ella lo llama, será un tremendo aporte a nuestro planeta, para seguir creciendo en luz.…

CREER ES CREAR, Sui Mei.. yo creo en ti y sé porque lo visualicé que creaste desde la luz estos bellos libros. Gracias, Gracias, Gracias

CAROLINA TROYA

Ingeniera Comercial, Estudiante Terapia Transgeneracional

Mi nombre es Carolina Troya, soy Ingeniera Comercial. Conocí a Sui Mei en medio de una búsqueda interior, la que me llevó a tomar un curso de metafísica y abundancia con ella, para luego iniciar una Terapia.

Cuando empecé a ir a su consulta, se abrió un nuevo mundo para mi, un mundo en donde todo empezaba a hacer sentido, empecé a comprender varios patrones de comportamiento familiares, que venían dándose una y otra vez. Ante mi necesidad de entendimiento, inicié un curso de Terapia Transgeneracional con ella, donde he quedado maravillada con el poder de la interpretación y comprensión de nuestras historias familiares. Gracias a esto, ahora veo de una manera muy diferente a mi familia, entendiendo y respetando cada una de sus acciones, y comprendo que cada uno de nosotros somos lo suficientemente poderosos para definir lo que queremos hacer con nuestras vidas, agradeciendo y honrando a nuestros ancestros que nos trajeron hasta acá. Agradezco infinitamente haber podido conocer a Sui Mei, sus Terapias y sus consejos, los que me han abierto la mente, acercado a mi ser y cambiado mi vida.

Un abrazo enorme!

VANESSA LORENA TRAUB COSTA
Terapeuta complementaria Biomagnetismo, Reiki
Terapeuta Transgeneracional Saama 📷 @vanetraub

Llegué a Sui Mei por redes sociales, fui leyendo sus publicaciones las que me hicieron mucho sentido, sentía que cada texto, cada frase era para mí... Realicé un taller de heridas de infancia con Sui Mes y Suilang y me encantó, descubrí la importancia de conectar con mi niña interior, aprendí de cómo nos afectan situaciones desde la gestación y que si no trabajamos en nosotros mismos no podremos ser adultos en equilibrio y armonía. Comencé una Terapia Transgeneracional con Suilang y logré salir de una depresión de años (con psicólogos, psiquiatras y varias Terapias complementarias), lo que eme hizo tomar consciencia y me permitió gracias al análisis del Árbol Genealógico conocer más de mi historia personal. de mi propia vida.

Cuando se dio la oportunidad de tomar el curso de Transgeneracional que hacen Sui Mei y SuiLang no lo pensé 2 veces y lo hice y estoy profundamente enamorada del Transgeneracional y de la Terapia SAAMA.

Conocer tú árbol y saber sobre tus antepasados y ver, que lo que te pasa no es culpa tuya, que todos son conflictos no resueltos y heredados, es fundamental para llegar a la felicidad verdadera. Todo comienza a tener orden en tu vida.

Estoy segura que en este libro te encontrarás contigo mism@, aprenderás a conocerte, amarte y aceptarte como sucedió conmigo.

JAIME LAPORTE
Coach Neurolingüístico, Teraperuta SAAMA www.jaimelaporte.com
www.piensopositivo.net (f) @jaimelaporte.cl (📷) @jaimelaporte.coach

"En la medida que fui integrando más conocimientos a esta vida que me entrego el Despertar, la de Sanador, partiendo primero como Coach Neurolinguístico, integrando la Terapia SAAMA (medicina de la 5° Dimensión) y volviéndome un experto SocioEmocional, me fui dando cuenta que existía una energía mucho más fuerte que el inconsciente personal, y encontré las respuestas en los conocimientos que maravillosamente que recibí de Sui Mei y Suilang, ese Inconsciente familiar de nuestros ancestros.

Estoy convencido, que este libro "Tus Ancestros Quieren que Sanes", va a despertar una nueva consciencia en el mundo, porque la verdad nos hace libres, por que las personas tienen derecho a comprender y encontrar las respuestas a muchos conflictos que actualmente tienen; cada persona tiene un tesoro inimaginable, de una riqueza maravillosa e invito y aconsejo a cada persona en el mundo a construir su árbol familiar, a analizar su historia familiar, para que esta por fin hable y sanen todas las energías que están pidiendo AMOR.

Todo lo aprendido, me permite hoy ser además terapeuta Transgeneracional, me permitió comprender e integrar conocimientos muy valiosos de nuestros ancestros; herramientas que en conjunto con el Amor e Intención me facilita enormemente el proceso de sanación de mis pacientes y consultantes. Con la más mínima información de tus ancestros, se es capaz de construir una enorme solución a cada conflicto que hoy no te deja fluir y ser feliz.

Gracias por cada conocimiento, gracias por cada contenido y gracias al Universo de ponerte en mi camino, para elevar más mi consciencia al servicio de las personas."

JESSICA DURÁN V.
Autoayuda, GemoTerapia Terapias de Sanacion Holisticas Integral
Terapeuta Transgeneracional, SAAMA 1.0
@ @terapia.transgeneracional

Querida Sui Mei

Tengo una gran admiración por ustedes, tú y Suilang, creo que siempre se puede salir adelante de todo los obstáculos, y pruebas.

Muchas cosas similares que tú haz pasado en tu vida me siento muy identificada, es por eso que recibo con mucho respeto todo lo recibido por ustedes la sabiduría y entrega con tanto amor su maestría, me siento muy orgullosa de pertenecer a este equipo ya que desde ese minuto tengo otra visión de la vida, con más resilencia a muchas cosas que habitualmente me sucedían, doy gracias a la vida, al universo por haberme dado la oportunidad de reencontrarnos en esta vida para recordar tantas cosas lindas,

Te deseo más bendiciones y mucha fortaleza.

Gracias a ti, esta toda la motivación y empuje que me das !!!!

Abrir nuestro corazón y nuestra consciencia porque somos energía en un vehículo que es nuestro cuerpo.

Es x eso que es tan importante la alimentación espiritual y física cada día!!!!

Si se puede!!!!!

Hoy me siento feliz con este maravilloso día y mi nuevo despertar de vida me siento que he nacido otra vez, pero con mucho amor en mi corazón amándome, perdonándome por todo el daño que hice sentir a mi alma, ahora feliz con este nuevo comienzo y caminar que me ha dado la vida!!!

He vuelto a despertar!!!!!!!!!

Con mucho cariño me despido.

Gracias Sui Mei y Suilang por el gran cambio en mi vida con su entrega incondicional y por sobre todo mucho amor para todos.

PATRICIA ANDREA LARA FARÍAS
Terapeuta holistica Transgeneracional 📷 @tualmaenequilibrio

Sui Mei para mí el curso transgerenacional ha sido maravilloso...dude en hacer el curso estuve días sin tener respuesta si hacerlo o no... tenía miedo he incertidumbre porque en el fondo sabía que iba a ser un giro en mí vida...y así fue...aprendí mucho de este curso, es una herramienta hermosa de conociendo, es un tesoro que solo ahí que buscar y creo que lo hice... al hacer preguntas a mi madre y familiares me di cuenta que yo repetía partes de sus historias. Arme mí Árbol Genealógico y cuándo lo tuve en mis manos frente a mi me lleno de emoción llore, sentí dolor, y sobre todo pena...pero es un alivio a la vez...sentí paz y sobre todo amor por las mujeres que tenía al frente... gracias al curso y conocer a mis compañeros que emprendimos juntos este gran desafío, y sobre todos a mis maestras tanto por tí Sui Mei por mostrarme que todo se puede lograr, que había que aprender a visualizar y trabajar por lo que uno quiere y mi querida Suilang otorgando la parte materna que uno necesitaba... Gracias por sus consejos y por ser parte importante en este camino que emprendí... Definitivamente el curso Transgeneracional ha sido la decisión más importante que pude haber tenido... ahora mi hija podrá seguir su camino sin repetir y sin ser leal algún ancestro...

Gracias Sui Mei por todo

NEDDA LÓPEZ
72 años, Terapeuta Biomagnetismo, Método Sai Sanjeevini.
Terapeuta Transgeneracional ✉ neddy.lopez@gmail.com

Mi nombre es Nedda López Espinoza, tengo 72 años y soy terapeuta transgeneracional desde hace poco tiempo y esto me demuestra que nunca es tarde para conocer y estudiar nuestro Árbol Genealógico, gracias a esto he aprendido de mis ancestros y también he liberado programas que no me pertenecen, que no necesito, y lo más importante, sanar mi niña interior.

Estoy preparada para ejercer como terapeuta gracias a mis grandes maestras Sui Mei y Suilang Chung. Mucho éxito y bendiciones para ellas.

Estoy segura que esta Trilogía será un gran despertar para todos aquellos que esta en busca del equilibrio emocional, y de la comprensión de sus vidas.

Gracias, gracias, gracias.

Muchas gracias! Saludos.

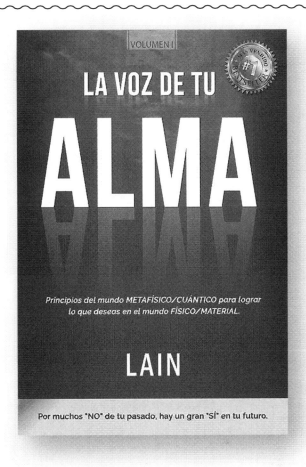

La Voz de tu Alma

www.laingarciacalvo.com

La saga de La Voz De Tu Alma bendice a quien la lee.

¡TU CAMBIO EMPIEZA HOY!

LA VOZ DE TU ALMA, de Laín García Calvo.

Gracias a conectar con la energía, sabiduría y principios de este libro, y aprendiendo de las leyes del Universo que aquí se enseñan fue la razón del porque estoy escribiendo mi libro y no solo uno, sino tres. Mi Trilogía, mi sueño cumplido

Conocí a Laín en Youtube. Estaba buscando comprender más de la abundancia y la ley de atracción. Y la conexión fue mágica, en mi búsqueda lo primero que vi fue este video que cambio por completo mi forma de pensar.

https://www.youtube.com/watch?v=-4ICPaqnF0s

Yo ya había leído mucho de Leyes del Universo, Ley de atracción Espiritualidad, Metafísica y algo no estaba haciendo bien, porque claramente a veces tenía resultados y otras veces no.

Ningún libro me ayudó a comprender tanto acerca de los Principios del Universo, la abundancia, visualización, ley de atracción como el libro de *Laín García Calvo, "La Voz de tu Alma"*, este libro con testimonios reales del autor, una persona que vive en nuestra generación, que ha tenido los mismos conflictos que tu o yo, hoy es una de las personas más influyentes en muchos países alrededor del mundo y en el ámbito del desarrollo personal y coach motivacional enseñándonos la manera correcta de atraer a nuestra vida lo que deseamos si lo hacemos con convicción y aplicando los principios que tan claramente en este libro se enseñan.

"LA VOZ DE TU ALMA" es un libro que nos da una nueva mirada hacia la Espiritualidad. No basta con leerlo una sola vez, cada vez que lo abras mágicamente encontrarás las pablaras justas y precisas que necesitas oír.

La Saga de la voz de tu Alma, "bendice quién lo lee" y es verdad.

Si estás buscando como cambiar tus tus creencias y aprender a trabajar con las leyes del Universo y la Ley de atracción en este libro encontrarás la manera de hacerlo

Lo más maravilloso es que no sólo este aprendizaje es para nosotros los adultos, también Lain lo ha escrito para niños, y mis hijos los han leído y ha sido un gran aprendizaje para ellos.

Te comparto el línk, de un video que hicimos con mis hijos cuando yo les traje de España el libro "La voz de tu Alma para niños", ellos estaban muy emocionados y me pidieron de hacerlo. Mis hijos Meili Kay y Gustavo. Mi hijo quiere ser actor, desde que nació, verán que talento tiene ☺

https://www.youtube.com/watch?v=X4iVdDZjEPU&t=5s

Sui Mei Chung Bustos
Terapeuta Transgeneracional SAAMA 2.0
Santiago Chile

Made in the USA
San Bernardino, CA
14 December 2019